FARMÁCIA LITERÁRIA

FARMÁCIA LITERÁRIA

Mais de 400 livros para curar males diversos, de depressão e dor de cabeça a coração partido

ELLA BERTHOUD
SUSAN ELDERKIN

Tradução
Cecília Camargo Bartalotti

6ª edição

Rio de Janeiro-RJ / São Paulo-SP, 2025

VERUS
EDITORA

Editora: Raïssa Castro
Coordenadora editorial: Ana Paula Gomes
Copidesque: Katia Rossini
Revisão: Cleide Salme
Capa e projeto gráfico: André S. Tavares da Silva
Ilustrações da capa: RetroClipArt/Shutterstock (frascos e livros)
Textos da edição brasileira (pp. 67, 84, 85, 201, 281, 312, 339): Ana Paula Gomes

Título original: *The Novel Cure: An A-Z of Literary Remedies*

ISBN: 978-85-7686-286-4

Copyright © Ella Berthoud e Susan Elderkin, 2013
Todos os direitos reservados.
Edição publicada mediante acordo com Canongate Books Ltd, 14 High Street, Edinburgh EH1 1TE.

Tradução © Verus Editora, 2016
Direitos reservados em língua portuguesa, no Brasil, por Verus Editora. Nenhuma parte desta obra pode ser reproduzida ou transmitida por qualquer forma e/ou quaisquer meios (eletrônico ou mecânico, incluindo fotocópia e gravação) ou arquivada em qualquer sistema ou banco de dados sem permissão escrita da editora.

Verus Editora Ltda.
Rua Argentina, 171, São Cristóvão, Rio de Janeiro/RJ, 20921-380
www.veruseditora.com.br

CIP-BRASIL. CATALOGAÇÃO NA FONTE
SINDICATO NACIONAL DOS EDITORES DE LIVROS, RJ

B46f

Berthoud, Ella
   Farmácia literária: mais de 400 livros para curar males diversos, de depressão e dor de cabeça a coração partido / Ella Berthoud, Susan Elderkin ; tradução Cecília Camargo Bartalotti. - 6. ed. - Rio de Janeiro, RJ: Verus, 2025.
   24 cm.

   Tradução de: The Novel Cure: An A-Z of Literary Remedies
   Inclui índice
   ISBN 978-85-7686-286-4

   1. Biblioterapia. 2. Psicologia da leitura. I. Elderkin, Susan. II. Título.

14-17222
CDD: 615.8516
CDU: 615.85

Seja um leitor preferencial Record.
Cadastre-se no site www.record.com.br e receba
informações sobre nossos lançamentos e nossas promoções.

Atendimento e venda direta ao leitor:
sac@record.com.br

Revisado conforme o novo acordo ortográfico

Para Carl e Ash
e em memória de Marguerite Berthoud e David Elderkin,
que nos ensinaram a amar os livros — e a construir estantes

SUMÁRIO

INTRODUÇÃO — 9

MALES DE A a Z — 11

EPÍLOGO — 361

ÍNDICE DE MALES LIGADOS À LEITURA — 364

ÍNDICE DE LISTAS — 365

ÍNDICE DE AUTORES E LIVROS — 366

AGRADECIMENTOS — 373

INTRODUÇÃO

Este é um manual médico... diferente.

Em primeiro lugar, ele não diferencia entre dor emocional e dor física; você pode encontrar nestas páginas a cura tanto para um coração partido como para uma perna quebrada. Também inclui dificuldades comuns que você pode enfrentar, como ficar trancado para fora de casa, procurar o par perfeito ou entrar na crise da meia-idade. Os maiores desafios da vida, como perder uma pessoa amada ou tornar-se pai/mãe solteiro(a), estão aqui também. Tenha você soluço ou ressaca, medo de compromisso ou falta de senso de humor, consideramos isso um mal digno de medicação.

Mas há outra diferença também. Nossos remédios não são algo que você vai encontrar na farmácia, e sim na livraria, na biblioteca, ou poderá baixá-los em seu dispositivo eletrônico de leitura. Somos biblioterapeutas, e nossas ferramentas de trabalho são os livros. Nossa botica contém bálsamos balzaquianos e torniquetes tolstoianos, unguentos de Saramago e depurativos de Perec e Proust. Para criá-la, percorremos dois mil anos de literatura, em busca das mais brilhantes mentes e leituras restaurativas, de Apuleio, autor de *O asno de ouro*, no século II, aos tônicos contemporâneos de Ali Smith e Jonathan Franzen.

A biblioterapia já é popular na forma de livros de autoajuda há várias décadas. Mas os amantes da literatura vêm usando livros de ficção como elixir — consciente ou subconscientemente — há séculos. Na próxima vez em que você sentir necessidade de um estimulante — ou precisar de ajuda com algum enrosco emocional —, pegue um romance. Nossa crença na eficácia da ficção como a melhor e mais pura forma de biblioterapia se baseia em nossa própria experiência com pacientes, incentivada por uma avalanche de evidências factuais. Às vezes é a história que encanta; em outras é o ritmo da prosa que funciona sobre a psique, acalmando ou estimulando. Às vezes, é uma ideia ou uma atitude sugerida por um personagem em dificuldade ou dilema semelhante. Seja como for, os romances têm o poder de nos transportar para outra existência e nos fazer ver

bi•bli•o•te•ra•pi•a
s.f.
prescrição de ficção para os males da vida (Berthoud e Elderkin, 2013).

o mundo por outra perspectiva. Quando se está entretido em um romance, incapaz de desviar os olhos da página, está-se vendo o que o personagem vê, tocando o que ele toca, aprendendo o que ele aprende. Podemos *pensar* que estamos sentados no sofá da sala de estar, mas partes importantes de nós — os pensamentos, os sentidos, o espírito — estão em outro lugar, totalmente diferente. "Ler um escritor é, para mim, não apenas ter uma ideia do que ele diz, mas partir com ele e viajar em sua companhia", disse André Gide. Ninguém volta igual de uma viagem como essa.

Qualquer que seja seu mal, nossas prescrições são simples: um romance (ou dois), a ser lido(s) a intervalos regulares. Alguns tratamentos podem levar à cura completa. Outros simplesmente oferecem consolo, mostrando que você não está sozinho. Todos produzem alívio temporário dos sintomas, devido ao poder da literatura de distrair e transportar. Às vezes, o remédio é mais bem aceito como audiolivro, ou sob a forma de leitura em voz alta em companhia de um amigo. Como acontece com toda medicação, deve-se sempre seguir o curso total do tratamento a fim de obter os melhores resultados. Além das curas, oferecemos conselhos sobre problemas específicos de leitura, como estar ocupado demais para ler e o que ler quando você não consegue dormir; os melhores livros para ler em cada década da vida; e os melhores acompanhamentos literários para ritos de passagem importantes, como estar no ano sabático — ou no leito de morte.*

Desejamos que você tenha muito prazer com nossos emplastros e cataplasmas ficcionais. Você se sentirá mais saudável, mais feliz e mais sábio com eles.

---

* Como disse P. J. O'Rourke: "Sempre leia algo que passe uma boa impressão se você morrer no meio da leitura".

MALES DE A a Z

Despejamos nossas doenças em livros — repetimos e apresentamos outra vez nossas emoções, até dominá-las.
— D. H. LAWRENCE, *As cartas de D. H. Lawrence*

abandonar o barco, desejo de

Coelho corre
JOHN UPDIKE

Quando você sentir vontade de abandonar o barco — em seu relacionamento, seu trabalho, sua vida —, pedimos que não faça isso até ter lido *Coelho corre*. Essa vontade geralmente surge quando o barco em que você se encontra parece estar naufragando — e é mais fácil ter essa impressão se ele tiver começado bem alto na água. Esse certamente é o caso de Harry "Coelho" Angstrom (o apelido é resultado do tremor nervoso sob o "breve nariz"). Pois Coelho foi, no passado, um astro do basquete juvenil, um herói local, se não nacional, que agora, aos vinte e sete anos, passa os dias demonstrando o descascador de legumes MagiPeel, está casado, tem um filho e outro a caminho, e o melhor de sua vida já ficou para trás. Ou pelo menos é o que ele sente. Ao vir do trabalho para casa um dia, Coelho se junta a um grupo de garotos encestando bolas em um terreno vazio. Entusiasmado por ver que ainda tem seu "toque", ele, em um momento de positividade, decide parar de fumar e joga fora os cigarros. Mas, ao chegar em casa, a visão de Janice, sua esposa grávida, esparramada inconsequentemente na frente da tevê, bebendo, o deixa subitamente furioso. Como conta mais tarde ao pároco local, Jack Eccles, ele não consegue suportar o fato de ter sido "de primeira classe" e agora — bem, "aquilo que Janice e eu tínhamos, cara, era realmente de segunda classe". Então ele cai fora. Ou, como Updike prefere, corre.

Quase imediatamente, Coelho conhece alguém que sabe que fugir não funciona — pelo menos, não sem um plano definido. "O único jeito de chegar a algum lugar é pensar para onde você está indo antes de ir", observa um frentista de posto de gasolina quando Coelho admite que não sabe para onde está indo. E mais tarde — tarde demais, porque dessa vez a tragédia chegou antes —, o velho técnico de basquete de Coelho, Tothero (com dificuldade para formar as palavras depois de um AVC), lhe dá uma última lição: "Certo e errado não caem do céu... Somos nós que fazemos", diz ele. E depois: "Invariavelmente... a desobediência a isso é seguida de sofrimento. Não para nós". Coelho não havia parado para pensar nas consequências de sua fuga para outras pessoas.

E não é dessa vez que ele para. A sabedoria de Tothero penetra em nós, mas não em Coelho. Ele continua odiando Janice e fugindo. Sim, sentimos simpatia pelo personagem, porém logo vemos que o problema dele não é tanto estar preso a Janice, mas não saber como ajudá-la — e, portanto, ajudar a si mesmo. Junte-se a Tothero e diga isto a Coelho, depois para si: é melhor permanecer a bordo do barco, consertar as rachaduras e redirecionar o curso. Porque, se abandoná-lo, você vai pular no mar. E, se era você quem controlava o timão, não será o único a se afogar.

VER TAMBÉM: **compromisso, medo de • rodinhas nos pés, ter • viajar, desejo de**

abandono

Se infligido cedo, os efeitos do abandono físico ou emocional — quer se tenha sido deixado para se virar sozinho por pais ocupados demais, recebido ordens para ir chorar e ter chiliques em outro lugar ou transferido totalmente para outra dupla de pais (ver: adoção) — podem ser difíceis de eliminar. Se não tiver cuidado, você pode passar o resto da vida na expectativa de ser rejeitado. Como um primeiro passo para a recuperação, com frequência é útil perceber que aqueles que o abandonaram muito provavelmente foram abandonados também. E, em vez de ficar desejando que eles acordem e lhe deem o apoio ou a atenção que você tanto quer, direcione sua energia para encontrar outra pessoa com quem possa contar e que seja mais equipada para a função.

O abandono está por toda parte em *Canto chão*, a história de Kent Haruf sobre a vida de cidade pequena em Holt, Colorado. O professor da escola local, Guthrie, foi abandonado pela esposa deprimida, Ella, que finge dormir quando ele tenta conversar com ela e olha para a porta com "olhos descomunais" quando ele sai. Seus dois filhos pequenos, Ike e Bobby, ficam perplexos com a inexplicada ausência

Canto chão
KENT HARUF

da mãe na vida deles. A velha sra. Stearns foi abandonada por seus parentes, seja por morte, seja por negligência. E Victoria, aos dezessete anos e grávida de quatro meses, é abandonada primeiro pelo namorado, depois pela mãe, que, em um ato de punição indireta ao homem que as havia abandonado muitos anos antes, lhe diz: "Você se meteu nisso, agora se vire", e a chuta para fora de casa.

Gradualmente e de forma aparentemente natural — embora, na verdade, Maggie Jones, uma jovem com dom para a comunicação, orquestre a maior parte —, outras pessoas preenchem o espaço vago. Entre elas, de forma mais surpreendente, os irmãos McPheron, uma dupla de criadores de gado solteirões, "rabugentos e ignorantes", que concorda em acolher a grávida Victoria: "Eles olharam para ela, fitando-a como se pudesse ser perigosa. Depois baixaram os olhos para a palma de suas mãos grossas e calejadas, abertas diante deles sobre a mesa da cozinha, e, por fim, olharam pela janela para os olmos mirrados e sem folhas". Pouco tempo depois, estão correndo para cima e para baixo à procura de um berço — e o transbordamento de amor pela dupla, sentido tanto por Victoria como pelo leitor, os transforma da noite para o dia. Enquanto observamos a comunidade despertar para seu papel como família estendida — a frágil sra. Stearns ensinando Ike e Bobby a fazer biscoitos, os McPheron cuidando de Victoria com toda a tenacidade carinhosa e desajeitada que normalmente reservam para suas vacas —, percebemos que o apoio pode vir de lugares muito surpreendentes.

Se você foi abandonado, não tenha medo de procurar a comunidade maior a sua volta, por menos que conheça seus habitantes individualmente (e, se precisar de ajuda para transformar vizinhos em amigos, veja nossa cura para "vizinhos, ter"). Eles lhe agradecerão por isso um dia.

abatimento

Eu sou o David
ANNE HOLM

Os que têm o espírito abatido precisam ser tratados com delicadeza. Por essa razão, nossa cura é um romance para crianças, simples e curto, mas com imenso poder. Leia-o para renovar a esperança e reconstruir a resistência quando sua noção de si mesmo parecer perdida.

Encarcerado em um campo de concentração no Leste Europeu desde que tinha um ano de idade, David, agora com doze anos, nunca soube o que é ser acarinhado por pais amorosos, ou mesmo que há um mundo lá fora cheio de beleza. Quando ele foge e começa uma perigosa viagem, cruzando a Itália e o norte da Europa, sabendo apenas que precisa encontrar a Dinamarca, tem de aprender como ser uma pessoa com vontade própria, seus próprios direitos, suas necessidades. "Eu sou o David", diz ele em voz alta um dia, como forma de se apresentar a Deus.

Essa declaração de existência e identidade, de seu direito de ser ele mesmo, torna-se uma espécie de mantra. Ele a repete ao longo de todo o livro, e a frase ganha beleza e força a cada vez. "Alguém abateu o espírito dele", um personagem observa. "Não", diz outro. "O espírito de um menino não é abatido tão facilmente." Quem está certo?

Siga o exemplo de David e afirme sua identidade para si mesmo e para os outros, todos os dias. Enquanto observa David criar do nada um senso de identidade, decida por si próprio quanto o espírito humano é resistente. Sua conclusão prenunciará sua cura.

VER TAMBÉM: **esperança, perda de • identidade, crise de**

aborto espontâneo

Um aborto espontâneo é doloroso, sangrento e solitário. Em algumas raras ocasiões, pode ser um alívio, mas, com mais frequência, sua ocorrência é recebida com sofrimento resignado. E, embora a lógica lhe diga que esse feto era inviável, que trinta por cento das gestações fracassam dessa maneira, que se trata apenas da forma usada pela natureza para eliminar o que é inadequado, seus hormônios estarão em plena atividade, e seu útero, doendo. Enquanto se recupera (espera-se que na cama), leia *A mulher do viajante no tempo*.

Clare amou o mesmo homem durante a vida toda. Ela o conheceu quando tinha apenas seis anos, e ele, trinta e cinco. Henry não é um pedófilo, mas um viajante no tempo, e sabe que, em seu futuro e no dela, estarão casados.

Assistir a essa inquietante e estranha história de amor é ao mesmo tempo agoniante e maravilhoso. Clare espera por Henry, rejeitando pretendentes desde o início. Mas sua falta de controle sobre o romance é estressante: Henry não pode escolher quando viaja no tempo, e às vezes deixa Clare durante meses, ou até anos seguidos, mesmo depois de estarem casados e felizes. Talvez seja por isso que ela se torna artista, lidando com a solidão ao canalizá-la em sua arte.

A mulher do viajante no tempo
AUDREY NIFFENEGGER

Os verdadeiros problemas começam quando eles tentam ter um bebê. Clare passa por cinco abortos espontâneos antes de lhe ocorrer que talvez os fetos estejam herdando o gene da viagem no tempo — e deixando o útero antes da hora. Cada vez que isso acontece, há lençóis encharcados de sangue, às vezes um "pequenino monstro" na mão de Clare, esperança e desesperança em rápida sucessão. Ela persevera porque está desesperada para ter um bebê, e, por fim, eles encontram uma maneira de contornar sua dificuldade singular. Mas ela sofre a cada perda, do mesmo modo como você deve ter sofrido, e testemunhar a dor de Clare é profundamente catártico. Se você também estiver determinada, continue tentando; e que esse romance sobre o amor à vida possa consolá-la e inspirá-la.

VER TAMBÉM: **anseio geral • chorar, necessidade de • dor, sentir • filhos, não ter • fracasso, sentir-se um • tristeza**

abrigo, falta de

Qualquer lugar menos aqui
MONA SIMPSON

A casa de papel
CARLOS MARÍA DOMÍNGUEZ

Uma casa para o sr. Biswas
V. S. NAIPAUL

Se você é um vagabundo no coração — ou na realidade —, a falta de um abrigo permanente pode até ser atraente a princípio. Sem estar preso a um lugar específico, você é livre para ir aonde o vento te levar; sem aluguel ou contas para pagar, pode passar o tempo em atividades que não envolvam trabalho. Mas, qualquer que seja a causa, a falta de abrigo se torna desgastante depois de um tempo. Quer você esteja constantemente na estrada, vivendo em uma tenda improvisada, exposto às intempéries, ou tentando se adaptar aos hábitos de outras pessoas que tenham sido generosas o bastante para acolhê-lo, a necessidade de privacidade, independência e raízes se torna impossível de ignorar no fim.

Para Anne, de doze anos, a falta de residência traz consigo um constante estado de ansiedade, no vigoroso romance *Qualquer lugar menos aqui*, de Mona Simpson. Depois de três breves anos de casamento, sua mãe, Adele, decide que é hora de mudarem de rumo e vai com ela de Wisconsin para a Califórnia, levando o cartão de crédito do marido abandonado. Sua justificativa é que Anne possa "ser uma estrela infantil enquanto ainda é criança", mas, na verdade, estar em movimento é tudo o que Adele sabe fazer. Enquanto esperam o carro ser consertado em Scottsdale, no Arizona, Adele pede para um corretor imobiliário lhes mostrar uma casa, e, por um momento,

Anne se permite acreditar que a mãe está falando sério, que aquele é um lugar que ela finalmente poderá chamar de lar. Ela começa a "respirar mais devagar" outra vez. Mas, depois de terem comido tudo o que podiam em um restaurante a que o corretor as leva em seguida, ambas estão de volta à estrada.

Anne compreende, melhor do que sua mãe jamais entenderá, que, para se desenvolver e se conhecer como uma adolescente normal, ela precisa de estabilidade e rotina. Se você gasta toda sua energia procurando um lugar para dormir à noite, como poderá ter energia para qualquer outra coisa?

Talvez a solução seja construir uma casa para si. Se você tiver uma coleção de livros suficientemente grande, pode roubar a ideia do romance A *casa de papel*, de Carlos María Domínguez. Esse livro delicioso sobre livros começa com a cena de um acidente: a amiga do narrador, Bluma, foi atingida por um carro enquanto estava distraída com um livro de poemas de Emily Dickinson. Em meio aos debates sobre se Bluma foi morta por um carro ou por um poema, o narrador recebe um pacote misterioso endereçado a ela. Dentro, há um livro envolto em cimento. Ele descobre que se trata de um romance de Conrad, da coleção de um bibliófilo obsessivo chamado Carlos Brauer, que perdeu a razão nos interstícios entre realidade e ficção. (Fiquem atentos ao destino dele, leitores — vejam "ler em vez de viver, tendência a".) Obcecado pela preservação de sua coleção de vinte mil volumes, ele decide revesti-los todos de cimento e construir uma casa de livros. O que funciona muito bem... até ele precisar encontrar um deles.*

Se você não tiver livros suficientes para esse tipo de obra, compre *Uma casa para o sr. Biswas*, de V. S. Naipaul. Ambientada na rica diversidade cultural na Trinidad dos anos 40, a história acompanha o jovem Mohun Biswas do berço até o túmulo, enquanto ele busca um lugar para chamar de seu. Biswas vem de uma "família de ninguéns" e não tem nenhuma razão para esperar nada melhor que viver de serviços gerais. Desajeitado e ineficiente, ele quer, mesmo assim, avançar com o tempo. Quando, mais por acidente que por planejamento, ele se vê casando com a herdeira de uma grande e bem-sucedida família hindu, os Tulsi, tem a garantia de um teto sobre a cabeça pelo resto da vida. Mas, em troca, precisa lidar com toda uma rede

---

* Se você fizer o mesmo, deixe *Farmácia literária* de fora.

de parentes na Hanuman House. Sensível demais para se adaptar, ele começa a sonhar com privacidade e solidão.

O sr. Biswas consegue sua casa, no fim. A jornada cheia de vicissitudes que ele enfrenta lhe trará coragem, além de fé em que você também poderá encontrar seu próprio teto.

abstêmio, ser

Adeus, minha adorada
RAYMOND CHANDLER

Sabemos que ser do time dos que ficam na água não é nada mau. A vida sem álcool lhe dá uma visão mais clara e nítida, e muitos praticantes de uma vida saudável defendem a abstinência — a menos que sejam franceses. Mas ser abstêmio em um mundo de pessoas que bebem é terrivelmente chato. Depois de um certo número de coquetéis sem álcool, é bem possível que um de seus companheiros de mesa o surpreenda com uma margarita. E aquele momento delicado em que seu futuro sogro sugere um momento de homem para homem com um uísque? Você recusa e ainda fica com a filha? E como fazer um brinde a sua bisavó no centésimo aniversário dela? Com um molenga "limonada para mim"?*

Os bebedores da literatura costumam ser mais divertidos. E nenhum é tanto quanto o grande Philip Marlowe, dos romances de detetive de Raymond Chandler. Nosso favorito é *Adeus, minha adorada*, embora qualquer um dos oito possa refamiliarizá-lo com a inegável ligação entre a bebida e certa fleuma meio cafajeste e autoconfiante, como demonstrado por Marlowe de modo marcante: "Eu precisava de um drinque, precisava de vários seguros de vida, precisava de férias, precisava de uma casa de campo. O que eu tinha era um sobretudo, um chapéu e um revólver". As pessoas que se veem acossadas por Marlowe lhe dirigem sorrisos ao mesmo tempo "receptivos e ácidos", pois sabem que ele conseguirá, de alguma maneira, extrair delas evidências comprometedoras. Mas ele o faz com tanto estilo que os vilões se sentem quase honrados de ter sido descobertos. Vivendo como ele faz, de acordo com seu próprio senso de justiça — só entregando os culpados à polícia quando sabe que eles são irrecuperáveis —, ele consegue ser uma força do bem, mas nunca uma pessoa boazinha (ver: certinho, ser). E isso tem a ver, em parte, com a bebida.

---

* Sim, se você for um alcoólatra em recuperação. Nesse caso, esta cura não é para você. Ignore-a, por favor, e veja "alcoolismo" e "jantares sociais, medo de".

Claro que você não deve exagerar. Se o fizer, não será nem um pouco interessante. Marlowe bebe com elegância e autocontrole. Uísque é o seu fraco; às vezes ele o usa medicinalmente, para ajudá-lo a dormir. E usa uma dose do que estiver à mão para incentivar seus suspeitos a abrir o bico. Se você tende a ser abstêmio, fique perto de Marlowe por um ou dois romances. Você sentirá a sensibilidade astuta desse detetive quietamente heroico penetrar sua corrente sanguínea como uma dose de uísque com soda. Beba enquanto lê, e seus pensamentos se tornarão tão práticos, argutos e objetivos que você logo estará perscrutando a vizinhança, ágil como um gato, se perguntando o que vinha usando no lugar do cérebro a vida inteira, sem sair de fato da cadeira. Terá aqueles gângsteres trancafiados em questão de segundos, e loiras lhe darão sorrisos que você sentirá em sua carteira.

Siga o exemplo de Marlowe e não leve sua cura longe demais. Se sentir que está exagerando para o lado oposto, veja "alcoolismo".

VER TAMBÉM: **certinho, ser** • **desmancha-prazeres, ser**

acusado, ser

Se você for acusado de alguma coisa e souber que é culpado, aceite seu castigo sem resmungar. Se for acusado por algo que não fez, lute para limpar seu nome. Mas e se você for acusado, souber que fez aquilo de que o acusam, mas não achar que o que fez foi errado?

A história do bando de Kelly
PETER CAREY

Ned Kelly, o Robin Hood australiano — conforme retratado por Peter Carey em *A história do bando de Kelly* —, comete seu primeiro crime aos dez anos de idade, quando mata a novilha de um vizinho para alimentar sua família. Não demora muito para que seja enviado como aprendiz (pela própria mãe) para o bandoleiro Harry Power. Quando Harry rouba o Buckland Coach, Ned é a "pessoa não identificada" que, segundo testemunhos, bloqueou a estrada com uma árvore e detém os cavalos para que "Harry pudesse fazer seu trabalho". E, assim, o destino de Ned é selado: ele será um fora da lei para sempre. E acaba por fazer disso algo glorioso.

Ao contar a história, escrita com suas próprias palavras para que sua filha bebê leia um dia, sabendo que não estaria lá para lhe contar pessoalmente, Ned nos seduz completamente com sua prosa rústica e sem pontuação, que se move aos saltos e mergulhos pela página.

Mas o que realmente nos afeiçoa a esse menino-homem Robin Hood é sua profunda noção de certo e errado — porque Ned é guiado o tempo todo por uma forte lealdade e por um conjunto de princípios que, por acaso, não coincidem com os da lei. Quando a mãe precisa de ouro, ele lhe traz ouro; quando a mãe e a irmã são ambas abandonadas por seus homens infiéis, ele "quebra o sexto mandamento" por elas. E, embora Harry e os próprios tios o tratem "bem mal", ele nunca os trai. Como não amar esse bandoleiro assassino com um grande coração? O mundo é que é corrompido, não ele, e então nos empolgamos e torcemos na plateia quando pistolas faíscam e sua Enfield responde. E assim o romance faz de seus leitores também foras da lei.

Ned Kelly é um lembrete valioso de que, só porque alguém se afasta das leis da sociedade, isso não significa necessariamente que seja uma pessoa má. Cabe a cada um de nós decidir por nós mesmos o que é certo e errado na vida. Elaborar uma constituição pessoal — e viver de acordo com ela. Se sair da linha, seja o primeiro a repreender a si mesmo. Depois veja "culpa".

adoção

O legado
ANN PATCHETT

O livro do cemitério
NEIL GAIMAN

A literatura infantil é cheia de adotados. Mary Lennox, em *O jardim secreto*, é uma menina adotada e mimada que aprende a amar em seu novo e frio ambiente; Mogli, em *O livro da selva*, é criado por lobos; Tarzan, nos romances de Edgar Rice Burroughs, é criado por macacos. Um clima de romance parece rondar essas pessoas perdidas e encontradas — e, de fato, quem, quando criança, não teve uma briga com os pais e fantasiou ser um enjeitado? Adotados se infiltraram na literatura adulta também: há Heathcliff, em *O morro dos ventos uivantes*, que perturba o delicado equilíbrio de sua família adotiva; e "Wart", em *O único e eterno rei*, de T. H. White, que é uma das raras histórias de sucesso nesta lista: um adotado que viria a ser o rei Artur, de Camelot.

Na verdade, a adoção é menos romântica e pode ser difícil para todos os envolvidos — para os pais biológicos que decidem entregar seu filho; para o filho que descobre isso de maneira nada ideal (ver: abandono); para o filho que culpa os pais adotivos pela confusão que sente e acaba saindo à procura dos pais biológicos, apenas para sofrer uma decepção; e para os pais adotivos, que precisam decidir quando contar aos filhos que eles são "especiais", em vez de ter um vínculo de sangue. A questão toda é repleta de armadilhas — mas também de amor, e pode pôr fim à dor de não ter filhos (ver: filhos, não ter) —, e as pessoas envolvidas fariam bem em explorar sua complexidade por intermédio de outros que a vivenciaram antes.

Um dos mais encantadores romances modernos com adotados como personagens é O legado, de Ann Patchett. Doyle, o ex-prefeito branco de Boston, tem três filhos: Sullivan, Teddy e Tip — um deles ruivo, os outros dois negros, atléticos e extremamente altos. Sua esposa ruiva, Bernadette, mãe de Sullivan, morreu. A mãe verdadeira de Teddy e Tip é "a espiã que veio do frio": de longe, ela observou os filhos crescerem e conhece seus sucessos e fracassos, suas amizades e rivalidades, pairando sobre eles como um anjo da guarda.

Quando Kenya, uma menina de onze anos, que é a corredora do título original (Run), vem inesperadamente morar na casa de Doyle, a complexa dinâmica familiar começa a se mover em novas direções. Teddy e Tip parecem ser bem-sucedidos, um como cientista, o outro como futuro padre, mas Doyle queria que eles o tivessem seguido na política. O irmão mais velho, Sullivan, esteve na África por algum tempo tentando ajudar no combate contra a aids, fugindo de um terrível incidente em seu passado. Com os novos problemas criados pela presença de Kenya na casa, as histórias das origens diferentes dos irmãos surgem gradualmente — e é a simples, mas avassaladora necessidade de Kenya de correr, belamente expressa por Patchett ("ela era uma força sobre-humana que se situava fora da lei fundamental da natureza. Gravidade não se aplicava a ela"), que faz todos se unirem. A mensagem geral do romance é clara e apresentada sem sentimentalismo: os vínculos de sangue importam, mas o amor importa mais.

A confirmação de que mesmo os pais menos convencionais podem fazer um bom trabalho ao adotar um filho é encontrada nas páginas de O livro do cemitério, de Neil Gaiman. Quando um bebê sai explorando o mundo, numa noite, ele consegue escapar da morte pelas mãos do "homem chamado Jack", que assassina o resto de sua família. A criança acaba em um cemitério próximo e é adotada por um casal de fantasmas. Os falecidos sr. e sra. Owens nunca tiveram filhos em vida e ficam felizes com essa oportunidade inesperada de se tornar pais. Dão ao menino o nome de "Ninguém" e o chamam de Nin. Durante sua infância excêntrica, Nin adquire habilidades incomuns, como "sumir, assombrar e infiltrar-se em sonhos" — o que vem a ser muito útil mais tarde.

Os pais fantasmas de Nin fazem um excelente trabalho. "Você está vivo, Nin. Isso significa que tem um potencial infinito. Pode fazer qualquer coisa, construir qualquer coisa, sonhar qualquer coisa. Se puder mudar o mundo, o mundo vai mudar." Sua sabedoria vinda do túmulo dá a Nin o ímpeto de viver a vida plenamente, apesar da tragédia de seus primeiros anos; e ele certamente o faz.

A adoção nunca é algo simples. Honestidade de todos os lados é essencial para permitir que os envolvidos aceitem quem são e as relações que têm entre si. Qualquer que seja a sua parte nisso, esses romances lhe mostrarão que você não está sozinho. Leia-os e depois os passe para as outras pessoas da família — seja qual for sua definição de família. Incentive todos a expressar seus sentimentos. Veja "confronto, medo de" e "emoções, incapacidade de expressar" se isso parecer muito difícil para você; e "empatia, falta de", para garantir que você aborde o assunto com a mente aberta e compreensiva.

VER TAMBÉM: **abandono • outsider, ser um**

adolescência

O apanhador no campo de centeio
J. D. SALINGER

Os hormônios estão a toda. Surgem pelos onde antes tudo era lisinho. O pomo de adão se avoluma e a voz falha. A acne aparece. Os seios crescem. E o coração fica em brasa à menor provocação — assim como as partes baixas.

Primeiro, pare de pensar que isso só acontece com você. O que quer que você esteja passando, Holden Caulfield esteve lá antes. Se você acha tudo "cretino"; se não está a fim de falar sobre isso; se seus pais teriam "um troço" se soubessem o que você está fazendo agora; se você já foi expulso da escola; se acha que os adultos são falsos; se bebe/fuma/tenta pegar pessoas bem mais velhas que você; se seus supostos amigos estão sempre te deixando para trás; se os professores dizem que você está decepcionando a si mesmo; se você se protege do mundo com sua pose de malandro, seus palavrões, sua aparente indiferença ao que possa lhe acontecer; se a única pessoa que te entende é sua irmã de dez anos, Phoebe — se uma ou mais dessas coisas acontecem com você, *O apanhador no campo de centeio* o ajudará a enfrentar esse momento.

A adolescência não pode ser curada, mas há maneiras de tirar o melhor proveito dela. Essa fase não precisa ser um inferno. Lembre-se de que seus colegas também estão lutando para atravessar o abismo, e, se for possível, compartilhem essa luta. Com os amigos ou sem eles, não deixe de modo algum de fazer as coisas loucas e idiotas que apenas adolescentes fazem. Se não tiver essa chance enquanto está na escola, tire um ano sabático antes dos vinte (e certifique-se de levar os livros certos com você). Depois, quando for mais velho, pelo menos poderá se lembrar desses tempos estranhos, embriagantes, hormonais, e dar boas risadas.

OS MELHORES LIVROS PARA LER EM SEU ANO SABÁTICO

Livros cult, livros modernos, livros que definirão sua vida. Você sempre terá algo sobre o que conversar se estiver com um destes na mochila. Eles vão definir um padrão para seus relacionamentos futuros — e não apenas com livros.

Hibisco roxo CHIMAMANDA NGOZI ADICHIE
O mestre e Margarida MIKHAIL BULGAKOV
On the Road — Pé na estrada JACK KEROUAC
Flores para Algernon DANIEL KEYES
Cem anos de solidão GABRIEL GARCÍA MÁRQUEZ
Todos os belos cavalos CORMAC MCCARTHY
Moby Dick HERMAN MELVILLE
Atlas das nuvens DAVID MITCHELL

VER TAMBÉM: **adolescente, ser • cama, incapacidade de sair da • internet, vício em • irritabilidade • riscos, correr excesso de**

adolescente, ser

OS MELHORES LIVROS PARA ADOLESCENTES

Diário absolutamente verdadeiro de um índio de meio expediente SHERMAN ALEXIE
Outras vozes, outros lugares TRUMAN CAPOTE
Ender's Game: o jogo do exterminador ORSON SCOTT CARD
As vantagens de ser invisível STEPHEN CHBOSKY
O bosque das ilusões perdidas (O Grande Meaulnes) ALAIN-FOURNIER
Quem é você, Alasca? JOHN GREEN
A primavera da srta. Jean Brodie MURIEL SPARK

A cor púrpura ALICE WALKER
Um jovem americano EDMUND WHITE
A menina que roubava livros MARKUS ZUSAK

VER TAMBÉM: **adolescência**

adultério

Madame Bovary
GUSTAVE FLAUBERT

Anna Karenina
LEON TOLSTÓI

O verão sem homens
SIRI HUSTVEDT

A tentação de ter um caso amoroso geralmente começa quando um dos dois, em um casal, se sente insatisfeito com quem é — ou com a forma como se sente percebido — dentro do relacionamento atual. Se pudesse estar com alguém novo, a pessoa pensa, poderia ser uma versão mais alegre, mais espirituosa, mais sexy de si mesma. Talvez justifique sua traição dizendo a si mesma que casou muito jovem, quando ainda não estava plenamente formada como indivíduo, e agora seu verdadeiro eu quer ter seu momento de glória. E talvez, de fato, isso a torne uma pessoa mais sexy e alegre — por algum tempo. Mas casos amorosos que resultam no rompimento de relacionamentos longos costumam seguir o mesmo caminho no fim, quando o antigo eu e os antigos hábitos retornam, mesmo que com uma dinâmica um pouco diferente. Com frequência, inseguranças se intrometem também. Porque, se o relacionamento começou como um caso clandestino, pelo menos para um dos dois, é fácil ficar paranoico imaginando que a infidelidade possa ocorrer outra vez.

Para Emma Bovary, a tentação de sair da linha vem quase imediatamente depois de se unir em casamento ao dr. Charles, presa como está em suas preconcepções adolescentes de como um casamento deve ser. Em vez da existência calma que encontra, com um marido que a adora, ela havia esperado que o amor fosse "um grande pássaro de asas cor-de-rosa" planando no céu. Essas ideias absurdas, ficamos um pouco constrangidas de admitir, foram tiradas da literatura — Sir Walter Scott é citado e envergonhado —, pois, aos quinze anos, Emma devorava um grande número de romances românticos, recheados de jovens damas atormentadas "desmaiando em pavilhões solitários" e de cavalheiros "chorando como chafarizes".* Quando co-

---

* Os romances não são os únicos culpados, porém: Emma sabe de cor todas as canções de amor "do último século", exulta com os ritos e rituais inebriantes da Igreja Católica e gosta do campo apenas quando envolve ruínas — e a responsabilidade por isso depositamos inteiramente aos pés da arte do século XVIII.

nhece o sensual e falso Rodolphe, cheio de galanteios-clichê e do desejo de seduzi-la com margaridas, ela se vê totalmente nas mãos dele. Se você desconfia que está nutrindo ideias similarmente irrealistas sobre amor romântico e casamento, precisa se contrabalançar com alguns realistas contemporâneos: as obras de Jonathan Franzen e Zadie Smith são um bom ponto de partida.

Anna Karenina não está procurando ativamente uma saída de seu casamento com o conservador Karenin, mas certamente encontra a plena expressão de sua personalidade vivaz com Vronsky. Quando, no caminho de volta para São Petersburgo, depois de ter conhecido o jovem oficial em sua visita a Moscou, ela o vê na plataforma, é incapaz de conter o entusiasmo que a invade. E, quando volta a pôr os olhos em seu marido, não consegue suportar o costumeiro sorriso "irônico" com que ele a recebe (ou também, pensando bem nisso agora, suas orelhas "cartilaginosas"). Mais fortemente do que nunca, ela sente que está fingindo, que a emoção entre eles é falsa, e, como resultado, passa a se sentir insatisfeita consigo própria. Agora que ela se viu na companhia de Vronsky, como pode voltar a ser a Anna que é com o frio Karenin?

O que Anna também descobre, claro, é que amar Vronsky envolve culpa. Na verdade (e, desta vez, é com prazer que o comentamos), é enquanto lê um romance sobre um barão com sentimento de culpa que ela percebe que a emoção desabrochou dentro de si. A culpa e o ódio por si mesma acabam abatendo a heroína, pois ela não consegue jamais afastar os princípios e valores que a formaram, em particular com relação ao amor que deve a seu filho. Quaisquer que sejam os certos e os errados da situação, esteja ciente de que é difícil conviver com a culpa. Veja "culpa" para como sobreviver a uma consciência aflita e ainda sair inteiro do outro lado.

Ter um caso amoroso nem sempre destrói uma parceria de longa duração. Se você for o cônjuge ressentido que desconfia, ou sabe, que seu parceiro está tendo um caso, vale a pena ganhar coragem com *O verão sem homens*, de Siri Hustvedt, uma abordagem fascinante do clichê do homem mais velho que deixa a esposa e um casamento de trinta anos para fazer uma experiência com uma versão mais jovem. Quando seu marido Boris anuncia que quer um "tempo" no relacionamento, Mia sente tudo o que seria de esperar, e que você talvez possa sentir também: humilhação, traição, raiva. Ela acaba passando um tempo internada em uma unidade psiquiátrica (para ajuda ao lidar com essa fase e, assim, evitar a loucura temporária, veja "raiva" e "coração partido"). Mas então ela se retira para a cidadezinha em Minnesota onde cresceu e onde sua mãe ainda mora, em uma casa para idosos. Ali, cercada de várias mulheres que, por uma razão ou outra, estão vivendo sem homens, ela cura uma parte vital de si mesma. Às vezes, um relacionamento pode ser melhorado como resultado de uma "pausa" dramática em que os ressentimentos são expressos — por ambas as partes. E, se você não quiser mais voltar para um(a) parceiro(a) que a(o) abandonou, temporariamente ou não, um verão sem homens (ou mulheres) pode lhe dar a força para seguir em frente sozinha(o) (ver: divórcio).

A quebra de confiança produz feridas profundas e, para muitos casais, a recuperação é difícil demais. Se seu parceiro foi infiel, é preciso que vocês sejam honestos um com o outro e decidam, entre vocês, se a confiança pode ser reconstruída (para começar, veja "confronto, medo de"). Se você for a parte que está pensando em ter um caso, experimente, em vez disso, libertar seu eu não expresso dentro do casamento. Você poupará muito sofrimento e problemas para todos se conseguir, e seu parceiro pode aproveitar a oportunidade para também se tornar alguém de que goste mais.

VER TAMBÉM: **abandonar o barco, desejo de** • **arrependimento** • **confiança, perda de** • **culpa** • **divórcio** • **insatisfação** • **meia-idade, crise da** • **raiva**

agorafobia

Mulher das dunas
KOBO ABE

Os agorafóbicos sentem grande desconforto quando se veem em lugares novos. Cercados pelo desconhecido, o medo de perder o controle pode desencadear um ataque de pânico (ver: pânico, ataque de). E, por isso, eles preferem ficar em casa, o que resulta em isolamento, depressão e solidão. O romance de Kobo Abe é o antídoto perfeito.

Jumpei Niki, um entomologista amador, viaja para um deserto costeiro no fim de uma ferrovia, à caça de uma nova espécie de inseto. Enquanto procura invertebrados, ele se depara com uma aldeia escondida entre dunas em eterno movimento. Ali encontra uma comunidade singular, que vive em casas alojadas no fundo de buracos de quinze metros de profundidade, no terreno amarelo. Para evitar que as casas submerjam, os residentes precisam cavar baldes de areia

aflito pelo número de livros na sua casa

FAÇA UMA SELEÇÃO NA SUA BIBLIOTECA

Às vezes, o volume de livros na sua casa pode sair de controle. Os livros não só ocuparam as paredes, como estão empilhados ao lado da cama e no fim de cada lance de escada. Há uma pilha no banheiro, e eles estão enchendo o parapeito das janelas, a sapateira, a cama. Às vezes, você tem de tirá-los da pia antes de abrir a torneira.

Leitor, faça uma seleção dos seus livros. Faça isso a cada seis meses, com o objetivo de conseguir uma redução de pelo menos dez por cento em sua biblioteca a cada vez. Doe os livros que não conseguiu ler até o fim — ou que se forçou a terminar (ver: desistir no meio, recusa a). Leve para uma instituição de caridade aqueles que o decepcionaram. Mantenha apenas os títulos que se encaixem nas seguintes categorias: livros que você amou, aqueles que são belos objetos em si, os que você considera importantes, edificantes ou necessários de alguma maneira, livros a que você pode querer retornar algum dia e aqueles para guardar para os filhos. Tudo o mais é apenas papel ocupando espaço.* Desse modo, você manterá sua biblioteca arejada e abrirá espaço para novas aquisições.

---

* Como diz Susan Hill em seu adorável *Howards End is on the Landing*, "você não precisa pagar o aluguel dele só porque é um livro".

aflito pelo número de livros no mundo
CONSULTE UM BIBLIOTERAPEUTA

O fato é que simplesmente não se pode esperar ler todos os livros que existem. Nem mesmo todos os bons livros. Se pensar no tamanho da montanha de leitura que existe lá fora deixa você em pânico, respire fundo. A seletividade extrema é a única solução. O tempo de leitura é escasso, e você não vai querer perdê-lo com um livro medíocre. Busque sempre a excelência.

Farmácia literária é um bom lugar para começar quando você estiver procurando um caminho, com algum discernimento, em meio à selva literária. Pense também em marcar uma consulta com um biblioterapeuta, que vai analisar seus gostos, hábitos e desejos de leitura, além de sua posição na vida pessoal e profissional, e criar uma lista de leitura específica para você.

Para uma saúde perfeita, felicidade e satisfação com os livros, visite seu biblioterapeuta pelo menos uma vez por ano, ou sempre que sentir necessidade de uma revisão. Um bom livro, lido no momento certo, será edificante, inspirador, energizante e vai deixá-lo ansioso por mais. Com tantos livros para escolher, qual o sentido de ler mais um sequer que o deixe indiferente?

dourada todos os dias, que eles fazem subir por cordas até os aldeões acima.

O trabalho deles acontece à luz da lua, uma vez que o sol torna os poços insuportavelmente quentes. Jumpei é convencido a passar a noite em uma das tocas, onde ajuda uma jovem viúva na eterna batalha contra a areia fluida. Em uma reviravolta do destino, Jumpei acorda na manhã seguinte e percebe que a escada de saída foi removida. Suas tentativas de escapar são alternadamente heroicas, sádicas e desesperadas. Lentamente, ele aceita seu destino de ter que trabalhar o dia inteiro, enviando baldes de areia para os ajudantes no alto — e, nos intervalos, comendo, dormindo e fazendo sexo com a viúva. No fim do livro, o leitor terá compartilhado a humilhação de Jumpei — pois os aldeões acima acham sua inesperada mudança de vida muito divertida — e sua gradual aceitação dessa nova e bizarra existência. E nem tudo é ruim, pois ele faz uma descoberta sob a areia.

Deixe Jumpei ensiná-lo a aceitar o inesperado. E, depois de ter tido a experiência de estar encurralado por paredes de areia imaginárias, talvez se alegre com a ideia de arriscar alguns passos para fora de suas próprias paredes, menos aprisionadoras.

VER TAMBÉM: **ansiedade** • **pânico, ataque de** • **solidão**

alcoolismo

Alcoólatras perambulam pelas páginas de livros como cubos de gelo no gim. Por quê? Porque o álcool solta a língua. E porque são sempre os ébrios que nos seguram pelo colarinho para contar uma história. Quando eles estão na página, podemos nos divertir com suas divagações sem ter de sentir seu bafo de cerveja. Mas vamos concordar que é melhor mantê-los ali. Ninguém quer um desses, real, em casa; se você achar que está seguindo por esse caminho, sugerimos que se aterrorize com algumas representações vivas da ruína induzida pela garrafa. Nossa cura deve ser sorvida em três partes: dois coquetéis embriagantes, que lhe darão um vislumbre de seu destino potencial, para deixá-lo sóbrio bem rapidinho, seguidos por uma dose saborosa que o levará a colocar os tênis e correr para uma vida nova e limpa.

Jack Torrance, o escritor no arrepiante *O iluminado*, de Stephen King, pegara esse trem havia alguns anos. Embora sua esposa tivesse per-

O iluminado
STEPHEN KING

À sombra do vulcão
MALCOLM LOWRY

Era uma vez um corredor
JOHN L. PARKER, JR.

manecido com ele, Jack perdeu a confiança dela no dia em que quebrou o braço do filho, Danny, em um acesso de fúria desencadeado pela bebida. Trabalhando durante o inverno como zelador do Overlook Hotel, nas montanhas Rochosas, no Colorado, ele espera poder recuperar a relação com a esposa e o filho, agora com cinco anos, e retomar sua carreira escrevendo uma nova peça.

Os dois grandes obstáculos para a felicidade de Jack vinham sendo o consumo excessivo de álcool e o temperamento explosivo, o que não é uma boa combinação para ser levada a um hotel enorme e fantasmagórico onde é provável que se fique isolado do mundo exterior por várias semanas, quando a neve cair. Jack começa seu trabalho com a firme convicção de que permanecerá sóbrio. Mas um dos sinistros atributos do Overlook, além da arquitetura que se redesenha regularmente, é a capacidade de fazer coquetéis surgirem do nada.

No começo, estes são meramente imaginários, mas logo Jack se vê diante de um legítimo gim, que lhe é servido pelo barman (morto) Lloyd (ver: assombrado, ser). Para Jack, olhar para o gim é "como se afogar": a primeira bebida que ele leva aos lábios em anos. Na companhia de espíritos cada vez mais malignos, é com prazer que o fantasma do alcoolismo de Jack, que andava à espreita, se liberta com força total. Observar a desintegração de Jack lhe trará de várias maneiras o medo do demônio da bebida e fará você ir atrás de um suco de laranja em lugar de um drinque.

Bêbados tendem a ser excitantes ou exasperantes. À sombra do vulcão, de Malcolm Lowry, que se passa no Dia dos Mortos, na cidade mexicana de Quauhnahuac, mostra-nos ambos os aspectos da psique do herói dipsomaníaco Geoffrey Firmin. Cônsul britânico nessa cidade à sombra de um vulcão, ele passa o dia tentando coordenar a necessidade de bebida com o complicado reaparecimento de sua esposa afastada, Yvonne. Esse deveria ser o dia mais importante de sua vida, ele desconfia, mas tudo o que ele consegue fazer é beber, dizendo a si mesmo que está tomando uma cerveja "por causa das vitaminas" (ele não liga muito para comida), enquanto se irrita com a chegada de convidados que não trazem um novo suprimento de bebidas.

Os eventos ocorrem em um único dia e acontecem, principalmente, na cabeça do cônsul, mas o alcance desse livro, extremamente forte, beira o épico. Conforme as festividades do Dia dos Mortos chegam ao ápice febril, o cônsul mergulha, trágica e irremediavelmente, na autodestruição, com os pensamentos embaralhados por uísque e mescalina. Seus devaneios são, às vezes, cheios de humor negro, e as referências a Fausto são frequentes; Firmin está se dirigindo alegremente para o inferno, e suas últimas palavras, "Meu Deus, que jeito podre de morrer" — pressagiadas na abertura do livro pelo amigo cineasta de Firmin, Laruelle —, ecoam como um lembrete sinistro de como essa é uma trajetória terrível para seguir na vida.

Mas chega de alarme! Quem está tentando largar esses hábitos prejudiciais também precisa de um modelo positivo, que lhe traga inspiração — um modo alternativo de vida. Para isso, incentivamos fortemente a leitura de *Era uma vez um corredor*, de John L. Parker, Jr. Um clássico underground, quando o autor o publicou por conta própria em 1978, foi tomado como uma espécie de ficção-manual para corredores competitivos (biblioterapia em ação no mundo). O livro conta a história de Quenton Cassidy, membro da equipe de atletismo da Universidade Southeastern, que treinava sob as instruções do medalhista de ouro olímpico Bruce Denton para correr a milha. Denton força seus atletas a limites que eles nem sabiam existir. Quenton se deleita com as incontáveis voltas que Denton o força a correr, esforçando-se tanto que urina sangue e chora abertamente, sem parar um só instante de percorrer a pista com suas "pernas rijas como mogno". Nesse pico de treinamento, ele é "vital, tão rápido, tão quase imortal" que sabe que a vida nunca será "tão pungente" quanto naquele momento.

Deixe que *Era uma vez um corredor* inspire você a mudar completamente a relação com seu corpo, a levá-lo aos limites de maneira positiva, a colocá-lo em ação e ver o que ele pode fazer. Enquanto Firmin, no romance de Lowry, "passa batido" pelos minutos entre as doses de bebida, Cassidy, no livro de John Parker, respira espaço a cada segundo, tirando o máximo que pode de cada um deles. A pura alegria — e a dor — de correr, o suor e a implacável determinação da corrida são tão distantes quanto se pode chegar do niilismo do alcoólatra. Compre um par de tênis e sirva-se desse livro, em vez de drinques depois do jantar. Que ele possa ser um símbolo de seu compromisso de largar a bebida.

VER TAMBÉM: **libido, perda de** • **ressaca** • **soluço** • **vício, largar de vez**

alopecia

VER: **calvície** • **estresse**

alpinista social, ser

A feira das vaidades
WILLIAM MAKEPEACE THACKERAY

Quando convidado para uma festa, você pergunta primeiro: "Quem vai estar lá?" Solta os nomes de seus conhecidos famosos com mais frequência do que solta risadas? E pensa no casamento como uma oportunidade para avançar na carreira? Se for assim, você se reconhecerá em Becky Sharp, que sai da Escola para Jovens Damas de Miss Pinkerton com as garras estendidas e pronta para dar o bote. Ela avança primeiro sobre o irmão de sua melhor amiga, Amelia, que está devidamente alertado, mas sua presa seguinte, Rawdon Crawley, filho de um barão, não tem tanta sorte. Ele é pego e rapidamente fisgado (mas não se preocupem, porque ele também não é nada melhor). Daí em diante, a ascensão de Becky é meteórica — ela ganha os favores da fonte do dinheiro da família, a tia solteirona de Rawdon, consegue obter lucro com o irmão de Amelia quando ele se apavora diante da aproximação das Guerras Napoleônicas, pensa em fugir com o marido de Amelia, depois vai abrindo caminho em Paris e Londres até estar frequentando as altas rodas com um marquês — e um príncipe. E para quê? Leia e descubra. Mas lhe diremos isto: pode ser divertido lá no alto, porém não há muito espaço, e são muitos os concorrentes ávidos para ocupar o seu lugar. Se aumentar o status social for sua meta, que a advertência dessa história lhe sirva de alerta. Se você esfaqueou meio mundo pelas costas em sua subida para o topo, quem vai segurá-lo quando você cair?

VER TAMBÉM: **ambição, excesso de**

amargura

Oroonoko ou O escravo real
APHRA BEHN

Se você acha que o mundo não é justo e que você merecia algo melhor; que para todo mundo é fácil, menos para você; se fica indignado quando as coisas não saem como você quer, talvez tenha sucumbido ao flagelo da amargura. Talvez, de fato, sua sorte não tenha sido boa. Mas a vida é o que fazemos dela, e ninguém disse que seria justa. Além disso, as pessoas tendem a se afastar de indivíduos amargos — tanto na vida como na literatura —, porque eles exalam raiva e má vontade. A menos que você queira tornar sua vida ainda mais difícil, insistimos que tome umas aulas com o magnífico príncipe Oroonoko, herói de uma história de traição, amor verdadeiro e estoicismo, publicada em 1688.

O príncipe Oroonoko, alto, orgulhoso e imponentemente majestoso, ama Imoinda. Ela também o ama e se casa com ele, mas é tão bela que o rei de Coramantien (a atual Gana) se apaixona por ela e a força a entrar para seu harém. Ela e o príncipe Oroonoko conseguem fugir juntos, mas são capturados e vendidos como escravos. Miraculosamente, acabam se reencontrando no Suriname, e até concebem um filho, mas sua súplica para que possam voltar para casa é ignorada. Abandonados e traídos, eles enfrentam as forças policiais que os mantêm escravizados, e as coisas vão de mal a pior — e, depois, para pior ainda.

Ninguém tem mais razão para ser amargo do que Oroonoko. Não só teve a esposa tirada de si como ainda sofreu a terrível injustiça da escravidão. Bem no fim, quando tudo está perdido, Oroonoko ainda enfrenta uma última e terrível provação: ele é desmembrado aos poucos. Mas, tendo descoberto recentemente o consolo do cachimbo, ele suporta a tortura fumando calmamente, confiante e pensativo. Não recomendamos que você comece a fumar. Mas recomendamos que imite a capacidade de Oroonoko de elevar-se acima das injustiças da vida e viver sem rancor.

VER TAMBÉM: **arrependimento** • **cinismo** • **ciúme** • **ódio** • **raiva**

ambição, excesso de

Alguns têm de menos, outros têm demais. De acordo com o filósofo taoísta Lao Tzu, a ambição, em sua melhor proporção, tem o calcanhar bem preso, "enquanto estica os dedos para tocar o céu". Quando o calcanhar não está preso firmemente e excedemos o alcance de nossos talentos inatos e limitações sociais, estamos em risco de perder inteiramente a aposta.

Isso é o que acontece com Pip em *Grandes esperanças*. Órfão, ele mora com a irmã mais velha, a rígida e insensível sra. Joe, cujo rosto parece ter sido "esfregado com um ralador de noz-moscada" e que acredita em educá-lo "com mão de ferro" (embora o temperamento

Grandes esperanças
CHARLES DICKENS

dela seja contrabalançado pelo de seu amável marido, Joe, que se mostra bondoso com Pip ao longo de sua vida turbulenta). Quando Pip conhece Estella, a bela mas fria protegida da excêntrica Miss Havisham, que ainda usa o vestido de noiva em que foi abandonada no altar quarenta anos antes, Pip é incentivado pela irmã a nutrir a esperança de que essa estranha senhora tenha planos de casá-lo com Estella. A esperança se transforma em convicção, dando a ele a luz verde para se comportar "como um cavalheiro" — não necessariamente do melhor tipo — e desprezar suas origens, incluindo seu amigo Biddy, que vê a maneira como Pip está mudando e não gosta nada disso.

Acontece que Pip e sua irmã estavam terrivelmente enganados. Embora Pip acabe, de fato, recebendo uma herança inesperada, e externamente isso faça dele um "cavalheiro", o sucesso mundano se revela desprezível comparado ao sucesso no amor. Fortunas podem ser perdidas tão facilmente quanto são ganhas. Pip teria poupado muito tempo e sofrimento se nunca tivesse subido de posição. Que o erro de Pip possa servir como advertência. Olhe sempre para o céu. Mas mantenha pelo menos um dos pés na terra firme de suas origens.

VER TAMBÉM: **alpinista social, ser • ganância • trabalhar em excesso • vender a alma**

ambição, falta de

Pétala escarlate, flor branca
MICHEL FABER

Se você vem assistindo à corrida de todo mundo, menos a sua, ou mesmo se ainda estiver parado na linha de partida, precisa de um livro para estimulá-lo a estabelecer alguns marcos de chegada e lançar-se em direção a eles. Não há melhor romance para essa tarefa do que *Pétala escarlate, flor branca*.

Nossa jovem heroína começa a vida em um lugar que a maioria consideraria tão longe da possibilidade de competir que ela poderia muito bem desistir antes mesmo de começar. Na tenra idade de treze anos, Sugar é forçada pela mãe a se prostituir e cresce acreditando que não tem outra escolha senão se submeter aos cavalheiros que vêm à sua cama "para mantê-la aquecida". Mas ela anseia poder sair dessa existência degradante. Sua maneira de lidar com a situação é se tornar a melhor de seu bordel, depois a melhor da Grã-Bretanha. Ela não tarda não só a adquirir talentos fenomenais no quarto, como também a saber fazer um homem se sentir eloquente, inteligente e cheio de vitalidade, simplesmente pela maneira como o escuta e flerta. Mas, sob a aparência extremamente charmosa, ela ainda acha seu trabalho grotesco e despeja o próprio desgosto em um romance que escreve em segredo.

Sua grande oportunidade acontece quando ela conhece William Rackham, da Rackham Perfumarias, que a descobre pelas páginas da revista masculina *More Sprees in London*. Rackham fica tão encantado com Sugar que arranja para que ela seja de seu uso exclusivo. Chega um momento em que ela se torna absolutamente preciosa para ele, não só por seu charme e beleza, mas pela inteligência, pois ela se mostra mais perspicaz e mais sintonizada com as necessidades dos clientes dele do que o próprio Rackham. Logo Sugar se torna a força orientadora por detrás de suas campanhas de marketing e de toda a estratégia de negócios.

Faber retrata em detalhes minuciosos um mundo vitoriano de desigualdade social e convenções rígidas: "Seja cauteloso. Mantenha-se alerta. Você vai precisar disso", ele avisa no início do romance. Siga Sugar (embora não na prostituição) e eleve-se com sabedoria, determinando seu próprio futuro e não o dos outros. Como disse Oscar Wilde: "Nossa ambição deve ser governar a nós mesmos, o verdadeiro reino de cada um de nós".

VER TAMBÉM: **apatia • cama, incapacidade de sair da • letargia**

amigdalite

Foi-se o tempo em que elas eram extirpadas sem a menor cerimônia. Agora, a regra é paciência, penicilina e suor. Aparentemente, é preciso manter esses órgãos desagradáveis no fundo da garganta para poder abrir a boca e fazê-los balançar se um dia, por acaso, você estiver em um desenho animado e precisar gritar.

Quando a temida amigdalite atacar, aqui está um romance suave e cremoso para descer por sua garganta. *A rainha dos gelados* começa na Florença do século XVII, quando Carlo Demirco, um jovem de origens humildes, vai ajudar Ahmad, um fabricante de sorvetes de origem persa, em seu trabalho. Os segredos de Ahmad foram passados por gerações de sua família, e ele segue as receitas tradicionais: apenas quatro sabores básicos (laranja, água de rosas, mástique e

A rainha dos gelados
ANTHONY CAPELLA

cardamomo) podem ser usados para criar quatro tipos diferentes de gelo — cordiale, granitte, sorbetti e sherbert.

A magia do gelo, naqueles dias, mal podia ser imaginada. Ele era escavado de geleiras ou colhido de rios e lagos congelados, depois engenhosamente preservado em depósitos de gelo construídos especificamente para isso. Para que o sorvete atingisse uma temperatura suficientemente baixa, era misturado com salitre. Era uma ciência e tanto — mais uma questão de engenharia que de gênio culinário. Carlo é, para todos os fins, um escravo, não um criado, sem nenhuma perspectiva de subir na profissão. Mas ele é ambicioso e aprende avidamente, realizando as próprias experiências com xaropes e frutas: "Nada era estranho ou ridículo demais para eu experimentar". Carlo faz gelo de vinho, de pesto genovês, de leite de amêndoas, de erva-doce triturada e diferentes tipos de cremes. Tenta descobrir os segredos mais profundos e congelados que se ocultam dentro do gelo. Depois, leva esses segredos para as câmaras mais recônditas da corte de Carlos II, onde sexo, sorvetes e política produzem uma mistura poderosa.

Faça da existência de suas amígdalas algo a ser comemorado. Quando a amigdalite atacar, refresque-a com esse doce romance, comendo colheradas de sorvete enquanto lê.

VER TAMBÉM: **dor, sentir**

amigo, brigar com o melhor

Até mais, vejo você amanhã
WILLIAM MAXWELL

Ouvimos muito sobre a dor de um relacionamento romântico rompido, mas e sobre a perda de um melhor amigo, quando, por qualquer que seja a razão, vocês brigam irremediavelmente? Amigos, afinal, deveriam ser para sempre, e a dor de perder a única pessoa em sua vida que conhece você (talvez) desde a juventude, que já o viu em seus piores momentos e que o entende por completo é verdadeiramente arrasadora. Não só você tem de encarar um futuro sem a companhia dessa pessoa como vai se pegar questionando se é, de fato, um bom amigo para os outros e, por extensão, uma boa pessoa.

Essa triste situação é captada em toda a sua pungência por William Maxwell, em seu belamente escrito *Até mais, vejo você amanhã*. Clarence Smith e Lloyd Wilson são arrendatários de terras em propriedades vizinhas, na zona rural de Illinois. Isolados nas vastas campinas, as únicas luzes que podem ser vistas da casa de um são as da casa do outro. E, ao longo dos anos, os dois homens passaram a depender um do outro: quando Lloyd tem um bezerro doente, chama Clarence antes do veterinário. E, quando as lâminas da roçadeira de Clarence enroscam, Lloyd ouve o barulho do motor falhando a quinhentos metros de distância e, se ele não começar a funcionar de novo em seguida, vai imediatamente ver o que aconteceu. Eles são o único amigo um do outro.

Cinquenta anos depois, o narrador idoso do romance, um homem que cresceu nas proximidades e também tem a própria história comovente, na qual não vamos entrar aqui, relembra a dolorosa jornada de Smith e Wilson e seu trágico final. Não há nenhum julgamento, nem do traidor nem do traído — pois tanto Smith como Wilson têm seu lado da história, e Maxwell demonstra compaixão por ambos os pontos de vista. O que fica é um peso de tristeza que o narrador ainda acha difícil suportar. A prosa lenta e elegíaca de Maxwell, erguendo-se como neblina da página, leva o leitor além do simplista "ele disse/ela disse", para uma preocupação com a inefabilidade da dor, o fato terrível de vidas despedaçadas.

Se não for tarde demais, faça o que puder para consertar sua amizade: novos amigos são difíceis de vir, quanto mais velho você fica, e nunca será possível substituir toda uma história compartilhada. Se a mágoa ou o ressentimento forem muito grandes, ou se você não conseguir o perdão de seu amigo, o romance profundamente compreensivo de Maxwell o ajudará a sentir sua perda e a lamentá-la. E a assegurar que você nunca mais trate um amigo de maneira da qual possa vir a se arrepender.

VER TAMBÉM: **arrependimento** • **solidão** • **tristeza**

amigos, necessitado de

VER: **excluído, sentir-se** • **impopular, ser** • **outsider, ser um** • **solidão**

amizade desfeita

VER: **amigo, brigar com o melhor**

MAL LIGADO À LEITURA

amnésia associada à leitura

FAÇA UM DIÁRIO DE LEITURA

Pessoas que sofrem de amnésia associada à leitura têm pouca ou nenhuma lembrança dos romances que leram. Elas chegam da livraria cheias de entusiasmo pelo livro novo que têm em mãos e, cinco ou vinte páginas depois, são tomadas por uma sensação de déjà-vu. Entram em uma conversa sobre um livro clássico que acham que leram, e alguém lhes faz uma pergunta que não sabem responder — geralmente o que acontece no fim.

O que você precisa, leitor cabeça de vento, é de um diário de leitura. Um pequeno caderno para levar consigo o tempo todo, idealmente que seja bonito e agradável de tocar. Dedique uma página para cada livro que ler e, no dia em que virar a última página de uma obra, anote o título, o autor, a data e o lugar onde a leu. Se quiser, crie uma frase forte que resuma a história: HOMEM MATA UMA USURÁRIA E SE SENTE CULPADO PELAS QUINHENTAS PÁGINAS SEGUINTES, por exemplo. Ou talvez você queira fazer um comentário longo sobre as motivações de um personagem que tiver achado particularmente interessante. Também pode querer fazer uma anotação sobre como o livro fez você se sentir — entusiasmado ou triste? Com vontade de dar uma caminhada pelas charnecas ventosas ou de emigrar para a Nova Zelândia? Se as palavras não vierem facilmente, use imagens para resumir seus sentimentos, ou dê uma nota de zero a dez, ou escreva uma lista das palavras que encontrou no livro e que o agradaram.

Esse diário será um registro de sua jornada de leituras. Ao longo dos anos, você poderá reler as páginas e relembrar os altos e baixos. E, se um autor ou título o deixar confuso no meio de uma conversa, peça licença para ir ao banheiro e consulte o caderninho.

amor, à procura do

VER: **felicidade, busca da** • **par perfeito, à espera do** • **par perfeito, à procura do** • **solteirice**

amor, deixar de amar o

Amor verdadeiro. Luar. Rosas. Dedicação eterna. A *pessoa certa*.

Caia na real, ouvimos você dizer.

Alguns de nós chegamos ao fim da linha com o amor. Sentimos que nossa capacidade de amar se esgotou, que a habilidade de inspirar amor desapareceu. Que o tempo do romance em nossa vida terminou.

Não temos tempo para essas atitudes de enfado. Propomo-nos, portanto, a arrancá-lo desse ceticismo e redespertá-lo para a capacidade infinita do amor de voltar repetidamente. O romance com que faremos isso é o épico de Murakami, 1Q84.

Dizer que 1Q84 é um romance complexo é subestimá-lo. Bastante longo, transcorre em dois mundos diferentes. Mas é profunda e fundamentalmente romântico. O núcleo do romance está no passado dos dois personagens principais. Quando ambos tinham onze anos de idade, deram-se as mãos por um único momento muito longo, na sala de aula na escola. O momento — silencioso, carregado de significado, muito inesperado para Tengo; planejado, mas inexplicável na época, para Aomame — continuou a assombrá-los desde então. Aomame sabia que estava indo embora, e Tengo sempre havia sido bom para ela. Ela imprimiu sua essência na palma da mão dele, e a alma de Tengo se alterou para sempre.

Agora, mais de vinte anos depois, acompanhamos Tengo e Aomame vivendo a vida de maneira separada e solitária. Nenhum deles desenvolveu um relacionamento adulto. Tengo leciona em um curso intensivo de matemática e está escrevendo um romance; Aomame leva uma vida disciplinada ensinando defesa pessoal e fazendo um extra como uma espécie de assassina profissional. Mas então ambos se veem envolvidos com um culto religioso, Sagigake, que logo os obriga a fugir separadamente, e cada um deles vai se dando conta, lentamente, da continuada relevância do outro em sua vida.

Uma das preocupações do romance é com a ideia de se tornar irrecuperavelmente perdido — seja moralmente, ou entre dois mun-

---

1Q84
HARUKI MURAKAMI

dos paralelos, ou simplesmente em relação ao amor. Quando Tengo visita o pai moribundo em casa, ele lhe lê uma história sobre a "Cidade dos Gatos", um lugar onde as pessoas podem se tornar irrecuperavelmente perdidas e além do alcance do amor. Tengo pensa muito na Cidade dos Gatos, vendo-a como um lugar de ausência definitiva do amor. E quando, em contraste, começam a acontecer coisas que vão além do realismo — uma gravidez tangível, mas inexplicável, duas pessoas que se encontram contra todas as probabilidades, o amor vindo para quem desistira dele havia muito tempo —, o que parece ser mostrado é que o poder do amor triunfa sobre todo o resto. Faça essa jornada épica com Tengo. Ao lado dele, volte a se apaixonar pelo amor.*

VER TAMBÉM: **desencantamento** • **esperança, perda de** • **par errado, acabar com o**

amor, estar perdido de

VER: **apetite, perda de** • **concentração, incapacidade de** • **insônia** • **luxúria** • **mal de amor** • **obsessão** • **otimismo** • **paixão** • **romântico incorrigível** • **tontura**

amor condenado

Nós
EVGUENY ZAMIATIN

O amante de Lady Chatterley
D. H. LAWRENCE

Às vezes é óbvio para todos, menos para você, que seu amor está fadado a dar errado. Extasiado dentro de sua bolha de amor, você não consegue enxergar além do cintilante brilho nacarado que o cerca. O amor nascido sob uma estrela ruim — como o de Tristão e Isolda, Cathy e Heathcliff, Tess e Angel Clare — é terrível de assistir. Mas o casal malfadado não tem a menor noção de que sua bolha logo vai estourar. Quando a membrana é perfurada, no entanto, até mesmo os amantes condenados acabam, em geral, percebendo sua loucura, e esse é o momento para usar a nossa cura: nos estertores do romance.

Porque, por mais condenado que seu romance esteja, ele não pode ser tão irremediavelmente fadado à ruína quanto o dos infelizes amantes em *Nós*, de Evgueny Zamiatin. D-503 (masculino) e I-330 (feminino) só podem se encontrar em segredo, porque vivem no Estado

---

* Mas cuidado com os exageros! Se achar que abusou, veja "romântico incorrigível".

Unificado, uma sociedade dirigida pelo "Benfeitor", que controla toda vida humana. Todos realizam suas atividades dentro de paredes de vidro, para poder ser vigiados o tempo todo. D-503 e I-330 têm seu primeiro encontro no único canto opaco de um prédio.

Gradualmente, I-330 revela a D-503 que ela é parte de uma operação clandestina trabalhando para romper o "Muro Verde" que mantém sua civilização separada do mundo exterior. Vemos relances dos humanos livres desse outro mundo, cobertos de peles. Um plano de fuga, alimentado pela intensidade de sua paixão, nos leva a torcer por seu futuro. Mas Zamiatin estava se baseando em sua experiência na Rússia do começo do século XX, onde seu livro permaneceu proibido por muitos anos — e sabemos que o Estado Unificado está repleto de espiões... Ler Nós fará você se sentir melhor quanto à sua própria incapacidade de ver o fim se aproximando.

O amor entre Lady Chatterley e o guarda-caças Mellors parece completamente condenado também. Connie não só é casada — com o paralisado e impotente Sir Clifford, com quem ela tem afinidade mental, mas não física — como também é membro da aristocracia, enquanto Mellors é um plebeu. Como se para lembrá-la (ou, mais provavelmente, nos lembrar) do grande abismo que existe entre eles, Mellors escorrega vez por outra para seu modo de falar vulgar de Derbyshire. Muito sensatamente, Mellors fica "com medo das coisas" quando eles começam seu caso apaixonado e profundamente sexual, vendo todas as "complicações". Em contraste, a súplica de Connie para que ele não desista dela parece ingênua, e o leitor não pode deixar de sentir que a ligação deles, embora profunda, é tão imperfeita quanto o casamento dela, no sentido contrário. A afinidade física está presente, mas eles não têm nada para conversar.

Mas D. H. Lawrence contraria todas as expectativas. Connie, uma vez despertada por Mellors, que toca "a mulher" que existe nela, começa a ver sua ligação intelectual com Clifford como "apenas um punhado de palavras". E, daí por diante, ela não hesita. No fim do romance, ficamos com os dois esperando: Mellors, que seu divórcio se concretize; Connie, que Sir Clifford lhe conceda a liberdade. O futuro paira diante deles sem que ainda tenham conseguido agarrá-lo, mas Connie está grávida de Mellors e, depois de ter contado ao mundo sobre seu amor, parece não haver mais volta.

Se há esperança para Lady Chatterley e Mellors, talvez você não devesse se sentir tão pessimista quanto ao seu amor, afinal. Para curá-lo desse mal, veja "pessimismo".

VER TAMBÉM: **amor não correspondido • par errado, acabar com o • perder tempo em um relacionamento ruim**

amor não correspondido

Bel canto
ANN PATCHETT

Os sofrimentos do jovem Werther
JOHANN WOLFGANG VON GOETHE

Longe da multidão
THOMAS HARDY

Primeiro amor
IVAN TURGUENIEV

O amor não correspondido é de um tipo especial, que só pode ser unidirecional. Para provar isso, vamos tomar emprestada a definição de Ann Patchett em seu romance *Bel canto* (também uma de nossas curas para: par perfeito, à procura do). Presos em assentos adjacentes em um voo de dezoito horas, o jovem pianista sueco que acompanha a famosa soprano Roxane Coss despeja-se em uma confissão de adoração eterna que deixa a cantora perplexa. Vindo do nada e sem nenhuma base em amizade ou atração mútua, aquilo é excessivo, precipitado demais — e cheira a leviandade: "O tipo de amor que oferece sua vida tão facilmente, tão estupidamente, é sempre o amor não correspondido", escreve Patchett. Como o objeto de seu amor pode enxergar alguém digno de ser amado quando você se dispõe a lançar-se aos pés dele, exposto e sangrando como um pedaço de carne crua?

É só uma questão de tempo antes que o pianista se sacrifique literalmente, pois o pobre beberrão está totalmente perdido na destrutividade masoquista de seu amor sem esperanças. Quando os terroristas que tomaram a soprano e seu público como reféns oferecem liberdade para quem precisar de cuidados médicos, o jovem apaixonado fica mudo, embora seja diabético e precise de injeções regulares de insulina para manter-se vivo. Ficar ali para "proteger" Roxane significará morte certa. "Bem, muito obrigada, pianista sueco, por jogar a culpa da sua morte em minhas mãos", Roxane poderia muito bem ter dito. Dá para chamar isso de amor?

A literatura está cheia de personagens similarmente tolos e atormentados, loucos para morrer pelo amor de alguém que nunca lhes pediu isso. O que não é nem um pouco agradável de ver. O pior da turma é Werther, em *Os sofrimentos do jovem Werther*, de Goethe, a alma sensível cujo amor sem esperanças pela camponesa Lotte — já noiva e feliz com outra pessoa quando eles se conhecem — o leva a tirar a própria vida em desespero. Ele tem até a audácia de arranjar para que Lotte lhe envie a pistola que será o instrumento de sua morte. Que descaramento! Depois da primeira publicação desse romance, em 1774, pessoas sensíveis e artísticas, de Ostend a Nápoles, começaram a se vestir com as roupas características do jovem Werther; algumas se mataram em suicídios semelhantes ao dele, com uma pistola e um livro aberto. Isso ficou conhecido como "efeito Werther". Goethe foi rápido em denunciar as emoções exageradas do movimento romântico — conhecido como *Sturm und Drang* ("tempestade e ímpeto") — de que seu romance havia se originado. Nós o fazemos também. Se você desconfiar que é do tipo que se delicia com a tragédia do próprio amor não correspondido, nós o instruímos a ficar longe de *Werther*. Volte-se, em vez disso, para *Longe da multidão*.

Esse Hardy robusto, ambientado na Wessex que ele amava, é o melhor romance para mostrar como amar — e como não amar. Todos fazem errado no começo. Gabriel Oak, embora adorável desde a primeira linha, com seu sorriso radiante que chega a "uma distância insignificante de suas orelhas", é um tanto simplista na maneira de cortejar. Bathsheba, bonita, casadoura, prestes a ser rica, é vaidosa e cheia de si. Ela também gosta de provocar, e, embora isso funcione para Gabriel — pois, como sabemos agora, um prêmio que valha a pena ganhar tem de ser um pouco difícil de obter —, o cartão de Dia dos Namorados que ela, em um momento de impetuosa tolice, envia para seu vizinho William Boldwood é um ato de irresponsabilidade de que virá a se arrepender. O cartão dá a Boldwood, até então indiferente à beleza da vizinha, a ideia de amá-la, e ele não demora a mergulhar de cabeça em um ímpeto ao estilo *Werther* de amor não correspondido, sacrificando-se desnecessariamente nas profundezas desse sentimento.

O terceiro pretendente de Bathsheba, o sargento Troy, é essencialmente um bom homem, embora, como Bathsheba, tenha a própria beleza em muito alta conta, o que nunca é uma característica atraente (ver: vaidade; arrogância). Mas ele fez algo mais repreensível do que Bathsheba, tendo deixado uma moça grávida atrás de si. Gabriel Oak é o único que prova seu valor, e o faz permanecendo firme, sendo um amigo leal para Bathsheba durante toda essa confusão com os outros dois homens e esperando que ela note seu valor — além de provar o dela própria.

Se você insistir em se deleitar — só um pouquinho — com os êxtases e as agonias do amor não correspondido, faça isso com *Primeiro amor*, de Turgueniev. Nesse romance curto e ensolarado, o jovem Vladimir, de dezesseis anos, está encantado com Zinaida, de vinte e um. Ela tem todo um séquito de pretendentes à disposição e, embora o trate como um jovem confidente, não leva nem remotamente a sério suas tentativas de aproximação. Ela brinca com todos os seus apaixonados adoradores, e apenas no fim fica evidente quem é o verdadeiro objeto de sua afeição. Tudo, claro, termina em tragédia. Suspire uma última vez pelo seu amor com Vladimir, mas, depois, passe a guardar as cartas na manga. Só assim começará a ganhar as partidas.

Se o amor que você sente não for correspondido, faça uma pausa em sua efusividade tola e pergunte a si mesmo: Em sua ânsia apaixonada, você demonstrou falta de amor-próprio e se tornou pouco atraente? Se a resposta for sim, você será incapaz de inspirar mais do que um "não" tingido de culpa. Levante a cabeça. Olhe-se nos olhos e recupere seu valor. Depois, demonstre esse valor com o tipo de comportamento que alguém tão maravilhoso como a pessoa que você ama certamente merece.

VER TAMBÉM: **amor condenado** • **autoestima baixa** • **ciúme** • **paixão** • **par perfeito, à espera do**

amputação

VER: **membro, perda de**

angústia existencial

Sidarta
HERMANN HESSE

Como qualquer pessoa que já esteve à beira de um precipício lhe dirá, ao lado do medo de cair para a morte, há uma emoção igualmente forte e inteiramente conflitante: a vontade de pular. A consciência de que nada o impede de dar esse salto, o salto para a possibilidade — a constatação de que se tem absoluto livre-arbítrio, poder infinito de criar e destruir —, o enche de horror e medo. É esse horror, de acordo com Soren Kierkegaard, que está na raiz da angústia existencial.

Se você tem a infelicidade de sofrer dessa aflição debilitante, está precisando urgentemente de descanso espiritual. Precisa reduzir as possibilidades, renunciar ao mundo e unir-se, pelo menos por algum tempo, aos ascéticos. Você precisa de *Sidarta*.

Sidarta, o jovem filho de um brâmane fictício da antiga Índia, traz alegria e bem-estar para todos — exceto para si mesmo. Levando uma existência aparentemente idílica, cercado pela família que o ama, ele parece destinado a grandes coisas. Mas, apesar da riqueza material e espiritual, o jovem Sidarta sente que algo está faltando.

Por isso, como alguns rapazes na Índia antiga costumavam fazer, ele parte em uma busca espiritual. Primeiro, junta-se aos samanas, um grupo de ascetas autoflageladores que negam a carne e buscam a iluminação por meio da renúncia. Devidamente flagelado, mas ainda descontente, ele conhece Gautama, o Buda, que lhe ensina o caminho óctuplo que ilumina a vereda para o fim do sofrimento. Não satisfeito apenas com esse conhecimento e querendo alcançar sua meta pelo próprio entendimento, ele conhece Vasudeva, um barqueiro com uma incrível luz interior, que parece contente com sua vida simples. Mas isso também não é suficiente para satisfazê-lo. Mesmo depois de viver uma vida feliz e sensual por muitos anos com a bela Kamala, ainda há algo faltando para Sidarta. Por alguns momentos, ele contempla a morte por afogamento. Mas, então, lembra-se do barqueiro incrivelmente feliz, Vasudeva, e aprende que deve estudar o rio.

Ali ele encontra revelações para toda a vida, incluindo o verdadeiro ciclo de vida e morte e o que significa ser parte de uma unidade atemporal. E, desse dia em diante, ele irradia entendimento transcendente, autoconhecimento e iluminação. Do mundo todo, pessoas vão até ele em busca de sabedoria e paz. Pessoas como você.

VER TAMBÉM: **ansiedade** • **medo indefinido** • **sentido, falta de**

aniversário, depressão de

Então você está prestes a ficar um ano mais velho e não gosta nem um pouco da ideia. Talvez receie a perda de sua boa aparência (ver: vaidade; calvície). Talvez tema a perda da saúde e da lucidez. Bom, você não é o único (ver: envelhecimento, medo do). Na verdade, neste exato momento, um milhão, setenta e seis mil, duzentas e oitenta* pessoas no planeta também estão sentindo depressão de aniversário. Como Salim Sinai, o herói de Os filhos da meia-noite, que compartilha a data de nascimento (meia-noite de 15 de agosto de 1947) com o desabrochar de uma Índia que acabava de se tornar independente e com outras mil pessoas, você também respirou pela primeira vez no

Os filhos da meia-noite
SALMAN RUSHDIE

---

* Um pouco mais ou um pouco menos.

mesmo dia e no mesmo ano que um grande número de pessoas no mundo todo.

Não é preciso acreditar em astrologia — ou em realismo fantástico — para perceber que você tem uma conexão especial com essas pessoas. Do mesmo modo, a vida de Salim está atrelada à história de seu país e aos outros "filhos da meia-noite", com quem ele compartilha uma estranha telepatia e dons mágicos. Pense desta maneira: já é uma estranha coincidência estar vivo neste planeta ao mesmo tempo que qualquer outra pessoa, considerando o longo tempo que o universo existe e que provavelmente ainda vai existir. Pensar que há outras pessoas nascidas exatamente *no mesmo dia e no mesmo ano* — ora, são praticamente suas irmãs! Isso não te faz ter vontade de correr para o mundo e desejar feliz aniversário a todas elas?

Na véspera de seu grande dia, mergulhe em *Os filhos da meia-noite*, de Salman Rushdie, com todos os outros meninos e meninas da sua idade que nasceram nesse dia. Faça um brinde a sua família estendida. Viva, ao mesmo tempo, a vibração e o colorido desse delicioso romance, ria com seu humor bobo e atenção às maluquices da vida. Enquanto ri, você se sentirá jovem outra vez, assim como todos os outros. Continue lendo a noite inteira, como costumava fazer anos atrás. É um livro longo. Do alto da página, observe aqueles sentimentos cinzentos se tornarem róseos com o amanhecer.

VER TAMBÉM: **envelhecimento, medo do • insatisfação**

anseio geral

Seda
ALESSANDRO
BARICCO

Desejar — dolorosa, interminável e inutilmente — algo que você acredita que possa satisfazer uma necessidade que não vai embora é uma maneira dolorosa, interminável e inútil de passar a vida, e irritante para todos que têm de presenciar. A vida é curta demais para essas coisas. Felizmente, temos uma cura tão curta que não precisamos gastar muito tempo prescrevendo-a, e você não gastará muito tempo administrando-a.

Não é que Hervé Joncour não aprecie sua amorosa esposa Hélène, que o espera pacientemente quando ele faz sua viagem anual e arriscada por terra e mar à aldeia japonesa de Shirakawa, a fim de contrabandear ovos de bichos-da-seda — um comércio ilegal na época. É só que, se não fosse o anseio que ele sente pela jovem concubina que arrebata seu coração em Shirakawa — e com quem ele troca apenas missivas escritas em japonês —, ele a teria apreciado ainda mais. Não valorize o que você não conhece acima do que conhece. Ame sua companheira da vida real e não seu sonho distante e impossível.

VER TAMBÉM: **insatisfação**

ansiedade

Viver com ansiedade é viver com uma sanguessuga que sorve sua energia, autoconfiança e entusiasmo. Marcada por uma sensação constante de inquietação e temor — diferente da sensação de frustração que caracteriza o estresse (ver: estresse) —, a ansiedade é tanto uma resposta a circunstâncias externas como um modo de encarar a vida. Embora as circunstâncias externas não possam ser controladas, a resposta interna pode; uma risada ou uma grande inspiração de oxigênio (a primeira levando à segunda) geralmente aliviam os sistemas pelo menos temporariamente, além de oferecer um estímulo para relaxar. A causa da ansiedade, no entanto, determina se rir ou se respirar e relaxar é a cura apropriada. Felizmente, nossa cura oferece os três.

Retrato de uma senhora
HENRY JAMES

Das catorze causas de ansiedade que identificamos,* o primeiro capítulo de *Retrato de uma senhora*, de Henry James, pode aliviar dez. Tendo como abertura uma descrição da civilizada e serena instituição do chá da tarde em um jardim no campo na Inglaterra — completada pela luz suave de fim de tarde, longas sombras, xícaras de chá "seguradas por muito tempo próximas ao queixo", tapetes, almofadas e livros espalhados pela relva à sombra das árvores —, seu convite para que você se tranquilize e também tome um chá (útil para as causas 2, 3, 4, 7, 10, 11, 12, além de alguns elementos da 13) é reforçado pela prosa sem pressa e elegante de James, um bálsamo para a ansiedade derivada de todas as causas precedentes e também eficaz para começar a erradicação completa da ansiedade produzida pela causa número 8.

---

* 1) Trauma, incluindo abuso ou morte de uma pessoa amada; 2) problemas de relacionamento, seja em casa ou no trabalho; 3) trabalho/escola; 4) finanças; 5) desastre natural; 6) falta de oxigênio em grandes altitudes; 7) levar a vida a sério demais; 8) sensação angustiante de que deveria ter lido mais clássicos; 9) falar negativamente de si mesmo; 10) saúde ruim/hipocondria; 11) uso excessivo de drogas; 12) estar atrasado/ocupado demais; 13) comida, água, calor ou conforto inadequados; 14) ameaça de ataque por animal ou pessoa feroz.

Dizer que a prosa de James se estende espessamente, como manteiga, não pretende sugerir que ela seja pastosa, mas cremosa — e acrescentemos que é manteiga *salgada*. Pois os prazeres tanto da prosa como do chá da tarde são completados pelos diálogos de James, que contêm franqueza e sagacidade (um curativo para as causas de número 1 a 4, e também excelente para a 7). Pois a conversa entre os três homens — o velho banqueiro americano em cadeira de rodas, sr. Touchett, seu "feio, doentio", mas charmoso filho, Ralph, e o "visivelmente belo" Lord Warburton, com seu rosto quintessencialmente inglês — é sempre voltada a gerar riso, e os personagens não têm receio de se provocar mutuamente (note a referência marcadamente não inglesa de Lord Warburton à riqueza do sr. Touchett). Liberta das correntes do decoro e da forma que vinham agrilhoando os diálogos em gramados similares três quartos de século antes, é o tipo de conversa que o deixa à vontade (tratando, novamente, das causas 1 a 4 e 7, e aliviando também aquelas de número 6 e 9-12).

Quando ao pequeno grupo vem se juntar a prima americana de Ralph, Isabel Archer, recentemente "adotada" pela sra. Touchett, a conversa perde um pouco da naturalidade, mas ganha em espírito, pois Isabel, nesse estágio de sua vida, tem uma leveza, uma audácia e uma autoconfiança que não podem deixar de impressionar o leitor. Os que sofrem de ansiedade pela causa de número 9 acharão sua presença na história especialmente curativa.

De fato, recomendamos esse romance para todos os sofredores de ansiedade, exceto os que são ansiosos devido às causas 5 e 14 (para os últimos, em particular, livros de qualquer tipo são inúteis, a não ser que possam, talvez, ser usados como armas), embora leitores que sofram de ansiedade pelas causas 1 e 2 devam estar avisados de que o final pode produzir o efeito contrário e levar os sintomas a piorar. Nesse caso, eles devem voltar imediatamente ao início, para mais uma dose de chá da tarde.

VER TAMBÉM: **angústia existencial** • **desorientação** • **estresse** • **pânico, ataque de**

ansiedade adolescente

VER: **adolescência** • **adolescente, ser**

apaixonar-se perdidamente

VER: **apetite, perda de • concentração, incapacidade de • insônia • luxúria • mal de amor • obsessão • otimismo • paixão • romântico incorrigível • tontura**

apatia

Embora possa se manifestar como lentidão física — assim como sua prima de membros pesados, a letargia —, a apatia é essencialmente uma condição mental, caracterizada por uma atitude de indiferença em relação ao que vai acontecer, tanto para si como para o mundo em geral. Sua cura, no entanto, é mais eficaz ao se lidar primeiramente com a lentidão física, distinguindo-a assim, ainda mais, de seus outros parentes próximos, o pessimismo e a angústia existencial, que requerem renovação da mente. Isso porque a apatia também é caracterizada pela supressão de emoções positivas, e, para rearranjá-las e reacender o desejo de que as coisas acabem bem, é preciso agitar o sedimento na base da alma excessivamente sedentária.

O destino bate à sua porta
JAMES M. CAIN

Não que tudo acabe bem para Frank Chambers, o andarilho errante e fugitivo na obra-prima de James M. Cain, *O destino bate à sua porta*, de 1934. De fato, se alguém resolvesse adotar sua filosofia de vida, acabaria (como ele) com a cabeça a prêmio e várias mulheres furiosas em seu encalço. Mas o romance é escrito com tamanha exuberância que é impossível ler sem ficar fisicamente agitado. Quando chegar ao fim, você estará pronto para sair a passos lépidos, jogando a cautela ao vento em sua determinação de interferir no próprio destino e tomando um novo rumo, mais espontâneo e proativo — ainda que ligeiramente temerário.

Desde o momento em que Frank Chambers é posto para fora do caminhão de feno, a história segue a todo vapor. Em três páginas, ele já enganou o honesto proprietário da Taverna Twin Oaks, a fim de fazê-lo servir-lhe um café da manhã colossal (suco de laranja, flocos de milho, ovos fritos, bacon, enchilada, panquecas e café, se você estiver interessado em saber), conseguiu ser contratado como mecânico e lançou cobiçosos olhares do tipo não-aceito-não-como-resposta para Cora, a esposa melancolicamente sexy do dono do restaurante. Uma coisa leva a outra — e depois a outra —, e Cain faz um esplêndido trabalho ao acompanhar Frank, captando sua incapacidade imoral de dizer não, em frases curtas e ríspidas entremeadas de gírias. A combinação de história e estilo atinge o leitor como um espresso triplo e, com pouco mais de cem páginas, também é jogo rápido. Dê conta dele em uma tarde e então jogue a apatia nas costas e despeje-a na rua quando sair. Você se sentirá inspirado pelo interesse irreprimível de Frank em cada novo momento, mesmo quando as coisas não estão indo muito bem, e determinado a não jogar fora, como ele faz, as oportunidades que aparecerem.

VER TAMBÉM: **ambição, falta de** • **cama, incapacidade de sair da** • **entusiasmo, falta de** • **letargia** • **pessimismo** • **sentido, falta de**

apendicite

Madeline
LUDWIG
BEMELMANS

Se a vida anda sossegada
E de repente você sente uma pontada
De dor funda e lancinante
Que não para, é latejante
E queima que nem urtiga
Correndo pela barriga
Nada adianta, não tem o que evite
Você tem apendicite.
O único remédio que podemos aconselhar
É *Madeline*, vá procurar.
Ludwig Bemelmans é o autor
Desse livro com rimas cheias de sabor
Seu relato irônico e charmoso
Com certeza vai deixá-lo vigoroso
Pois Madeline está entusiasmada
Com a pequena cicatriz rosada
Que ficou depois da cirurgia
E que ela agora exibe com alegria
Para as onze amigas que lhe levam flores.
As ilustrações de lindas cores
Completam este livro encantador
Que certamente elevará seu humor.

VER TAMBÉM: **dor, sentir** • **hospital, estar no**

apetite, perda de

Perder o apetite é terrível. Pois o apetite pelos alimentos é parte integrante do apetite pela vida. Resultado de vários tipos de doenças físicas e emocionais (entre elas os males de amor, depressão e luto), a perda total de apetite só pode levar a uma direção. Para trazê-lo de volta e convidar a um reencontro com a vida, estimule-se e deixe-se seduzir por um dos romances mais sensuais da literatura.

O Gattopardo, dom Fabrizio Corbera, príncipe de Salina, sente-se como se estivesse morrendo há anos. Mas mesmo agora, na velhice, tem Apetite com letra maiúscula. Cheio de energia aos setenta e três anos, frequenta bordéis e ainda se delicia ao ver sua sobremesa favorita — gelatina ao rum no formato de uma fortaleza, inclusive com bastiões e ameias — à mesa do jantar (ela é rapidamente demolida sob o ataque de sua grande e igualmente ávida família). Há descrições arrebatadoras de desejo de muitos tipos diferentes: a perseguição diária a uma lebre nos "campos arcaicos e aromáticos"; a intensa e avassaladora atração entre os jovens Tancredi e Angelica, que correm um atrás do outro por todo o palácio, sempre encontrando novos aposentos onde suspirar e sonhar, pois "Esses eram os dias em que o desejo estava sempre presente, porque era sempre satisfeito".

É impossível não se deleitar com o gosto do velho patriarca pelo mundo dos sentidos. Esse é um romance que o ajudará a redescobrir seu apetite: pela comida, pelo amor, pelo campo, pela Sicília, com toda sua história e exuberante beleza; por um mundo injusto e perdido, anterior à democracia; e, mais importante, pela própria vida.

O Gattopardo
GIUSEPPE TOMASI DI LAMPEDUSA

aposentadoria

Para muitos, o momento de pendurar as chuteiras é aterrorizante — se não para você, para seu parceiro. O que o motivará a se levantar da cama nas próximas décadas? Partir para uma viagem de volta ao mundo, construir um gazebo no jardim, aprender sânscrito ou encher a paciência de sua família e vizinhos por estar constantemente, irritantemente *ali*?

A aposentadoria oferece a primeira oportunidade de reflexão que você terá tido em muito tempo e, para começar, leia *O enigma da chegada*, a meditação ficcional de V. S. Naipaul sobre sua própria vida: como ele deixou Trinidad, onde nasceu, e acabou se estabelecendo

O enigma da chegada
V. S. NAIPAUL

O pináculo
WILLIAM GOLDING

em Dorset, na Inglaterra. Naipaul estudou na Universidade de Oxford quando jovem, depois viajou muito pelo mundo, explorando a África, a Índia, a América e as nações islâmicas. Naipaul agora volta o olhar de estrangeiro para o coração antigo da velha Inglaterra, um lugar onde ele era "verdadeiramente um forasteiro", mas onde sente que lhe foi dada uma segunda chance — a chance de "uma nova vida, mais rica e mais plena do que ele havia tido em qualquer outro lugar". Pela primeira vez, ele está "em sintonia com uma paisagem": as roseiras-bravas e os pilriteiros da Inglaterra combinam mais com seu temperamento do que a exuberante vegetação tropical de Trinidad. É uma descoberta surpreendente e inspiradora para alguém em seu estágio de vida. Você também ainda não encontrou a paisagem com a qual se sente mais em harmonia?

Bucólico e tranquilo, O enigma da chegada o estimulará a refletir sobre sua vida e a desfrutar o surgimento de novas possibilidades. Tente se focar, como Naipaul faz tão belamente, nas minúcias da vida, como quando ele nota que a grama no caminho pelo meio de um pomar foi podada em duas direções, "uma passada para cima, uma passada para baixo [...], e as duas passadas aparecem como duas cores distintas". Só porque você está aposentado, não significa que não possa aprender a ver o mundo de novas maneiras, especialmente agora que tem tempo para isso.

Às vezes, a mudança de trabalhar para não trabalhar pode ser rápida e repentina demais, deixando-o com um sentimento de queda livre ou de que não há mais sentido em seus dias (ver: tontura; sentido, falta de). Talvez você pense que se aposentar foi um erro. Talvez ainda não estivesse totalmente pronto para parar. Se estiver tentado a voltar para a batalha diária, insistimos que hesite o suficiente para antes ler O pináculo, de William Golding. O deão Jocelin não vai descansar até ter construído uma torre de cento e vinte metros para a Catedral de Salisbury, em um ato de soberba religiosa e pessoal. O cumprimento dessa obsessão esgota a todos, menos a ele, e sua determinação cega de ver o trabalho completo, custe o que custar, levará a um sofrimento terrível para os outros. Essa é uma desculpa para alguns trechos brilhantes sobre o desejo de beleza no mundo — "Por toda parte, o pó fino dava a esses eixos e hastes de luz a importância de uma dimensão. Ele os fitou novamente apertando os olhos e vendo, quase à mão, como grãos de pó individuais rolavam uns sobre os outros, ou se chocavam e encontravam, como efeméridas em um sopro de vento". No fim, a loucura do empreendimento fica evidente demais. Pense duas vezes antes de voltar ao trabalho, especialmente se a ideia for deixar um último monumento para a posteridade. Perceba como você tem sorte de ter abandonado todo o estresse. Inscreva-se em um curso de literatura, em vez disso.

VER TAMBÉM: **tédio**

aproveitar a vida, não conseguir

Vivemos um número limitado de dias. E o número de dias nesse precioso intervalo de tempo em que algo ou alguém especial acontece é pequeno. Uma hesitação ou falta de coragem para agarrar o que o destino nos oferece e podemos nos arrepender para sempre.

Não conhecemos nenhum romance em que o herói — e, num ato superlativo de osmose, o leitor também — seja mais assombrado pela dor de saber que não conseguiu aproveitar o que a vida lhe dava do que o clássico dos anos 80 *Um mês no campo*, de J. L. Carr. O momento é a sequência imediata da Primeira Guerra Mundial. Trazendo consigo uma gagueira terrível e um tique nervoso adquiridos em Passchendaele, Tom Birkin chega ao vilarejo de Oxgodby em plena expectativa de um verão "maravilhoso" e restaurador. Ele foi contratado para descobrir um afresco medieval no teto da igreja da aldeia e, durante o trabalho, fica morando no campanário. A experiência é tão curativa quanto ele esperava — pois, nesse "paraíso de calma", ele passa seus dias em abençoada solidão no alto da escada, vivendo de carne enlatada e dos bolinhos de groselha da sra. Ellerbeck, fazendo amizade com o também sobrevivente da linha de frente Charles Moon e apaixonando-se por Alice Keach, a linda e jovem esposa do vigário.

Ele não espera que nada resulte disso. Alice o visita regularmente — mas a jovem Kathy Ellerbeck também, e, de alguma forma, tudo faz parte da dádiva do verão que ele gostaria que não terminasse nunca. Um dia, no alto do campanário, ele e Alice se inclinam juntos quando Tom mostra a ela a campina onde Charles está cavando, e os seios dela se apertam contra seu corpo. Ele sabe que é agora ou nunca. O que o detém? Um certo hábito de infelicidade que adquiriu nos últimos anos, talvez. O senso de adequação inglês. Uma pressuposição que ele faz sobre Alice. Emerge-se da leitura desse romance

Um mês no campo
J. L. CARR

O ancião que saiu pela janela e desapareceu
JONAS JONASSON

uma pessoa mais triste — a menos, claro, que se assuma como compromisso nunca deixar o mesmo acontecer com você.

Se você desconfia que, como Tom, tem tendência a ser mais passageiro que piloto de sua vida, talvez precise de uma lição de como fazer. Alguém que manobra admiravelmente pela vida, longa e cheia de acontecimentos, é o herói idoso do romance do sueco Jonas Jonasson, *O ancião que saiu pela janela e desapareceu*. Allan sempre viveu a vida sem grandes preocupações, com mais curiosidade que convicção, e mesmo assim acabou sendo de alguma maneira importante para muitos dos principais acontecimentos do século XX. Na véspera da festa de seu centésimo aniversário, na Casa de Idosos de Malmköping, para a qual haviam sido convidados a imprensa, o prefeito, os funcionários e os outros moradores, Allan decide que essa casa não será sua última residência na Terra e que ele vai morrer "em alguma outra hora, em algum outro lugar". Ele é não só arrojado, mas também sortudo, porque uma das primeiras coisas que lhe acontecem depois de fugir é encontrar uma mala cheia de dinheiro.

O que se segue é uma veloz retrospectiva da vida de Allan, de seu nascimento, em 1905, ao novo começo, com cento e um anos, em Bali, com uma mulher mais nova (de oitenta e cinco anos) a seu lado. No caminho, ele ajuda a criar a bomba atômica e aconselha vários líderes mundiais, entre eles Winston Churchill e Mao Tsé-Tung. Suas aventuras no presente continuam, levando-o, com a mala, a muitos lugares gloriosos e passando por vários assassinatos acidentais (Allan não é muito bom com moralidade). E a mensagem de Jonasson é clara. Se você se pegar perguntando *Será que devo?*, a resposta é sempre "sim".

VER TAMBÉM: **apatia • covardia • indecisão • procrastinação**

apuros, estar em

As aventuras de Pi
YANN MARTEL

Obrigado, Jeeves/
Então tá, Jeeves/
Sem dramas, Jeeves
P. G. WODEHOUSE

Há todo tipo de apuros, mas é difícil algum ser tão grande quanto o de Pi Patel, que se vê perdido no mar, em um bote salva-vidas, com uma zebra, uma hiena, um orangotango e um tigre-de-bengala de três anos. O jovem herói de *As aventuras de Pi*, de Yann Martel, romance vencedor do Booker Prize, não tem nenhuma dúvida de quanto um tigre é perigoso (pois logo são apenas ele e o tigre, depois que a lei da seleção natural despacha rapidamente os outros três). E, quando ele e o tigre se confrontam pela primeira vez, o felino com olhos de fogo, as orelhas "firmemente coladas à cabeça" e todas as armas empunhadas, a reação de Pi é se jogar para fora do barco e aguardar ansiosamente no mar.

E foi a reação certa. Assim como foi uma decisão certa construir uma jangada ao lado do bote, para que ele e o carnívoro de duzentos quilos pudessem ocupar espaços separados. Mas é o que ele faz em seguida que desperta nossa admiração. Tendo detectado a fraqueza do tigre — enjoo causado pelo mar —, ele usa as habilidades de treinamento que adquiriu por osmose, no zoológico de seu pai, e inicia uma guerra psicológica com o tigre que reduz a magnífica criatura a um estado de obediência a contragosto. O enfrentamento que firma a autoridade do garoto é a melhor disputa de olho no olho da literatura. Mantenha esse livro à mão sempre que estiver tentando encontrar uma saída para seus (esperamos, menos árduos) apuros. O potencial de domínio da situação que existe até em um menino tão franzino e faminto como Pi é inspirador. Leia antes ou enquanto estiver de cabeça quente.

Para aqueles que enfrentam apuros do tipo social — como se ver acuado em um canto de onde não há como escapar com dignidade —, recomendamos uma companhia equivalente a Jeeves, o mordomo dos romances de P. G. Wodehouse. Se você não puder ter um real, o da ficção vai servir. Esse mordomo de fala fácil e comportamento inusitado, tão versado em Dostoiévski quanto na maneira certa de usar uma faixa vermelha na cintura,* está sempre salvando o azarado Bertie Wooster de encrencas. Rico em posição social, mas pobre em bom senso e discernimento crítico (e, se você desconfia que também está com problemas nesse departamento, veja "bom senso, falta de"), Wooster sabe que não sobreviveria nem por um dia sem Jeeves ou suas curativas xícaras de chá, embora jamais admita isso. Nós, como Bertie, consideramos a presença de Jeeves em nossa vida infinitamente tranquilizadora — e, quando você o conhecer, achará o mesmo.**

Sempre que a situação ficar cabeluda, muito problemática ou começar a borbulhar rápido demais — seja com um tigre ou com uma garota terrível de que você ficou noivo por acidente —, imagine o que Pi ou Jeeves aconselharia e ajuste a temperatura de acordo.

---

* Não use.
** Mas terá de se abster de sua faixa vermelha.

ar no intestino

VER: **flatulência**

arrependimento

Brilho da noite, cidade grande
JAY McINERNEY

Se ao menos...

Tenha cuidado com essa pequena expressão. Ela pode parecer inocente, mas é só lhe dar a mínima chance e ela cravará suas garras de aço em você, o erguerá do chão e o deixará ali balançando — inutilmente, tristemente — ao longo de anos. Porque o arrependimento sabota; ele paralisa e impede. E, para completar, com frequência é mal direcionado. Pois quem pode dizer se teria sido melhor se aquilo que queríamos que não tivesse acontecido *não* tivesse mesmo acontecido, e se aquilo que queríamos que tivesse acontecido *tivesse* acontecido de fato? Se você se arrepende de coisas que deixou de fazer, veja "procrastinação". Mas, se sente arrependimento por coisas que fez e queria não ter feito, continue lendo.

O protagonista de *Brilho da noite, cidade grande*, de Jay McInerney — que é, na verdade, *você** —, certamente parece estar no caminho certo para o arrependimento. Você estraga tudo no trabalho, dá um jeito de cortar definitivamente todas as vias de retorno a ele, depois deixa na mão a única mulher decente que se aproximou em anos. E nada disso o faz ao menos parar para pensar, enquanto você e seu inqualificável amigo Tad seguem a missão de ter "mais diversão que qualquer outra pessoa em Nova York". E você ainda consegue acabar na cama com uma linda garota.

Alguns diriam que o romance é amoral; outros revidariam dizendo que a vida está infinitamente disponível. Você pode ter abusado aos vinte anos, feito muita bobagem aos trinta e passado os quarenta no divã do psicanalista — não importa. Arrependimento? Bah! Há mais coisas à frente, esse romance nos diz, então vamos lá.

Anime-se com esse livro. Podemos passar o tempo olhando para trás e nos lamentando pela porta que se fechou, ou podemos sair por essa porta ainda mais fortes. A sabedoria e a força que ganhamos nos ajudarão a cruzar a próxima. Assim, pelo menos, não cometeremos o mesmo erro duas vezes. E o que nos espera depois da próxima por-

---

* Convenientemente para nossos propósitos, o romance é escrito em segunda pessoa.

ta pode muito bem ser melhor do que o que gostaríamos de não ter deixado para trás.

VER TAMBÉM: **amargura** • **culpa** • **vergonha**

arrogância

A arrogância é um dos maiores crimes na literatura. Sabemos disso porque, quando sr. Darcy esnoba Elizabeth Bennet no baile de Bingley — recusando-se a dançar com ela, desprezando sua beleza como apenas "tolerável" e, de modo geral, sendo antipático com os habitantes de Longbourn —, ele é imediatamente desqualificado por todos, até mesmo pela sra. Bennet, como "o homem mais orgulhoso e desagradável do mundo". E isso apesar de ser muito mais bonito que o simpático sr. Bingley, de ter uma grande propriedade em Derbyshire e de ser de longe o melhor partido em um raio de quarenta quilômetros — o que, como sabemos, significa muito para a sra. Bennet, que tem cinco filhas para casar.

Felizmente, a espirituosa Elizabeth Bennet, a heroína de Jane Austen em *Orgulho e preconceito*, sabe como colocá-lo no devido lugar. Ela usa uma combinação de provocação ("Estou totalmente convencida [...] de que o sr. Darcy não tem nenhum defeito", disse diante dele) e rejeição direta e hiperbólica ("Não precisei nem de um mês após conhecê-lo para sentir que o senhor seria o último homem no mundo com quem eu poderia ser persuadida a me casar") que não só corrige as falhas dele como também exibe a "vivacidade da mente" de Elizabeth, de tal forma que ele se apaixona por ela de novo, agora da maneira adequada. Se você sofre de arrogância similar, aprenda com esse romance a identificar provocação inteligente e sinceridade corajosa — e como aceitá-las de bom grado. Seria uma grande sorte ser transformado(a) no(a) homem/mulher perfeito(a) por alguém como Elizabeth.

Às vezes, porém, a arrogância é tão profundamente arraigada que nada nem ninguém pode eliminá-la. A heroína epônima de *Angel*, de Elizabeth Taylor — não a atriz de Hollywood, mas a escritora britânica de meados do século XX —, tem apenas quinze anos quando a conhecemos, e dizer que ela se considera a rainha da colmeia é pouco. Mentirosa incorrigível, essa estranha criança é vaidosa, mandona e totalmente desprovida de humor. Não sente senão desprezo por

Orgulho e preconceito
JANE AUSTEN

Angel: um estranho mundo de sonhos
ELIZABETH TAYLOR

A história de Mildred Pierce
JAMES M. CAIN

seus colegas de escola, não se abala quando um deles é hospitalizado com difteria e tece fantasias sobre um futuro em que, coberta de esmeraldas e com uma estola de chinchila, poderá empregar a própria mãe cansativa como empregada. Naturalmente, a mãe está muito assustada com a filha que criou — assim como Mildred está horrorizada com sua similarmente monstruosa filha Veda, em *A história de Mildred Pierce*, de James M. Cain. Veda limpa os cofres da família para sustentar seu estilo de vida extravagante e rouba o novo namorado da mãe. Não é difícil perceber por que Mildred tenta matar o monstro que criou.

É fascinante como a autoconfiança extrema de Angel a leva longe — até aquelas esmeraldas, de fato. Veda também consegue exatamente o que quer. Nenhuma das duas descobre a humildade. A rejeição — no caso de Angel, da parte dos editores, depois dos críticos; no de Veda, da própria mãe — não leva nenhuma das duas a refletir sobre a vida que levam.

Não seja uma Angel nem uma Veda. Quando inspirar rejeição, questione-se sobre o que pode ter feito para merecer isso. Seja um Darcy. Embora a princípio ele tenha se sentido furioso e humilhado pela recusa de Elizabeth a seu pedido de casamento — e pelas acusações dela quanto ao seu caráter —, Darcy sabe a diferença entre certo e errado e deseja uma boa opinião a seu respeito por parte da pessoa que ele admira. Fique feliz se alguém fizer de você motivo de piada: as chances são de que isso ajude a melhorá-lo.

VER TAMBÉM: **autoconfiança, excesso de** • **vaidade**

assombrado, ser

A mulher de preto
SUSAN HILL

Amada
TONI MORRISON

Se você se inclui entre os que estão sendo assombrados, um dos problemas pode ser fazer os outros levarem suas histórias de assombração a sério. Se esse for o caso, dê-lhes *A mulher de preto*, de Susan Hill. Ambientado na Casa do Brejo da Enguia, uma residência solitária, isolada pela maré duas vezes por dia, o livro conta como um fantasma extremamente hostil assombra Arthur Kipps, o advogado chamado para cuidar do espólio da proprietária da casa, recentemente falecida. Esse é um romance que não pode deixar de causar múltiplos calafrios na espinha e, embora não faça nada para curá-lo de sua assombração, convencerá seus amigos a ouvirem sua história de olhos arregalados.

Para você, prescrevemos o romance *Amada*, de Toni Morrison, premiado com o Pulitzer. Sethe é uma ex-escrava que mora com a filha adolescente, Denver, e com o fantasma de sua bebê morta. Elas se acostumaram com a presença do espírito maldoso, que estilhaça espelhos, deixa marcas de mãozinhas na cobertura de bolos de aniversário e cria poças vermelhas na frente da porta de entrada dos visitantes. Na verdade, a maioria das pessoas evita a casa e seus ocupantes. Mas, quando o velho amigo de Sethe, Paul D., reaparece depois de dezoito anos, o fantasma parece se aquietar. Isto é, até que retorna em forma humana.

Amada sai do rio como uma adulta totalmente vestida. Ela passa alguns dias juntando energia para abrir as pálpebras, enquanto seu vestido seca e sua pele perfeitamente lisa se acostuma com o sol. Sua voz é peculiarmente baixa, ela está eternamente com sede e parece possuir força sobre-humana, capaz de levantar a irmã com uma das mãos. Mas Amada não é uma força positiva: ela sorve o amor de sua mãe como o leite do qual nunca teve o bastante. Afasta Paul de Sethe enquanto o força, contra seu bom senso e desejo, a "tocá-la na parte de dentro". Ela devora a vida como uma mosca-varejeira. Sabemos que isso não pode durar. Sethe tem dentro de si o meio para aplacar Amada — mas, primeiro, tem uma difícil verdade a reconhecer para si mesma.

Assombrados, tenham coragem. É possível não só encarar o que quer que o assombre, mas conversar com ele, negociar, até mesmo amá-lo. Se seu fantasma quiser vir morar com você por um tempo, gastar todo o seu dinheiro e afastar as pessoas que você ama, que seja. Quando ele tiver parado de "se achar", você poderá mandá-lo de volta para seu devido lugar.

VER TAMBÉM: **demônios, enfrentar os seus**

atenção, busca de

VER: **carência**

autoconfiança, excesso de

Então você acha que é especial. É daqueles que fazem as coisas acontecerem. Pode lidar com qualquer situação que a vida colocar em seu caminho. Sabe como fazer tudo, não precisa da ajuda de ninguém,

O asno de ouro
APULEIO

muito obrigado. É o Rei do Karaokê, a Rainha da Festa e, francamente, pode fazer tudo sozinho e com segurança.

Nós o aplaudimos. A autoconfiança pode alimentar a si mesma e ser contagiante, afinal. Mas excesso de autoconfiança pode resvalar facilmente para a arrogância (ver: arrogância). Não é bem a mesma coisa, no entanto, porque os autoconfiantes em excesso tendem a fazer o que fazem com um sorriso, não com uma expressão de desdém. Eles têm prazer consigo mesmos, em vez de se comprazer em ser melhores que os outros. E isso os torna muito mais simpáticos. Mas o que seus amigos, ó superautoconfiante pessoa, dizem de você pelas costas? Eles acham que você é um pouco metido? Se assim for, puxe um pouco suas rédeas com a ajuda de *O asno de ouro*, de Lúcio Apuleio.

Escrita no século II d.C., essa adaptação de uma fábula grega ainda mais antiga é o único romance latino a ter sobrevivido por completo. De acordo com Plínio, o Jovem, historiador e filósofo do período, os contadores de histórias antecediam seu entretenimento nas esquinas com um grito: "Deem-me uma moeda de cobre e eu lhes contarei uma história de ouro". Essa, então, é uma história de ouro, construída para ser envolvente, cheia de linguagem extravagante e com uma moral no fim.

Seu herói, também chamado Lúcio, estando na Tessália em viagem a trabalho, é tomado pelo desejo de ter uma experiência mágica. Ele sempre foi curioso quanto às artes da transformação pessoal e, quando conhece uma escrava atraente chamada Fotis, inicia um caso sexualmente atlético com ela, não só porque gosta da moça, mas porque ouviu dizer que ela pode ter acesso a unguentos e feitiços capazes de transformá-lo em coruja. Desesperado para experimentar uma metamorfose, Lúcio convence Fotis a obter um pouco do poderoso unguento de sua patroa. Ele então o esfrega na pele, dizendo as palavras mágicas, e em questão de segundos só consegue comunicar sua fúria a Fotis revirando os enormes e úmidos olhos de burro. O fato é que ela confundiu os unguentos, mas garante que tudo o que ele precisa fazer é encontrar algumas rosas para comer, e isso o trará de volta à forma humana.

Ao que se sabe, Lúcio passa doze meses em pele de burro, vagando em busca da flor restaurativa de uma estação de rosas à seguinte. E, embora esteja encantado com a enormidade incomum de seu órgão masculino e aprecie seu estado hirsuto (ele estava ficando careca quando era homem),* é constantemente frustrado em qualquer oportunidade de divertimento que lhe aparece. Sua voz interior é irônica e autodepreciativa, sempre humorística, mas vivamente descritiva do estranho e perturbador estado em que se encontra. Suas aventuras como burro, sob ameaça quase constante de morte nas mãos de bandidos, donos cruéis e em consequência das próprias escapadas temerárias, levam-no cada vez mais perto da verdadeira humildade.

Felizmente, sua transformação não dura para sempre. E, como símbolo de ter renunciado a seus comportamentos vaidosos, ele decide que agora exibirá sua calvície humana com orgulho. No fim dessa história, com frequência engraçada e constantemente divertida, você se sentirá como se já tivesse usado as orelhas de burro por tempo suficiente para alcançar a humildade que o próprio Lúcio obteve. A moral da história, tanto para os romanos como para você, é que os autoconfiantes em excesso acabam sendo empurrados para baixo.

VER TAMBÉM: **arrogância** • **otimismo** • **riscos, correr excesso de**

autoconfiança, pouca

VER: **aproveitar a vida, não conseguir** • **autoestima baixa** • **bullying, sofrer** • **carência** • **confronto, medo de** • **covardia** • **pessimismo** • **sedução, falta de**

autoestima baixa

Não é surpreendente que Quoyle, o herói de *Chegadas e partidas*, tenha baixa autoestima. Ele passa a infância ouvindo o pai lhe dizer que é um fracasso; o irmão mais velho e favorecido, Dick, vive batendo nele; Quoyle é gordo e tem um queixo esquisitamente enorme; sua mulher não o suporta e transa com outros; ele é mal pago por seus empregadores; seus pais têm câncer e se matam; a mulher o abandona, levando as duas filhas (que, a propósito, se chamam Bunny e Sunshine, o que não ajuda muito); ele é demitido; sua mulher morre em um acidente de carro — ei, espere aí, essa parte é positiva. Enfim, você já pegou o espírito da coisa. Número de motivos para se

Chegadas e partidas
ANNIE PROULX

Rebecca, a mulher inesquecível
DAPHNE DU MAURIER

---

* Se isso fez tocar um sininho em sua cabeça, veja nossa cura para calvície.

sentir bem consigo mesmo no fim dos primeiros capítulos (sim, tudo isso acontece no começo, portanto não contamos nada de mais): sinceramente, zero.

E assim, "repleto de dor e amor frustrado", Quoyle decide seguir o conselho de sua tia e começar uma vida nova nas vizinhanças, não tão promissoras, de Newfoundland, onde seu pai nasceu. É isso que ele faz, com a tia e as duas filhas devolvidas e delinquentes a reboque, e o que se segue é certamente uma das viradas mais notáveis na literatura. Os que sofrem de baixa autoestima devem ler esse romance não só como uma experiência literária e curativa por si, mas também como um manual de como fazer. Faça como Quoyle, passo a passo. Se você não tiver o passaporte ou o visto necessários para morar em Newfoundland, substitua-a por outro local inóspito e inacessível, como a Islândia, as Hébridas Exteriores ou o norte da Sibéria. Depois de adquirir uma generosa apólice de seguros, arranje a morte, em um acidente de carro, do parceiro que o atormenta e...

Estamos brincando. Mas realmente sugerimos que passe pelo menos um tempo no lugar de origem de sua família, por mais que você o odeie, ou odeie sua família. Enquanto estiver lá, pesquise seus ancestrais. Você pode, como Quoyle, descobrir fatos não muito agradáveis sobre seus horríveis antepassados — os crimes e as feridas que, transmitidos de uma geração a outra, contribuíram para determinar sua autoestima. Com sorte, você conseguirá romper o ciclo hereditário, como Quoyle faz, e seguir em frente.

Às vezes, claro, não há ninguém a culpar a não ser você mesmo. Se você se faz críticas constantes, minando a crença em si mesmo e em suas opiniões, reconhecerá um espírito semelhante na narradora de *Rebecca*, de Daphne du Maurier — que, a propósito, permanece sem nome, o que sublinha sua falta de crença no próprio direito de existir. Desde o minuto em que assume o papel como a segunda sra. de Winter, senhora de Manderley — a bela propriedade rural de seu marido mais velho e mais sofisticado, Maxim —, ela se torna desajeitada ao extremo, sempre derrubando as luvas, deixando cair copos e pisando em cachorros, enrubescendo e pedindo desculpas e roendo as unhas enquanto anda, tímida, pela casa. Inadequadamente vestida e penteada e consciente disso, ela não tem a menor ideia de como dirigir uma casa enorme, com criados, e não faz nada para se ajudar a aprender, ingenuamente relegando a autoridade à governanta, sra. Danvers, uma mulher desagradável e rancorosa que "adorava" a primeira sra. de Winter e tem todo o prazer em incentivar a autossabotagem da jovem patroa. "De segunda classe", "estranha", "insatisfatória" são maneiras como, direta ou indiretamente, ela descreve a si mesma. Não é surpresa que, quando a sra. Danvers sugere que ela se jogue da janela do quarto, ela quase concorde com a ideia.

A heroína de *Rebecca* é órfã — assim, uma vez mais, podemos culpar seus parentes mortos por sua falta de autoestima. No entanto, vê-la se diminuir, comparar-se desfavoravelmente com a elegante, inteligente e bela Rebecca, a primeira esposa de seu marido, é duro de aguentar depois de um tempo, deixando evidente que ela só piora as coisas para si mesma. Qualquer pessoa que tenha a mesma tendência a se boicotar, criticando-se em excesso, sentirá vergonha ao se reconhecer na leitura desse romance e prometerá pôr fim a esse comportamento autodestrutivo de uma vez por todas.

VER TAMBÉM: **carência** • **fracasso, sentir-se um**

autoritarismo

VER: **bullying, praticar** • **controle, mania de** • **ditador, ser um**

B

baixo, ser

O tambor
GÜNTER GRASS

O hobbit
J. R. R. TOLKIEN

Se você for verticalmente prejudicado, poucas coisas podem ser mais gratificantes do que ler um romance clássico sobre alguém baixo, poderoso e imensamente carismático. Nós lhe daremos não um, mas dois desses heróis, cujas histórias vão acabar totalmente com qualquer problema que você possa ter em relação à sua estatura sucinta.

Oskar Matzerath, em *O tambor*, é um pacote de energia comprimida, um homem que compensa o crescimento interrompido tornando-se uma força galvânica criadora de mitos. O sujeito da história é ele próprio. O romance é narrado por Oskar de dentro de um hospício, onde ele foi encarcerado pelo assassinato da irmã Dorothea. Ele é, percebemos rapidamente, um narrador pouco confiável, que afirma que já tinha plena consciência no próprio nascimento. Em seu terceiro aniversário, três coisas decisivas aconteceram: ele parou deliberadamente de crescer; ganhou o tambor de lata do título, do qual, daí por diante, recusou-se a se separar; e parou de falar, comunicando-se agora apenas pelo tambor.

O tambor torna-se a voz de Oskar pelos vinte e sete anos seguintes, e, embora ele seja um personagem com muitos defeitos, emana uma energia tão irresistível quanto um solo de jazz. Mas é seu domínio sobre seu destino físico que o faz um caso à parte. Sua baixa estatura intencional aparece como um símbolo de força — e rebeldia.

A essência calma e respeitável de Bilbo Bolseiro, em *O hobbit*, não poderia ser mais diferente disso. Bilbo pertence a uma raça de criaturas mais ou menos da metade do tamanho de um homem médio, com pés grandes e peludos e solas tão espessas que dispensam o uso de sapatos. Hobbits adoram conforto, calor e pelo menos seis refeições por dia e têm grande preferência pela previsibilidade de ficar

badalação, desânimo por muita

DÊ UM GELO NO LIVRO

Às vezes, um livro gera tanta comoção na imprensa — talvez tenha ganhado um prêmio importante, ou o autor seja particularmente jovem ou bonito — que você já está enjoado dele quando o pega para ler. Você leu tantas resenhas que acha que já conhece o livro. E está contaminado demais com a opinião de todos os outros para ter alguma esperança de formar a sua própria.

A melhor maneira de dar uma chance a esse livro é guardá-lo no telheiro do jardim, na estufa, na garagem ou em um banheiro fora de casa. Talvez também seja bom recobri-lo com uma sobra de papel de parede, papel de presente de Natal, um saco de papel pardo ou papel-alumínio. E, um dia, quando der um intervalo na tarefa de regar os tomates, pegue-o e comece a ler. O ambiente inesperado e não livresco trará um ar de humildade para o livro, contrapondo-se à badalação, e o incentivará a se aproximar dele com a mente mais generosa e aberta.

em casa. Bilbo, no entanto, está destinado a uma aventura épica. Quando treze anões vêm a sua porta lhe pedir que os ajude na missão de recuperar do dragão Smaug um tesouro que lhes pertence, algo desperta no peito de Bilbo, algo a ver com magia e loucura, que vem de seus ancestrais.

Anima-te, ó tu de pequena elevação, e reflete sobre esses vigorosos heróis. Eles podem ser escassos de esqueleto, mas são enormes em influência e heroísmo. Jamais permita que digam que ser baixo é ser fraco.

VER TAMBÉM: **autoestima baixa**

barulho, excesso de

Quando seu entorno estiver muito barulhento — talvez a tevê esteja sempre ligada, ou as pessoas no transporte público estejam gritando no celular, ou o cara na esteira ao lado esteja grunhindo —, feche-se em seu próprio mundo com um audiolivro e um bom par de fones de ouvido. Você verá como é gostoso lerem para você.

beber, voltar a

VER: **alcoolismo**

bloqueio

VER: **bloqueio criativo** • **prisão de ventre**

bloqueio criativo

Livro do desassossego
FERNANDO PESSOA

A mente pode ser caprichosa, e quem já sofreu de bloqueio criativo sabe que, muitas vezes, o melhor remédio é sair da frente do computador — ou deixar o caderno de lado, se você for do tipo analógico — e ir dar uma caminhada, encontrar amigos, ouvir música, espairecer. Mas, é claro, a literatura também pode ser uma aliada bastante efetiva. E aqui o curativo que prescrevemos mais especificamente é o *Livro do desassossego*, de Fernando Pessoa — assinado pelo heterônimo Bernardo Soares.

Esta obra póstuma, publicada pela primeira vez em 1982, é a "autobiografia sem fatos" de Bernardo Soares, ajudante de guarda-livros em Lisboa. Nessa reunião de trechos curtos, fragmentados e sem uma ordem linear, o leitor pode encontrar seu próprio caminho pelo texto. Soares medita sobre a arte, a vida, os sonhos, faz reminiscências, aconselha, sempre num tom melancólico. Seus aforismos e paradoxos dão vida a uma prosa existencial, introspectiva.

As palavras de Pessoa nesta obra são um antídoto para a mesmice da vida moderna. Como ele mesmo afirma, na companhia de Bernardo Soares você poderá imaginar tudo, porque vai se dar conta de que não é nada. Poderá "Sentir tudo de todas as maneiras; saber pensar com as emoções e sentir com o pensamento; não desejar muito senão com a imaginação; [...] ver claro para escrever justo [...]".

Assim, quando a maldição da página em branco ameaçar acometer você, pare tudo o que está fazendo, encontre um lugar tranquilo, longe de distrações tão perversas quanto irresistíveis — como a internet e as redes sociais — e deleite-se com a prosa reflexiva e envolvente de Fernando Pessoa. Em pouco tempo você verá as ideias fluírem numa torrente para o papel.

B bom senso, falta de

Bom senso é a capacidade de tomar decisões sensatas sobre questões da vida cotidiana. Como limpar o chão com um esfregão e não com uma escova de dentes. Ou atravessar o campo vazio e não aquele em que há um touro. Se você não tiver bom senso, é provável que sua vida seja um tanto inconveniente — para não dizer assustadora. Para curar essa deficiência lamentável, leia a adorada paródia gótica de Stella Gibbons, *Fazenda maldita*, que brinca com os romances da época (década de 30) e lhe apresentará uma personagem inesquecível, com quem você terá muito a aprender.

Flora Poste, de dezenove anos, é cheia de bom senso, prática que ela está determinada a infundir em seus menos sensatos parentes. Ao se ver órfã (ver: abandono), ela sente que precisa fazer contato com os membros afastados de sua família e, assim, escreve para todos os que estão vivos, a fim de perguntar se pode ir morar com eles. (Se você se encontrar em uma situação similar, veja "abrigo, falta de".) Os mais estranhos — e não só pelo endereço — são os da Fazenda Cold Comfort, na aldeia de Howling, Sussex, que afirmam que "sempre houve Starkadders em Cold Comfort" e que, como esses Starkadders haviam causado algum mal terrível ao pai dela no passado, ficariam

Fazenda maldita
STELLA GIBBONS

muito satisfeitos em lhe dar um lar e reparar o mal feito. Flora havia declarado que não iria se tivesse primos na fazenda chamados Seth e Reuben, porque "rapazes muito cheios de hormônios que viviam em fazendas sempre se chamavam Seth e Reuben, e isso seria um transtorno", mas, no fim, ela não tem a oportunidade de descobrir o nome deles com antecedência. E lá vai Flora, levando sob o braço, como sempre faz, um exemplar de *O livro do bom senso*, do abade Fausse-Maigre, e envia um telegrama para sua amiga assim que chega: "Piores receios realizados querida Seth e Reuben também mande botas para lama".

O que ela descobre é que a tia Ada Doom vive enfiada no sótão da Cold Comfort desde que, ainda bem pequena, "viu uma coisa horrível no depósito de lenha". Administrando a fazenda com pulso de ferro de seu refúgio seguro, ela na verdade tem uma vida bem boa lá em cima, onde lhe são levadas três refeições por dia e ela não precisa realizar nenhum trabalho. Flora vence o medo de Ada e usa, espertamente, um exemplar da *Vogue* como meio de atraí-la para o mundo. Com suas soluções tranquilas, otimistas e cheias de bom senso, ela vem a conhecer todos muito bem, inclusive a si própria, e nós a perdoamos por ser superficial, mandona e teimosa.

Flora, de fato, deixa seus parentes bem melhores do que quando os encontrou, e você também terá muito menos probabilidade de engravidar tolamente, ficar com o encargo de administrar uma fazenda em que não tem interesse, passar o resto de seus dias em um sótão (ver: agorafobia) ou resmungar sombriamente sobre segredos de família depois de ler esse livro engraçado e estimulante. Dê um exemplar dele para todos os seus amigos e conhecidos insensatos e, se o receber de presente de alguém, saberá exatamente o que essa pessoa pensa de você.

VER TAMBÉM: **riscos, correr excesso de**

brigar com o melhor amigo
VER: **amigo, brigar com o melhor**

brio, falta de
VER: **covardia** • **egoísmo**

bullying, praticar

Você pode não pensar em si mesmo como um agressor. Mas, se já infligiu sofrimento proposital a alguém mais vulnerável que você, de maneira rotineira e irrefletida — talvez verbal e não fisicamente —, pode muito bem ser culpado dessa prática vergonhosa. Se você, lá no fundo, tem consciência de que faz isso, nós lhe pedimos que leia *Uma morte em família*, vencedor do Prêmio Pulitzer em 1958 e um dos mais comoventes relatos de bullying que conhecemos.

Uma morte em família
JAMES AGEE

Rufus mora em uma "área meio misturada" em Knoxville, Tennessee. É um lugar em que o jantar começa às seis horas e acaba meia hora depois, quando as crianças saem para brincar enquanto as mães limpam a cozinha e os pais regam o jardim com mangueira. Rufus, que ainda não tem idade suficiente para ir à escola, gosta de ficar olhando as crianças mais velhas indo e voltando da escola. Primeiramente, ele as observa da janela da frente, depois do jardim e, então, da calçada em frente a sua casa. Por fim, ele se atreve a ficar na esquina da rua, de onde pode vê-las vindo de três direções. Admira as diferentes caixas que as crianças levam para colocar o lanche e os lápis, e o modo como os meninos giram seus livros presos em correias de lona marrom — até que eles começam a girar os livros na direção da cabeça dele. O bullying deriva rapidamente em gozações e humilhações diárias. Desesperado para acreditar que pode confiar neles, que a amizade fingida deles é real, Rufus cai em todas as armadilhas que os meninos armam para ele, para diversão dos agressores. Ele é mais novo que todos os outros, e é doloroso testemunhar a violação de sua confiança inocente.

Agee era, antes de tudo, um poeta, e sua prosa ágil mergulha em fendas emocionais antes inexploradas. Quando Rufus sofre uma tragédia que ele é pequeno demais para compreender totalmente, e seus agressores não fazem nenhuma concessão, o leitor sente dor no coração.

Se você é culpado de explorar a fraqueza de outra pessoa — seja no parquinho, em casa ou no trabalho — e nunca parou para pensar nos efeitos de seu comportamento sobre sua vítima, nós o desafiamos a ler esse livro e a continuar praticando bullying depois. Se você sabe que foi um agressor na juventude, veja "culpa", depois siga em frente. Tristemente, talvez você saiba bem demais o que é sofrer bullying, uma vez que muitos que hoje atormentam já foram, eles próprios, atormentados. Se você pertence a esse grupo, mudar de lado não é a resposta. Veja nossa cura para "bullying, sofrer", a seguir.

VER TAMBÉM: **ditador, ser um**

bullying, sofrer

Olho de gato
MARGARET ATWOOD

Tom Brown na escola
THOMAS HUGHES

O bullying acontece de muitas formas. Entre meninos, tende a ser agressivo e físico. Entre meninas, maldoso e verbal. E, embora tenhamos a tendência a pensar nele como um fenômeno infantil, o bullying acontece com igual intensidade entre adultos — no local de trabalho e em casa. Nossas duas curas são sobre bullying entre jovens, mas têm um ingrediente comum: o da vergonha ou espanto da vítima, que, pelo menos inicialmente, a impedem de ver a situação como realmente é e pedir ajuda. Se você desconfia que está sofrendo bullying, esses livros lhe darão alguma perspectiva. Você reconhecerá as técnicas que os praticantes de bullying usam para afirmar autoridade. E, dependendo de você ser do tipo que desmorona ou que enfrenta, reconhecerá uma ou outra reação.

Quando Elaine, agora na meia-idade, retorna a Toronto para uma retrospectiva de seus quadros, no arrepiante *Olho de gato*, de Margaret Atwood, ela se pergunta se vai encontrar sua velha amiga Cordelia e, caso a encontre, o que vai dizer. Cordelia era a mais poderosa e sedutora de um trio de meninas na escola (as outras eram Carol e Grace), com quem ela ficara unha e carne — e era a ela que Elaine mais queria agradar. Sempre que Cordelia tinha um "dia amigo" com ela, andando de braço dado, cantando e rindo juntas, Elaine sentia gratidão — e ansiedade. Porque sabia que, mais cedo ou mais tarde, Cordelia se transformaria de amiga em inimiga e, como líder do grupo, incentivaria Carol e Grace a fazer o mesmo. Quando, em Toronto, Elaine encontra uma bolinha de gude como um olho de gato, dada a ela na época por seu irmão Stephen, o objeto traz à tona uma lembrança traumática que ela apagara da memória havia muito tempo.

Qualquer pessoa que já tenha sofrido bullying reconhecerá o entorpecimento emocional de Elaine e não se surpreenderá por ela não ter se afastado do trio nocivo. Vítimas de bullying com frequência demoram um pouco para se dar conta de que estão sofrendo uma agressão e, no que pode parecer um estranho ato de cumplicidade, sentem-se atraídas para o agressor, ansiando por sua aceitação e, ao mesmo tempo, temendo sua rejeição e desprezo. Como Elaine, elas podem ficar tão intimidadas que não têm força ou autoconfiança suficientes para se livrar de seus abusadores (se isso se aplicar a você, veja "autoestima baixa"). Só quando as coisas finalmente chegam longe demais, Elaine acorda e descobre que tem poder para se afastar, se quiser: "É como pular de um rochedo, acreditando que o ar vai te segurar. E ele segura". Se você achar que se encaixa na dinâmica desse grupo, aprenda a sair da situação antes que o entorpecimento ocorra.

Nenhum desmoronamento desse tipo acontece entre Tom e seu abusador Flashman, em *Tom Brown na escola*, de Thomas Hughes. Nem bem Tom chega à escola de rúgbi e o terrível Flashman já começa a fazer de tudo para tornar sua vida um inferno. Flashman ameaça e ataca Tom fisicamente, e as coisas chegam ao ápice quando um menino mais velho instiga que Tom seja queimado em uma fogueira. É nesse ponto que Tom decide fazer alguma coisa em relação às injustiças que ele e seus colegas vêm sofrendo nas mãos de todos os valentões da escola. Claro que ajuda o fato de Tom ter se tornado forte e briguento e, crucialmente, ter ganhado o respeito de meninos mais velhos, um dos quais vem em sua ajuda para derrubar Flashman.

O triunfo de Tom sobre seus opressores deixará você entusiasmado e inspirado, mas talvez você ache mais catártico o reconhecimento de Hughes do dano duradouro que o bullying pode causar. Quem sabe por quanto tempo as cicatrizes emocionais permanecerão? Para Elaine, em *Olho de gato*, elas duraram até a meia-idade, mas, ao revisitar o cenário de seu trauma de infância, ela alcança a redenção. Anime-se com essas duas vítimas literárias. Elas podem ter lutado por um longo tempo com os efeitos do bullying, mas saíram mais fortes no fim.

VER TAMBÉM: **ansiedade • autoestima baixa • excluído, sentir-se • pesadelos • super-herói, desejo de ser um**

C

cabeça, dor de

Neve
MAXENCE FERMINE

A neve cai; Neve de cabelos de chama pisa leve pelo ar. Cama de gelo. Cegueira repousante.
Mente pura.

VER TAMBÉM: **dor, sentir**

cair da janela

VER: **alcoolismo • costas, dor nas • drogas, uso excessivo de • faça-você-mesmo • hospital, estar no**

calvície

Mosca-varejeira
PATRICIA CORNWELL

Se você tem uma careca rosada e lustrosa em que nada cresce — e vê de relance sua planura refletida nas vidraças quando passa —, é possível que sinta consternação pela perda de seus cachos e com eles, talvez, de uma sensação de virilidade (ver: envelhecimento, medo do). Inveja as espessas madeixas que vê a sua volta e gostaria que parte desse excesso pudesse ser transferido para você. Mas pense na evolução do homem, desde os macacos até os humanos quase sem pelos. Você é o ser superior. Sua testa alta é a mais evoluída. São os primitivos de cabeça peluda que deveriam se sentir mal em sua presença — e que certamente raspariam tudo se tivessem cérebro suficiente para raciocinar.

Se esses sentimentos não forem suficientes para animá-lo, o décimo sétimo livro de Patricia Cornwell, *Mosca-varejeira*, será. Jean-Baptiste Chandonne nasceu com uma bela penugem de cabelos pretos — não só na cabeça, mas cobrindo cada centímetro do corpo. Quando criança, ele era tratado como uma curiosidade preocupante, escondido do público por seus pais envergonhados. Depois de adulto, assumiu o papel de monstro, um "homem-lobo" repelente aos olhos, não só por causa de seus pelos, mas porque a anomalia traz consigo um corpo deformado e um rosto aterrorizantemente bestial.

Há pelos por toda parte nesse livro, entupindo pias, aparecendo em tufos nas mãos das pessoas e deixados como vestígio incriminador sobre corpos mortos. A ciência forense traz a lupa para o caso, nas mãos da médica legista Kay Scarpetta (e, aliás, ela já encontrou essa besta peluda antes). À medida que Scarpetta e Chandonne aguçam suas garras um no outro, você sentirá cada vez mais repulsa pela presença repugnante de tantos pelos e passará a mão sobre sua cabeça lisa com indescritível alívio.

VER TAMBÉM: **envelhecimento, medo do**

cama, incapacidade de sair da

Talvez você esteja com dor de cabeça ou de ressaca (ver: cabeça, dor de; ressaca). Talvez odeie seu trabalho e tenha declarado que este é um Dia de Ficar na Cama (nesse caso, veja "TPM" para nossa lista dos melhores livros para ficar na cama). Talvez seu aquecimento central esteja com defeito e você não consiga ficar aquecido. Talvez tudo pareça sem sentido (ver: sentido, falta de) ou você esteja deprimido (ver: depressão em geral). Qualquer que seja a razão, se você souber que às vezes ficar na cama parece uma ideia muito melhor que sair para enfrentar o dia, deixe esse livro embaixo do travesseiro (assim você nem precisa se mexer muito). Leia-o uma vez e então, durante ataques subsequentes desse mal, você só precisará de um rápido mergulho para fazê-lo pular de debaixo do edredom e daí para qualquer coisa que não seja o pequeno quarto suburbano e a vida de circo de horrores retratada em suas páginas.

Malcolm Ede ficou na cama tanto tempo que sua pele é "branca como uma instituição". Ele está desprovido de luz solar e esvaziado de vida. Pesando mais de seiscentos quilos, um "guarda-chuva de gordura" o prende à cama. Depois de decidir por razões complexas, em seu aniversário de vinte e seis anos, que simplesmente nunca mais sairia da cama, ele cumpriu sua palavra. Cuidado e alimentado pela

Cama
DAVID WHITEHOUSE

mãe irremediavelmente devotada, pelo pai sonhador e o irmão arrasado, ele é o planeta em torno do qual eles orbitam. Um planeta semelhante a um grande balão de ar quente.

Malcolm escapa de sua carapaça de carne no fim. Mas, a menos que você queira se ver morando em um quarto na casa de seus pais aos quarenta e três anos, a menos que queira bolhas e feridas em partes de seu corpo que você não pode nem ver, a menos que deseje ser incapaz até mesmo de unir as mãos para rezar por uma saída para sua situação, leia esse livro e levante da cama agora mesmo.*

VER TAMBÉM: **ambição, falta de** • **depressão em geral** • **ler em vez de viver, tendência a** • **letargia**

câncer, cuidar de alguém com

Um quarto para ela
HELEN GARNER

O chamado do monstro
PATRICK NESS

Quando uma pessoa amada é diagnosticada com câncer e você de repente se vê no papel de cuidador, esse pode ser um tempo tremendamente difícil. Não só você terá de dar a ela apoio emocional, absorvendo a tensão dela enquanto lida com a sua própria, como também pode precisar adquirir as habilidades práticas de enfermeira, bem como de cozinheiro, faxineira, contador, secretária; na verdade, todas as tarefas domésticas com que a pessoa não pode ajudar nesse momento. Você será chamado para ajudar a pessoa amada a fazer escolhas sobre o tratamento, conversar com médicos e fazer o papel de mensageiro com amigos e parentes. Pode ter de desestimular ou incentivar visitas, dependendo de como a pessoa estiver se sentindo. E pode ter dificuldade para dizer aos outros quando estiver precisando de um descanso. Porque quem vai apoiá-lo, enquanto você está fazendo todo o trabalho, dando toda essa atenção e arcando com todos esses problemas?

Nessa fase de estresse, ajuda enormemente ler sobre outras pessoas que estejam passando por situações similares; ver como outras pessoas conseguem ou não enfrentar as dificuldades fará você se sentir menos sozinho e lhe dará forças. Para esse fim, aqui estão dois livros excelentes que examinam o impacto do câncer na vida daqueles mais próximos do paciente.

Um quarto para ela, de Helen Garner, trata do lado doloroso e do lado cômico (ainda que melancólico) de cuidar de alguém com câncer.

---

* E queremos dizer *agora*.

Quando a narradora, Hel, fica sabendo que sua velha amiga Nicola está vindo a Melbourne para tentar um tratamento alternativo para seu câncer terminal nos ossos e no fígado, ela prepara o quarto de hóspedes. Muito rapidamente, fica claro para Hel que Nicola está morrendo — e que está em negação quanto a isso. Hel fica furiosa com a "charlatã" Clínica Theobold, por pegar o dinheiro de Nicola tão à vontade e dar-lhe falsas esperanças. Ela começa a sentir que precisa contar à amiga o que os terapeutas de lá, com seu tratamento enganador com vitamina C, não contam. Quando suas obrigações de cuidadora começam a tomar conta de sua vida, sua irritação aumenta e ela luta contra a raiva de si mesma, chegando a ponto de ficar desesperada para Nicola ir morrer em outro lugar. Garner demonstra imensa compreensão e compaixão por seus personagens, mas é o humor amargo, ao lado do horror da situação, que torna essa leitura tão envolvente. Esse é um livro para aqueles inclinados a se anular enquanto se esfalfam para cuidar de seu paciente vinte e quatro horas por dia, sete dias por semana. Por mais que queira ajudar, você ainda precisa funcionar. Também é um lembrete de que, por mais séria que a situação seja, rir sempre ajuda.

A questão de como ajudar e proteger crianças quando alguém da família é diagnosticado com câncer é complicada. O que deve lhes ser contado e quando? E como a criança será afetada fora de casa? Em *O chamado do monstro*, a mãe de Conor O'Malley é diagnosticada com câncer pouco depois de seu pai ter deixado a família para ir viver nos Estados Unidos com uma nova companheira. Quando os cabelos dela caem depois da quimioterapia, Conor começa a sofrer bullying na escola, por causa da cabeça calva da mãe e do comportamento cada vez mais estranho do menino. Quando os colegas da escola percebem que a mãe de Conor está morrendo, passam a evitá-lo completamente.

Uma noite, Conor é visitado por um monstro na forma de um velho teixo ambulante e falante. A grande árvore insiste que o menino deve juntar todas as suas reservas interiores de força para enfrentar os meses à frente, contando-lhe histórias-parábolas que lhe ensinam maneiras de lidar com os agressores na escola e também com a avó, que está ajudando, mal, a cuidar dele. O monstro age como um catalisador, levando o confronto de Conor com os agressores a um clímax, instigando a destruição violenta da sala de estar de sua avó e, por fim, ajudando-o a encontrar um modo de aceitar a morte da mãe.

Incrivelmente tocante, esse romance não é para os que têm coração mole. Ele tem o poder de forçar o leitor a encarar a mortalidade — e segurará sua mão enquanto isso.

Cuidar de alguém com câncer é difícil, tanto em termos práticos como emocionais. Para começar, identifique a emoção com que você está tendo de lutar mais — veja "mau humor", "culpa", "empatia, falta de", "ansiedade", "tristeza", "estresse". Depois, recorra a esses livros, que o ajudarão a se distanciar um pouco de sua própria experiência e ver que outros também já passaram por isso. Eles o levarão a uma jornada catártica da qual você voltará com maior resistência e com o entendimento de que ser gentil consigo mesmo, e não só com sua pessoa amada, é crucial para o bem-estar de ambos.

VER TAMBÉM: **cansaço e sensibilidade excessiva** • **empatia, falta de** • **ocupado, ser muito** • **sala de espera, estar em uma**

câncer, ter

Quando você estiver passando por quimioterapia, quando estiver se sentindo fraco, quando seu cérebro se recusar a funcionar, quando você não tiver a força como companheira... você precisa é de um pouco de prosa curta e bem escrita.

 AS MELHORES NOVELAS

O dia do casamento JOHN BERGER
Bonequinha de luxo TRUMAN CAPOTE
O caçador de androides PHILIP K. DICK
O bom soldado FORD MADOX FORD
Sonhos de trem DENIS JOHNSON
Uma vida imaginária DAVID MALOUF
Eu fui Amelia Earhart JANE MENDELSOHN
Flush: memórias de um cão VIRGINIA WOOLF
Xadrez STEFAN ZWEIG

VER TAMBÉM: **dor, sentir** • **hospital, estar no** • **sala de espera, estar em uma**

cansaço e sensibilidade excessiva

Quando você estiver cansado e emotivo, o que precisa é de um quente, reconfortante e bem contado novelo narrativo — o equivalente literário a um bom xale tricotado à mão. O *clube do tricô* é esse novelo.

O clube do tricô
KATE JACOBS

Georgia é a proprietária de uma loja de tricô, Walker and Daughter, no centro de Manhattan. Mãe solteira da bela e fascinante Dakota, que está apenas começando a abrir suas asas adolescentes, Georgia foi abandonada ao ficar grávida do carismático, mas imprevisível James. Assim, quando ele reaparece em sua vida querendo compensar os anos perdidos, ela não fica exatamente entusiasmada. Georgia está muito mais interessada em garantir que a loja continue funcionando e que o grupo de tricô de sexta-feira à noite esteja alegremente cuidado e alimentado (com os maravilhosos cookies e muffins de Dakota).

Porque, reunidos na loja de Georgia todas as noites de sexta-feira, estão Darwin, o documentador compulsivo de movimentos feministas; Anita, uma viúva de setenta anos envolvida em um romance outonal; Petra, uma estudante de direito que virou designer de bolsas; e uma mistura ricamente diversa de outros. Nesse universo confortável entra de novo seu ex, James, um arquiteto cuja família não vê Georgia com bons olhos porque ela vem de um meio diferente. Em parte para evitá-lo, em determinado momento Georgia e Dakota partem para a enevoada Escócia, onde Georgia apresenta a menina à avó, proporcionando uma oportunidade para examinar a teia de vínculos familiares.

Sim, as metáforas do novelo são abundantes, mas ler esse romance é ser entretecido em uma grande e quente meada de lã. As cutucadas gentis de sabedoria da avó vão recolocar você no curso para a recuperação. Como Jacobs diz: "É só segurar o fio entre os dedos e ir tecendo. É só começar. É o mesmo com a vida..."

VER TAMBÉM: **chorar, necessidade de**

carência

Você está sempre pedindo ajuda? É incapaz de fazer qualquer coisa sozinho? Quer que alguém segure sua mão o tempo todo? Pedir ajuda é, claro, uma coisa boa, mas a dependência completa não é. Che-

Bravura indômita
CHARLES PORTIS

ga um momento em que você precisa aprender a ter independência e contar apenas consigo mesmo. Nesse caso, uma dose de fibra é a sua cura.

Ambientado nos Estados Unidos logo depois da Guerra Civil, o romance *Bravura indômita*, de Charles Portis, descreve a firme determinação de Mattie, uma menina de quinze anos que sai em busca do assassino de seu pai para fazer justiça. O assassino é Tom Chaney, um empregado dele, que o acertou com um tiro em um acesso de violência alcoólica. Mattie vai a Fort Smith, declaradamente para buscar o corpo do pai, mas, sem que a família saiba, tem os próprios planos.

A primeira coisa que Mattie precisa fazer é recuperar algum dinheiro que deviam ao pai; depois, convencer o homem mais durão que conseguir encontrar a caçar Chaney e levá-lo à Justiça. Rooster Cogburn é tão durão quanto alguém pode ser, mas ela é ainda mais e leva a melhor. Em seguida, precisa convencê-lo a levá-la junto. Cogburn tenta despistá-la, mas ela não aceita ser deixada para trás; enquanto eles se entranham pela paisagem nevada do Arkansas, Mattie enfrenta fome, confrontos armados e o frio terrível sem reclamar uma única vez.

O bom senso presbiteriano de Mattie beira a devoção. Mas sua impressionante coragem diante de criminosos, facas, balas, cobras e corpos sempre ganha nossa admiração e incentivará uma imediata sensação de independência enquanto você lê. E, embora use as pessoas a sua volta para ajudá-la a alcançar seus objetivos, ela conta apenas consigo para levar seu plano até o fim. É uma Mattie mais velha, olhando de longe para esse capítulo formativo de sua vida, quem nos conta a história; e o que ela é quando adulta resulta, em grande medida, de todas essas dificuldades e perdas. Fortaleça-se, leitor. Diga adeus à moleza e acolha um punhado de fibra em sua alma.

VER TAMBÉM: **aproveitar a vida, não conseguir • autoestima baixa • covardia**

carnivorismo

Sob a pele
MICHEL FABER

Quando passa por campos na primavera, você vê carneirinhos brincando ou assados apetitosos? Ou uma colisão incômoda dessas duas ideias? Qualquer que seja sua opinião sobre o consumo de proteína animal, qualquer que seja sua posição religiosa, política ou ética, esse livro vai abalar a possível camada de verniz que você talvez tenha, convenientemente, colocado entre si e o pedaço de carne em seu prato.

Revelar exatamente por que o incomum romance de Michel Faber é a cura para a ingestão de carne seria estragar o delicioso prazer de saboreá-lo. Mas podemos dar uma ideia. A implacável beleza da paisagem escocesa, com seus "vislumbres de chuva a duas ou três montanhas de distância", é a única parte prazerosa dos eventos profundamente perturbadores que se desenrolam. Isserley é uma mulher atraente, mas estranha, que passa os dias dirigindo pelos campos. Seu trabalho é misterioso, mas parece envolver dar carona a homens, e seu carro foi especialmente adaptado para a função. Estranhamente, Isserley parece, ela mesma, desconfortável no assento do motorista, e viaja com a temperatura do ar-condicionado ajustada para um calor incrivelmente elevado. E as pessoas com quem ela convive parecem ter medo dela.

Leitura essencial para qualquer pessoa que esteja se debatendo quanto à ética dos alimentos que consome; para os que estão pensando em juntar os trapos com um vegetariano e querem evitar conflitos culinários; e para os que sofrem espasmos de culpa cada vez que enfiam os dentes no que já foi uma criatura inocente, graciosa e fofa, *Sob a pele* continuará com você por muito tempo depois que tiver terminado de ler a última página, e por muito tempo depois que você tiver aprendido a adorar tofu.

casamento

VER: ciúme • falência • filhos, pressão para ter • solteirice

cem anos, ter mais de

OS MELHORES LIVROS PARA QUEM TEM MAIS DE CEM ANOS

Solo RANA DASGUPTA

As confissões de Max Tivoli ANDREW SEAN GREER

O jogo das contas de vidro HERMANN HESSE

O ancião que saiu pela janela e desapareceu JONAS JONASSON

A imortalidade MILAN KUNDERA

As aventuras do ursinho Pooh e seus amigos A. A. MILNE

Drácula **BRAM STOKER**

As viagens de Gulliver **JONATHAN SWIFT**

certinho, ser

O mestre e Margarida
MIKHAIL BULGAKOV

Quando o diabo aparece em um parque de Moscou, em um belo fim de tarde de primavera na década de 30, ele se enfia entre dois sujeitos do tipo intelectual que conversam animadamente em um banco. Um deles é Berlioz, o editor calvo e corpulento de uma revista literária. O outro é Bezdomny, um jovem poeta. O diabo não tem dificuldade para assumir o controle da conversa, que é sobre a existência ou não de Jesus Cristo. Pois o diabo, vestido elegantemente com um terno cinza, sapatos "estrangeiros", uma boina cinza inclinada garbosamente sobre um olho, tem mais carisma que ambos os homens juntos. "Ah, que encantador!", ele exclama quando seus dois novos amigos confirmam que são ateus. O diabo tem uma cabeça imprevisível e infantil, que se entedia facilmente e está sempre em busca de alguma piada — idealmente, à custa de alguém. Em um minuto, explode em gargalhadas altas o bastante para "assustar os pardais da árvore"; no momento seguinte, está prevendo cruelmente a morte de Berlioz, decapitado sob um bonde (o que de fato acontece). E quando Berlioz lhe pergunta onde ficará enquanto estiver em Moscou, ele dá uma piscadela e diz: "Em seu apartamento".

O diabo é audacioso, tem tiradas inteligentes. Como em *Paraíso perdido*, ele tem todas as boas falas e mantém todos a seus pés. Quando Bezdomny sente vontade de fumar, o diabo — ou Professor Woland, como diz seu cartão de visita — lê sua mente e abre diante dele uma impressionante cigarreira dourada com a marca correta de cigarros dentro. Ele e seu bizarro séquito, que inclui um gato grande, rude e bebedor de vodca, chamado Behemoth, deixam atônito o público em um teatro ao fazer uma coleção de alta costura parisiense (chapéus, vestidos, bolsas, batons) se materializar no palco e convidar todas as damas a se despir e trocar de roupa.

E, claro, o diabo dá as melhores festas. Moscou nunca viu nada como isto, antes ou depois: um baile à meia-noite sob a lua cheia, em que a convidada de honra (Margarida) é banhada em sangue e rosas. Há champanhe nas fontes, papagaios de peito escarlate gritando "Êxtase! Êxtase!" e uma orquestra conduzida por Johann Strauss. Este, porém, é o diabo, e nem tudo são brincadeiras e diversão inocentes.

Exceto por Margarida, os convidados do baile chegam em variados estados de decomposição, vindos direto do inferno.

Não estamos sugerindo que você renuncie ao bem e se volte para o mal. Só estamos dizendo para você se animar e aproveitar a vida. Não saia por aí torcendo cabeças como Behemoth, mas dê festas escandalosas. Tenha um brilho de atrevimento nos olhos, um pouco de malícia guardada na manga. Isso o fará bem mais divertido.

VER TAMBÉM: **abstêmio, ser** • **dar com a língua nos dentes, tentação de** • **organização, excesso de**

chá, não conseguir encontrar uma xícara de

Todos conhecemos — ou, mais precisamente, aqueles de nós que são britânicos conhecemos — a necessidade de uma boa xícara de chá. Ela ataca tradicionalmente às quatro horas, quando nossa energia cai. Felizmente, costuma ser bastante fácil fazer uma. Mas o que fazer quando não houver nenhuma chaleira, água fervente, saquinhos de chá e leite à mão?

O guia do mochileiro das galáxias
DOUGLAS ADAMS

Pegue um exemplar de *O guia do mochileiro das galáxias*. Porque sua necessidade não pode ser maior que a de Arthur Dent, depois de uma quinta-feira particularmente difícil. O dia começa com Arthur deitando na frente de um trator que está ali para demolir sua casa. Seu protesto é interrompido por seu amigo Ford Prefect — na verdade, descobrimos que ele é um alienígena de um planeta perto de Betelgeuse —, que insiste que Arthur o acompanhe até um bar e o faz beber três canecas de cerveja, a fim de anestesiá-lo contra a iminente destruição do planeta Terra. Devidamente bêbados, eles pegam carona em uma espaçonave Vogon de passagem, onde são torturados com poesia, e escapam para outra nave (pertencente a Zaphod Beeblebrox, ex-presidente da Galáxia). É quando Arthur, ainda de roupão, está sonolentamente observando o nascer do sol binário sobre o lendário planeta de Magrathea e perguntando o que, afinal, estaria acontecendo que a necessidade de uma xícara de chá ataca.

A única fonte de bebidas quentes na nave é a Sintetizadora Nutrimática de Bebidas, uma máquina tão sofisticada que afirma ser capaz de produzir uma bebida preparada precisamente de acordo com o gosto e as necessidades metabólicas do usuário. Mas, quando do Arthur pede uma xícara de chá, ela entrega um copo de plástico cheio de um líquido que é "quase, mas não de todo, completamente diferente de chá". Arthur joga fora seis copos da bebida antes de finalmente, em desespero, dizer à máquina tudo o que ele sabe sobre chá — da história da Companhia das Índias Orientais a bules de prata e à importância de colocar o leite primeiro. Só depois que a nave é quase destruída, eles encontram uma pequena bandeja na Sintetizadora Nutrimática de Bebidas, com três xícaras e pires de porcelana, um bule de prata e uma jarra de leite. É a melhor xícara de chá que Arthur já experimentou.

Tudo isso o ajudará a ter paciência entre o momento em que a vontade de chá aparecer e a hora em que você puder estar de novo com uma chaleira e um bule. Mesmo que tenha precisado esperar, pelo menos você poderá degustar seu chá com o conhecimento luxuoso de que a Terra, assim como o conteúdo da sua cozinha e, pensando bem, você não foram destruídos. Ainda.

chatice

VER: **abstêmio, ser • detalhes, obsessão por • ficção científica, vício em • humor, falta de • organização, excesso de**

chorão/chorona, ser

VER: **cansaço e sensibilidade excessiva • chorar, necessidade de • TPM**

chorar, necessidade de

Às vezes, você só precisa deixar a tristeza sair, seja um coração partido, uma relíquia de família quebrada ou hormônios fora de controle. Receitamos estes romances com lenços de papel e um conhaque.

 OS MELHORES LIVROS PARA LER COM UMA CAIXA DE LENÇOS AO LADO

Uma lição antes de morrer ERNEST J. GAINES
A culpa é das estrelas JOHN GREEN
Tess THOMAS HARDY
Um dia DAVID NICHOLLS
Doutor Jivago BORIS PASTERNAK
O beijo da mulher aranha MANUEL PUIG

Diário de uma paixão NICHOLAS SPARKS
A escolha de Sofia WILLIAM STYRON
A história de Lucy Gault WILLIAM TREVOR
Minha querida, queria dizer-te LOUISA YOUNG

VER TAMBÉM: **cansaço e sensibilidade excessiva**

cidade, fadiga da

A vida na cidade pode consumir você. O trânsito, as multidões, a pressa, o anonimato. A melancolia monótona do concreto sem fim, anúncios brilhando, o lixo, o crime. Se sua cidade o está deixando doente, imploramos que não ponha o pé para fora de casa novamente sem antes medicar-se com *Grande sertão: veredas*, de João Guimarães Rosa. Este livro, em que o jagunço Riobaldo conta sua história de vida, vai transportar você para o universo mítico do sertão e fazê-lo se perder ali por algumas boas horas.

Quando o conhecemos, o velho Riobaldo está narrando a um visitante da fazenda episódios de sua vida, marcadamente aqueles que viveu ao lado de Diadorim, seu companheiro de jornada e de luta. Os acontecimentos são expostos fora da ordem cronológica e na linguagem peculiar do sertanejo. Somos apresentados a guerras entre jagunços, cavalos e cavaleiros, reflexões e digressões sobre o bem e o mal, Deus e o Diabo, vida e morte, medos, dúvidas, amores. Aquele é um lugar de homens que amam e que matam.

No entanto, para além da história, a voz lírica e experimental de Riobaldo é o que verdadeiramente nos faz submergir nesse mundo regional e labiríntico. O uso quase poético de neologismos, onomatopeias, sonoridades, dicotomias cria para o leitor uma experiência de intensa beleza, mas que não será atravessada com facilidade — não à toa, Guimarães Rosa já foi referido como "o Joyce brasileiro".

Dessas veredas o leitor sairá renovado, nutrido, mais sábio talvez. Certamente verá o mundo a sua volta com novos olhos e, após essa imersão na natureza selvagem — em mais de um sentido —, sua fadiga da cidade estará acalmada.

Grande sertão: veredas
JOÃO GUIMARÃES ROSA

cinismo

Memórias póstumas de Brás Cubas
MACHADO DE ASSIS

Se você é um cínico do século XXI,* pode-se considerar que tem uma atitude realista. Mas, quando o cinismo se torna uma afronta generalizada à sociedade e a seus valores e convenções, achamos recomendável administrar doses regulares de algo profundamente restaurador. Nossa prescrição é a imersão no altamente eficaz *Memórias póstumas de Brás Cubas*, de Joaquim Maria Machado de Assis.

Brás Cubas é o defunto autor que conta sua vida diretamente do túmulo. Um dos narradores mais cínicos de que se tem notícia, escreveu uma autobiografia em que ninguém pode confiar. Neste romance de 1881, Machado de Assis subverte e parodia o lugar do autor, do personagem e do leitor, fazendo seu narrador interpelar repetidamente o leitor com uma linguagem irônica e petulante.

O curioso é que, nessa vida narrada de maneira tão atrevida, com cinismo admitido, nada acontece que seja muito digno de nota. O protagonista, filho de uma abastada família no Rio de Janeiro do século XIX, dá conta de episódios absolutamente comuns, com suas peraltices de infância, estudos malsucedidos, amores ilícitos, uma carreira não consumada — para terminar em um capítulo só de negativas.

É uma ideia fixa que acaba levando Brás Cubas à morte: a invenção de um "emplastro anti-hipocondríaco, destinado a aliviar nossa melancólica humanidade". (Talvez, se ele tivesse sido bem-sucedido, um livro como *Farmácia literária* não precisasse existir...)

Se o leitor estiver se perguntando como um narrador tão cínico quanto Brás Cubas poderia ser a cura para o próprio cinismo, lembramos a ele o princípio da homeopatia: *similia similibus curantur* — a cura pelo semelhante. Portanto, consuma em doses homeopáticas (ou não) esta obra-prima da literatura brasileira e permita que seu cinismo seja abrandado.

VER TAMBÉM: **amargura** • **desmancha-prazeres, ser um** • **misantropia** • **pessimismo**

---

* Os cínicos originais, na Grécia Antiga, defendiam a rejeição do materialismo em favor de uma vida virtuosa e simples, em harmonia com a natureza. Um deles, Diógenes de Sinope, é famoso por ter vivido dentro de um barril na rua.

cinquenta anos, ter

 OS MELHORES LIVROS PARA QUEM ESTÁ NA CASA DOS CINQUENTA

Desonra J. M. COETZEE
A boa fortuna MARY GORDON
O diário de uma boa vizinha/Se os velhos pudessem DORIS LESSING
A ponte invisível JULIE ORRINGER
A ternura dos lobos STEF PENNEY
Os versos satânicos SALMAN RUSHDIE
Os diários de pedra CAROL SHIELDS
Almoço no restaurante da saudade ANNE TYLER
Jovens corações em lágrimas RICHARD YATES

ciúme

Ao contrário da inveja, que é desejar o que é de outra pessoa, o ciúme é a tendência a se torturar com a ideia de que alguém possa pegar o que você tem. Isso resulta na necessidade de se agarrar ainda mais fortemente a essa posse, tornando-se carente e inseguro, cheio de fúria em relação ao potencial gatuno (ver também: ódio). Cego para a razão, esse sentimento é uma força supremamente destrutiva e, se deixado sem controle, corroerá sua autoestima e acabará por impedi-lo de ter uma relação saudável com aquilo que você guarda com tanto desespero. Seja ciúme entre irmãos pela atenção dos pais (ver: irmãos, rivalidade entre), por uma promoção no trabalho ou por causa de um possível rival no amor, aqueles que se veem em suas garras fariam bem em reconhecer que têm mais probabilidade de perder o objeto de seu amor do que alguém livre dessa infecção. Felizmente, o ciúme, de qualquer tipo, é um mal infligido a si próprio, e a pessoa que o criou também tem o poder de descontruir essa criação.

Nossa cura, *A Vênus das peles*, de Leopold von Sacher-Masoch, mostra muito claramente a natureza autoinfligida do ciúme. Incomum para a época (o romance foi publicado em 1870), *A Vênus das peles* explora a atração pela subjugação sexual. Uma tarde, depois de cochilar diante de uma pintura magnífica chamada *A Vênus das peles*, o narrador e seu amigo Severin compartilham um sonho sobre essa divindade, e ambos admitem sua predileção pela beleza vestida com

A Vênus das peles
LEOPOLD VON
SACHER-MASOCH

altivez. Nosso narrador pega as memórias de Severin, que então lemos por sobre seu ombro. Elas descrevem o relacionamento de Severin com uma mulher chamada Wanda, a corporificação mortal de Vênus. Wanda é uma tirana cruel e bela, que, alternadamente, ama e maltrata Severin — agradando-o, excitando-o e filosofando com ele em um momento, e no momento seguinte chicoteando-o, chamando-o de seu "escravo" e atormentando-o com seu interesse por outros homens.

Severin recebe tudo isso entusiasticamente. Quando ela fala de outro amante, ele é tomado de paixão, uma "doce loucura". E, quando ficamos sabendo que ele abandonou outro relacionamento, bem mais gentil, por esse, começamos a ver como é pouco saudável seu amor por Wanda. Ele quer ser maltratado — quanto pior, melhor — e obedece às ordens dela de forma humilhante, com o corpo trêmulo de ressentimento. E assim tem início uma série de humilhações, êxtases e terrores que, em determinado ponto, o fazem temer por sua vida.

Apenas no fim de sua "confissão" (que compõe a maior parte do livro), Severin para e enxerga como o relacionamento era uma tortura autoimposta. "Quem quer que se permita ser chicoteado merece ser chicoteado", é a moral que ele tira da história. Não é por acidente que Masoch tenha nos dado a palavra para esse tipo de prazer extraído da dor: "masoquismo". O ciúme é similarmente masoquista — ele vem das vergastadas de seu próprio açoite. Seja testemunha do ódio de Severin por si próprio, depois aposente o chicote e caminhe livre.

VER TAMBÉM: **amargura • carência • paranoia • raiva**

claustrofobia

Uma casa na campina
LAURA INGALLS WILDER

Se você tem tendência a sofrer de claustrofobia, nunca entre em um espaço fechado sem *Uma casa na campina*, o segundo dos nove romances da amada série sobre a vida dos colonos escrita por Laura Ingalls Wilder, ela mesma de uma família de pioneiros. Em um instante, você estará assumindo as rédeas no banco alto de uma carroça e percorrendo as enormes e abertas campinas do Kansas, com a relva "oscilando em ondas de luz e sombra" e um grande céu azul acima. Lá, você encontrará Pa — cristalizado para sempre em nossa imaginação com o capacete de espessos cachos escuros do ator Michael Landon —, rachando troncos com o balanço de seu machado, enquanto Ma se senta à sombra da casa, costurando uma colcha de retalhos, e Laura e suas irmãs caçam ninhos de passarinhos na grama alta, com o chapéu balançando às costas. Logo você estará com os ossos tão moídos de cansaço que precisará de uma boa esfregada na bacia de banho, com água fresca trazida do riacho. Depois se sentará para um jantar ao ar livre — mingau de fubá e molho de galinha caipira —, enquanto as notas da rabeca de Pa ressoam no enorme céu estrelado.

E você terá esquecido que está espremido em um elevador imóvel com mais quinze pessoas, com o nariz enfiado na axila de alguém e nenhum sinal de SAÍDA ou duto de ventilação à vista.

VER TAMBÉM: **ansiedade • pânico, ataque de**

coceira nos dentes

Se você não tem familiaridade com esse mal, com certeza não conheceu o herói de *Henderson, o rei da Chuva*, de Saul Bellow, que sofre dele há muito tempo. Mas, se você conhece o mal e/ou sofre dele, vai entender. Porque Gene Henderson, um milionário de cinquenta e cinco anos, de "modos espalhafatosos, nariz grande e mais filhos do que consegue lembrar os nomes", sofre de coceira nos dentes desde sempre. Na verdade, todas as suas dores, físicas e emocionais (e há muitas), congregam-se nos dentes. Se ele fica bravo, sua gengiva dói. Quando se vê diante de uma beleza comovente, seus dentes coçam. E quando suas esposas, suas garotas, seus filhos, sua fazenda, seus animais, seus hábitos, seu dinheiro, suas aulas de violino, sua bebedeira, sua brutalidade, suas hemorroidas, seus desmaios, seu rosto, sua alma e — sim — seus dentes começam, todos, a lhe causar contrariedade ao mesmo tempo, ele decide invadir a lua de mel de seu amigo Charlie, na África, e de lá se embrenhar pelo interior a fim de encontrar a si mesmo.

Não dá certo. O que ele encontra é o mesmo turbulento milionário de cinquenta e cinco anos que deixou atrás de si. E, o que é pior, quebra uma ponte em um dos lados da boca enquanto está fora, o que arruína muitos dólares de serviços dentários complicados e o deixa cuspindo fragmentos de molar artificial na mão.

Henderson, o rei da Chuva
SAUL BELLOW

Coceira nos dentes é uma ocorrência rara, mas que existe — e não apenas em romances de Bellow. Os que são afligidos por esse mal vivem um tormento quase insuportável. A única coisa que pode deixar uma pessoa mais maluca do que dentes que incomodam continuamente é não acreditarem quando ela conta a outras pessoas o que está sentindo. Agora, os sofredores desse mal podem apresentar aos incrédulos esse romance incisivo como um rolo compressor e, finalmente, obter solidariedade em sua aflição.

cólon irritável, síndrome do

VER: **diarreia** • **dor, sentir** • **flatulência** • **náusea** • **prisão de ventre**

compras, vício em

Suave é a noite
F. SCOTT
FITZGERALD

O psicopata americano
BRET EASTON ELLIS

A compulsão moderna de gastar, gastar, gastar já fez muitos consumidores excessivamente animados com coisas caras irem para o buraco com o cartão de crédito preso entre os dentes. Ou acabamos cheios de dívidas (ver: falência) ou presos à roda-viva de ganhar, ganhar, ganhar a fim de nos manter à tona (ver: trabalhar em excesso). Uma de nossas compradoras favoritas é a bela e mimada Nicole, em *Suave é a noite*, de F. Scott Fitzgerald, cuja capacidade de gastar — desenfreadamente, sem a menor culpa — não pode deixar de ser admirada. E, embora sejamos as primeiras a admitir que o ato de comprar, em si mesmo, pode animar o espírito, não é difícil perceber que, se mulheres como Nicole — as "it girls" de sua época — fossem menos dependentes de aparência e roupas para ter noção do próprio valor, talvez não precisassem gastar tão irresponsavelmente. (Ver: autoestima baixa.)

A profusão de marcas de grife que inunda as páginas de *O psicopata americano*, a revolucionária e aflitiva incursão de Bret Easton Ellis na cabeça de um assassino psicopata, é apresentada como um sinal de advertência precoce sobre um mundo que perdeu seus valores. E, de fato, se você tiver coragem suficiente para ler esse romance (e devemos enfatizar que você precisa ser *muito* corajoso), ele o afastará dos artigos de grife para sempre.

Patrick Bateman segue estritamente as regras. É preciso manter em dia a manicure, o cabelo e o bronzeado, ter os músculos firmes de academia e usar as roupas certas. Um terno de lã e seda da Ermenegildo

começar, medo de

MERGULHE AO ACASO

Você tem um livro novo em folha nas mãos. Já leu as resenhas, ele foi recomendado por pessoas em quem você confia, e você tem certeza de que vai adorar. Talvez o estivesse guardando exatamente para este momento, sabendo que agora terá horas ininterruptas à frente para ler, quem sabe na banheira, ou em um trem. Mas você hesita. Já leu e amou livros desse mesmo escritor antes — e se esse não corresponder ao último? Você está decidido o suficiente para lhe dar uma chance? Conseguirá ser o leitor que esse livro precisa que você seja?

Não seja tímido. Abra-o ao acaso e leia qualquer frase que lhe chamar atenção. Ficou curioso? Folheie adiante e leia mais dois parágrafos. Então feche os olhos, desfira um golpe de caratê no livro e, onde ele abrir, leia a página. Por fim, jogue-o no chão (com cuidado, se for uma edição bonita) e pegue-o com um polegar no meio das folhas. Leia a página que seu polegar abriu, vire e leia a próxima. A essa altura, você já abriu várias janelas para o livro. Já deu uma olhada em seu interior e conhece alguns de seus segredos. Curioso para saber mais? (Caso ainda não tenha notado, você já começou. Agora volte e comece do início.)

Zegna, de preferência, com abotoaduras da Behar, gravata de seda da Ralph Lauren, sapatos com biqueira de couro da Fratelli Rossetti e óculos de armação de chifre da Oliver Peoples (claro). É preciso ver e ser visto apenas nos restaurantes mais badalados (Dorsia, Barcadia, Orso), e a medida de sucesso na vida é se você tem influência suficiente para conseguir uma boa mesa.

Apenas lentamente nos damos conta de que Pat Bateman está dizendo a verdade quando murmura, na presença da namorada Evelyn, que, longe de ser "o garoto da casa ao lado", como ela gosta de chamá-lo, ele é na verdade um "maldito psicopata cruel". E, quando começamos a testemunhar isso por nós mesmos, nos aleatórios e abomináveis assassinatos, mutilações e torturas (mais uma vez: esteja avisado, essas cenas são horríveis e ficarão com você pelo resto da vida), essa é uma extensão assustadoramente convincente da fachada desdenhosa, controladora e inumana que vimos até então. Em certo ponto, Bateman faz uma lista das coisas que pretende comprar — presentes de Natal para seus colegas de Wall Street —, e, se você for ao menos um pouco parecido conosco, não conseguirá nunca mais olhar para uma jarra de vinho banhada a prata ou qualquer outro item da lista desse psicopata.

Não se irrite. Não estamos sugerindo que você talvez também seja um psicopata. Mas fique atento a esses hábitos de gastos excessivos. Não fixe tanto seu olhar nas etiquetas famosas a ponto de perder de vista o que realmente importa. E cuidado com aquele homem com a pasta de couro Tumi da D. F. Sanders, o de unhas perfeitas que se recusa a comer a berinjela porque ela não está cozida do jeito certo... Sim, ele. Na verdade, ele não o incomodará porque você não está usando meias da cor certa.

VER TAMBÉM: **falência** • **ganância** • **livros, compulsão por ter**

compromisso, medo de

Ensaio sobre a cegueira
JOSÉ SARAMAGO

Quando você começa a ler uma frase do escritor português José Saramago, está assumindo o compromisso de segui-la para onde quer que ela vá, porque esse engenhoso escritor não segue as regras da gramática, mas usa vírgulas de maneiras inesperadas, que farão cair o queixo de seu gramático interior e levarão seu gramático exterior a pegar uma caneta vermelha, é evidente que aquela é uma oração, e esta é outra, não deveria haver um ponto-final entre elas ou pelo menos um ponto e vírgula, e seus gramáticos interior e exterior estão certos, claro, mas Saramago está certo também, ele sabe exatamente o que está fazendo, e, no fim dos dois primeiros parágrafos, ele o terá enredado irremediavelmente com essas orações que fluem umas das outras com uma irrefreabilidade que é como a da silenciosa e aterrorizante epidemia de cegueira que dá a esse livro o título e cuja causa ninguém sabe explicar.

Porque, em uma cidade sem nome em um momento não especificado da história, os habitantes começam a ficar cegos, repentinamente, um a um. E, conforme a narrativa se move entre um personagem sem nome e o próximo, da jovem prostituta de óculos escuros ao ladrão de carros, ao oftalmologista e sua esposa, nós nos submetemos ao surreal e poderoso acúmulo de frases, e qualquer resistência ao estilo não convencional de Saramago que possamos ter sentido no começo é logo esquecida.

Pois as recompensas do compromisso, seja com uma frase, um livro, um relacionamento ou qualquer coisa que você achar que possa ter valor e em que decida acreditar, são grandes, como será demonstrado na própria história de *Ensaio sobre a cegueira*. Porque no hospício onde os cegos são confinados em quarentena na tentativa de conter a epidemia, e onde guardas armados ficam nos portões prontos para atirar em qualquer um que tente fugir, as condições degeneram rapidamente para sordidez e desregramento, enquanto os internados impotentes lutam pelas porções limitadas de comida. E, no meio disso tudo, a esposa do oftalmologista cuida do marido com ternura, atenção, devotamento. Em um momento de grande presciência que resplandece de todo aquele horror, a mulher, cuja visão se mantém misteriosamente intacta, consegue dar um jeito de entrar no hospício com ele, fingindo ser cega, para poder ficar ao lado do marido. Quando ele precisa ir ao banheiro, ela o limpa. Quando ele precisa se mover, ela o guia. A mulher percebe que, se descobrirem que ela pode ver, provavelmente vão querer usá-la para seus próprios fins, por isso toma grande cuidado para sempre agir como se fosse cega, não só para se proteger, mas para poder continuar cuidando do marido.

As ações invisíveis da esposa são as ações de uma mulher para quem lealdade, amor e compromisso vêm em primeiro lugar e não são questionados. Desde o momento em que a cegueira acomete seu marido, ela luta primeiro por ele, depois pelos outros que compartilham a mesma enfermaria, porque, por força de terem sido os primeiros a ficar cegos, esse grupo, que inclui o oftalmologista e a prostituta, forma um vínculo familiar, mantido e fortalecido por atos de gentileza e apoio, e por encontrar humor e esperança no meio do inferno. Não resta nenhuma dúvida de que, se eles sobreviverem, será por causa de seu compromisso uns com os outros. É isso também que lhes possibilita manter a humanidade, enquanto todos em volta a estão perdendo.

Seja com um livro, um relacionamento, um trabalho ou um cachorro que você está tendo dificuldades para se comprometer, deixe Saramago e a esposa do médico serem seus professores. Você pode treinar com esse livro. Quando começar a primeira frase, comprometa-se com todas as outras. Quando o terminar, comprometa-se com a obra de Saramago (isso não será difícil: uma vez fisgado por *Ensaio sobre a cegueira*, você vai querer ler todo o resto). E, depois de ler Saramago, quando estiver completa sua transformação de compromissofobia a uma vontade — mais ainda, ansiedade — de pular com os dois pés em qualquer coisa, na vida ou na literatura, por mais estranho que pareça o estilo da prosa, por mais aparentemente difíceis que sejam as ideias, por mais assustado que você esteja com a empreitada, nós lhe oferecemos o teste definitivo: Proust. Você nunca estará mais bem preparado do que agora.

VER TAMBÉM: **começar, medo de** • **covardia** • **desistir no meio, tendência a**

confiança, perda de

O corte
SUSANNA MOORE

Em primeiro lugar, precisamos decidir se uma pessoa é merecedora de nossa confiança ou não. A maioria de nós tem uma ideia bastante boa disso depois de um único encontro. Confie nessa primeira impressão. Depois disso, continuar a confiar em alguém quando a situação fica instável é um ato de generosidade. Quando estiver em dúvida, lembre-se disto: o grau em que você está preparado para confiar é uma medida do grau em que os outros podem confiar em você. Se você desistir das pessoas muito facilmente, elas saberão que você as deixará na mão também.

Quando se é uma mulher solteira em Nova York, com talento e apreciação por respostas rápidas, está-se tomando decisões sobre em

concentração, incapacidade de

MAL LIGADO À LEITURA

DESCONECTE-SE

Com tantas maneiras de enrolar nosso cérebro, dos constantes estímulos visuais da internet às investidas das mídias auditivas, as tentações táteis dos tablets e a compulsão das redes sociais — todos oferecendo porções saborosas que podem ser engolidas, em vez de saboreadas —, concentrar-se em um livro está em descompasso com o espírito dos tempos. O que é pior, muitos de nós parecem ter perdido a habilidade de focar uma única coisa por um longo período contínuo. Estamos tão acostumados a pular de uma flor intensamente colorida para outra, movendo-nos assim que sentimos a menor pontada de tédio ou esforço mental, que ficar sentado com um livro, o qual pode demorar algum tempo antes de oferecer seu precioso néctar, é desconfortável e difícil.

Não deixe seu cérebro se fragmentar. Determine uma tarde por semana para se desconectar. Duas horas no mínimo, sem limite máximo. Desligue telefones e afaste-se de todas as possíveis fontes de distração. Vá para algum lugar totalmente diferente com um bom livro. Não importa para onde você vá (embora um refúgio de leitura seja recomendável — ver: tarefas de casa, ocupado com), o importante é garantir horas de pensamento sem interrupções. Lentamente, seu cérebro vai se recompor e você terá a continuidade e a calma de volta.

quem confiar o tempo todo. Quando se tem interesse por sexo selvagem, tomar a decisão certa pode significar a diferença entre a vida e a morte. Frannie leciona inglês em um programa municipal para adolescentes com "baixo rendimento e alta inteligência". Colecionadora de palavras, do inglês da Idade Média à gíria das ruas de Nova York, ela gosta de dizer aos alunos que não quer vê-los escrevendo "motherfucker" como "mothafucka" — até que pelo menos tenham aprendido como se faz direito. Então, como no jazz, eles podem fazer o que quiserem e quebrar as regras. Ela também gosta da conversa ágil e cheia de casos do detetive Malloy, que a procura para investigar o assassinato de uma jovem atriz nas redondezas.

A atração por Jimmy Malloy é imediata, apesar de sua colônia barata, apesar de ele usar um relógio de ouro roubado de um morto, apesar do anel no dedo mínimo, que tem duas mãos segurando um coração, o qual ela descarta como "bobagem irlandesa". E ela gosta do jeito como ele "vai direto ao ponto" quando flerta com ela no bar.

Quando Frannie se envolve com Malloy e conhece seus colegas na delegacia de homicídios, incluindo seu parceiro, detetive Rodriguez, que leva uma pistola de água amarela no coldre, o primeiro assassinato é seguido por um segundo, e a tensão vai aumentando rapidamente. Teste-se com esse livro: Em quem você confiaria, e quando e por que deixaria de confiar? Vale a pena aprender a ser bom nisso. Como o destino de Frannie é testemunha, um dia sua vida poderá depender disso.

VER TAMBÉM: **mentira**

confronto, medo de

Meu nome é Asher Lev
CHAIM POTOK

Nós, que tememos confrontos, somos os apaziguadores naturais — ou, em termos menos gentis, os maria-vai-com-as-outras, os se-você--quer-assim-então-tudo-bem. Cedemos ao menor sinal de divergência. Cedemos, sim! Bom, se você diz que não, então tudo bem. Mas nosso maior medo é uma discussão. E fazemos qualquer coisa para evitá-la. Engolimos nossas palavras, sorrimos em meio à raiva, resmungamos nossa insatisfação conosco mesmos e deixamos a outra parte ficar com tudo. E depois ficamos remoendo internamente, enquanto o conflito não resolvido vai corroendo até explodir mais violentamente algum outro dia, ou continua fermentando por décadas, causando uma dor intangível, mas real.

Superar o medo de confronto é essencial para que você tenha alguma esperança de lidar com os conflitos como e quando eles aparecem, porque eles inevitavelmente aparecerão. Sugerimos que você estude o herói epônimo de *Meu nome é Asher Lev*, de Chaim Potok. Asher se vê em conflito com os pais desde muito jovem, por causa de seu prodigioso talento para a pintura. Judeus hassídicos, seus pais não acham que a arte seja uma atividade honrada. Mas Asher é incapaz de controlar o próprio talento. Ele desenha constantemente, às vezes subconscientemente. Um dia, na escola, um rosto desenhado com caneta-tinteiro aparece em uma página de seu Chumash. Os outros alunos ficam indignados com essa profanação do livro sagrado, e os pais de Lev se sentem pessoalmente atacados. Mas o hábito do garoto de reprimir sua habilidade artística já está tão avançado que ele não se lembra de ter feito o desenho.

É doloroso acompanhar o conflito familiar enquanto os pais de Asher tentam compreender seu complicado filho. Sua mãe, Rivkeh, está abalada pela perda do irmão, que morreu, e vive aterrorizada com a ideia de que Asher vai desaparecer também; e ele não ajuda em nada ao ficar desenhando até tarde no museu, sem avisar onde está. Ela se sente eternamente dividida entre o marido e o filho. O pai de Asher, Aryeh, está permanentemente decepcionado com as escolhas do filho, e a situação com frequência fica explosiva quando os dois passam algum tempo juntos. O líder da comunidade hassídica local tem profunda influência sobre todos eles. Homem sábio e poderoso, ele fala com Asher de maneiras que o fazem escutar e prestar atenção, lembrando gentilmente ao jovem em que ele deve depositar sua lealdade. "Eles me dizem que o mundo um dia ouvirá falar de você como artista", diz ele. "Eu oro ao Senhor do Universo para que o mundo um dia ouça falar de você como judeu. Está entendendo minhas palavras?" O líder não desaprova o talento artístico de Asher, mas deseja que o jovem seja um judeu tão dedicado quanto o é como artista. O modo de Asher de lidar com todos esses conflitos de interesses é fingir que eles não existem, por tanto tempo quanto possível — e, como resultado, ele vive atormentado durante anos.

Quer seu conflito decorra de diferenças de crenças, ambições, visões de vida ou simplesmente de questões domésticas, enfrente-o antes que ele se avolume e acabe em afastamento ou coisa pior.

VER TAMBÉM: **violência, medo de**

cônjuge, odiar seu

VER: adultério • divórcio • faça-você-mesmo • meia-idade, crise da • par errado, acabar com o • pensamentos assassinos • ronco

constipação

VER: prisão de ventre

constrangimento

VER: arrependimento • idiota, sentir-se um • ovo na camisa • vergonha • vergonha associada à leitura

controle, fora de

VER: adolescência • alcoolismo • drogas, uso excessivo de • negligência • riscos, correr excesso de

controle, mania de

Casa de chá do luar de agosto
VERN SNEIDER

Você sabe como gosta que as coisas estejam. Por isso, quer mantê-las desse jeito. E gosta de dizer a todos a sua volta como gosta das coisas, para que eles possam mantê-las assim também. Por que ouvir mais alguém se você já tem tudo sob controle?

Vamos lhe dizer por quê. Porque você tem mania de controle e ninguém te suporta. Porque ser um maníaco por controle é um trabalho duro e interminável, que raramente produz bons resultados. E porque há outra maneira, melhor, de ser, e nenhum outro livro mostra isso de modo mais inteligente ou mais encantador que *Casa de chá do luar de agosto*.

O capitão Fisby não tem nada sob controle. Ele é um oficial americano no Japão ocupado após a Segunda Guerra Mundial, com a tarefa de implementar o Plano B na aldeia de Tobiki. O Plano B determina que as escolas de palha da aldeia sejam derrubadas e substituídas por outras, de tijolos, em forma de pentágono; e que toda aldeia deve ter uma Liga Feminina, com palestras sobre democracia e aspic de frango no cardápio do almoço (pois o Plano B havia se originado com a sra. Purdy e seu Clube das Terças-Feiras, em Pottawattamie, Indiana). Não é surpresa que os habitantes japoneses da modorrenta aldeia de Fisby não tenham se entusiasmado com o aspic de frango. Eles preferiam ficar na cama a construir escolas. O escritório de Fisby é invadido por cabras e meninas gueixas, e ninguém ouve uma só palavra do que ele diz. Mas a incapacidade de Fisby de controlar os aldeões esconde uma grande força. Por meio das gueixas, os aldeões gradualmente encontram a própria motivação para trabalhar, e Fisby se torna esta coisa rara e valiosa: um facilitador.

Leia *Casa de chá do luar de agosto* e, só por um dia, deixe de lado o controle e seja como Fisby. Escute as outras pessoas e permita que elas façam as coisas do seu próprio jeito. Todos vão ficar mais felizes e mais produtivos, e você terá mais tempo para si. Tempo para se sentar, tomar uma xícara de chá e ouvir o vento nos pinheiros — como Fisby faz. Ou tempo para ver que os outros estão fazendo tudo errado e lhes dizer como você faria muito melhor...

Ah, esqueça. Não há cura para você.

VER TAMBÉM: **desistir no meio, recusa a** • **detalhes, obsessão por** • **ditador, ser um** • **organização, excesso de** • **reverência excessiva por livros** • **trabalhar em excesso**

coração partido

Rara é a pessoa que passa pela vida com o coração intacto. Uma vez que a flecha tenha sido lançada do arco do Cupido e acertado o alvo, balançando com ardilosa emoção, tem início uma reação química que despacha a vítima em uma jornada cheia de alguns dos prazeres mais sublimes da vida, mas também de suas armadilhas mais angustiantes (ver: amor condenado; amor não correspondido; mal de amor; amor, deixar de amar o; e, sinceramente, a maioria dos outros males neste livro). Nove em cada dez vezes,* o romance desmorona e tudo acaba em lágrimas.

Jane Eyre
CHARLOTTE BRONTË

Por que tanto ceticismo? Porque a literatura explode em dores do coração como tantos aneurismas aórticos. É difícil pegar um livro que não emane a dor de um romance fracassado ou a perda de um ser amado por morte, traição ou algum outro desastre imprevisto. O

---

* Estudos demonstram que números precisos não são mais úteis do que os que a gente inventa.

coração partido não aflige apenas aqueles que se aventuram na jornada; ele pode te atingir até quando você acha que está em segurança (ver também: adultério; divórcio; morte de pessoa amada). Os que se veem afligidos por esse mal não têm escolha, pelo menos inicialmente, a não ser sentar com uma caixa grande de lenços de papel, outra de chocolates e um livro que abrirá seus canais lacrimais e lhe permitirá chorar até cansar. A leitura pode ser acompanhada de música triste; alguns diriam que isso é crucial, especialmente se você tiver tendência a manter suas emoções sob forte controle (ver: emoções, incapacidade de expressar).

Corações partidos podem ser redimidos — e, para aqueles que se recusarem a desistir de um amor perdido, prescrevemos *Jane Eyre*. Quando a cerimônia de casamento de Jane e Rochester é interrompida pelo anúncio de que o proprietário de Thornfield Hall já tem uma esposa, Jane fica chocada demais para chorar— "eu parecia ter me deitado no leito seco de um grande rio", diz ela —, embora, mais tarde, ela sinta "a plena força" da torrente. Desolada, ela perdoa Rochester em um instante, quando ele mostra que ainda a ama, tanto quanto sempre amou. Mas sua parte mais sensata sabe que não há "lugar nem direito" para ela e, por mais que lhe doa o coração, ela lhe diz que precisa ir embora. E então é a vez de o sr. Rochester ficar arrasado: "Jane!... Jane, você está querendo seguir por um caminho no mundo e me deixar seguir por outro?" Houve alguma vez expressão mais dilacerante da dor da separação?*

Nem tudo está perdido, porém, pois Jane fica com seu herói-bandido no fim, mas em seus próprios termos e com o amor-próprio intacto. O sr. Rochester, é verdade, a essa altura é uma ruína em comparação com o que era antes, mas isso não parece importar. Jane tem a própria fortuna agora, o que lhes permite estar de igual para igual, e ela jamais se cansa de ler em voz alta para ele. Siga o exemplo de Jane: de maneira nenhuma tente remendar seu coração partido comprometendo sua integridade. É melhor sofrer com dignidade do que tentar aplacar a dor em vergonha. E nunca se sabe quem pode vir a notar e a amar você ainda mais, por sua força de caráter e capacidade de enfrentar provações.

É fundamental viver um período de luto quando um amor acaba. Dê-se um tempo para isso. (Para nossos melhores livros para ler com

---

* Se houver, envie-a para nós em um cartão-postal molhado de lágrimas.

uma caixa de lenços ao lado, veja "chorar, necessidade de".) Não faça concessões impensadas na tentativa de se sentir melhor. O Cupido atacará de novo, seja com um novo amor ou com o mesmo amor em novas circunstâncias. E, se você decidir que prefere ficar sozinho, há muitos prazeres solitários que podem ser obtidos neste livro.

VER TAMBÉM: **amor, deixar de amar o** • **anseio geral** • **apetite, perda de** • **chorar, necessidade de** • **desorientação** • **divórcio** • **esperança, perda de** • **mal de amor** • **tristeza**

costas, dor nas

Não tem dor pior no mundo. É o mesmo que você pegar um facão e se cortar todo, enfiar bem dentro do coração, de tão ruim que é a dor. Faz você querer deitar e morrer como um porco. Você vai procurar o Massagista Místico; Ganesh Pundit é o nome dele. Ele mora lá em Fuente Grove, curou um menino de uma grande Nuvem Preta que ia matar ele antes de Ganesh matar a Nuvem. Ele tem Poderes, mesmo que algumas pessoas digam que ele é um Empresário de Deus, porque tem um serviço de táxis e uma loja do lado do seu Templo Hindu muito bonito. Ele tem jeito com as palavras, fez aquele livro, *Cento e uma perguntas e respostas sobre a religião hindu*, que Bissoon vendeu para nós; era um livro lisinho, lisinho, que você tem de ler antes de perder toda a noção de valores. Como Ramlogan, quando ficou tão irritado que virou um passarinho e contou para toda Trinidad que Ganesh não é Místico coisa nenhuma, que ele é uma fraude. Mas Ganesh, ele curou a Mulher Que Não Podia Comer, porque a comida se transformava em agulhas na sua boca, e ele curou o Apaixonado que fazia amor com a bicicleta. Ele pode curar qualquer coisa; ele cura o espírito, não só o corpo. Quando tiver dor nas costas, você tem de sair da cama e andar, e Ganesh Pundit, o Massagista Místico, ele é o homem para isso.

O massagista místico
V. S. NAIPAUL

VER TAMBÉM: **dor, sentir**

cotidianidade, oprimido pela

Quando o mundo parecer terrivelmente enfadonho e a única magia em sua vida for aquela prometida no frasco de um novo produto de

limpeza, você precisa descobrir a capacidade de transporte dos romances fantásticos. E não estamos falando apenas de Harry Potter.*
Abra suas asas com a lista a seguir. Estes livros levarão você para o reino do miraculoso e do maravilhoso.

 OS MELHORES ROMANCES FANTÁSTICOS
O último unicórnio PETER S. BEAGLE
Noites no circo ANGELA CARTER
Jonathan Strange & Mr. Norrell SUSANNA CLARKE
O mago de Terramar URSULA K. LE GUIN
A guerra dos tronos GEORGE R. R. MARTIN
Pequenos deuses TERRY PRATCHETT
Haroun e o mar de histórias SALMAN RUSHDIE
O hobbit J. R. R. TOLKIEN
O único e eterno rei T. H. WHITE

VER TAMBÉM: **desencantamento • insatisfação • mal do século XXI • tédio**

covardia

O sol é para todos
HARPER LEE

Vigdis, a indomável
SIGRID UNDSET

É impossível levar uma vida boa e ser covarde. Como aspirar a fazer o que é certo pelos outros — ou até por si mesmo — se seu primeiro impulso, quando as coisas complicam, é fugir e esconder seus joelhos trêmulos?

Não estamos dizendo que você tenha de ser destemido. Não há problema em ter medo. Mas é preciso sentir o medo e agir assim mesmo, como dizem os livros de autoajuda. Se você sabe que tende a se encolher, a ser um banana ou a deixar os outros pagarem o pato, ou se você precisa de um empurrão para poder enfrentar uma situação em que tenha de ser especialmente valente, inspire-se nos feitos dos personagens mais cheios de coragem da literatura.

Nosso favorito — e, ah, como o amamos por isso — é Atticus Finch, em *O sol é para todos*. Esse pai que cuida sozinho de Jem e Scout (e, se você está na mesma situação, veja "mãe/pai solteiro, ser") revela sua coragem diante do perigo físico quando abate sem alarde um cão raivoso, na rua principal de Maycomb, Alabama, com um único tiro.

---

* Nós também o amamos, mas os romances fantásticos vão além de Hogwarts e quadribol.

Ele ganha imediatamente o respeito espantado dos filhos, que até então o descartavam como um sujeito fraco e míope, mais velho que os outros pais da comunidade. Atticus ensina aos filhos que não há nada de valentia em atormentar o recluso do bairro, Boo Radley, e que às vezes é preciso mais coragem para sair de uma briga quando alguém o provoca ("Scout é um covarde!") do que para agredir de volta. Mas é sua coragem de defender Tom Robinson, um negro acusado de estuprar uma mulher branca, em uma comunidade onde atitudes racistas eram a prática aceita, que lhes ensina — e a nós — a maior lição. Corajoso o bastante para manter a firmeza, mesmo quando seus filhos começam a sofrer bullying na escola por causa da postura moral do pai, corajoso o bastante para enfrentar, sozinho, uma multidão agressiva determinada a linchar Robinson na cadeia local, Atticus é o tipo de homem que se destaca dos demais.

O sol é para todos mantém-se como uma das mais contundentes condenações do preconceito racial na literatura, e a coragem da própria Harper Lee, uma mulher branca escrevendo sobre as pessoas entre as quais ela cresceu, não deve ser negligenciada. Lee publicou o romance em 1960, antes que o movimento dos direitos civis americanos atingisse o ápice, e sua decisão de falar o que pensava a coloca no mesmo patamar de sua criação.

Se os modos discretos de advogado de Atticus não forem seu estilo, siga o exemplo de Vigdis, a heroína viking durona-como-um-machado do extraordinário romance de 1909 *Vigdis, a indomável*, de Sigrid Undset. Escrevendo no estilo de uma saga nórdica do século XII, Undset conta a história da jovem e bela Vigdis, filha do respeitado viking Gunnar. Quando a encontramos, Vigdis está se tornando mulher: exemplo perfeito de feminilidade, ela é uma figura de chamar atenção, com suas joias e os cabelos loiros que descem em cascata até os joelhos. Um dia, ela conhece o misterioso Ljot, de olhos azuis e fímbrias pesadas, e há uma atração imediata entre eles.

Mas o lascivo Ljot possui Vigdis à força, deixando-a grávida e com a reputação arruinada, e o sangue viking da moça ferve de raiva e de sede de vingança. Conforme a vida se torna cada vez mais difícil, nós a vemos se erguer à altura de cada desafio que aparece, adquirindo, de alguma maneira, a força de que precisa. Sua fuga em esquis, em meio a uma floresta escura e forrada de neve, cheia de lobos uivando, com uma criança assustada de dois anos amarrada às costas e os homens mais violentos da história em seu encalço, é uma das cenas mais empolgantes da literatura. E, no fim de tudo isso, ela não dá nem um gemido quando três de seus dedos congelados são cortados — a seu pedido.

A coragem de Vigdis não é apenas física. Uma mulher em um mundo de homens, ela ganha grande admiração por suas negociações duras, mas justas, com reis, foras da lei e pretendentes. Reconstrói seu lar familiar e, astutamente, consegue obter duas figuras paternas para fazer de seu filho, Ulvar, um homem de valor. No entanto, a verdade é que mesmo essa "mais impetuosa das mulheres", como Ulvar a chama, sentia medo todo o tempo. Quando corta a garganta do homem que matou seu pai, suas pernas tremem; anos mais tarde, ela admite ter tido "medo de cada homem que me cortejou", desde aquela primeira desastrosa apresentação ao amor carnal.

Não permita que ter medo transforme você em um covarde. O que quer que precise fazer, leve seu medo junto. Com Atticus, Vigdis e Harper Lee como mentores, assuma corajosamente o papel de um herói moderno.

VER TAMBÉM: **aproveitar a vida, não conseguir** • **confronto, medo de** • **super-herói, desejo de ser um**

culpa

Crime e castigo
FIODOR
DOSTOIÉVSKI

Você comprometeu seus próprios padrões de conduta ou violou um código moral? Ou sua culpa deriva de algo que deveria ter feito, mas não fez?

Algumas pessoas têm incapacidade de sentir culpa e devem ser evitadas (psicopatas, bebês). Para o resto de nós, a culpa e sua irmãzinha, a vergonha (ver: vergonha), talvez devam ser bem-aceitas, já que alguns psicólogos afirmam que essas emoções são essenciais para a moralidade coletiva que mantém a sociedade unida. Como acontece com qualquer emoção negativa, se deixarmos a culpa prosperar, ela pode ser destrutiva para a própria pessoa e para os outros, transformando-se facilmente em agressão passiva ou não tão passiva, em um desejo de controle (ver: controle, mania de) ou em uma raiva que o consome por dentro (ver: raiva). Aconselhamos que você sinta sua culpa, depois leia imediatamente nossa cura. Devidamente reconhecida, ela poderá ser extirpada, analisada e, após as apropriadas desculpas pedidas ou acusações lançadas, você estará livre para seguir em frente.

Nossa cura é o mais radical e profundo exame da culpa na literatura: *Crime e castigo*, de Dostoiévski. Escrito quando o autor estava perto da indigência e profundamente endividado, muitos elementos autobiográficos se insinuaram no texto, e não se pode deixar de imaginar que Dostoiévski sentia muitas das mesmas emoções que seu herói. Rodion Romanovich Raskolnikov é um ex-estudante necessitado de emprego, que mora em uma água-furtada minúscula, no alto de um prédio de apartamentos precário em São Petersburgo. Irritável, vestido em andrajos e falido, ele tem a tendência enervante de conversar consigo mesmo, mas é bem-apessoado, orgulhoso e inteligente. Seria de esperar, portanto, que tivesse boas perspectivas, mas fica claro, desde o início, que ele está planejando algo desesperado e terrível — e o fato é que ele decide assassinar uma velha mulher pelo seu dinheiro, tendo-se convencido de que, por ser uma usurária, ela é moralmente desprezível e, portanto, sua morte é justificável. Infelizmente, ele é pego no ato pela meia-irmã da velha e, no calor do momento, Raskolnikov a mata também.

Ele rouba a mulher e esconde o objeto do roubo sob uma pedra. Mas quase imediatamente é tomado por um apavorante remorso. Péssimo mentiroso, ele vagueia por São Petersburgo, assolado pela febre e pelo delírio. Enquanto isso, outro homem confessa os assassinatos, e, não fosse por sua consciência e pela amizade com a sensata Sonia, que entende que a vida não pode ser retomada sem uma confissão, fica claro que Raskolnikov poderia ter se livrado da punição por seu crime se assim escolhesse.

A maneira como Dostoiévski retrata o tormento de seu jovem herói é fascinante e dolorosa. É principalmente graças a Sonia que Raskolnikov sobrevive. Se você não tiver uma Sonia em sua vida, pegue emprestada a de Raskolnikov. Confesse, pague sua penitência, expurgue sua culpa. Só então você merecerá as Sonias e suas equivalentes deste mundo.

VER TAMBÉM: **arrependimento • culpa associada à leitura**

MAL LIGADO À LEITURA

culpa associada à leitura

PROGRAME UM HORÁRIO DE LEITURA

Você comprou aquele último romance tão falado. Ele fica lhe piscando sedutoramente da estante ao lado da cama. Você tem total intenção de lê-lo. Todos os seus amigos estão lendo. Mas, por alguma razão, você nunca o pega para ler. Às vezes é um problema de excesso de ambição. Você decide, em um rompante, que é hora de encarar *Graça infinita*. Ou de ler todos os ganhadores do Booker Prize desde que a premiação teve início. Não é surpresa que você não comece nunca.

O segredo é programar horários regulares de leitura durante a semana. Designe um horário de almoço por semana para ler, mesmo que seja por apenas meia hora em um café perto de seu trabalho. Reserve uma noite por semana como "noite de leitura" e anuncie a todos que moram com você. Isole uma parte do fim de semana — somente uma hora para começar, depois duas, quando seu ímpeto de leitura estiver tonificado. Aos poucos você se verá desenvolvendo um bom hábito de ler. E logo terá transferido sua culpa associada à leitura para todos os outros tipos de culpa: por causa dos afazeres domésticos, por não levar o cachorro para passear, por não consertar o que precisa ser consertado... Nós continuaríamos a lista, mas está na nossa hora de ler.

cultura literária, desejo de parecer ter

MAL LIGADO À LEITURA

ROMANCES PARA OS IMPOSTORES LITERÁRIOS

Embora compreendamos seu desejo — uma pessoa com muitas leituras, em particular de romances, provavelmente será mais equilibrada, mais madura e, claro, mais interessante para se conversar* —, não somos coniventes com essa lamentável falta de integridade. Como Nick, o narrador de *O grande Gatsby*, que, depois de iniciar uma carreira na cidade, compra "uma dúzia de livros" que prometem desvendar os segredos de "Midas e Morgana e Mecenas", você provavelmente tem a intenção de ler os livros que afirma já ter lido. E talvez venha a ler. Mas há chances de que ainda esteja blefando na próxima vez em que disser que leu.

A boa notícia é que você não precisa ter lido *tantos* livros para parecer uma pessoa de boa cultura literária — ou mesmo de cultura literária notável. É só escolher os títulos certos. Os livros a seguir vão colocar você em uma posição excelente para uma vida inteira de primeiras impressões positivas. Com sorte, quando chegar ao fim da lista, você terá adquirido o gosto para ler mais.

OS MELHORES LIVROS PARA PARECER TER CULTURA LITERÁRIA

Os cinco primeiros são simplesmente essenciais; os seguintes vão indicar a existência de um amplo panorama literário em sua mente.

Essenciais
O morro dos ventos uivantes EMILY BRONTË
O grande Gatsby F. SCOTT FITZGERALD
A montanha mágica THOMAS MANN
Moby Dick HERMAN MELVILLE
Guerra e paz LEON TOLSTÓI

A cereja do bolo
Gente independente HALLDÓR LAXNESS
A marcha de Radetzky JOSEPH ROTH
Voss PATRICK WHITE
Coração inquieto STEFAN ZWEIG

---

* Não que sejamos tendenciosas ou convencidas.

D

dar com a língua nos dentes, tentação de

Tess
THOMAS HARDY

Por razões que a ciência médica nunca explicou (embora, naturalmente, tenhamos nossa hipótese — veja a seguir), é fisicamente incômodo manter um segredo guardado e um grande alívio deixá-lo sair. E revelar o segredo — ou dar com a língua nos dentes — pode produzir não só imenso alívio como também, às vezes, um prazer sádico. Porque a expressão no rosto do outro no momento da revelação pode ser tanto divertida como gratificante. Mas essas emoções positivas geralmente duram pouco, em particular se a revelação do segredo tiver causado sofrimento ou dor para a pessoa que a recebeu, ou se o segredo não for seu. Antes de dar com a língua nos dentes, portanto, é bom pesar bem o ganho de curto prazo (para você) em relação às consequências de longo prazo (para você e para os outros). Porque segredos, depois de espalhados, não podem mais ser recolhidos, e talvez seja melhor para todos se você aguentar o incômodo de mantê-los bem guardados.

Se Tess Durbeyfield tivesse convivido com seu segredo, como sua mãe Joan a aconselhou a fazer, seu casamento poderia ter sido salvo e teria um final feliz garantido. A confissão de Tess para o marido, Angel Clare, na noite de núpcias, sobre a mancha em seu passado com Alec d'Urberville, é feita depois de Angel ter se aberto sobre uma relação anterior vivida por ele próprio. Compreensivelmente, ela vê naquele momento a oportunidade perfeita para que ambos "limpem" a consciência. Mas Angel tem uma reação decepcionante e se recusa a perdoar Tess, como ela o havia perdoado. Ele rejeita sua maculada Tess e parte para o Brasil, extremamente ofendido.

Tudo poderia ter acabado bem se Tess tivesse guardado o segredo e esperado o momento em que Angel fosse homem o bastante para ver a situação como realmente era: ela como vítima, Alec como agressor. Então ela também já teria percebido (como, de fato, acaba acontecendo) que não era ela quem tinha de se sentir culpada — o segredo não a manchava, mas a Alec d'Urberville, e tinha que ter sido sempre assim. Tess é uma vítima inocente do patriarcado do século XIX, claro, mas a verdade emocional ainda se mantém: ela deveria ter mantido o segredo consigo.

Uma advertência, porém. Se seu segredo envolver culpa inapelável e, pesando os prós e os contras, você tiver decidido guardá-lo, esteja preparado, porque o desconforto pode piorar com o tempo, quer este envolva você ou outra pessoa. Segredos guardados emitem uma espécie de gás que se expande, produzindo flatulência e indigestão (ver: flatulência), até que, uma hora, irrompe sem aviso, geralmente no pior momento possível. Essa é uma situação que é melhor evitar a todo custo e indica que seu segredo envolve mais culpa do que você talvez tenha imaginado. Se suspeitar que seus segredos podem formar gases, encontre um intermediário em quem descarregá-los, que possa, depois, revelá-los de maneira mais refletida e controlada — ou ajudá-lo a fazer isso. Para um exemplo de intermediário que funciona dessa maneira, veja "culpa".

VER TAMBÉM: **arrependimento • certinho, ser • culpa**

deixar de amar o amor

VER: amor, deixar de amar o

demitido, ser

VER: **amargura • desemprego • emprego, perder o • falência • pensamentos assassinos**

demônios, enfrentar os seus

Todos carregamos alguns demônios nas costas. Alguns de nós convivemos tão bem com eles que conseguimos esquecê-los totalmente, até o dia em que, por acaso, avistamos um deles no espelho, e aí a coisa fica feia. Outros de nós, no entanto, vivemos com nossos demônios à plena vista, revirando os olhos como bolas de gude enquanto

Além da escuridão
HILARY MANTEL

nos seguem pela rua. Felizmente, nossos amigos nem sempre podem vê-los. Afirmamos, porém, que todos os demônios devem ser enfrentados, vencidos e enviados de volta para o inferno de onde saíram. Para ajudá-lo nessa expurgação, prescrevemos o açoite de *Além da escuridão*, de Hilary Mantel.

Alison vive de seus demônios, contra a vontade. Ela é uma médium charmosa e amigável que se enche de comida para manter o passado complexo seguramente abafado (para mais sobre batalhas psicológicas com o peso, veja "obesidade"). Depois de uma apresentação cansativa diante de um público de centenas de pessoas nos subúrbios de Londres, ela acorda pela manhã com desejo de sanduíches, rosquinhas, pizza. A assistente de Alison, Colette, tenta colocar a patroa em uma dieta. Mas isso tende a ser um fracasso tão grande quanto os esforços de Alison para descobrir o que realmente lhe aconteceu quando os homens que ela ainda vê esparramados, semidespidos, por sua sala — e que agora "passaram para o mundo dos espíritos" — a levaram pela primeira vez ao telheiro, quando ela era pequena, para lhe "ensinar uma lição". A fim de trazer essa lembrança traumática à superfície, Alison precisa literalmente confrontá-los, conduzida por seu guia espiritual, Morris. Teria seu pai sido um desses homens?, ela se pergunta. E, se foi, qual deles?

Alison descobriu sua capacidade de se comunicar com "espíritos" quando, ainda pequena, fez amizade, no sótão, com uma senhorinha rosada chamada sra. McGibbet — que desaparecia detrás da parece sempre que os passos pesados de sua mãe soavam na escada. Seus poderes não vinham sem dor. "Quando trabalho com o tarô, geralmente sinto como se o alto de minha cabeça tivesse sido arrancado com um abridor de latas", ela nos conta. Mas, pouco a pouco, começamos a entender as referências ao que os cachorros comiam no telheiro, e ao que aconteceu à invisível Gloria, com quem a mãe de Alison fala continuamente. O quase constante arrepio de medo só desaparece quando a médium encara seus monstros de cabeça erguida. A epifania final de Alison é um ato de suprema redenção psíquica. Tire coragem do triunfo dela, sacuda o demônio de suas costas e olhe-o finalmente nos olhos. O processo pode não ser indolor, mas, como Alison, você o achará menos aterrorizante do que imagina.

VER TAMBÉM: **assombrado, ser**

dente, dor de

Se você está sofrendo de intensa dor de dente, uma dor que é ainda pior por estar dentro da sua cabeça, vai se identificar com Vronsky em *Anna Karenina*, de Tolstói: "Ele mal podia falar por causa da dor latejante em seus fortes dentes, que eram como fileiras de marfim em sua boca. Ficou em silêncio, e seus olhos pousaram nas rodas do tênder que rolavam lenta e suavemente pelos trilhos".

Anna Karenina
LEON TOLSTÓI

O que cura Vronsky, logo no momento seguinte, é a substituição da dor física por uma lancinante dor emocional: uma lembrança que põe "todo seu corpo em angústia" e o faz se esquecer da dor de dente por completo. Ao olhar para os trilhos, ele lembra repentinamente *dela*, ou pelo menos "do que restou dela", quando a encontrou estendida sobre a mesa da chapelaria na estação ferroviária, entre estranhos, seu corpo ensanguentado e largado, a cabeça inclinada para trás com o peso dos cabelos, os olhos horríveis abertos e imóveis, a boca ainda parecendo emitir a "frase terrível" que ela dissera quando eles brigaram: que ele ia se arrepender.

Se a imagem do corpo dilacerado de Anna não produzir efeito, pense em outro quadro chocante das páginas da literatura (para os nossos favoritos, veja a cura para "soluço"). Depois medite sobre isso enquanto faz uma ligação para seu dentista.

VER TAMBÉM: **dor, sentir**

dentes, coceira nos

VER: **coceira nos dentes**

dependência

VER: **alcoolismo • carência • compras, vício em • drogas, uso excessivo de • fumar, parar de • internet, vício em • jogo, vício em • vício, largar de vez**

depressão econômica

Nestes tempos de austeridade, quando as oportunidades de ganhar dinheiro andam escassas e flexibilidade virou palavra de ordem, que melhor companhia para ter a seu lado do que Augie March, um ho-

As aventuras de Augie March
SAUL BELLOW

mem comum lutando para se sair bem em seus próprios tempos difíceis da Grande Depressão americana. Criado no menos favorecido lado oeste de Chicago, Augie vive "aos trancos e barrancos", fazendo as coisas do seu jeito. Sem nunca ter conseguido efetivamente uma educação formal, Augie pula de emprego para emprego e de mulher para mulher, enquanto procura seu caminho.

A fila interminável de vidas que ele testa produz uma lista eclética de ideias de empregos e, desse modo, é um recurso excelente para quem está em busca de uma nova maneira de ganhar alguns trocados. Para sua conveniência, nós os listamos aqui: distribuidor de panfletos em um cinema; entregador de jornais; desembalador de estoque em uma loja de departamentos; duende de Papai Noel; fabricante de coroas fúnebres em uma floricultura cuja clientela é composta de gângsteres; mordomo, secretário, representante, agente, acompanhante, ajudante para dar uma mão (mais braços e pernas) a um corretor imobiliário cadeirante; empresário-assistente de um boxeador peso-pesado; ladrão; vendedor de sapatos, de equipamento de caça e de tintas; motorista de imigrantes ilegais na travessia da fronteira; treinador, lavador e manicure de cachorros mimados; comercializador de livros roubados; avaliador de casas; organizador de sindicatos; caçador (com uma águia treinada); pesquisador para um aspirante a autor; marinheiro da marinha mercante.

Se você estiver sem trabalho e com tempo de sobra, leia esse livro charmoso e divertido e vá se deparando com os empregos por conta própria. Você verá que uma vida que assume tantas funções diferentes — nem todas inteiramente honestas — acaba se tornando um tanto informe, o que a narrativa frouxa de Saul Bellow também atesta. Mas seu oportunismo ao estilo ir-com-a-maré, seu senso de humor, sua despreocupação, sua atitude relaxada são artigos preciosos nestes tempos fortemente competitivos e minimalistas, e a trajetória sinuosa de Augie ajudará você a se sentir mais livre quando estiver mapeando seu próprio caminho.

VER TAMBÉM: **desemprego** • **emprego, perder o** • **falência**

depressão em geral

A insustentável leveza do ser
MILAN KUNDERA

A depressão é uma escala móvel. Na extremidade mais branda, em que a maioria de nós mergulha um dedo do pé de tempos em tempos, estão aqueles dias ou períodos em que nada dá certo, em que parecemos não ter mais nenhum amigo e nos sentimos imersos em um estado de profunda tristeza (ver: fracasso, sentir-se um; excluído, sentir-se; tristeza; mau humor; sentido, falta de). Nessas horas, precisamos de um livro que mude nossa percepção de mundo, que nos lembre de que ele pode ser um lugar de luz e alegria também. Veja nossa lista dos melhores livros para levantar o astral, mais adiante, para uma leitura positiva e animadora que abrirá a janela e fará entrar uma rajada de ar fresco.

Mas, no outro lado da escala, os sofredores sentem uma nuvem negra e pesada que desce sobre eles sem aviso, por nenhuma razão específica, e da qual não conseguem ver uma saída. Essa é a depressão clínica, uma forma grave de transtorno mental que é difícil de tratar e pode se repetir. Se você tiver a infelicidade de ser propenso a esse tipo de depressão, é pouco provável que seu ânimo melhore com uma leitura leve e alegre. Um romance desse tipo pode até fazê-lo se sentir pior — culpado por não conseguir rir, irritado por algo que lhe parece um otimismo ingênuo e com ainda mais raiva de si mesmo. Pode parecer contraintuitivo a princípio, mas, nessas horas, um romance que conte a situação como ela é, com personagens que se sintam tão deprimidos quanto você, ou como uma visão de mundo inflexivelmente desoladora, tem mais chance de tocá-lo, de estimulá-lo a ser mais gentil consigo mesmo e de apoiá-lo de maneira mais apropriada; um romance que possa acompanhá-lo a seu lugar melancólico e escuro, reconhecendo-o e articulando-o, para que você perceba que outros já estiveram ali e que, afinal, você não é tão diferente ou não está tão terrivelmente sozinho.

O tormento mental e os pesadelos experimentados por Tereza no romance *A insustentável leveza do ser*, de Milan Kundera, podem ajudar nesse sentido. A angústia de Tereza é desencadeada pelo comportamento inveteradamente mulherengo de seu companheiro, Tomas; depois de ter se desligado de seu casamento fracassado e do filho pequeno, Tomas decidiu adotar uma vida de solteirão libertário. Mas, desde o começo, Tereza é representada como alguém para quem a vida é pesada: o peso em contraste com a leveza de Tomas e sua amante, Sabina. Porque Kundera divide as pessoas em dois campos: as que compreendem que a vida não tem sentido e, por isso, permanecem na superfície, vivendo o momento; e as que não conseguem suportar a ideia de que a existência possa ir e vir sem um sentido e insistem em ler um significado em tudo. Quando Tereza conhece Tomas,

A redoma de vidro
SYLVIA PLATH

Mr. Chartwell
REBECCA HUNT

ela sabe que não tem outra escolha senão amá-lo para sempre; e, quando aparece em Praga para vê-lo de novo, com todos os seus bens materiais em uma mala, também traz consigo um exemplar de *Anna Karenina* — um romance que talvez resuma mais que qualquer outro o sofrimento que resulta quando o sentido deixa de existir. Por mais que a ame, Tomas sabe que ela será uma presença pesada em sua vida. Quando é levada à beira da insanidade pela recusa de Tomas a desistir de outras mulheres, Tereza repreende-se por sua fraqueza de querer que ele mude. Em seu momento mais depressivo, ela tenta uma overdose. Sempre que você descer a uma profundidade tão grande que lhe pareça impossível alguém alcançá-lo, pegue esse livro e deixe que Tereza lhe faça companhia lá embaixo. Ela também quer viver e sair da tristeza, e no fim encontra um meio de fazer isso.

Um número desproporcional de escritores sofre de depressão. Alguns dizem que pessoas criativas são mais vulneráveis a ela; outros, que escrever sobre a própria doença é catártico. O romancista americano Richard Yates passava horas olhando sem expressão para a parede, em um estado de depressão catatônica. Ernest Hemingway era cada vez mais visitado por episódios depressivos e bebia excessivamente (e, se essa for sua escolha de escape também, veja "alcoolismo"). Ele perdeu a batalha contra a depressão no fim, assim como Virginia Woolf e Sylvia Plath, mas não sem nos deixar o inestimável presente de sua experiência. Esses presentes — romances sobre a experiência de transtorno mental — estão aí para que façamos uso deles e possamos encontrar consolo onde esses escritores não encontraram.

Plath sofria de transtorno bipolar e, em seu intenso romance autobiográfico *A redoma de vidro*, documenta, por intermédio de sua jovem heroína Esther Greenwood, as desnorteantes mudanças de humor que a faziam ficar fervilhantemente feliz em um momento, "com os pulmões inflados" em uma onda de prazer por estar viva, e incapaz de ter qualquer reação emocional, "inexpressiva e parada como um bebê morto", no momento seguinte. A voz de Esther é um grande conforto para depressivos: o que torna esse romance tão bom de ler é a leveza da prosa de Plath e o modo como, mesmo nas passagens mais perturbadoras do livro, a humanidade e o entusiasmo juvenil de Esther ainda transparecem. Lembre-se disso quando não conseguir se imaginar feliz — ou mesmo simplesmente "normal" — nunca mais. Outros podem ver o potencial de luz em você, mesmo quando você não consegue.

Aprender a perceber sua depressão como algo distinto de si mesmo — como um grande cachorro preto e malcheiroso, por exemplo — talvez pareça uma ideia bizarra, mas pode ser uma maneira útil de se distanciar de sua doença, para que ela não defina quem você é. O ousado livro de estreia de Rebecca Hunt, *Mr. Chartwell*, vai conduzi-lo por esse processo. Mr. Chartwell é a manifestação do "cachorro negro" de Winston Churchill, a depressão que assombrou o famoso político por boa parte de sua vida e que também vai morar com sua secretária temporária, Esther Hammerhans. Visível apenas para suas vítimas, Black Pat (como o cachorro é chamado) chega no segundo aniversário da morte por suicídio do marido de Esther, respondendo ostensivamente ao anúncio dela, que oferecia um quarto para alugar. Logo ele está à vontade na casa, mastigando ossos do lado de fora da porta de seu quarto e até fazendo de tudo para deitar-se com ela na cama. Black Pat pode ter hábitos repugnantes, mas, como apenas os que sofrem de depressão entenderão, ele tem um charme peculiar a que é difícil resistir, e Esther o recebe com um misto de desespero e fascínio.

Ela não é a primeira de suas vítimas. Porque não só Black Pat andou visitando Churchill como Esther deduz que ele já viveu na casa dela antes, despercebido por ela. Conforme começa a entender melhor a doença do marido e, portanto, a sua própria, sua relação com o vira-lata peludo encaminha-se para a resolução. Você terá de ler o livro para descobrir se ela supera a depressão; todos nós sabemos que Churchill conseguiu manter-se no emprego ao longo dessa doença. E, quando Esther e seu mentor idoso se dão conta, pela primeira vez, de que ambos podem ver o cachorro, mas têm receio de mencioná-lo — tal é o tabu que cerca esse transtorno mental —, o modo como Churchill contorna com habilidade a presença malcheirosa da enorme criatura negra e encoraja vivamente Esther a se "manter firme" é tocante e reanimador para ela, e para o leitor também.

Em casos sérios de depressão, a biblioterapia muito provavelmente não será suficiente. Mas insistimos que os que sofrem desse mal façam uso pleno e imaginativo da ficção como um acompanhamento para o tratamento médico. Quer você precise de um romance para tirá-lo de sua melancolia, ou de outro que se una a você na tristeza, os livros com frequência podem tocar os pacientes de maneira que poucas outras coisas conseguem, oferecendo consolo e companhia em um momento de necessidade desesperada. Mantenha-se firme com Churchill, ambas as Esthers e Tereza. Obtenha força no fato de que eles — e os autores que os criaram — sabem algo sobre como é viver com depressão; e, se a experiência deles não coincidir com a sua, talvez um dos outros em nossa lista dos melhores livros para os muito tristes sirva melhor (veja a seguir). Talvez você não consiga ver a abertura entre as nuvens, mas o conhecimento de que não é o primeiro a se perder no caminho abaixo delas o mantenha seguindo em frente enquanto espera que elas passem.

OS MELHORES LIVROS PARA LEVANTAR O ASTRAL
Tomates verdes fritos FANNIE FLAGG
Fazenda maldita STELLA GIBBONS
Febre de bola NICK HORNBY
Pai e filho TONY PARSONS
A última façanha do major Pettigrew HELEN SIMONSON

OS MELHORES LIVROS PARA OS MUITO TRISTES
Herzog SAUL BELLOW
Betty Blue PHILIPPE DJIAN
A insustentável leveza do ser MILAN KUNDERA
O olho mais azul TONI MORRISON
A redoma de vidro SYLVIA PLATH
Última saída para o Brooklyn HUBERT SELBY JR.
Junto à Grand Central Station sentei-me e chorei ELIZABETH SMART
Ao farol VIRGINIA WOOLF
Foi apenas um sonho RICHARD YATES

VER TAMBÉM: **ansiedade • apetite, perda de • autoestima baixa • cansaço e sensibilidade excessiva • desorientação • esgotamento • esperança, perda de • indecisão • insônia • irritabilidade • letargia • libido, perda de • paranoia • pesadelos • pessimismo • sentido, falta de • tristeza**

desejo, arder de

VER: **luxúria**

desejo de estar em casa

VER: **saudade de casa**

desemprego

Aqueles que estão sem trabalho não devem deixar de ler alguma obra de Murakami. Pois este, atualmente o mais popular romancista japonês, e o mais experimental, é especializado em protagonistas passivos (em geral homens, embora o gênero seja irrelevante aqui), com muito tempo nas mãos e tendência a se envolver em uma série de aventuras que podem ou não ser sonhos, alucinações ou um enredo de mistério cyberpunk futurista. *Crônica do pássaro de corda* começa com Toru Okada, que deixou o emprego na área jurídica sem nenhuma razão particular, fazendo o tipo de coisa que se faz quando se está desempregado em um subúrbio de Tóquio: cozinhando espaguete às dez horas da manhã, ouvindo uma transmissão radiofônica de *La gazza ladra*, de Rossini, e se desvencilhando de sua esposa, Kumiko, que telefona para lhe falar sobre empregos que não lhe são adequados e dos quais ele não gostaria. Ele sai para procurar seu gato perdido, Noboru Wataya, mesmo nome do irmão de Kumiko, com quem o animal compartilha o mesmo "olhar vazio" (e que Toru odeia, por achar que ele se vendeu ao mundo do trabalho).

Crônica do pássaro de corda
HARUKI MURAKAMI

A busca pelo gato leva Toru a duas mulheres estranhas, para dentro de um poço seco e para os braços de uma terceira mulher estranha. Mas nada disso realmente importa — pelo menos para os fins desta cura. O que importa é a reação de Toru. Porque, por mais bizarras e desconectadas que sejam as coisas que acontecem com Toru, ele as aceita sem surpresa nem comentários, como nós também vamos sendo treinados pelo romance a fazer. E, embora o significado de tudo aquilo lhe escape (e a nós), e daí? Talvez venha a fazer sentido mais tarde (também esperamos que sim).*

Nossa cura dividirá os leitores em dois grupos. Se você se identificar com Toru, deleitando-se com a bizarrice e a libertação da jornada, então tem o estilo de um herói de Murakami e estar desempregado lhe cai bem. Aproveite o espaguete, o Rossini, o poço seco. Boa sorte com a busca pelo gato. Com sorte, você terá um parceiro ou parceira empregado(a) e que possa sustentar a ambos (mas não se esqueça de lhe dar atenção, ou ele/ela pode, como Kumiko, seguir o mesmo caminho do gato). Mas, se a passividade não questionadora de Toru o deixar irritado e você quiser saber o que está fazendo dentro de um

---
* Não faz.

poço e o que tudo isso significa, então sacuda a poeira, diga adeus ao mundo de Murakami e volte com determinação renovada para os anúncios de emprego. Como Noboru Wataya, você foi feito para o mundo do trabalho — mas preste atenção no que acontece com ele e não se venda (ver: vender a alma).

VER TAMBÉM: **ambição, falta de** • **aproveitar a vida, não conseguir** • **cama, incapacidade de sair da** • **emprego, perder o** • **falência** • **procrastinação** • **tédio**

desencantamento

O bosque das ilusões perdidas (O Grande Meaulnes)
ALAIN-FOURNIER

A doença do desencantamento vem com a vida adulta. E isso de fato não é surpreendente. Passamos a infância sonhando com grandes aventuras, a adolescência moldando-as em intensas fantasias românticas e os vinte anos (se tivermos sorte) dando passos vigorosos em direção a esses novos horizontes. E então a responsabilidade chega: trabalho, prestações da casa, rotina. De repente, percebemos que o mundo deixou de ser um lugar encantado, em que qualquer coisa pode acontecer, para se tornar um lugar de cotidianidade enfadonha em que só acontecem coisas previsíveis (ver: cotidianidade, oprimido pela). *Para onde*, não podemos deixar de nos perguntar, *foram todos os sonhos?*

Para responder a essa pergunta, reencontre-se com o personagem em quem o romance e as esperanças da adolescência encontram sua mais intensa expressão: o Grande Meaulnes. O misterioso jovem de dezessete anos chega, num domingo de novembro, à escola e residência do narrador François, em Sainte-Agathe. François ouviu seus passos no sótão antes de vê-lo: um passo "muito seguro de si". Um momento depois, Meaulnes impressiona François acendendo fogos de artifício na porta da casa. Dois "grandes repuxos" de estrelas vermelhas e brancas sobem com um chiado, e, por um momento prodigioso, a mãe de François abre a porta e vê o filho e o alto estranho de mãos dadas no clarão dessa luz fantástica.

Para François e os outros alunos de Saint-Agathe, Meaulnes é tudo o que eles acham formidável: destemido, um sonhador de sonhos impossíveis, um aventureiro que sempre tem um olho no horizonte distante. Ele é arrojado da maneira como apenas os jovens são, antes que a dúvida, o ceticismo e a possibilidade de fracasso se instalem (se isso for você, veja "cinismo" e "fracasso, sentir-se um"). Eles o batizam, com perspicaz precisão, de O Grande Meaulnes. Tradutores de todo o mundo têm se esforçado para fazer justiça a essa palavra francesa aparentemente simples, *grand*, que capta tanto o significado literal e físico (grande, alto) como sua expansão, conforme a história avança, para algo mais elevado e mais fabuloso.

O bosque das ilusões perdidas o levará de volta ao mundo de sentidos intensificados onde tudo é mais enigmático, mais atraente e mais arrebatador. Onde, ao fundo, pode-se detectar o som suave de música; onde crianças, no comando da cena, transformam-se vestindo fantasias; e onde um momento de paz e serenidade torna-se profecia de uma felicidade futura. A tragédia de Meaulnes é que, quando ele encontra a felicidade, não pode abraçá-la. Sua noção de identidade está muito firmemente ligada ao desejo, e ele precisa que o sonho continue sendo um sonho. Mas nós podemos viver de modo diferente. Deixe Meaulnes lembrá-lo de como viver uma vida de encantamento — e então traga esse encantamento para o seu cotidiano.

VER TAMBÉM: **cinismo • cotidianidade, oprimido pela • entusiasmo, falta de • inocência, perda da**

desistir

VER: **desistir no meio, tendência a • esperança, perda de • fumar, parar de**

desmancha-prazeres, ser

Se você dá de cara, de repente, com uma festa, ou escuta alguma acontecendo do lado de sua casa, o que tende a fazer? Pega um copo, prepara um drinque e entra na folia? Ou se recolhe, irritado com a música alta, reclama da loucura de usar fogos de artifício e faz cara feia para a bagunça e o consumo de álcool? Em suma, você é um quebra-clima, um corta-brisa, um azeda-festas — um dos desmancha-prazeres da vida?

Se for, é hora de despertar sua Roxana interior e aprender a ser a alma da festa. O mais controverso e psicologicamente complexo romance de Daniel Defoe acompanha as fortunas de uma jovem que enfrenta tempos difíceis quando seu marido desaparece com a riqueza

Os segredos de Lady Roxana
DANIEL DEFOE

MAL LIGADO À LEITURA

desistir no meio, recusa a

ADOTE A REGRA DAS CINQUENTA PÁGINAS

Alguns leitores não suportam deixar um livro não terminado. Eles vão em frente obstinadamente, sem o menor prazer, até alcançar o árduo fim, seja para poder dizer "Eu li" sem enrubescer, seja para não ficar com uma história inacabada, por mais chata e aborrecida que seja, pendente em sua hiperzelosa mente.

A vida é muito curta. Leia as cinquenta primeiras páginas de todo livro que começar, de preferência em um máximo de duas sessões de leitura. Se, depois desse tempo, o livro não tiver conseguido se harmonizar com seu plexo solar, abandone-o. Como leitor, é importante aprender a confiar em seu julgamento e no conhecimento de seu próprio gosto literário; cada livro que você ler, ou tentar ler, ajuda a ajustar e direcionar sua futura trajetória de leituras (e, se precisar de ajuda com isso, veja "identidade de leitura, incerto quanto à sua"). Não se obrigue a seguir caminhos que não lhe sejam proveitosos ou agradáveis. Dê cada livro que você não terminar para alguém que possa gostar mais dele. Isso é tanto um gesto de respeito pelo livro e pelo esforço despendido para escrevê-lo como um seguro contra acabar com uma casa cheia de livros não terminados, os quais vão encará-lo ameaçadoramente cada vez que você passar por eles.

D

desistir no meio, tendência a

LEIA POR PERÍODOS MAIS LONGOS

MAL LIGADO À LEITURA

Pode ser que você esteja lendo um livro terrivelmente lento — pois, embora alguns tenham pique desde a primeira linha e outros ganhem impulso mais lentamente, mas alcancem plena velocidade a partir da metade, há alguns que são acintosamente, ou inconscientemente, lentos do começo ao fim. Mas, se notar a tendência recorrente a começar com grande entusiasmo e depois ir perdendo o ritmo até parar, se seus livros estiverem cheios de indiscretos marcadores eternamente parados na metade da leitura, as chances são de que o problema não seja o livro, mas você.

O diagnóstico mais provável é que você não dá uma chance aos livros. Lê por períodos muito curtos, talvez apenas cinco ou dez minutos por vez, e assim nunca se envolve com o livro. Isso não é justo nem com o livro, nem com o autor. Histórias que valem ser contadas tomam tempo: personagens, como casas, precisam ser construídos sobre bases firmes, e precisamos nos importar com eles antes de nos importar com o que lhes acontece.

Não tente começar um livro novo até que tenha dedicado pelo menos quarenta e cinco minutos à primeira e à segunda sessões de leitura. É bem possível que, a essa altura, o livro já tenha se embrenhado por suas entranhas e o mantenha voltando para ver o que acontecerá em seguida. No entanto, se você for um desistente inveterado, tente ler por no mínimo quarenta e cinco minutos *a cada vez*. E, se isso ainda não funcionar, não há outra opção a não ser tirar um dia de folga no trabalho, amarrar uma das pernas na perna da cadeira e não se soltar até ter chegado ao fim.

acumulada da família, deixando-a com cinco filhos para criar. O que poderia fazer uma pobre jovem naqueles dias, além de usar seus dotes naturais? Esperta, fluente em francês e hábil dançarina, Roxana recebe muitas ofertas e, separando-se dos filhos "para não ter que vê-los perecer", torna-se amante paga de vários homens. Não demora a se tornar perita em seduzir não só novos amantes, mas todos os salões de baile do século XVII. Seu momento de glória ocorre quando ela aparece em um baile com trajes turcos completos, deslumbrando tão eficientemente os convidados mascarados que vê chover dinheiro sobre si, atrai a atenção do rei e ganha o nome exótico pelo qual a conhecemos.

Roxana pode ter sido forçada a adotar o papel de rainha da festa, mas sua capacidade de animar os ambientes, mesmo quando a vida não vai bem, faz dela a mentora ideal. Você não precisa estar no clima de festa para começar; é só estar disposto a se ligar e a dar tudo de si. O clima vai aparecer. Como Roxana, você trará sorrisos ao rosto dos outros — e pode até atrair a atenção de novos amigos em posições privilegiadas.

VER TAMBÉM: **abstêmio, ser** • **certinho, ser** • **humor, falta de** • **misantropia** • **ninguém gosta de você**

desonestidade

VER: **mentira**

desorientação

Em casa
MARILYNNE
ROBINSON

Estar desorientado é estar em um estado de grande e terrível perturbação. Talvez você esteja em um entroncamento na estrada e não saiba que caminho tomar. Desnorteado e confuso, você precisa encontrar calma e clareza — o centro tranquilo do olho do furacão. Lúcida, límpida e serena, a prosa de Marilynne Robinson é esse olho.

Aos trinta e oito anos, Gloria — Glory para sua família — voltou para cuidar do pai moribundo, um pastor presbiteriano, após uma decepção no amor. Estando lá, ela começa a pensar que aquele estilo de vida lhe agrada e descobre um pouco da paz de que andava tão necessitada. Mas então seu irmão Jack também aparece, depois de vinte anos de ausência.

O retorno do filho pródigo, Jack, enche o pai de alegria: ele é um tipo forte e calado e exala uma atmosfera de calma. No entanto, seu silêncio é complicado: segredos nebulosos se escondem nele, coisas que não podem ser discutidas na frente do pai dogmático, e Glory fica cada vez mais perturbada pelo que pode ou não se revelar. Mas Glory também encontra algum conforto na presença dele — ela lembra que, quando criança, Jack lhe ensinou a suave palavra "pairar" ao respirar sobre uma pena. Quando Jack entrou na sala, o "movimento de ar" havia feito a pena flutuar da mão de Glory. Ele ficou parado à porta, vendo a pena subir em círculos até o teto, depois a pegou levemente na mão e a entregou de volta a ela.

Enquanto você deixa a prosa desse romance atuar em sua psique perturbada, note como a desorientação convive com a calma no mundo que ele descreve. *Em casa* é essa sala tranquila em que uma única pena pode pairar ilesa, flutuando em uma suave corrente de ar, e depois voltar para sua mão. Com essa elegia ao perdão, sua desorientação interior será acalmada.

VER TAMBÉM: ansiedade • estresse

detalhes, obsessão por

Se você é obcecado por detalhes, sabe tudo sobre a importância de ordem, lógica e organização. Como um fazedor de listas, sua vida consiste em realizar tarefas para que possa riscá-las. Qualquer coisa que se meta entre você e sua tarefa — um telefonema repentino, um jardim ensolarado chamando-o para um passeio, um convidado inesperado que aparece para um chá — é decididamente indesejável. Sua mente de mão única não pode se desviar do curso. Agora é seu momento de trocar de psique com Tristram Shandy. Depois de quatrocentas e oitenta páginas vivendo dentro da cabeça desse adorável filósofo e acompanhando-o em seus devaneios notavelmente prolixos, você estará para sempre curado de sua obsessão por detalhes.

Publicado em volumes sucessivos, de 1760 a 1767, *Tristram Shandy* talvez seja o primeiro romance interativo, convidando o leitor a tomar a mão estendida de Sterne e entrar no jogo do autor. Como Italo Calvino duzentos anos mais tarde, a voz autoral se intromete com frequência e vivacidade, pedindo que o leitor reflita sobre como ele o ajudou a entender um personagem.

A vida e as opiniões do cavalheiro Tristram Shandy
LAURENCE STERNE

A determinação de Shandy em escrever suas memórias é incansável, mas ele demora até o volume três para chegar a seu nascimento. Porque essas memórias, e, de fato, sua vida, consistem inteiramente em digressões. Enquanto ainda um mero homúnculo no útero da mãe, o caminho para sua existência é perturbado, no próprio momento da procriação, por ela, que pergunta ao marido se ele tinha se lembrado de dar corda no relógio. Essa interrupção no ato da concepção resulta, ele acredita, em torná-lo vítima, durante a existência pré-natal, de "sonhos e fantasias melancólicos", mesmo antes de vir a existir plenamente. E quando seu nome, que o pai considerava de enorme importância para sua natureza e fortuna, chega acidentalmente reduzido ao pároco e ele é inadvertidamente batizado de Tristram — aparentemente, o menos auspicioso dos nomes —, em vez de Trismegistus, conforme pretendido, ele se acredita ainda menos abençoado pelas Parcas.

E tudo isso talvez explique por que a prosa de Sterne é tão imprevisível: uma página deixada em branco, para que o leitor desenhe sua própria versão da viúva Wadman, a amante do tio Toby; asteriscos nos quais o leitor é convidado a imaginar o que um personagem está pensando; e uma página inteiramente preta, "de luto" pela morte do pastor Yorick. Há até mesmo linhas rabiscadas mimetizando as digressões da própria narrativa.

Não há como não se deixar envolver. "Digressões, incontestavelmente, são o sol. Elas são a vida, a alma da leitura!", diz Tristram no início do livro. E nós concordamos integralmente. Interrompa a leitura deste livro e abra *Tristram Shandy*. Vá em frente, só um capítulo. Embora, depois de algumas páginas, talvez seja hora de uma xícara de chá. E de repente pode lhe dar vontade de fazer um pequeno passeio. Talvez você até esqueça que estava lendo este livro. (Não há problema; você pode voltar a ele no meio de alguma outra tarefa, algum outro dia.) Uma digressão por dia traz saúde e alegria — assim como *Tristram Shandy*.

VER TAMBÉM: **controle, mania de** • **desistir no meio, recusa a** • **humor, falta de** • **organização, excesso de** • **reverência excessiva por livros**

diarreia

Não perca nenhum momento sedentário. Selecione um livro de nossa lista a seguir, todos os quais são constituídos de fragmentos, cenas ou capítulos muito curtos, que você pode ler em pequenos intervalos. Faça uma prateleira especial para eles no menor aposento da casa.

 OS MELHORES LIVROS PARA LER NO BANHEIRO

Companhia SAMUEL BECKETT
As cidades invisíveis ITALO CALVINO
O sono eterno RAYMOND CHANDLER
Diário de um ano ruim J. M. COETZEE
As fantasias de Pronek ALEKSANDAR HEMON
Cama de gato KURT VONNEGUT

diferente, ser

Fernão Capelo Gaivota
RICHARD BACH

De modo geral, os seres humanos podem ser divididos em duas categorias. Há aqueles que se encaixam e os que não se encaixam. Como todos sabem, a vida é infinitamente mais fácil para os que se encaixam. Você é aceito, é parte da turma. Quando você não se encaixa, na melhor das hipóteses, é mal compreendido e deixado de fora. Nas piores situações, é totalmente excluído (ver: bullying, sofrer; impopular, ser). Se você sempre se sentiu diferente, sua vida terá muito mais sucesso se aprender a ver essa diferença como uma vantagem.

Fernão Capelo Gaivota é uma pequena obra de ficção considerada por alguns* uma história inspiradora sobre como é ser diferente, e rejeitada por outros** como um panfleto religioso mal disfarçado, que não é digno dos apreciadores da verdadeira literatura. Onde quer que você se situe nessa linha, FCG continua sendo uma cura rápida e eficaz para todos que sofrem por se sentirem diferentes.***

Fernão Capelo Gaivota é diferente das outras gaivotas do bando. Enquanto elas passam seus dias guinchando e brigando por causa

---

* Geralmente, pessoas que se encaixam.

** Geralmente, pessoas que sentem que são diferentes.

*** Ao recomendar FCG aos apreciadores de literatura, temos consciência de estar nos colocando em uma posição arriscada e sendo diferentes daqueles que se consideram diferentes. Mas, tendo relido FCG recentemente e lembrado sua eficácia como cura para ser diferente, nós não nos importamos.

de anchovas, tendo como único propósito na vida encontrar comida, FCG concentra-se em coisas maiores: aprender a voar. Não um voo qualquer, mas o tipo de mergulho em alta velocidade e manobras acrobáticas geralmente associados a aves de rapina. Esforçando-se cada vez mais, ele consegue realizar façanhas jamais alcançadas por nenhuma outra gaivota: mergulhos verticais plenos, de mil e quinhentos metros de altitude, velocidade de trezentos e vinte quilômetros por hora, loops, rotações, giros. Ele voa até no escuro. Quando, um pouco fora de controle, mas eufórico além de todas as medidas, ele passa como uma bala de canhão pelo meio do bando da alimentação, a trezentos quilômetros por hora, espera ingenuamente ser homenageado por ser diferente. Em vez disso, é coberto de vergonha e rejeitado: uma gaivota diferente das outras não pode ser membro do bando. FCG tenta ser comum outra vez, mas como ele pode bater as asas, sem a menor graça, a trinta metros de altura, agora que sabe o que é fazer um voo rasante quase tocando a superfície da água?

Para todos aqueles que são diferentes, a mensagem de *Fernão Capelo Gaivota* é clara. Não se desculpe por ser assim. Não tente esconder isso. E nunca, jamais deseje não o ser. Se você sabe que é diferente, faz um grande desserviço a si mesmo se não explorar ao máximo aquilo que o faz diferente. Se isso significar, como para FCG, ser relegado ao ostracismo pelo grupo, que assim seja. Pelo menos você terá mais tempo para treinar e aperfeiçoar o que quer que seja capaz de fazer que os outros não são.

VER TAMBÉM: **badalação, desânimo por muita** • **estrangeiro, ser** • **excluído, sentir-se** • **outsider, ser um**

dinheiro, gastar demais

VER: **compras, vício em** • **livros, compulsão por ter**

dinheiro, não ter

VER: **desemprego** • **falência**

dispensável, sentir-se

VER: **amargura** • **desemprego** • **emprego, perder o** • **falência** • **fracasso, sentir-se um** • **raiva**

ditador, ser um

O ditador médio tem mais chance de se sentar à noite com um manual sobre como dominar o mundo e evitar ser substituído do que com um bom romance. O que é uma pena, porque, com a prescrição certa de ficção, ele poderia melhorar consideravelmente sua experiência de direitos humanos. Em vez disso, com esse mal, nós nos dirigimos aos minitiranos que microadministram suas empresas e famílias de maneira despótica. Esses ditadores locais passam o tempo acumulando fortunas em vez de armas e tendem a demitir aqueles que os decepcionam, em vez de eliminá-los. Mas seu método de dominação, usando medo e coerção como ferramentas, é exatamente o mesmo e pode causar muito sofrimento no pequeno império que eles governam. Olhe-se no espelho. Se encontrar um desses tiranos retribuindo seu olhar, faça desse romance sua leitura de cabeceira e prepare-se para uma reorganização de seu reino.

O sucessor, do escritor albanês Ismail Kadaré, ele próprio habitante de um país outrora repressor, vai lhe mostrar por que você não tem nenhum amigo próximo. A história começa com a súbita morte do sucessor escolhido de um ditador de estilo comunista, na Terra das Águias (Albânia). A morte em si não é de fato surpreendente, pois um número alarmante de "suicídios" parece ocorrer nas proximidades do ditador. As pessoas que se aproximam demais dele tendem a não viver muito tempo. É assustador o modo como Kadaré revela o constante estado de paranoia em que os amigos e familiares do ditador vivem, conforme entramos nos pensamentos dos personagens mais em risco. Medo, perseguição e uma sensação onírica de calamidade permeiam tudo — infectando, claro, mais que todos, o próprio ditador. Aqueles de vocês que têm tendência a agir como um ditador na esfera doméstica, prestem atenção: ninguém quer viver em uma casa que mais parece um antro de presunção que um lar. Seja por inveja ou por raiva, é muito provável que um levante acabe produzindo sua queda no final.

Déspotas grandes e pequenos, leiam isso e chorem pelo dia em que escolheram alimentar o terror no coração daqueles a sua volta, destruindo seus relacionamentos e instilando paranoia e desconfiança nas pessoas mais íntimas. Quer você dirija uma nação dilacerada pela guerra,* uma multinacional ou uma casa geminada habitada

O sucessor
ISMAIL KADARÉ

---

* Sim, ainda temos esperança de pegar verdadeiros ditadores.

por uma família de cinco, certamente vai enxergar a razão, abdicar depressa e convidar a democracia a se instalar em seu lugar.

VER TAMBÉM: **bullying, praticar • controle, mania de**

divórcio

Intimidade
HANIF KUREISHI

O cronista esportivo
RICHARD FORD

Seus olhos viam Deus
ZORA NEALE HURSTON

O divórcio pode ser comum atualmente, mas continua sendo uma das experiências mais traumáticas que uma pessoa pode enfrentar — em particular se houver filhos envolvidos. Se houver alguma chance de evitá-lo, insistimos que o faça. Todos os casamentos passam por altos e baixos e, mesmo que você já esteja em um dos baixos há alguns anos, seus problemas podem ser mais facilmente superáveis do que você imagina. Se seu casamento estiver balançando porque você ou seu parceiro andam sofrendo de alguma das dificuldades situacionais abordadas neste livro — como estar sem emprego (ver: emprego, perder o; desemprego) ou em apuros financeiros (ver: falência) —, insistimos que tratem a raiz do problema, em vez de jogar fora o casamento prematuramente. A vida depois da separação pode ter menos conflitos, mas será mais difícil em outros aspectos (ver: solidão; e, se tiver filhos: mãe/pai solteiro, ser). Se houver outra pessoa envolvida, veja "adultério". Talvez haja falta de gentileza e entendimento entre vocês (ver: empatia, falta de; julgamentos, fazer), ou um de vocês pode estar enfrentando mudanças ou os próprios demônios (ver: mudança, resistência a; demônios, enfrentar os seus). Talvez as necessidades dos filhos tenham interferido em sua vida sexual (ver: orgasmos, não ter suficientes; sexo, pouco), ou vocês estejam em desarmonia sobre como gostam de passar o tempo livre (ver: parceiro que não lê, ter um). Ou talvez a tentativa desastrada de seu cônjuge de consertar a lava-louças tenha provocado uma catástrofe em sua cozinha (ver: faça-você-mesmo).

Qualquer que seja a causa, conflitos e infelicidade em casa inevitavelmente o deixarão mais vulnerável a uma série de outros males (procure-os neste livro); por isso, insistimos que você não viva em um estado de turbulência ou angústia por muito tempo. Nossa cura começa com dois romances para aqueles que estão à beira de tomar uma atitude; assegure-se de lê-los antes de romper qualquer laço. E, nos casos em que o divórcio já seja um fato consumado — ou para aqueles que precisam de ajuda ao enfrentá-lo —, oferecemos um romance raro de esperança e inspiração sobre uma mulher que consegue fazer as coisas darem certo na terceira vez.

Intimidade é o relato cru, às vezes desconfortavelmente sincero, em primeira pessoa, de Jay, um homem que decidiu deixar sua parceira de seis anos de relacionamento, Susan, pela manhã. Enquanto põe os dois filhos pequenos na cama e senta para um jantar a dois, ele está consciente de que aquela é a última noite que todos eles passarão como "uma família inocente, completa, ideal". Inevitavelmente, há um tumulto de emoções conflitantes em sua cabeça, todas terrivelmente familiares para qualquer pessoa que já tenha chegado perto de arrumar as malas para partir. Jay sente culpa, confusão e terror diante do dano que está prestes a infligir às crianças; ao mesmo tempo, sente uma necessidade desesperada de "viver" outra vez, de fechar a porta para a infelicidade e seguir em frente. Quando Susan, uma editora bem-sucedida, chega em casa do trabalho, temos um vislumbre do que deu errado. Ela lhe lança um olhar enfurecido, e ele sente o corpo "se encolher e contrair". É evidente que houve um rompimento da comunicação, pois a presença de raiva e dor, nesse momento, não é comentada entre eles. E, no monólogo que se segue, jamais temos a sensação de que seus problemas foram expressos e compartilhados, ou que Jay tentou descobrir o que Susan acha que está errado. Leia esse livro como um toque de despertar. Se, como Jay, você não expôs inteiramente para seu parceiro seus sentimentos negativos em relação ao casamento, talvez também esteja desistindo fácil demais. Assuma alguma responsabilidade pelo fracasso. Inicie a conversa. Não desista até que ambos entendam — e estejam de acordo sobre — o que deu errado e tenham pelo menos tentado corrigir a situação. São boas as chances de que a volta de uma comunicação sincera consiga reaproximá-los. Para ajudá-los a chegar a esse ponto, veja "confronto, medo de".

Certamente, a aceitação mútua do que está acontecendo facilitará a vida do casal divorciado — e, se vocês tiverem filhos, terão de manter o relacionamento como pais por muito tempo. Dois anos depois de seu divórcio, Frank Bascombe — o cronista esportivo de *O cronista esportivo*, de Richard Ford — está começando a se conscientizar de que, se pudesse viver sua vida outra vez, talvez não escolhesse se divorciar. Ele e X, que é como Frank chama sua ex, ainda vivem perto um do outro no subúrbio de Haddam, New Jersey, para que seus filhos, Paul e Clarissa, possam se mover entre as duas casas.

Eles conversam por telefone pelo menos duas vezes por semana e se cruzam na rua com frequência. Foi X quem deu início ao divórcio, mas Frank está adaptado à situação — viver sozinho o ajudou a se conhecer melhor —, e parece ser assim para X também, pois ela está finalmente tendo sucesso em uma promissora carreira no golfe, que havia abandonado quando se casou. E talvez Frank retome aquele romance inacabado que deixou em uma gaveta quando resolveu se tornar cronista esportivo. Como ele descobriu por experiência própria e pela de outros homens do Clube dos Divorciados de Haddam, a vida de um divorciado não se resume a sexo e liberdade.

O que, de fato, distingue Frank e X como casal divorciado é que eles não são ligados apenas por Paul e Clarissa, mas por um terceiro filho, que morreu. Frank nega que a morte do menino tenha sido a causa do rompimento, mas, ainda assim, há uma lassidão, uma falta de convicção na voz e na visão de mundo de Frank que parece estreitamente associada ao luto. E, embora o luto compartilhado dele e de X os torne mais gentis um com o outro do que talvez pudessem ser em outra situação, há um pesado clima de exaustão e de fracasso no romance. Para pessoas como Frank, que já não têm fé na vida (e, se esse for seu caso, veja "desencantamento", "insatisfação" e "fé, perda de"), o desmantelamento da estrutura do casamento, com toda sua solidez e seu apoio, pode deixá-las ainda mais perdidas. Preste atenção nessa visão realista e sem romantismo da vida do outro lado do processo de divórcio.

Se você tentou sinceramente fazer seu relacionamento dar certo e a sensação é sempre de estar dando murro em ponta de faca, pode ser hora de admitir a derrota. Talvez se casar tenha sido um erro e vocês precisem se libertar. Certamente desistir do casamento apressado com o entediante fazendeiro local Logan Killicks acabou sendo uma coisa boa para Janie em *Seus olhos viam Deus*, de Zora Neale Hurston, uma história de amor passada no sul dos Estados Unidos. Ela foi criada pela avó, uma ex-escrava determinada a ver Janie em um bom casamento e não deixada para os homens "usarem seu corpo para limpar os pés", que fica ansiosa por casar a neta assim que percebe que ela está começando a se interessar por homens. Janie não encontra alegria com Logan, porém, a quem não consegue se forçar a amar, e, quando aparece Jody Starks, um homem empreendedor e cheio de energia, com seu chapéu colocado de lado, Janie não pensa duas vezes. Eles fogem, estabelecem-se em uma nova cidade só de negros na Flórida e levam uma vida confortável e respeitável por muitos anos.

Mas o casamento não é um paraíso. Jody é conservador e cada vez mais crítico, e a sempre decidida Janie se sente sufocada. Quis o destino que ela desse uma terceira mordida na maçã, e dessa vez foi para dar certo. Se você acha que sua vida amorosa acabou, preste atenção em Janie, uma mulher que, aos quarenta anos, ainda caminha orgulhosa pela rua, acompanhada de seu verdadeiro amor, Tea Cake. Pois esse é um livro de afirmação da vida, e do tipo mais belo: poético, profundo e inteligente, com diálogos vivos e verdadeiros. Tenha o coração aberto. Dê a seu casamento todas as chances possíveis, mas, se ele tiver realmente acabado, trate seu ex-parceiro com gentileza e generosidade. E siga em frente com passos mais leves. Saiba, como Janie, que o mundo é renovado a cada dia. Algo ou alguém surpreendente ainda pode aparecer em seu caminho.

VER TAMBÉM: amor, deixar de amar o • coração partido • desorientação • mãe/pai solteiro, ser • pensamentos assassinos • raiva • rompimento • solteirice • tristeza

dona de casa, ser

Seus produtos de limpeza estão guardados em ordem alfabética? Você planeja estratégias para receber o marido no fim do dia, vestida com roupas sedutoras? Tem colheres de sobremesa incomumente reluzentes? Na superfície, você é a esposa e mãe perfeita, satisfeita por ficar em casa e cuidar de seu marido e filhos. Mas, por dentro, nem tudo está bem. Talvez você sinta necessidade de se automedicar com uma dose de vodca antes de pegar as crianças à tarde. E talvez sinta que está um pouco obsessiva demais na arrumação das almofadas. Se for assim, você está sofrendo de ser dona de casa, no sentido clínico, e precisa de nosso duo de curas para arrastá-la para longe da pia da cozinha.

O ousado *Diário de uma dona de casa desesperada*, publicado em 1968, descreve a crise mental de Bettina (Tina) Balser, uma mulher de trinta e seis anos, mãe de dois filhos, que leva uma vida, em Manhattan, que parece ir às mil maravilhas. Ela tem empregada, um marido bonito e, se tiver vontade, pode perambular por aí bebendo coquetéis o dia inteiro. Mas está insatisfeita e começou a escrever um diário

Diário de uma dona de casa desesperada
SUE KAUFMAN

Mulheres perfeitas
IRA LEVIN

como meio de manter a sanidade mental. "O estado em que de fato estou e tenho estado desde o meio do verão é paralisada", ela escreve.

Para preencher o vazio, Bettina começa a ter um caso com o insuportável George, uma celebridade classe A. Enquanto isso, seu marido, Jonathan, está tendo a própria aventura amorosa, e as coisas no trabalho vão de mal a pior. Como a barata presa atrás do vidro do relógio na cozinha de Bettina, espremida entre os dois ponteiros, o casal parece fadado a uma lenta e sufocante morte conjugal. Felizmente, eles percebem a tempo o que está acontecendo.

Libertar-se do marido e da casa é a única resposta para as mulheres de Stepford, em *Mulheres perfeitas*. O romance de Ira Levin, de 1972, é uma aterrorizante exploração do que poderia acontecer se todos os homens de uma pequena cidade americana conspirassem para transformar as esposas em sua própria ideia do que é uma esposa perfeita. Por acaso, eles têm a capacidade técnica e prática necessária para fazer isso, já que um deles é um cartunista aposentado da Disney, um é um engenheiro robótico e o outro é ph.D. em plásticos. Todos nós sabemos o que acontece em seguida, mas mesmo assim é uma leitura eletrizante.

Joanna Eberhart, mãe motivada que tem uma pequena renda trabalhando com fotografia, e seu marido corretor, Walter, mudaram de Nova York para Stepford em busca de uma vida mais tranquila e menos urbana. A princípio, as mulheres que Joanna conhece são interessantes e cativantes. Mas, quando suas duas novas melhores amigas se transformam repentinamente de intelectuais boêmias em cabeças de vento que vivem para encerar os assoalhos de madeira, ela desconfia das atividades da Associação Masculina. Mas será tarde demais para ela?

Deixe que esses dois romances funcionem como um alerta e como uma cutucada. Se você acha que está passando tempo demais com suas luvas de lavar louça, lembre-se de que essas são histórias de décadas passadas. Ficar escravizada em casa não é mais o destino inevitável das mulheres. Você pode ser perfeitamente feliz mantendo a casa em ordem, mas às vezes é bom sair e encontrar outras pessoas, ter um emprego e ver o mundo também. E, se você gostaria de escapar das correntes domésticas, mas pensa que seu marido não vai achar muito bom, ponha esses romances em um forno quente e sirva-os, pingando molho, no jantar dele.

VER TAMBÉM: **estagnação mental** • **insatisfação** • **solidão** • **tarefas de casa, ocupado com** • **tédio**

dor, sentir

Nenhuma vida está livre dela. E, embora a medicina moderna ofereça várias maneiras de aliviá-la e a literatura possa ajudá-lo a se distrair (veja nossa lista dos melhores livros escapistas, a seguir), é muito difícil encontrar sugestões na literatura sobre como suportá-la e conviver com ela.

A morte de um apicultor proporciona exatamente isso. Por meio da experiência de Lars Westin, um ex-professor escolar divorciado que mora na bela e isolada península de North Västmanland, na Suécia, com seu cachorro e suas abelhas, exploramos o mundo da dor física — seus vários tons, frequências e decibéis — e o que é ter de enfrentar a dor sem medicações. A dor de Lars provém do câncer. Ele descobre, no começo do degelo do inverno, que provavelmente não viverá para ver o outono e decide não ir para o hospital na cidade para ter a dor aliviada, mas permanecer onde está, porque essa é sua vida e ele quer vivê-la enquanto puder. E assim, levando o cachorro, ele faz longas caminhadas pela paisagem cinzenta de fevereiro, com suas árvores nuas e casas de verão com tábuas pregadas nas janelas, e aprende a conviver com a dor.

A princípio, ele tem consciência da dor principalmente à noite, sonhando com ela antes que o acorde, e, nos sonhos, percebe que está tentando, literalmente, desviar o olhar dela. A dor o torna mais consciente de seu corpo — de que ele *é* um corpo. Mas Lars também projeta a dor para fora. Em suas caminhadas, a paisagem às vezes assume a dor por ele, de modo que uma árvore se torna a árvore onde suas costas realmente doem, e um poste se torna o lugar em que ele bate a mão quando passa e onde pode, de algum modo, deixar a dor "pendurada na cerca" e continuar andando sem ela.

Mas, quando a dor piora, conjurando lembranças de seu casamento e da infância, ele entra em um estágio em que ela é tão "absolutamente estrangeira, quente como fogo e totalmente avassaladora" que fica mais difícil de enfrentar. E é quando ele se dá conta de que a arte de suportar a dor é exatamente isto: uma arte, como a música, ou a poesia, ou o erotismo, ou a arquitetura, exceto pelo fato de que seu "nível de dificuldade é tão alto que não existe ninguém que possa praticá-la". Mas ele o faz, como outros o fazem, todos os dias.

A morte de um apicultor
LARS GUSTAFSSON

Se você tiver o infortúnio de sentir dor nesse nível, pense em si mesmo como um artista praticando algo tão exigente e difícil que é elevado à maestria pelo ato da resistência. E deixe o apicultor fazer-lhe companhia. Pois, como ele descobre, culpar outros por sua dor, ou mesmo reclamar dela, não ajuda. Com o apicultor, você descobrirá uma verdade terrível, mas maravilhosa: que a dor o torna mais vivo.

OS MELHORES LIVROS ESCAPISTAS

Quando você precisar esquecer a dor em sua cabeça, coração ou corpo; quando estiver esperando um ônibus que nunca chega; quando estiver com vontade de se ejetar da rotina diária, dê uma escapada com um destes títulos.

O bandolim de Corelli LOUIS DE BERNIÈRES
As feras de Jamrach CAROL BIRCH
Os detetives selvagens ROBERTO BOLAÑO
Uma passagem para a Índia E. M. FORSTER
Uma cidade para o amor NEVIL SHUTE
O mapa do amor AHDAF SOUEIF
A história de Edgar Sawtelle DAVID WROBLEWSKI

dormir demais

VER: **adolescência • ambição, falta de • apatia • aproveitar a vida, não conseguir • cama, incapacidade de sair da • depressão em geral • desemprego • letargia**

dormir pouco

VER: **cansaço e sensibilidade excessiva • depressão em geral • esgotamento • estresse • gravidez • insônia • ocupado, ser muito • pesadelos • ronco • sexo demais • trabalhar em excesso**

drogas, uso excessivo de

Admirável mundo novo
ALDOUS HUXLEY

Para Sherlock Holmes, o uso de cocaína três vezes por dia em uma solução a sete por cento era "transcendentalmente estimulante e esclarecedor para a mente". Mas Watson ficava horrorizado com o hábito de Holmes e notava com consternação as picadas em seu braço. Sir Arthur Conan Doyle estava à frente de seu tempo, ao perceber que poderia haver um lado viciante e perigoso no uso de láudano,* heroína** e cocaína.*** Em qualquer era, há substâncias que se acercam de nós com suas propriedades viciantes (Prozac, cafeína, nicotina, barbitúricos e morfina, talvez, nos nossos tempos), cujas propriedades negativas não são, a princípio, compreendidas. E há drogas que poderíamos considerar "recreativas", até que elas se tornam, para alguns, mais que uma diversão ocasional. Quais são os sinais de que uma experimentação ou hábito ocasional está se tornando algo mais sinistro e ameaçador? Quando a brincadeira se torna dependência? Leia o que vem a seguir para ajudá-lo a identificar os sintomas e eliminar seus estoques antes que seja tarde demais.

Abaixo de zero
BRET EASTON ELLIS

Trainspotting
IRVINE WELSH

Há uma grande distância entre a Baker Street, onde a seringa vinha em uma caixa forrada de couro e o usuário se recostava em uma poltrona de veludo, e os usuários e viciados de *Trainspotting*, a viagem escocesa de Irvine Welsh para o inferno da heroína nos dias atuais. Aqui, as euforias e os horrores da dependência de heroína são expressos golpe a golpe, da morte da bebê Dawn, que se asfixia enquanto os pais estão chapados, à amputação de uma perna infectada por uma agulha, à desintegração de amizades, famílias e, aparentemente, de todo o distrito decadente de Edimburgo em que a história se passa. "É tudo legal, é tudo bonito; mas meu medo é que essa onda aqui dentro acabe logo e deixe essa merda venenosa espalhada pelo meu corpo", diz Sick Boy, prevendo o horror depois do barato. Porque, mesmo enquanto está se injetando, ele sabe que isso é um "mar de curta duração" e um "veneno de longa duração". O livro de Welsh é uma leitura macabra e oferece um argumento convincente para parar de vez — ou ficar bem longe, para começar.

O sinal de alarme realmente toca quando ficamos tão dependentes que não conseguimos reconhecer a necessidade de ajuda. No perturbador *Admirável mundo novo*, de Huxley, toda a estrutura da sociedade é dependente do soma, uma droga descrita como "o cristianismo sem as lágrimas" pelos "administradores" que legislam nesse mundo em que bebês são feitos em incubadoras e criados em fábricas.

---

* Usado como bálsamo na dentição de bebês.
** Uma droga popular contra a tosse.
*** Conhecida por seus benefícios em cirurgias dentárias.

Porque tomar soma — um alucinógeno brando que deixa o usuário em estado de graça — é obrigatório: dois gramas em dias úteis, seis aos sábados. Quando Lenina e Bernard, dois produtos dessa sociedade, encontram John, o "Selvagem", que vive em uma reserva onde o soma é desconhecido, este se assusta ao ver como eles dependem da droga. Insiste que joguem fora esse "veneno" e se libertem. Mas eles já estão envolvidos demais para ouvi-lo. Arrepie-se com esse exemplo de ponto sem volta.

Para muitos de nós, as drogas aparecem — ou apareceram, na juventude — em um sentido mais recreativo, mas é fácil se deixar levar. *Abaixo de zero*, de Easton Ellis, revela o papel central das drogas em uma geração caracterizada por uma cultura popular em grande medida niilista. Clay é o observador distanciado e impassível de seus colegas de classe, todos no fim da adolescência, que se voltaram para o hedonismo, as drogas e relações sexuais superficiais a fim de apimentar a vida. Ignorados pelos pais, largando a faculdade, eles não têm direção nem crenças. "Você tem tudo", diz Clay para um amigo que segue o caminho para a autodestruição. "Não, eu não tenho", responde Rip. "Não tenho nada a perder", e, com isso, ele volta à distração imediata do sexo com uma menina de onze anos praticamente inconsciente. Uma cena como essa só pode ser o último prego no caixão para alguém que tenha tendência ao excesso.

VER TAMBÉM: **concentração, incapacidade de • insônia • irritabilidade • paranoia • pesadelos • sonhos desfeitos • vício, largar de vez**

egocentrismo

VER: **arrogância** • **autoconfiança, excesso de** • **ditador, ser um** • **egoísmo** • **misantropia** • **vaidade**

egoísmo

Ser egoísta foi reclassificado como um traço de personalidade positivo. Cuide de suas necessidades em primeiro lugar, exortam os livros de autoajuda. Faça tudo para chegar ao topo. Colocar-se em primeiro lugar pode até lhe trazer muito dinheiro e levá-lo a aterrissar em uma cadeira giratória de presidente de empresa, mas nunca vai lhe trazer amigos — ou pelo menos o tipo de amigo que vale a pena. A menos que você ache divertido ver as pessoas a sua volta se darem mal, ser egoísta jamais o fará feliz.

É hora de se inspirar em um de nossos personagens favoritos da literatura, Randle P. McMurphy, o irlandês arrojado e insolente de *Um estranho no ninho*, uma crítica a instituições psiquiátricas, tratamentos de choque e lobotomias escrita por Ken Kesey em 1962. Com sua "grande risada aberta" e absoluta recusa a ser intimidado, McMurphy entra como um furacão na vida dos Agudos e Crônicos do hospício — homens mutilados, abandonados pela sociedade que os criou — e os muda para sempre.

McMurphy não é altruísta da maneira entediante de santos e mártires. Quando o médico responsável pelas internações lê seu histórico, ele provavelmente está fingindo psicose para se livrar dos trabalhos forçados na prisão agrícola onde estava antes. Inicialmente, McMurphy quer levar uma vida boa. E, quando anda pela enfermaria se apresentando, insistindo em apertar a mão até dos Circulantes, Caminhantes

Um estranho no ninho
KEN KESEY

e Vegetais, parece que está simplesmente garantindo seu domínio sobre o grupo. Mas o espírito irreprimível de McMurphy logo começa a ter efeito sobre os homens. Quando ele ri, é a primeira risada que o chefe Bromden — o indígena aparentemente surdo e mudo que é o narrador da história e que está lá há mais tempo — ouve ao longo de muitos anos. McMurphy sabe que, nesse lugar de intimidação e medo, onde a tirânica enfermeira Ratched dá as ordens, nenhum daqueles homens jamais vai melhorar. "Cara, quando você perde sua risada, você perde seu *ponto de apoio*", ele diz.

E assim, sutilmente e talvez apenas com semiconsciência, McMurphy começa a aumentar a autoconfiança dos colegas internos, piscando e brincando nas sessões de terapia em grupo, para "arrancar uma risada, por fraca que fosse, de um desses Agudos que tinham medo de rir desde os doze anos", convencendo o médico a deixá-los jogar basquete nos corredores, escutando o chefe Bromden, "grande como uma montanha", para descobrir por que ele se sente tão pequeno. Quando, um dia, ele leva doze internos a uma pescaria em alto-mar, acompanhados de algumas "tias" (ou seja, prostitutas), recompensa-os pela coragem de ir ao passeio ensinando-lhes como um pouco de fanfarronice pode ajudar, mesmo que seja fingida. O que se segue é um dia glorioso e emocionante em que as risadas ecoam entre os homens e os fazem lembrar como poderia ser.

McMurphy não precisava levar nenhum deles junto no barco. Não precisava compartilhar seu espírito. Não precisava trazer uma das prostitutas, Candy, para o grupo e certamente não precisava adiar sua fuga para que o jovem e gaguejante Billy Bibbit pudesse passar sua primeira noite com uma mulher. E ele paga um preço terrível por isso.

Mas o altruísmo é assim. Não tem a ver com você, mas com os outros. E como você prefere ser lembrado: por trazer alegria e riso para a vida das pessoas, ou por apenas garantir que tudo esteja bem com você? Esqueça essa história de ser o número um. A partir de hoje, pense no número dois em diante.

VER TAMBÉM: **empatia, falta de** • **ganância**

ejaculação precoce

Caríssimo leitor,

Pamela, ou a virtude recompensada
SAMUEL RICHARDSON

Nosso coração sofre por tua atribulação. Este é o mais terrível dos Males. Pois se tua vergonha for ejacular sem delongas quando experimentas contato com tua estimada Esposa (porque, sem dúvida, não aprovarias se utilizar de uma Mocinha Petulante como Pamela, essa serviçal inferior e vulgar, apesar da comprovada beleza), nós aqui te oferecemos tua Cura. Deves, sem demora, ler esse mais potente dos livros, *Pamela*, redigido pelo justamente admirável Samuel Richardson, tão habilidoso em desenvolver sua intriga. De fato, chegou a nossos ouvidos que, em uma aldeia, esse volume foi lido em voz alta pelo Ferreiro, em reuniões semanais junto ao poço, e tal foi o júbilo pela justa conclusão da história que os sinos da igreja tocaram para todos ouvirem!

Leitor, deixa tua esposa deitar contigo, e, se a urgência de ceder à violência de tua paixão for incontrolável, deves meditar sobre as vicissitudes de Mr. B, que se sentiu tão atraído por sua Impertinente criada que tentou deflorá-la em sua casa de verão em mais de uma ocasião. Sabendo quão audacioso ele era, a Insolente criatura resistiu aos avanços por várias centenas de páginas, durante as quais tu, o leitor, ficarás em brasas de desejo, desesperado pelo clímax do romance. A compensação demora tanto a vir que tu treinarás tua Vontade, e teu Órgão, para resistir à tentação de chegar a um gozo excessivamente antecipado.

Escrito em forma de cartas dessa Atrevida Mocinha para seus pais, e de volta a ela, ouvimos contar as difíceis provações de Pamela nas mãos de Mr. B, que a prendeu e tentou possuí-la à força várias vezes. No entanto, a grande piedade e inteligência da jovem levaram a que, no fim, ela o tivesse na palma da mão; e, leitor — ela se casou com ele!

Lamentamos ter assim revelado a feliz consumação do romance. Mas, na verdade, caríssimo leitor, nós mesmas não somos muito boas em conter aquilo que nos excita. E, como essa é uma leitura longa e excitante, muito merecedora do esforço, tua Virtude, se continuares até o fim, será Recompensada. Isso melhorará teus hábitos. E, quando chegares ao fim, efetivamente desfalecerás de alegria por ter guardado o Clímax para a hora Pronta e Propícia.

Com as saudações de tuas biblioterapeutas,
Berthoud e Elderkin

VER TAMBÉM: **insatisfação**

emoções, incapacidade de expressar

Como água para chocolate
LAURA ESQUIVEL

Enquanto agonizo
WILLIAM FAULKNER

Aqueles que têm dificuldade de expressar emoções, ou que compartilham a vida com alguém assim, devem ter em mente que: a) a incapacidade de expressar emoções não significa necessariamente que elas estejam ausentes; e b) há formas alternativas de expressão que não envolvem palavras ou gestos e podem ser usadas (e talvez estejam sendo) no lugar destes.

No popular romance *Como água para chocolate*, de Laura Esquivel, Tita é proibida de se casar com seu amor de infância, Pedro, porque a tradição exige que ela, sendo a filha mais nova, permaneça solteira e se dedique a cuidar de sua mãe tirana. E então Tita despeja o amor que não deveria sentir por Pedro nas comidas suntuosas que prepara. No bolo para o casamento de Pedro — pois ele se casa com a irmã de Tita, Rosaura, para poder ficar perto dela —, mistura martírio e amargura. Na cobertura de merengue, vai seu anseio irrealizável. E, como poderíamos esperar do realismo mágico latino-americano, os convidados digerem as emoções com o bolo de casamento e são todos tomados de tristeza pelos amores perdidos do passado. A codorna ao molho de pétalas de rosas de Tita, infundida de sua paixão sensual por Pedro, deixa sua virginal irmã Gertrudis em tamanho frenesi de excitação sexual que ela tira a roupa e corre nua pelas ruas — até ser devidamente recolhida no lombo de um cavalo por um soldado rebelde igualmente cheio de calor. Se você também tiver dificuldade para dizer "eu te amo", experimente dizê-lo com comida. E, parceiros que nunca ouvem essas palavras, procurem observar se o sentimento está sendo expresso de outras maneiras.

Você pode ter de procurar com muito empenho. Dos cinco irmãos Bundren que veem sua mãe, Addie, morrer em *Enquanto agonizo*, de William Faulkner, Darl é o mais articulado, Jewel o mais demonstrativo e Cash, embora o mais velho, é o que tem mais dificuldade para expressar seu amor pela mãe. Ele o faz construindo um caixão para ela, bem embaixo da janela dela. Seu irmão Jewel observa o meticuloso e cuidadoso trabalho de Cash, enquanto este serra "os longos, quentes e tristes dias amarelos" em tábuas, e coloca em palavras, por ele, esse ato de intensa e complexa devoção: "Olha só. Olha que obra boa estou fazendo para você".

E o caixão *é* bom. Cash o fabrica na forma de um relógio de pêndulo, "cada junção e emenda nivelada e desbastada com a plaina, esticada como um tambor e aprumada como um cesto de costura", para que possam deitá-la dentro sem amassar seu vestido. O jovem canaliza toda a sua dor e seu desejo de agradar na fabricação desse caixão, e sua dificuldade de articulação é profundamente tocante — especialmente no capítulo que consiste em uma lista de razões para fazê-lo "chanfrado". Aceite sua incapacidade de se expressar de maneiras convencionais — ou a incapacidade da pessoa amada. Utilize, e permita que outros utilizem, um repertório mais amplo.

empatia, falta de

A primeira coisa que ele percebe é que está surdo. Não só um pouco surdo. Não meio surdo. Mas totalmente surdo. Não ouve nem as batidas do próprio coração.

Johnny vai à guerra
DALTON TRUMBO

E então ele percebe que seu braço esquerdo não está ali. Ele acha que pode sentir a base da mão, mas está mais alto, à altura do ombro. Cortaram seu braço esquerdo. E é quando ele se dá conta de que não apenas o braço esquerdo está faltando; o direito também. Cortaram seus dois braços.

A questão é que esse é apenas o começo. O horror de ser Joe Bonham quando ele recobra uma consciência vacilante, em um hospital desconhecido em uma cidade desconhecida, está além de qualquer coisa com que até Edgar Allan Poe tenha sonhado. Porque Joe Bonham é um garoto comum de Shale City, Colorado, pego no meio da Primeira Guerra Mundial, uma guerra que não tinha nada a ver com ele. Na verdade, ele nunca soube muito bem por que estavam brigando, afinal.

Johnny vai à guerra é o romance antiguerra e panfleto pacifista por excelência, uma história de sofrimento profundo, como nenhuma outra. Pegue o coração mais sem empatia que você conhecer, mesmo algum que tenha passado a vida em um freezer. Dê a ele esse romance, esse dolorosamente belo romance, e veja o coração dar seus primeiros passos no sentido da compaixão.

VER TAMBÉM: **egoísmo** • **emoções, incapacidade de expressar**

emprego, odiar o seu

VER: **bullying, sofrer** • **emprego, perder o** • **profissão errada** • **segunda-feira de manhã, sensação de**

emprego, perder o

Bartleby, o escrivão
HERMAN MELVILLE

A sorte de Jim
KINGSLEY AMIS

Perder o emprego pode ser um golpe terrível, tanto para o bolso como para o ego. A melhor maneira de lidar com a situação é tentar vê-la como uma oportunidade, uma chance para dar um tempo na rotina, reconsiderar suas opções e talvez se expandir em direção a novos territórios. Em vez de concluir que você não servia para o emprego, decida que o emprego não servia para você (ver: profissão errada). Se não estiver convencido disso, pense em todas as ocasiões em que, no trabalho, você não tinha vontade de fazer as coisas que lhe pediam. Como Bartleby.

Bartleby, de Herman Melville, é um escrivão e, quando se apresenta para o trabalho no escritório de advocacia do narrador, "palidamente limpo" e "tristemente respeitável", o empregador acha que sua natureza tranquila terá uma influência calmante sobre os outros funcionários. E, a princípio, Bartleby parece mesmo ser o funcionário modelo, copiando diligentemente cartas em quatro vias. Mas então ele começa a se rebelar. Quando o patrão lhe pede para conferir sua cópia, Bartleby responde: "Prefiro não fazer". Logo fica claro que ele não fará nada além dos elementos mais básicos de seu cargo. Se lhe pedem para fazer qualquer coisa a mais, lá vem a resposta inflexível: "Prefiro não fazer". Um impasse se desenvolve, em que o patrão não consegue demitir o escrivão, porque ele é muito humilde e parece não ter vida nenhuma fora de sua escrivaninha. E Bartleby continua fazendo só o que quer.

Inspire-se com o ato de resistência de Bartleby. Em que medida seu trabalho envolvia ir além do que você de fato queria fazer? A rebelião de Bartleby o levou a se recusar a sair de sua mesa. Você, no entanto, agora tem a chance de seguir em frente e encontrar novos caminhos.

Talvez possa até começar a comemorar a demissão. Quando Jim Dixon é nomeado professor de história inglesa medieval em uma universidade não especificada nas Midlands, em *A sorte de Jim*, ele não tem a menor intenção de causar confusão. Aceita profissionalmente o convite do chefe, Neddy Welch, para comparecer a um "fim de semana de artes" no campo, sabendo que precisa se "dar bem" com ele. Mas, chegando lá, parece não conseguir evitar os problemas. Cenas cômicas se seguem, que incluem queimar os lençóis, cantar madrigais bêbado e várias confusões sexuais. É quando ele dá sua aula sobre a "Alegre Inglaterra", no entanto, que põe tudo a perder espetacularmente, ao apresentar os momentos finais "pontuados de grunhidos de desdém".

Dê boas e necessárias risadas, depois comece a procurar um emprego que seja mais adequado para você. Porque há um desfecho inesperado para a própria desgraça pública de Jim. Ver alguém meter os pés pelas mãos no trabalho e ainda sair por cima elevará estrondosamente seu moral.

VER TAMBÉM: **desemprego** • **falência** • **fracasso, sentir-se um** • **raiva**

enjoo

VER: **náusea**

enjoo de movimento

Se você sofre de enjoo de movimento, saia do carro e pegue um trem. Viagens de trem são oportunidades inigualáveis para mergulhar em um livro. Em que outra ocasião se têm algumas horas livres de culpa para não fazer nada além de ler na companhia anônima de outros leitores e com uma vista em constante mutação na janela? Trens são amados por escritores também, ao que parece, pelo tanto que gostam de despachar personagens para futuros desconhecidos. E há sempre a chance de um contato inesperado pelo caminho...

 OS MELHORES LIVROS PARA LER NO TREM
Possessão A. S. BYATT
Assassinato no Expresso Oriente AGATHA CHRISTIE
Expresso do Oriente GRAHAM GREENE
Pacto sinistro PATRICIA HIGHSMITH
Os destinos do sr. Norris CHRISTOPHER ISHERWOOD
Os meninos e o trem de ferro EDITH NESBIT

VER TAMBÉM: **náusea**

MAL LIGADO À LEITURA

encontrar um de seus livros, incapacidade de

CRIE UMA BIBLIOTECA

Há poucas coisas mais frustrantes na vida que sentir a necessidade repentina de ler ou consultar determinado livro e não conseguir encontrá-lo. Você sabe que tem o livro. Pode até visualizá-lo: a cor da lombada, onde o avistou pela última vez na estante. Mas ele não está mais lá. E de que adianta ter livros se você jamais consegue encontrar o que quer?

Não vamos *insistir* que você os coloque em ordem alfabética.* Algumas pessoas mantêm seus livros em um arranjo totalmente aleatório e ainda assim conseguem ir direto ao volume desejado com a precisão de um míssil teleguiado. Outras usam um sistema que só elas mesmas entendem. Em seu delicioso livro *Ex libris: confissões de uma leitora comum*, Anne Fadiman usa um argumento convincente para classificar a literatura inglesa cronologicamente (para "ver toda a amplitude" de seis séculos de literatura se abrir à sua frente) e a literatura americana alfabeticamente.

Não importa o sistema que você escolha, tenha um. Inspire-se em Borges e escolha um dos cômodos da casa para ser a biblioteca. Se não houver cômodos suficientes, corredores, patamares, escadas e espaços embaixo da escada funcionam bem. Construa prateleiras do chão até o teto. Invista em um banquinho com rodinhas ou, melhor ainda, em uma escada de mão. De tempos em tempos, recolha livros espalhados e os devolva ao devido lugar (usando óculos presos na ponta do nariz enquanto faz isso). Mantenha uma caderneta de empréstimos. Pense em usar um catálogo ou um aplicativo que armazene seus livros em prateleiras digitais. Ao dar aos livros um lugar e um espaço respeitáveis na sua casa, você possibilita que eles o lembrem de sua presença, emanem sua sabedoria e se ofereçam a suas mãos, como um amante há muito perdido, no momento exatamente certo de sua vida.

---

* Esse é o sistema de organização de livros que defendemos, embora a insistência de Susan Sontag em que ter Pynchon ao lado de Platão "a deixaria muito aflita" tenha definitivamente nos feito parar para pensar. Também organizamos de acordo com a geografia, às vezes.

enjoo matinal

VER: **gravidez** • **náusea**

entusiasmo, falta de

A falta de entusiasmo é um mal sabidamente difícil de diagnosticar. Facilmente confundida com tédio (que é, na verdade, uma falha da imaginação; ver: tédio) e com apatia (que se manifesta como lentidão física, embora também tenha causa emocional; ver: apatia), a falta de entusiasmo pode parecer, para o olho não treinado, apenas um caso de personalidade apagada. Se não for tratada, pode arruinar vidas inteiras — e não estamos falando apenas da sua. Viver sem entusiasmo é viver sem apetite por novas experiências, é perder o tempero, o sumo, a emoção que tornam a vida empolgante. É viver com os sentidos amortecidos e embotados, com as paixões adormecidas e a curiosidade insatisfeita. É deprimir todos que vivem a sua volta — e, sinceramente, você também. Faça-nos um favor. Leia esse romance e se ligue.

Ragtime
E. L. DOCTOROW

Ragtime tem como tema o alvorecer do século XX nos Estados Unidos, um tempo em que a nação estava sob o domínio excitante da animação, da invenção e da mudança. Novas e reluzentes ferrovias surgiam por todo o país. Fords modelo T saíam das linhas de montagem. Prédios de vinte e cinco andares lançavam as pessoas em direção ao céu, e aeronaves as transportavam em incrível velocidade. Telefones e a imprensa efervesciam com novas maneiras de comunicação. Fogos de artifício explodiam nos céus. Nas casas comuns, pó de espirrar e rosas de plástico que esguicham água faziam cócegas nos narizes e produziam risos.

Em meio a tudo isso está a história de uma família bem de vida em New Rochelle, Nova York. O filho (conhecido simplesmente como "o garoto") está um dia observando uma mosca-varejeira atravessando a tela de proteção quando Harry Houdini bate o carro diante da casa e é convidado para um chá. Logo depois, Mamãe encontra um bebê negro no jardim e recolhe a criança — quebrando, assim, o primeiro de vários tabus culturais e de gênero. Quando Papai retorna de uma expedição ao Ártico e a encontra administrando seu negócio de fogos de artifício, vai ficando cada vez mais alienado do cenário doméstico e a família começa a se desintegrar.

Ao voltar sua lente do close-up vívido para a grande vista panorâmica e permitir que personagens reais e fictícios se encontrem nas junções de uma teia vasta e complexa, E. L. Doctorow injeta no romance — e no leitor — um enorme entusiasmo. Enquanto imigrantes da Itália e da Europa Oriental, como Tateh e sua bela filha, chegam em grande número às casas de cômodos esquálidas do Lower East Side, o financista J. P. Morgan estabelece novos padrões de riqueza e poder, e Houdini desafia a morte com proezas cada vez mais aterrorizantes. Freud põe os Estados Unidos no divã, e o tio do garoto, conhecido como Irmão Mais Novo de Mamãe, persegue a primeira deusa do sexo do país, Evelyn Nesbit.

Enquanto lê, note como Mamãe e o garoto dizem "sim" para o progresso e a mudança. Observe como Papai, inversamente, diz "não", recusando-se a se mover com os tempos. Como Tateh, deixe que o tumulto e a confusão das frases de Doctorow removam você do que é conhecido e desapontador. Embarque no trem para uma nova vida. Leve consigo a curiosidade do garoto pelas invenções recentes. Imite a alegria de Vovô ao ver a chegada da primavera (mas tome cuidado, se tiver mais de setenta anos, para não escorregar e quebrar a pelve, como acontece com ele ao improvisar uma dança). Encontre um lugar em que a mudança esteja sempre presente e sinta o entusiasmo fluir de volta para você.

VER TAMBÉM: **desencantamento**

envelhecimento, medo do

O perfume de Jitterbug
TOM ROBBINS

Em uma época em que quase todas as pessoas que se expõem ao olhar público alisaram as rugas, removeram as marcas de expressão com botox e baniram os cabelos grisalhos para sempre, podemos compreender a necessidade do rei Alobar de fugir dos primeiros sinais de envelhecimento como a lebre da raposa. Na verdade, Alobar tem mais razões do que a maioria para escapar da aproximação da senescência em sua vida: é costume de sua tribo cometer regicídio com um ovo envenenado ao primeiro sinal da entrada do governante na meia-idade. Aqui, destilamos a essência do *Perfume de Jitterbug* para lhe dar a receita de juventude eterna de Alobar. Para uma explicação mais completa, leia o romance inteiro.

Ingredientes
- 1 rei do século VIII à beira da meia-idade
- 1 deus-bode imortal com fedor pronunciado
- 1 frasco de perfume que tenha o poder de seduzir cidades inteiras quando liberado
- 1 medida de jasmim jamaicano, que deve ser obtido pelo apicultor Bingo Pajama
- 1 parte vital de beterraba

Modo de fazer
Junte os ingredientes com seriedade dentro de uma perfumaria francesa até estarem homogeneizados, acrescentando no último momento a parte vital da beterraba. Respire em um looping infinito enquanto junta. Depois, certifique-se de que os médicos de Bandaloop cuidem de sua poção enquanto você toma um banho quente. Em seguida, alcance o orgasmo com sua parceira sexual, puxando toda a energia desse ato para o tronco encefálico. Repita diariamente por mil anos.

Se, depois disso, você ainda não tiver atingido seu objetivo, aceite o melhor de todos os conselhos de Alobar: pare de se preocupar.

VER TAMBÉM: **aniversário, depressão de** • **calvície**

esgotamento

O esgotamento físico pode ser uma sensação fantástica, se produzido por um exercício árduo — nadar em lagos, escalar montanhas, cavalgar a galope por uma praia. Mas, quando é causado por ficar de pé durante dez horas seguidas, depenar galinhas ou cavar uma vala embaixo de chuva, não há muito prazer na dor. O esgotamento mental pode ser mais debilitante ainda, causando estresse (ver: estresse) e mau funcionamento do cérebro (ver: memória, perda de). E esgotamento por falta de sono é um tipo particularmente sofrido de sensação, que só pode ser remediado por oito horas ininterruptas na cama. Verdade seja dita, o sono é uma cura muito boa para qualquer tipo de esgotamento; mas, se você estiver exausto e quiser encontrar uma maneira de continuar em frente, leia o resto.

Conheça Zorba, um homem de muitas sopas e histórias, de vivos olhos penetrantes, rosto curtido pelo tempo e talento para se expres-

Zorba, o grego
NIKOS KAZANTZAKIS

sar pela dança. Zorba usa a dança para contar histórias, para definir quem é, para explicar o mundo e como uma maneira de revitalizar seu espírito quando ele se retrai. Nosso narrador é um jovem intelectual grego, interessado por budismo e livros. Mas, ao conhecer Zorba, com seu irreprimível entusiasmo pela vida, sabe que encontrou um homem com um segredo espiritual. Esse andarilho de pés ágeis aceita com prazer a oferta de se tornar capataz da mina de linhito que o rapaz adquiriu recentemente na ilha de Creta, e os dois se habituam a tomar vinho até tarde da noite, discutindo filosofia, com o frequente acompanhamento musical do santuri de Zorba. Durante essas sessões, Zorba muitas vezes lamenta que, se conseguisse expressar os dilemas filosóficos de seu amigo por meio da dança, as conversas se enriqueceriam muito mais.

E, um dia, ele de fato ensina seu jovem amigo a dançar — impetuosa, desafiadora e extaticamente. Logo, ambos estão contando histórias com o próprio corpo, que desafia a gravidade. Zorba, nós percebemos, é um homem de grande sabedoria, resultado de um entendimento natural, e pode alcançar, "em um pulo", elevações espirituais que outros levam anos para atingir. O que mais amamos nesse arquétipo de energia é sua capacidade aparentemente ilimitada de se lançar com entusiasmo no próximo projeto, com frequência tendo de juntar forças (quando teria todo o direito de querer dormir por uma semana) e dançar para recobrar a vida.

Torne-se também um aluno de Zorba. Quando o esgotamento o atingir, não se entregue. Levante-se, ponha uma música para tocar e encontre uma dança dentro de si. Você não gostaria de dizer, como Zorba, nos anos por vir: "Fiz pilhas e pilhas de coisas em minha vida, mas ainda não fiz o suficiente. Homens como eu deveriam viver mil anos!"?

VER TAMBÉM: **cama, incapacidade de sair da • cansaço e sensibilidade excessiva • libido, perda de • ocupado, ser muito • ocupado demais para ler**

esperança, perda de

Ratos e homens
JOHN STEINBECK

Nunca subestime a importância da esperança. Viver sem esperança é viver sem alegria ou consolo. Podemos lidar com quase qualquer coisa — prisão, uma doença séria, exílio forçado — se tivermos a esperança de que, um dia, seremos libertos e encontraremos o caminho para casa.

Se você não acredita nisso, é evidente que nunca leu *Ratos e homens*. George e Lennie são lavradores itinerantes. Eles chegam a um novo sítio, ganham algum dinheiro, depois vão para a cidade e gastam tudo. Sem família, sem casa, sem nada mais a esperar na vida, eles se consideram os "caras mais solitários do mundo".

Só que eles são diferentes, como George vive dizendo ao grande, lento e mentalmente comprometido Lennie, para manter animado o espírito infantil do amigo e para se confortar também. Pois, acima de tudo, George tem Lennie para cuidar, e este, que gosta de acariciar coisas macias e não conhece a própria força, arruma problemas aonde quer que eles vão. Um dia, George e Lennie tirarão a sorte grande e terão dinheiro suficiente para comprar uma casinha e um pedaço de terra, onde poderão criar uma vaca e algumas galinhas e "vivê da terra". Quando chover, eles se sentarão em volta do fogo e ouvirão a chuva no telhado. E terão coelhos, que Lennie vai criar... e acariciar.

Quando George não acredita mais na possibilidade de tal futuro, tudo fica sem sentido e triste, porque era esse sonho compartilhado que os mantinha seguindo em frente. Todos temos um Lennie dentro de nós, que precisa ouvir alguém "falar dos coelhos" de vez em quando. E todos podemos nos revezar sendo George e falando de coelhos para animar outra pessoa.

VER TAMBÉM: **sonhos desfeitos**

esperando nenê, estar

VER: **gravidez**

estagnação mental

Como cães, cérebros precisam de exercícios regulares para permanecer em boa forma. Se o seu tiver caído em estado de estagnação por falta de uso — ou por estar demais na companhia de outros com cérebros estagnados —, sugerimos que o sacuda de volta à vida com um desfibrilador mental na forma de *A flor azul*, de Penelope Fitzgerald.

A flor azul conta a história do incandescentemente brilhante poeta alemão Friedrich von Hardenberg (que realmente existiu, e mais

A flor azul
PENELOPE
FITZGERALD

tarde ficou conhecido como Novalis) e sua desconcertante adoração por Sophie von Kühn, uma menina de doze anos com um cérebro inequivocamente medíocre. Estar na companhia dos Von Hardenberg é sempre agradável: os irmãos excêntricos de Fritz apresentam suas falas com uma inteligência tão rápida e concisa que cada frase cintila na página. Mas a principal razão para ler A *flor azul* é ter a experiência viva do cérebro da própria Fitzgerald. É em parte o que ela inclui — fazendo observações com uma clareza devastadora, depois seguindo em frente tão levemente quanto uma borboleta — e em parte o que deixa de fora. Ela dá saltos geográficos, ou espaciais, entre uma frase e a seguinte que fariam a maioria dos romancistas desmaiar de pânico. Confere a um personagem um simples movimento de queixo que contém o nobre ocultamento, por uma vida inteira, de um coração partido. Muito do que é importante não é dito, e somos mantidos profundamente ocupados tentando preencher as brechas.

No fim, suas sinapses estarão vibrando na mesma alta frequência que as de Fitzgerald. Para manter a inteligência sempre fresca, recomendamos reler A *flor azul* a cada cinco a dez anos.

VER TAMBÉM: **dona de casa, ser** • **profissão errada** • **tédio**

estrangeiro, ser

Tudo se ilumina
JONATHAN SAFRAN FOER

Se as pessoas te apelidam de estrangeiro e você não curte muito isso, e te enfeza que elas achem que você tem merda entre os miolos só porque vem de uma parte diferente do globo, sugerimos que faça disso uma vantagem, como Alex, o narrador pouco competente em matéria de linguagem de *Tudo se ilumina*. Então, mesmo que você não seja exatamente um tipo excepcional de pessoa e não haja muitas garotas querendo ter relações carnais com você, pode imitá-lo e pelo menos fazer as pessoas te curtirem. Alex garante ao pai, o proprietário da Heritage Touring, que é fluido em inglês e, assim, é enviado para ser tradutor e guia do herói do romance, Jonathan Safran Foer (estamos falando do personagem aqui, não do autor, embora você tenha razão de se sentir confuso, já que eles compartilham muitas qualidades, todas elas excepcionais), e, com o avô choroso de Alex, antes agricultor, mas agora deprimido, e uma cadela mentalmente perturbada chamada Sammy Davis Junior, Junior (que, nós concordamos, não é um nome muito mole de chamar), eles vagueiam em busca de uma cidadezinha ucraniana chamada Trachimbrod, na esperança de encontrar a mulher que pode ter salvado o avô de Jonathan dos nazistas. A história de Trachimbrod, contada por Jonathan em capítulos intermináveis, é elétrica. Mas é a voz anormal e memorizável de Alex — resultado potente de ele consultar um dicionário de sinônimos em vez de um dicionário bilíngue — que nos ganha. Sugerimos que, se você estiver prevendo ser estrangeiro no futuro próximo, ou quando for menos miniatura, vá em frente e dissemine alguma moeda corrente em um dicionário de sinônimos ou equivalente (temos certeza de que um livro de cozinha ou manual automotivo apresentaria você) na língua em que você é incompletamente fluido, e não só se iluminará como se fará muito charmoso e opressivo no processo.

VER TAMBÉM: **diferente, ser** • **excluído, sentir-se** • **outsider, ser um** • **saudade de casa** • **sem palavras, ficar**

estresse

Seu coração está batendo forte. Sua respiração é rápida e superficial. Seus punhos estão fechados, e os olhos e ouvidos procuram informações que possam salvar sua vida.

Não, você não deu de cara com um urso. Está esperando o trem para ir trabalhar, ou fazendo uma torrada, ou decidindo qual marca de papel higiênico comprar — qualquer coisa simples e cotidiana, exceto pelo fato de estar sofrendo de uma das epidemias mais debilitantes da era moderna: o estresse.

Prescrevemos um romance tão curto e pouco intimidante em aparência que garantimos que não vai piorar seu estresse.* *O homem que plantava árvores* logo fará sua alma deslizar para um estado de serenidade. É uma história simples: um pastor mora em uma casa de pedra, em uma parte desolada da França. Está cercado por aquilo de que precisa e nada mais, com os botões firmemente pregados na camisa, a arma lubrificada, as roupas lavadas. Três anos antes, dera-se conta de que aquela parte do país estava morrendo por falta de árvores e, "não tendo muito mais o que fazer, decidiu corrigir isso". Desde

O homem que plantava árvores
JEAN GIONO

---

* Na verdade, para sermos honestas, mal chega a ser um romance. Mas, como está estressado, você não precisa saber disso.

então, passou suas noites selecionando bolotas de carvalho, separando as boas das ruins, e os dias plantando-as no solo.

As exuberantes florestas de carvalho — depois faias, depois bétulas — que surgem nos campos em volta transformam a região em um lugar que pode manter, nutrir e alegrar mais de dez mil pessoas. Mas não são os resultados de seu trabalho que trazem paz de espírito ao pastor. É o trabalho em si: caminhar, cavar, plantar, cuidar e esperar.

É mais ou menos impossível não se sentir em paz na companhia do pastor. E, quando você tiver terminado e rido com o posfácio, deixe o livro e saia de casa. A melhor maneira de superar o estresse é ler o livro certo. A segunda é fazer algum exercício. Ponha uma pá no bolso e saia para uma longa caminhada.

VER TAMBÉM: **ansiedade • cabeça, dor de • concentração, incapacidade de • insônia • libido, perda de • ocupado, ser muito • ocupado demais para ler • pesadelos • pressão alta • trabalhar em excesso**

exausto, estar

VER: **cansaço e sensibilidade excessiva • esgotamento • filhos demais solicitando atenção • gravidez • maternidade • ocupado, ser muito • ocupado demais para ler • paternidade • trabalhar em excesso**

excluído, sentir-se

A convidada do casamento
CARSON
McCULLERS

Às vezes, pode parecer que você está sendo intencionalmente excluído, deixado de fora da diversão. Se tivéssemos escolhido não participar, tudo bem — nem todos somos festeiros (ver: outsider, ser um). Mas, quando o desejo de fazer parte existe e por algum motivo o gesto de boas-vindas não chega, pode-se acabar com muita pena de si mesmo e ressentido com esses egoístas e desatentos que não fizeram nada para aliviar sua angústia. Infelizmente, um impulso comum é tentar consertar a situação de uma destas duas maneiras equivocadas: forçar a entrada no grupo ou rejeitar o grupo que nos rejeitou.

Nenhuma dessas estratégias funciona. Frankie, de doze anos, a heroína órfã de mãe de *A convidada do casamento*, uma das odes de Carson McCullers aos solitários e excêntricos, ambientada em uma pequena cidade no sul dos Estados Unidos, tenta as duas. Tudo começa a dar errado quando sua melhor amiga se muda para a Flórida e seu pai lhe pergunta quem é "essa coisa grande e desajeitada de doze anos e pernas compridas" que ainda está dormindo na cama dele. Frankie adquire alguns hábitos preocupantes depois disso: atirar com o revólver do pai em um terreno baldio, roubar uma faca em uma loja de departamentos e cometer um "pecado esquisito" com Barney MacKean na garagem dos pais dele. Nada disso a impede de se sentir "deslocada" e, quando as crianças da vizinhança dão uma festa no clube, ela fica ouvindo da ruela nos fundos.

A princípio, Frankie decide que a resposta é se juntar ao irmão mais velho, Jarvis, e à noiva dele. Ela vai participar do casamento deles e depois partirá para o mundo com os dois. Quando Jarvis e Janice não aceitam muito bem essa ideia, Frankie resolve fugir. Mas, como a maioria das crianças de doze anos que fogem de casa, ela não vai muito longe.

A solução, quando aparece, traz consigo um "choque de felicidade". *A convidada do casamento* vai sensibilizar todos aqueles que se sentem à margem da vida, seja por ser ignorados no trabalho ou por ser deixados de fora em uma nova moda entre os amigos — como decidir iniciar uma família ou passar férias em grupo em Goa. Leia o livro e lembre-se: não force as coisas, especialmente se tiver apenas doze anos, não fuja de casa. Tenha paciência. Seu convite para a festa chegará.

VER TAMBÉM: **diferente, ser** • **estrangeiro, ser** • **ninguém gosta de você** • **outsider, ser um** • **solidão**

existencial, angústia

VER: **angústia existencial**

F

faça-você-mesmo

A ilha Caribou
DAVID VANN

Você está se equilibrando sobre um banquinho, com uma chave de fenda entre os dentes, uma lâmpada especial em uma das mãos, um punhado de parafusos de vários tamanhos na outra e um martelo embaixo do braço. É essencial que conserte essa luminária hoje, porque esta é a noite de seu tão esperado jantar. Quando você toca acidentalmente dois fios com a chave de fenda, é lançado para o outro lado da sala por uma força assustadora. E não, não é a fúria de sua parceira.

No Reino Unido, seiscentas pessoas se ferem a cada dia em sua própria casa. Invariavelmente, a causa é querer fazer as coisas por conta própria. Dedos são cortados, buracos são abertos no telhado e prateleiras vêm abaixo sobre os desafortunados adeptos do faça-você-mesmo. Na esteira desses desastres, casamentos se dissolvem como fusíveis.

Se você está sentindo uma vontade irresistível de construir aquele galpão, reformar um móvel ou lavar o pátio com uma máquina de alta pressão, tenha um exemplar de *A ilha Caribou* bem ao lado da caixa de ferramentas, idealmente entre você e o equipamento. Depois de ler isso, você não terá mais como questionar que querer fazer tudo sozinho é loucura total. Você não estará apenas se poupando de algumas horas de dor, mas salvando seu casamento, todas as outras relações íntimas e, possivelmente, até sua vida.

Nesse romance magnificamente sombrio, Irene observa o marido, Gary, fazer um último esforço sobre-humano para salvar ou destruir o casamento, construindo um chalé de madeira do outro lado do lago Skilak. Eles moram no interior do Alasca, mas Gary sempre sonhou com um refúgio para a aposentadoria que fosse mais isolado ainda. Mesmo antes de começar, já é evidente que o projeto está fadado ao fracasso. "Eles iam construir o chalé a partir do zero. Nenhuma fundação, nenhuma planta, nenhuma licença, nenhuma assessoria; nenhuma experiência prévia." Gary quer lutar contra as intempéries sem nenhum auxílio de amigos ou por escrito. (Se ao menos ele tivesse *Farmácia literária* por perto...)

Acompanhamos Gary quando a chuva "entra em seus olhos como alfinetes" e quando ele instala a porta do chalé na posição errada. Ele deixa implementos vitais em sua casa, do outro lado do lago prestes a congelar. Irene tenta ajudar, meio sem entusiasmo, dando-se conta, cada vez mais profundamente, de que ela nunca fez realmente parte do sonho do chalé de madeira de Gary. Enquanto ele batalha com a chuva em anglo-saxão: "*Bitre Beostcare, hu ic oft throwade!*" ("Amargo coração, quantas vezes eu sofri!"), sentindo-se abandonado por toda a humanidade, ela fica sentada dentro de uma barraca, desejando estar em casa.

E então uma parte de si que ela nem sabia existir é despertada: sua Diana interior, a caçadora para quem meras moradias são irrelevantes. Quando a mulher civilizada é tomada por esse novo ser, Irene torna-se magnífica, irresistível, uma força mais impressionante que as intempéries. A extraordinária conclusão desse romance o fará correr direto para as *Páginas amarelas* em busca de um ajudante.

VER TAMBÉM: **divórcio** • **dor, sentir**

fala, dificuldade de

O exame mais penetrante que conhecemos das provações e agruras de ter uma dificuldade de fala — nesse caso, a gagueira de Jason Taylor, de treze anos — pode ser encontrado em *Menino de lugar nenhum*, de David Mitchell. Jason pensa muito, e inteligentemente, sobre sua gagueira, que se manifestou quando ele tinha oito anos, mais ou menos na época em que o casamento de seus pais começou a afundar. Jason notou, por exemplo, que "o Carrasco", como ele chama sua gagueira, gosta particularmente de atacar palavras começadas com "n" (embora mais tarde se mova para "palavras s" — muito mais abundantes no dicionário); que a melhor maneira de "ser mais esperto" que o Carrasco é fazer uma varredura prévia das frases para identificar as "palavras gagas" e mudar o que você queria dizer por

Menino de lugar nenhum
DAVID MITCHELL

algo que você *pode* dizer; e que os gagos jamais podem vencer uma discussão com uma réplica rápida ou uma tirada espirituosa, "porque, no momento em que você gagueja, p-p-pronto, você p-p-perdeu, g-g-gaguinho!"

Conforme a tensão aumenta em casa e a gagueira piora, o temido bullying começa (ver: bullying, sofrer). Começa devagar, mas vai crescendo a alturas excruciantes, e compartilhamos a dor de Jason enquanto o vemos tentando se agarrar a sua reputação abalada. E então algo mágico acontece: Jason descobre a poesia. E, com a ajuda da sra. de Roo, sua fonoaudióloga, e de uma mulher exótica da comunidade chamada madame Crommelynck, que garante que as contribuições anônimas do garoto à revista paroquial apareçam impressas, ele começa um novo relacionamento com as palavras, aprendendo a amá-las e controlá-las para que exprimam sua verdade. Quando a narrativa de Jason vai ficando cada vez mais repleta de lirismo — uma técnica impressionante de Mitchell —, ele inicia sua metamorfose, de alguém que inveja as pessoas capazes de dizer "o que querem no momento em que pensam" em alguém para quem as palavras são, por fim, um belo instrumento.

A cura de Jason pode não ser a sua cura, já que cada dificuldade de fala é diferente. Mas vê-lo chegar a ponto de criar um "silêncio espantado" na classe, ao soltar uma réplica contundente com precisão metronômica, aquecerá seu coração. Qualquer pessoa cuja língua se atrapalhe de maneira semelhante deve tirar pelo menos duas coisas desse romance. Você, como Jason, se tornará mais maduro por ter essa batalha extra para lutar. E, também como Jason, prejudicado em uma direção, provavelmente descobrirá que pode florescer em outra.

VER TAMBÉM: **autoestima baixa** • **diferente, ser** • **sem palavras, ficar**

falência

O grande Gatsby
F. SCOTT FITZGERALD

Grana
MARTIN AMIS

Então você está quebrado. Isso é metade do problema. Talvez você esteja sem trabalho (ver: desemprego; depressão econômica), ou talvez gaste mais do que ganha. De um modo ou de outro, você está convencido de que, se ao menos tivesse um pouco mais de dinheiro no banco, todos os seus problemas seriam resolvidos. Essa é a outra metade do problema. Vamos tratar dessa metade primeiro.

James Gatz — ou Jay Gatsby — teve a mesma ideia estúpida de que o dinheiro lhe traria o que ele mais desejava; no caso dele, Daisy Buchanan. De maneiras duvidosas, ele fez fortuna, comprou a casa mais vistosa de West Egg e deu centenas de festas estupendamente extravagantes a fim de atrair a bela Daisy de volta para os seus braços, como uma mariposa atraída pela chama sedutora.

Jovens corações em lágrimas
RICHARD YATES

Gatsby é um dos sonhadores mais poderosos da literatura (daí o "grande"), e sua paixão e desejo por Daisy são tão fascinantes de observar quanto a pequena luz verde na ponta do ancoradouro dela. Mas o fato é que ter mais dinheiro do que precisamos para cobrir as necessidades básicas da vida (comida, roupas, abrigo e, claro, livros) causa mais problemas do que resolve. Não só a riqueza não consegue trazer a Gatsby felicidade duradoura com Daisy como, no processo, acaba fazendo com que ele abandone e corrompa quem realmente é. O que ele acha que está fazendo ao chamar todo mundo de *"old sport"* ("meu velho") com um sotaque britânico forçado, ter mais camisas do que jamais poderá usar e dar festas em que não se diverte? E o que ele esperava que Daisy fizesse quando descobrisse como ele ganhou todo aquele dinheiro? Quando as chamas crepitam e Gatsby se apaga, ele não tem ninguém para culpar a não ser a si mesmo.

Quanto a estar falido, nossa cura vem em três partes. Primeiro, leia *Grana*, de Martin Amis, para se lembrar das terríveis maneiras como o dinheiro pode sujar e corromper. Depois, *Jovens corações em lágrimas*, de Richard Yates, para ver como uma fortuna herdada pode obscurecer o caminho para uma vida com propósito e sensação de valor pessoal. Por fim, volte a *O grande Gatsby* e faça o que James Gatz deveria ter feito: aceite e conviva com seu eu empobrecido e encontre alguém que te ame como você é. Depois, pare de gastar dinheiro com bilhetes de loteria, reduza seus custos e aprenda a economizar. Se seu trabalho, ainda assim, não lhe render o suficiente para o básico, arrume outro. Se ele suprir suas necessidades, pare de resmungar e viva feliz para sempre, dentro dos limites de seus recursos.

falta de sentido

VER: **sentido, falta de**

família, conviver com a

Um rapaz adequado
VIKRAM SETH

Quando estamos com nossa família, temos o melhor dos tempos e o pior dos tempos, em uma adaptação da frase de Dickens. Certamente é dentro da unidade familiar que parecemos ter os maiores conflitos, sejam eles explícitos ou varridos para debaixo do tapete. Seja lá quem for que mais o tira do sério — seu filhinho tirano, seus irmãos que não param de bater boca, seus pais que o pressionam, seus sogros cheios de críticas, seu adolescente rebelde, seu gato, que adora brincar durante a noite, ou um membro específico da família que jamais faz sua parte na hora de lavar a louça —, nós lhe oferecemos um livro vigoroso, que examina as manobras pelo poder dentro das famílias: *Um rapaz adequado*, de Vikram Seth.

Ele conta uma história conhecida: a sra. Rupa Mehra quer escolher o homem com quem sua filha mais nova, Lata, vai se casar, mas Lata tem outras ideias. "Eu sei o que é melhor", diz a sra. Mehra à filha, e "Estou fazendo tudo isso por você". Não precisamos ser indianos para ter ouvido tais palavras antes. (Imagine que, em vez de um marido, a sra. Mehra esteja falando sobre uma peça de roupa, ou corte de cabelo, ou o horário adequado para acordar.) Por quase mil e quinhentas páginas, Lata oscila entre Haresh, o "rapaz adequado" escolhido por sua mãe, "sólido como um par de sapatos Goodyear Welted"; Kabir, o colega ator amador por quem ela se apaixona; e Amit, o poeta diletante simpático que lhe é empurrado por suas irmãs.

Lata é cercada de pessoas que tentam influenciá-la. Mas de quem é a vida que ela está vivendo, afinal? Ela sabe que, no fim, a escolha terá de ser sua, não como um ato de rebelião ou para obter aprovação, mas de maneira livre. O tamanho do livro dá testemunho da dificuldade de sua tarefa.

A escolha que Lata faz mostra que, embora possamos brigar com nossa família pela liberdade de sermos nós mesmos, também somos parte integrante dela, mergulhados em sua cultura, tradições e valores. Podemos virar as costas para ela, mas nossa família fez de nós o que somos. Brigue com sua família, mas saiba que, em última instância, estará brigando consigo mesmo.

VER TAMBÉM: **idosos, pais • irmãos, rivalidade entre • Natal**

família, viver sem

Eu sou a lenda
RICHARD
MATHESON

Longe de sua família, física ou emocionalmente, você sente emoções conflitantes. Por um lado, aliviado e livre; por outro, solitário e abandonado. Quer a distância seja autoimposta ou involuntária, tenha esse romance na mochila para lembrá-lo de que você pode se virar sozinho — desde que não seja o último homem sobre a Terra.

O inovador romance de vampiros de Matheson começa com uma cena inesquecível. Robert Neville está sentado em sua casa entrincheirada, tomando cerveja e ouvindo uma sinfonia chamada O ano da peste no toca-discos. Ele o faz, em parte, para abafar os gritos sinistros de "Neville! Neville!" que vêm de fora da casa.

Logo ficamos sabendo que sua esposa e filha foram ambas perdidas para o vampirismo. Neville sai apenas durante o dia e tenta melancolicamente matar os predadores enquanto dormem em seu coma diurno. Não que seja um festival sanguinário; vemos pouco dos vampiros e de sua morte desagradável nas mãos de Neville. Em vez disso, é a solidão dele que está em primeiro plano, seus esforços para entender a nova ordem mundial e suas tentativas cada vez mais desesperadas de encontrar um aliado. Seu empenho sincero para fazer amizade com um cachorro, aparentemente não afetado pelo vírus, é um dos momentos mais trágicos da história. O animal parecia um companheiro simpático, para alguém para quem enfiar estacas em corações já virou rotina, e sua metamorfose em uma criatura de pesadelo passa completamente despercebida para o leitor — e aí está a genialidade do romance.

A resistência de Neville é impressionante. Permanecer vivo nesse mundo infestado de vampiros depende de manter o gerador em funcionamento e sair à caça de alimentos enlatados em supermercados fantasmagóricos. Tentando manter o ânimo ouvindo Schoenberg e procurando encontrar uma cura para a doença que ameaça derrotá-lo, ele faz o possível para viver o momento e se agarra a centelhas de esperança de um futuro diferente.

Se viver longe da família faz você se sentir perdido e sozinho, esse livro lhe trará consolo: pelo menos você não precisa sair por aí matando vampiros diariamente nem espalhando colares de alho e espelhos em volta de casa para mantê-los do lado de fora. Em vez disso, você vai ficar tão entretido nessa história que vai esquecer seu isolamento — ou descobrir que ele não é nem de longe tão ruim. E, se começar a se sentir bem *demais* sem sua família, a revelação final o fará pensar melhor.

VER TAMBÉM: **ninho vazio, síndrome do • solidão**

fé, perda de

A pesca do salmão no Iêmen
PAUL TORDAY

O exorcista
WILLIAM PETER BLATTY

A improvável jornada de Harold Fry
RACHEL JOYCE

Para algumas pessoas, ter fé significa acreditar em Deus; para outras, acreditar que há um sentido na vida (ver: sentido, falta de); e, para outras ainda, significa ter fé de que há bem no mundo. O que quer que fé signifique para você, perdê-la pode equivaler a ficar sem luz na vida. Nesses momentos, precisamos de livros que nos façam recuperar os princípios básicos para seguir em frente com alegria e autoconfiança. Nossas curas abrangem três abordagens diferentes para a fé; escolha a que lhe parecer mais adequada.

Se você vê a fé como o triunfo da convicção pessoal sobre a ciência, faça de *A pesca do salmão no Iêmen* a sua bíblia. Quando Fred Jones, um cientista funcionário público encarregado do Centro Nacional para a Excelência da Pesca, recebe uma carta pedindo ajuda para introduzir no Iêmen o salmão, além da pesca do salmão, ele faz o que qualquer cientista de respeito faria: diz não. É "absurdo", "risível" tentar desafiar as leis da natureza por capricho de um xeique com dinheiro demais e educação de menos. Mas isso é antes de ele conhecer o xeique Muhammad e descobrir o poder da determinação de um homem. Porque o xeique Muhammad é um visionário, e, como o dr. Jones logo percebe, isso não tem tanto a ver com a pesca, mas com a fé. Esse romance fará você se sentir bem e restaurará sua crença no poder da fé para mover montanhas.

Se sua crença em Deus foi abalada, *O exorcista* lhe causará um calafrio na espinha forte o bastante para fazê-lo reconsiderar a questão. Nesse arrepiante romance, talvez o mais aterrorizante que conhecemos, vemos uma mãe chegar à gradual constatação de que sua filha, Regan, está possuída. Em desespero, ela chama o padre Karras. O próprio Karras está enfrentando um período de questionamento de sua crença em Deus, mas o horror palpavelmente infernal que ele testemunha em Regan atesta tão claramente a existência do Diabo que isso lhe traz de volta, rapidamente, a crença na presença definitiva do Bem e do Mal no mundo. Talvez tenha o mesmo efeito em você.

Se você perdeu a sensação de que existe algum sentido na vida e se pergunta se de fato importa ser bom ou mau, temos uma cura muito mais amena. Harold Fry é um aposentado melancólico e sem entusiasmo, que mal troca formalidades com a esposa e perdeu o contato com o filho adulto. Quando recebe uma carta de sua velha amiga Queenie, na qual esta lhe conta que está morrendo de câncer, Harold escreve um cartão em resposta e sai imediatamente para postá-lo. No caminho, uma conversa casual com a atendente do posto de gasolina fica martelando em sua cabeça e, quando chega à caixa de correio, em vez de postar o cartão, ele continua andando — de fato, desde Devon até Berwick-on-Tweed, onde Queenie mora, tomado pela crescente convicção de que, enquanto estiver andando em direção à amiga, ela continuará viva.

A convicção de Harold é testada muitas vezes durante a jornada. Mas ele deposita sua confiança na Providência, jamais consumindo mais do que precisa, dormindo ao ar livre, não na casa das pessoas, e tornando-se cada vez mais um peregrino de outra época. Por fim, a imprensa fica sabendo dele, e Harold logo é conhecido como "aquele peregrino", alguém de quem todos querem se aproximar para tocar e ser tocados. A disseminação da fé é, ao que parece, contagiosa. Sua esposa, Maureen, começa a se apaixonar novamente por ele de longe, e Queenie... Bem, você vai ter de ler e descobrir.

Em momentos de vazio, quando você tiver perdido a fé na vida, em Deus, no amor, em outra pessoa ou em si mesmo, use esses romances para lhe trazer de volta algumas verdades fundamentais. Porque a moça do posto está certa: "Se você tiver fé, pode fazer qualquer coisa".

VER TAMBÉM: **esperança, perda de** • **sentido, falta de**

felicidade, busca da

Felicidade, a principal meta da vida. Será?

Muitos de nós, no Ocidente, passamos a vida buscando esse estado transitório — no amor, no trabalho, em viagens, na decoração da casa. O fato de ele nos acenar das propagandas e dos programas de tevê sobre estilo de vida é uma doença moderna. É importante lembrar que, até o século XX, as pessoas não pensavam na felicidade como algo a ser esperado na vida e, em muitas culturas orientais,

Fahrenheit 451
RAY BRADBURY

ainda não pensam. Para muitos, a vida está aí para se enfrentar e aprender, não como fonte de expectativa de prazer. Ter comida, um teto sobre a cabeça e a liberdade para seguir as próprias crenças religiosas — isso é suficiente. Comece a pensar que você *tem* de ser feliz e estará se abrindo para todo tipo de decepção.

Estamos com o Oriente: a busca incansável da felicidade é um mal e deve ser curada. Ray Bradbury também sabia disso. Seu presciente *Fahrenheit* 451, publicado pela primeira vez em 1953, chegou muito perto de nos mostrar a vida como a conhecemos agora. Em seu futuro distópico, ninguém mais lê romances. A princípio porque as pessoas querem a ficção em doses cada vez menores, sem tempo, atenção ou paciência para ler um livro inteiro. (Isso faz soar um sininho? Veja "desistir no meio, tendência a".) Depois, elas começam a achar que os livros são seus inimigos, ao representar irresponsavelmente diferentes visões e estados de espírito. Não seriam todos mais felizes se vivessem em uma terra de ninguém, sem emoções, sem nenhum sentimento forte?

Para se contrapor ao vazio emocional, privados de cultura e de pensamentos profundos, eles começam a viver cada vez mais depressa, correndo pela cidade em velocidade máxima (no futuro de Bradbury, Beetles são os supercarros das autoestradas) — e matando quem quer que entre no caminho. Eles quase nunca veem seus filhos, que vão para a escola em nove dias a cada dez. De qualquer modo, acham que ter filhos é uma perda de tempo; as mulheres preferem ficar em casa assistindo à interminável novela interativa chamada *A família*, cujo destino se torna mais importante para elas que o seu próprio. (Apesar de sua genialidade, Bradbury não chegou a dar o salto de visualizar um tempo em que as mulheres também poderiam querer trabalhar.) Dopadas por essas sagas, as pessoas vão dormir com "conchas" nos ouvidos que transmitem notícias triviais e mais dramas superficiais a noite inteira. Comprimidos para dormir são engolidos como balas. Suicídios são comuns e atraem pouca atenção.

Quando Montag, um bombeiro cujo trabalho é queimar livros ilegais — e às vezes as pessoas que os estão lendo também —, encontra uma adolescente que faz pausas para olhar as estrelas, sentir o cheiro da grama e perguntar sobre amor para os dentes-de-leão, ele se dá conta de que não é tão feliz como imaginou que fosse em seu estado emocionalmente neutralizado. Começa a acordar para um mundo de beleza e sentimento e se pergunta o que conteriam os livros que ele queima. Uma noite, lê o poema "Dover Beach", de Matthew Arnold, para as convidadas de sua esposa, interrompendo um episódio de A *família* para isso, e o resultado de sua leitura são choros e emoção: "Poesia e lágrimas, poesia e suicídio e sentimentos horríveis, poesia e doença; toda essa tolice!", uma ouvinte perturbada grita. Montag é forçado a queimar os próprios livros, e a casa junto, mas mantém a crença de que um futuro sem a sabedoria dos livros é insuportável. Ele prefere sentir e sofrer a viver a vida comatosa que a "civilização" considera ser a rota para a felicidade.

Fahrenheit 451 ensinará a você que a vida é feita de uma rica variedade de experiências. Viva plenamente, não em busca da felicidade, mas de conhecimento, literatura, verdade e sentimentos de todo tipo. E, caso a visão de Bradbury se torne realidade, pense na possibilidade de decorar um romance, como Montag faz. Nunca se sabe se um dia você terá de transmiti-lo para o restante da humanidade.

VER TAMBÉM: **insatisfação** • **par perfeito, à espera do**

filhinha de papai, ser

Ser filhinha de papai nunca fez bem a ninguém. Tudo vai bem enquanto você é a queridinha da casa que jamais faz nada errado. Mas, quando você cresce e descobre que o resto do mundo não acha suas falhas tão adoráveis quanto o papai sempre achou, isso pode ser um choque. O novo namorado não ficará contente ao descobrir que não terá o primeiro lugar em seu coração. Mas isso talvez nem importe, porque ele não vai durar muito mesmo. Ninguém é suficientemente bom para a filhinha do papai, e papai deixará isso claro para ele.

Aos vinte e um anos, Emma, a heroína epônima da sátira ao casamento escrita no século XIX por Jane Austen, é a perfeita filhinha de papai. Para seu pai nervoso, frágil e tolo, cuja principal obsessão na vida é se proteger de correntes de ar e convencer seus amigos a comer um nutritivo ovo cozido, a bela e inteligente Emma é um modelo de bondade, que merece ter tudo do jeito que quiser. O restante do triângulo parental de Emma não ajuda a melhorar a visão deturpada que ela tem de si mesma: uma mãe ausente (morta) e uma governanta excessivamente devotada.

E então o infeliz e incorrigível pai envia Emma, aos vinte e um anos, para o mundo, com uma opinião excessivamente alta de si mesma

Emma
JANE AUSTEN

férias, não saber que livros levar nas

PLANEJE ANTES PARA EVITAR COMPRAS APRESSADAS

Não cometa o erro que tantos de nós cometemos, de pensar que você encontrará na livraria do aeroporto o romance perfeito para levar na viagem de férias. Você estará com pressa e terá uma quantidade limitada de opções à escolha — e provavelmente acabará pegando o best-seller mais à mão, ostensivamente em destaque. Não desperdice suas preciosas férias com bobagens. Essa é a oportunidade perfeita para se envolver com algo que o transporte para outra era. Selecione alguma coisa muito agradável de ler e esplêndida, hedonisticamente histórico.

 OS MELHORES LIVROS PARA LER EM UMA REDE

A ilha sob o mar ISABEL ALLENDE
Jack Maggs PETER CAREY
Xógum JAMES CLAVELL
A ilha VICTORIA HISLOP
A pequena ilha ANDREA LEVY
Dissolução C. J. SANSOM
Flor da neve e o leque secreto LISA SEE
Toque de veludo SARAH WATERS
Entre o amor e o pecado KATHLEEN WINSOR

ficção científica, medo de

REPENSE O GÊNERO

Uma das ausências mais comuns na constelação de leituras de uma pessoa que, de modo geral, lê de tudo é o aglomerado de romances que se encaixa sob o título "ficção científica". Por razões não totalmente claras, o termo tem a capacidade de provocar arrepios na espinha. Talvez conjure imagens de alienígenas, naves espaciais e guerras intergalácticas, sem nenhum coração humano no meio. Talvez o leitor que não se interessa por ficção científica não consiga ver como mundos irreais poderiam se relacionar com o mundo do lado de fora de sua porta.

Ou talvez os leitores sejam desestimulados por um termo genérico que não comunica toda a variedade e a qualidade desse gênero. Em vez de ficção científica, pense em ficção "especulativa", como afirma Margaret Atwood: ficção que explora as direções possíveis para a raça humana. Escritores de ficção especulativa fizeram previsões famosas sobre nosso presente: Ray Bradbury, Arthur C. Clarke e John Brunner imaginaram, cinquenta anos atrás, vários dispositivos modernos. Os autores atuais vão prever, e de alguma forma moldar, nosso amanhã — e continuarão a servir como sistema de alerta antecipado. Pense, por exemplo, em como a literatura apontou os perigos da engenharia genética (*Oryx e Crake*), da bioengenharia (*O dia das trífides*) e da engenharia social (*1984*). Se, como leitores, nos considerarmos estudantes do que é ser humano, não deveríamos estar interessados em nosso eu do futuro, do mesmo modo como estamos em nosso eu do passado?

Em vários aspectos, a ficção científica é uma progressão natural dos mundos mágicos que visitamos na infância.* A ficção especulativa abre universos paralelos para os quais podemos escapar e onde conseguimos exercitar nosso amor por todas as coisas além do alcance de nossa vista. Se quiser se fechar para esses mundos especulativos, a responsabilidade é só sua.

---

* Muitos de nós, na verdade, lemos e gostamos de ficção especulativa há anos, mesmo sem saber. Lembra-se daquele romance sobre um homem que podia viajar no tempo e do efeito que isso tinha sobre a esposa dele? Se os editores tivessem escolhido classificar Audrey Niffenegger como uma escritora de ficção científica, milhares de leitores encantados não teriam tocado seu *A mulher do viajante no tempo* nem com um sabre de luz.

OS MELHORES LIVROS DE FICÇÃO CIENTÍFICA PARA INICIANTES

Transcendendo as fronteiras do gênero, estes livros já adquiriram o status de clássicos. Quase sem perceber, você será convertido a admiráveis mundos novos — dentro de si mesmo e na ficção.

O guia do mochileiro das galáxias DOUGLAS ADAMS
O ano do dilúvio MARGARET ATWOOD
O mundo submerso J. G. BALLARD
Neuromancer WILLIAM GIBSON
Admirável mundo novo ALDOUS HUXLEY
Não me abandone jamais KAZUO ISHIGURO
Uma dobra no tempo MADELEINE L'ENGLE
A mão esquerda da escuridão URSULA K. LE GUIN
1984 GEORGE ORWELL
A guerra dos mundos H. G. WELLS
As crisálidas JOHN WYNDHAM

ficção científica, vício em

MAL LIGADO À LEITURA

DESCUBRA O PLANETA TERRA

Você só lê ficção científica. Não há uma única capa de livro em sua casa que não cintile com um brilho alienígena. A ficção científica se tornou um buraco negro, onde você caiu. Embora aplaudamos sua imaginação e sua capacidade de dar saltos mentais com as leis da física, insistimos que aplique essa mente tão bem exercitada em representações artísticas do planeta além da porta da sua casa. Porque há outros universos literários lá fora. Sugerimos que você faça uma viagem por esse território inexplorado.

Comece com *Guerra e paz*, de Tolstói, o grande épico russo que, como *Duna*, de Frank Herbert, percorre três gerações de guerra e política sem nunca perder de vista os indivíduos enredados na roda do destino. Passe para *O jogo das contas de vidro*, de Hermann Hesse, um romance tranquilizadoramente ambientado no século XXIII, mas referente a questões filosóficas e espirituais. Em seguida leia *Sob a pele*, de Michel Faber, um romance transgênero que vai sugá-lo e depois cuspi-lo de volta com um choque poderoso. Permita que *As infernais máquinas de desejo do dr. Hoffman*, a exuberante extravagância de realismo fantástico de Angela Carter, o apresente a máquinas que distorcem a realidade e confundem sua mente. E *A paixão*, de Jeanette Winterson, o qual desafia classificações, o fará querer se aprofundar na ficção que retrata lugares específicos. Daqui é um pequeno passo para todos os outros romances ambientados em partes desconhecidas de nosso próprio planeta. Agora, experimente nossa lista dos melhores livros para curar o desejo de viajar (ver: viajar, desejo de). No fim, você estará oficialmente curado do vício pelo espaço.

e um egocentrismo que só podem lhe trazer sofrimento. Quando compete no amor com a igualmente inteligente, mas empobrecida Jane Fairfax e diz à srta. Bates, tia de Jane, que ela é uma tagarela, Emma não só está sendo indelicada como está quebrando as regras implícitas de adequação social quanto ao tratamento dispensado aos inferiores sociais. Por um tempo, ela se arrisca a perder o respeito de todos na comunidade, o que é uma calamidade para alguém em sua posição. E nós culpamos seu velho e tolo pai. Porque quem melhor para corrigir as falhas de uma criança do que um pai ou uma mãe que a amam independentemente de qualquer coisa? Imagine que pessoa mais justa e mais forte Emma poderia ter se tornado se tivesse sido afetuosamente orientada ao longo dos anos.

Leia atentamente essa história como uma advertência. Papais, não façam isso com suas filhas. E, filhas, cuidado se tiverem um pai cheio de mimos, como o sr. Woodhouse. Se esse for o seu caso, a melhor opção é sair do jogo e mostrar a ele que menina má você pode ser.

filhos, não ter

Terra d'água
GRAHAM SWIFT

Ela
H. RIDER HAGGARD

Pensar nos pontos positivos de não ter filhos é fácil para aqueles que já os têm. Hectares de tempo sem limite para ler livros. Dormir até tarde nas manhãs de domingo. Não ter massinha de modelar ou banana amassada grudada no cabelo. O simples luxo de um pensamento não interrompido, quanto mais um banho.

Mas, quando você tem esse espaço vago na vida, o luxo de fazer o que quiser com seu tempo pode não ter a mesma atração. E, para aqueles que gostariam de ter tido filhos, mas, por razões práticas ou clínicas, não puderam ter, a ausência de um filho pode trazer sentimentos agudos de perda e dor. Certamente, é isso que acontece com Mary, a esposa do professor de história Tom Crick no magistral *Terra d'água*, de Graham Swift, cujo aborto malfeito nas mãos de uma suposta bruxa, quando ela tinha apenas dezesseis anos, leva-a à subsequente infertilidade. Por vários anos, o casal parece viver bem sem filhos, mas, aos cinquenta e três anos de idade, Mary choca a todos quando rapta um bebê deixado no carrinho junto à catraca de entrada do supermercado.

O excêntrico romance de Swift serpenteia como uma enguia por entre várias gerações de Cricks e Atkinsons, nos pantanosos Fens no leste da Inglaterra, criando no processo um magnífico retrato de como as pessoas são tão moldadas pela paisagem de onde vieram que seu destino já está escrito no barro de que são feitas. Esse é um lugar de planuras "invariáveis e monótonas", onde, como os rios assoreados, os espíritos se tornam "morosos" de fleuma, "apesar das quantidades disso que cuspiam para fora", e a melancolia e seus acompanhamentos — suicídio, bebida, loucura, atos de violência — são inevitáveis. Mary, ao que parece, não consegue escapar de suas origens. Como Tom Crick pergunta a seus alunos, às vésperas da aposentadoria forçada após a vergonhosa prisão da esposa: "Como adquirir, em uma paisagem plana, o tônico dos sentimentos elevados?"

Claro que não se pode mudar o passado. Mas pode-se mudar a visão que se tem do presente e do futuro. A mensagem a tirar desse romance é que, ao contrário de Mary, podemos escolher nos libertar do que imaginamos que nossa vida seria. Se as coisas não saíram do jeito que você achou que sairiam, não fique, como Mary, mergulhado em ideias preconcebidas. Esse é o caminho da insanidade. Comece de novo. Seja outra pessoa. (Ver: mudança, resistência a.)

É com essa finalidade que lhe oferecemos uma perspectiva arrebatadoramente positiva sobre a falta de filhos, na forma de *Ela*, de H. Rider Haggard, uma fantástica história do século XIX sobre uma rainha branca que governava um reino perdido em uma terra não descoberta da África. Ela, ou Ayesha para os amigos, usa os anos que passou sem filhos para se tornar uma deusa entre os homens. Não só não perde a beleza como consegue permanecer viva por dois mil anos. Com todo esse tempo para investir na carreira, é verdade que ela se torna um tanto megalomaníaca. Conhecida como Ela-que-deve--ser-obedecida, Ayesha desenvolve ao máximo sua sede de conhecimento e acaba retendo todos os enigmas do universo na ponta dos dedos.

Ela e a continuação, *Ayesha: a volta de Ela*, são aventuras régias e leituras muito divertidas — e não ter interrupções constantes de uma prole só ajuda a desfrutá-los mais. Deixe que esses dois livros vigorosos lhe mostrem como aproveitar a vida sem filhos e usar seu tempo e sua energia para desenvolver outras qualidades: sabedoria, sucesso mundano e desejabilidade eterna, para começar. O que mais você pode acrescentar à lista?

VER TAMBÉM: **anseio geral** • **filhos, pressão para ter** • **ninho vazio, síndrome do** • **paternidade, medo da**

filhos, pressão para ter

Precisamos falar sobre o Kevin
LIONEL SHRIVER

Se você está cansado de justificar por que não tem filhos; se está feliz com sua vida como ela é e não quer estragar as coisas; se acha que o mundo já tem gente suficiente; se sabe que seria um pai ou mãe ruim; se gosta de suas noites sem interrupção e de seu sofá creme sem manchas de dedos, então, da próxima vez que alguém lhe perguntar quando vai ouvir o barulho de pezinhos correndo pela casa, envie-lhe esse livro de presente de Natal. A pessoa nunca mais vai lhe perguntar sobre isso.

VER TAMBÉM: **filhos, não ter • trinta anos, ter**

filhos, sentir falta dos

VER: **ninho vazio, síndrome do**

filhos, ter

VER: **barulho, excesso de • falência • família, conviver com a • filhos demais solicitando atenção • mãe/pai solteiro, ser • maternidade • ocupado, ser muito • ocupado demais para ler • paternidade**

flatulência

Uma confraria de tolos
JOHN KENNEDY TOOLE

Se você tem tendência a sofrer de gases excessivos que levam a arrotos ou flatulência — ou, valha-nos Deus, a ambos —, sem dúvida terá uma grande sensação de camaradagem e solidariedade com o extremamente instruído, mas seriamente desleixado Ignatius J. Reilly. O herói de trinta anos do romance de publicação póstuma de John Kennedy Toole, *Uma confraria de tolos*, é atormentado por tantos problemas gastrointestinais calamitosos que vive inchando a proporções gigantescas e balançando de costas na cama, para tentar liberar a "válvula pilórica"* e, assim, as bolsas de ar que se deslocam dentro de seu estômago em "grandes fúrias gasosas". Quando sua mãe, com quem ele ainda mora (e que, por acaso, também solta seus próprios arrotos), reclama do fedor horrível em seu quarto, Ignatius diz que acha o aroma de suas próprias emissões "reconfortante". "Schiller

---

* O anel muscular que permite a passagem da comida do estômago para o duodeno.

filhos demais solicitando atenção

ESTABELEÇA UMA HORA DE LEITURA

Se você é como a velha senhora que morava em um sapato com um bando de filhos a seus pés pedindo amor, comida e limpeza, a única opção real é fazer como os vitorianos e estabelecer uma hora de silêncio depois do almoço, quando todos leem um livro. Se os pirralhos forem muito pequenos para ler sozinhos, arrume para eles um audiolivro. Durante a hora de leitura (ou audição), ninguém pode fazer barulho, a não ser para rir ou chorar com as palavras escritas (ou faladas). Quando o tempo chegar ao fim, eles poderão pedir sua atenção outra vez — e vocês podem se divertir contando uns aos outros sobre o que leram (ou ouviram). Você talvez se surpreenda com quanto esse momento vai se tornar apreciado. Se uma hora parecer demais para seus filhos, tentem ler juntos em voz alta. Compartilhar com os filhos um livro que você adora, em particular junto a uma lareira ou fogueira, provavelmente é a maneira mais idílica que conhecemos de passar um tempo tranquilo juntos.

precisava do cheiro de maçãs apodrecendo em sua mesa para conseguir escrever", ressalta ele. "Eu também tenho minhas necessidades."

De acordo com Ignatius, os gases têm várias causas: a maneira errática de sua mãe dirigir, a ausência de uma "geometria e teologia adequadas" no mundo moderno e ficar na cama de manhã "contemplando o infeliz rumo tomado pelos acontecimentos desde a Reforma". (Não é surpresa que a mãe, em desespero com o estilo preguiçoso de vida do filho, viva insistindo que ele arrume um emprego.) De acordo com sua namorada, Myrna Minkoff (uma garota tagarela do Bronx que ele conheceu na faculdade), o problema é ficar deitado no quarto se sentindo um fracasso (se isso lhe parece familiar, veja também "cama, incapacidade de sair da", "letargia" e "fracasso, sentir-se um"). "A válvula fecha porque acha que está vivendo em um organismo morto", ela lhe diz. "Abra seu coração, Ignatius, e também abrirá sua válvula."

É impossível — a menos que você seja Ignatius — ignorar o papel da dieta na geração de todo esse gás. Ignatius adora um refrigerante chamado Dr Nut e cachorro-quente: ele trabalha por um tempo como vendedor de cachorro-quente e come bem mais do que vende. Em um ponto, ele emite "o gás de uma dúzia de brownies".

Sugerimos que outros sofredores desse mal se permitam andar na companhia de Ignatius apenas pela duração desse livro. Depois disso, devem evitar comidas processadas e gordurosas, parar de ficar jogados pela casa e ir procurar um emprego decente — *não* como vendedores de cachorro-quente.

VER TAMBÉM: **acusado, ser**

fobia

VER: **agorafobia • claustrofobia • homofobia • xenofobia**

fome

Fome
KNUT HAMSUN

Naqueles dias em que você vagueia esfomeado por uma cidade estranha, dessas que ninguém deixa antes que ela o tenha marcado; em que você reflete, por força do hábito, se tem algo a esperar para esse dia; e em que você percebe que não tem uma única coroa no bolso, procure Knut Hamsun e se sentirá tão energizado por esse romance que conseguirá ver tudo em nítidos e perfeitos detalhes e não terá dúvida de que é necessário satisfazer o mero apetite do corpo, mas que a nobreza da mente é incalculavelmente mais importante. Se ao menos você pudesse se sentar e escrever um tratado sobre filosofia, um artigo em três partes que pudesse vender para o jornal por, provavelmente, dez coroas; se você se sentar e escrever agora em um banco de parque ao sol, terá dinheiro para comprar uma refeição decente. Ou, alternativamente, penhore seu terno, seu colete, por uma coroa e cinquenta *ore*. Só tome cuidado para não deixar o lápis no bolso, como o herói sem nome do romance de Hamsun fez, porque, nesse caso, nunca poderá escrever seu artigo, o qual não só lhe trará dinheiro como também ajudará os jovens da cidade a viver de maneira melhor. Você só vai penhorar o terno, claro, porque está ficando um pouco justo, e o pegará de volta em alguns dias, quando seu artigo for publicado. Então poderá dar algumas coroas para o homem na rua com um embrulho nas mãos, que não come há muitos, muitos dias e que fez você chorar porque não pôde dar a ele uma moeda de cinco coroas. É verdade que você também não comeu, e seu estômago não suportará mais alimentos normais, porque está vazio há muito tempo. Mas não esqueça que você deu para a vendedora de bolos aquela nota de dez coroas que achava que não era sua de direito, você enfiou nas mãos dela, e ela nem entendeu o motivo, e talvez agora você possa ir até a barraca dela e lhe pedir alguns bolos que já foram pagos por conta, por assim dizer. A polícia poderia recolher você, por estar vagando a altas horas da noite sem lugar para ficar, mas o que você poderia desejar de melhor do que uma cela limpa e seca? A polícia acredita, claro, que você é realmente um homem de bom caráter e princípios, que apenas ficou trancado para fora de casa e tem muito dinheiro lá dentro. Você pode usar essa experiência e escrever sobre ela no próximo artigo que vender ao jornal, e talvez até ganhar quinze coroas; e, claro, há também a sua peça, aquela em que só falta fechar o renitente último ato; se ela for publicada, você nunca mais vai ter de se preocupar com dinheiro. Antes disso, você chegará à alegre insanidade que a fome traz, e estará vazio e livre de dor.

fora, levar um

VER: **apetite, perda de** • **chorar, necessidade de** • **coração partido** • **insônia** • **mal de amor** • **pensamentos assassinos** • **raiva** • **rompimento** • **tristeza**

fracasso, sentir-se um

As aventuras de Mr. Polly
H. G. WELLS

Então você se sente um fracasso. Talvez seu passado esteja cheio de iniciativas abandonadas. Talvez você sinta que tudo em que toca dá errado. Sua própria previsão de fracasso acaba se tornando realidade — embora o medo do fracasso às vezes o faça nem sequer começar. Você anda de cabeça baixa, ombros caídos. É a imagem da falta de sucesso. Se essa descrição parece se encaixar em você, é hora de conhecer a criação mais encantadora de H. G. Wells, o malsucedido Mr. Polly.

Quando encontramos Mr. Polly, ele está sentado em um degrau perto de sua casa, na fictícia Fishbourne, Kent, reclamando que está preso em um "uraco!" — um "bestialmente idiota bafo de buraco". Dado a misturar palavras de um jeito peculiar ("Está vendo? Vou me escafunder, está vendo? Ei Presto agora mesmo"), o que é parte de seu charme, Mr. Polly vive em permanente estado de indigestão causado tanto por sua autoimagem negativa como pela dieta duvidosa. Tendo sucumbido à "comercialidade lascilvagem" de manter uma loja de tapeçarias pelos últimos quinze anos, ele ficou gordo, careca e quarentão. Percebendo que passou a vida "em companhia apática e debilmente hostil e crítica, feia em detalhes e medíocre em alcance" — e essa companhia inclui sua esposa —, ele está desconsolado o suficiente para fazer um seguro de vida que garanta uma existência confortável para a esposa. E planeja se matar (ver: meia-idade, crise da).

Quis o destino que sua tentativa de suicídio desse tão esplendidamente errado que ele acaba se sentindo — não, não um fracasso (embora você provavelmente fosse se sentir assim) — mais vivo do que nunca. Dando-se finalmente conta de que Fishbourne não é "o mundo", ele sai para a estrada e segue vagamente em direção ao mar. Caminhando de oito a nove horas por dia, dormindo em hospedarias rurais e ocasionalmente em campos iluminados pela lua, Mr. Polly chega a Potwell Inn. Abrigada sob as árvores, em uma curva de rio e cercada por malvas-rosa, uma mesa de piquenique na frente e uma campina de botões-de-ouro atrás, essa hospedaria parece uma visão da perfeição. E mais ainda por ser habitada pela Dama Roliça, tão maravilhosamente "firme, rosada e saudável" que parece repleta de infinita autoconfiança e bondade. Ambos percebem, quase de imediato, que são "o tipo um do outro". E, assim, Mr. Polly encontra seu reino — ou teria encontrado, se não fosse por um único obstáculo em seu caminho.

Leia o romance e descubra se Mr. Polly completa sua transformação de fracassado a protagonista de uma história de sucesso. Nosso palpite é que, no fim, sua sensação de inevitabilidade do fracasso, para si mesmo e para Mr. Polly, terá se "escafundido" no ar. Mire-se em Mr. Polly. Dê uma reviravolta em seus supostos fracassos. Levante a cabeça. Depois saia decidido em busca de seu próprio Potwell Inn.*

VER TAMBÉM: **autoestima baixa** • **desistir no meio, tendência a**

fumar, parar de

Fumar, atualmente, não é de fato uma opção; despojado finalmente de seu último lampejo de glamour, é agora ruim para você de todas as maneiras concebíveis. Mas isso não faz com que seja mais fácil deixar de fumar. Um bom livro pode ser tão eficiente quanto um adesivo de nicotina, em termos de injetar um estímulo — veja nossa lista dos melhores livros para largar um vício de vez. Mas não tente largar os cigarros sem a ajuda dos dois romances a seguir. O primeiro permite que você se delicie com os acessórios do ato de fumar sem tragar de verdade. O segundo lhe dá um curto e certeiro soco no tórax, que o fará desistir para sempre de destruir seus pulmões.

Colocar A natureza-morta e o Pica-Pau no bolso quase certamente lhe causará emoção, já que um dos elementos da capa é a imitação de um maço de Camel. A justificativa do editor do original americano para essa apropriação descarada da marca é que a heroína, a ruiva princesa Leigh-Cheri, medita sobre as pirâmides e palmeiras icônicas do maço de Camel por incontáveis horas, enquanto seu namorado fora da lei, Bernard Mickey "Pica-Pau" Wrangle, está na prisão — e a única companhia dele também é um maço de cigarros Camel, idêntico ao dela. Como ela sente que a conexão psicológica entre eles é facilitada pelo ícone compartilhado, decide que não pode fumar os cigarros, porque abrir o maço seria destruir seu mundo imaginário. "Uma realidade externa bem-sucedida depende de uma visão inter-

A natureza-morta e o Pica-Pau
TOM ROBBINS

Manicômio
PATRICK McGRATH

---

* Mas não se mire tanto em Mr. Polly a ponto de tentar seu próprio golpe de suicídio e seguro de vida. Mr. Polly só sobreviveu por acaso, e tais eventualidades não acontecem com frequência, nem na ficção, nem na realidade.

na deixada intacta", ela reflete, mas viaja de camelo com os mercadores, beduínos e xeiques que encontra no deserto além do maço. Por meio das meditações dela, o leitor aprende, assim, fatos fascinantes sobre pirâmides, ruivas e o propósito da lua, além de ponderar sobre a sabedoria inata de objetos inanimados.

Mais para o fim do romance, Leigh-Cheri e Pica-Pau Mickey Wrangle ficam presos em uma legítima pirâmide recém-construída, acreditando que estão emparedados ali para sempre, sem nada para comer e beber além de bolo de casamento e champanhe. Eles fazem uso da experiência de Mickey com pólvora e compartilham uma alucinação conjunta em que caem dentro de outro maço de Camel. Isso é tão mais divertido que fumar de fato um cigarro que você ficará contente de ser um livro que está produzindo o volume em seu bolso traseiro, e não um maço verdadeiro de Camel.

Manicômio é um romance que vai lhe tirar o fôlego, comprimir seus pulmões e apertar sua garganta em um momento de insuportável horror. Se você ainda não tiver conseguido largar o hábito, isso o convencerá da necessidade. A ação gira em torno de Stella Raphael, cujo marido é psiquiatra forense em um hospital psiquiátrico. É 1959, e o manicômio é uma instalação de segurança máxima em uma antiga prisão vitoriana — longe o suficiente de Londres para que Stella se sinta isolada e ligeiramente deprimida com sua nova vida. Ela começa a ter um caso com Edgar Stark, um paciente atraente, charmoso, inteligente e culto, mas que se sabe ter tido episódios de violência. Stella escolhe ignorar o sadismo latente dele.

Quando consegue voltar a Londres, Edgar encontra um estúdio onde pode trabalhar em seus obsessivos e extraordinários bustos de argila. Pressentimos perigo, conforme seu comportamento vai se tornando mais errático. Mas Stella é atraída cada vez mais para o sombrio mundo interior do amante. Para lidar com a situação, ela fuma quase constantemente, pontuando seus dias com longas e profundas tragadas em seus cigarros.

Chega um momento na história em que Stella está em seu ponto mais baixo. E um dia, quando seu filho Charlie a convence a acompanhá-lo em um passeio da escola, algo aterrador acontece. Stella poderia ter agido, mas, em um momento vital, ela desvia os olhos, a atenção focada inteiramente no cigarro. "Com uma das mãos, ela segurou o cotovelo enquanto o braço subia direto e rígido até a boca. Virou a cabeça para o lado, novamente levou o cigarro aos lábios e tragou, cada movimento preciso, separado e controlado."

É esse momento, com seu calafrio terrível, que fará você apagar seu último cigarro, esmagando-o resolutamente no chão.

VER TAMBÉM: **ansiedade • fome • irritabilidade • mau humor • vício, largar de vez**

fúria no trânsito

Em vez de saltar do carro para agredir o motorista incompetente do carro à frente, tenha um bom romance em seu aparelho de som — alguns irritadiços, alegres, extravagantes, para dissipar ou desviar sua fúria; outros que convidem à meditação silenciosa e à reflexão.

VER TAMBÉM: **raiva • violência, medo de**

G

ganância

A pérola
JOHN STEINBECK

O desejo de ter mais do que se precisa — mais dinheiro, mais posses, mais poder — é uma predileção estranha. Pois qual é a finalidade de adquirir, colecionar, juntar? Se você não precisa, como vai usar? O excesso de posses pode ser tão incômodo quanto o excesso de peso; e ter mais dinheiro no banco do que se sabe o que fazer com ele estragará o prazer de trabalhar e poupar por uma meta duramente conquistada. Além disso, quanto é o suficiente? Pois a ganância não conhece fim e, quando se torna insaciável, levando a acúmulo, roubo e trapaça, sabemos que nos perdemos em uma busca sem sentido.

Steinbeck demonstra o poder da ganância de destruir uma família simples em sua história alegórica *A pérola*. Kino e Juana têm o que ele retrata como a vida perfeita: moram em uma casa modesta junto ao mar, onde Kino ganha a vida mergulhando à procura de pérolas. Um dia, seu filho bebê, Coyotito, é picado por um escorpião e fica perigosamente doente. Sem condições de pagar por tratamento médico, Juana reza para Kino encontrar uma pérola de grande valor, para que o filho deles possa viver. Miraculosamente, Kino acha exatamente a pérola de suas orações. Agora, eles não só podem pagar um médico para Coyotito como também podem lhe dar educação. Mas nem bem a pérola vem para as mãos de Kino e seu mundo começa a desmoronar. Outras pessoas ouvem sobre a pérola e a querem para si. Kino logo fará qualquer coisa para protegê-la. Sua esposa vê imediatamente o potencial de problemas e tenta convencer Kino a jogar a pérola de volta ao mar. Mas ele não quer se desfazer de seu sonho de riqueza. Eles acabam sendo obrigados a sair da aldeia e logo perderão mais do que imaginam.

Deixe Juana ser sua mentora, representando o modo mais sensato de encarar a possibilidade de uma riqueza inesperada. Se você deixar que a ganância crie raízes em seu íntimo, ela se apoderará de sua vida. Nenhum bem vem da avareza — mas muito vem de manter a integridade moral.

VER TAMBÉM: egoísmo • gula • vender a alma

gases, excesso de
VER: flatulência

gênio, ser um
VER: inteligente, ser excepcionalmente

gosto, mau

Se você tem mau gosto, não fique envergonhado. Talvez isso aconteça porque você passou a vida fazendo algo prático, científico — ou bom. Gênios do computador são conhecidos por usar suéteres feios. Jogadores de futebol moram em casas arquitetonicamente horrorosas. Pessoas santas não pensam no próprio penteado. Mas, caso você deseje acesso ao mundo sagrado das artes, talvez queira dar a seus olhos uma educação estética. A literatura sugere que nunca é tarde demais para aprender. Muitas pessoas sem nenhuma formação artística aprenderam a se vestir de acordo com a elegância da época e a fingir bom gosto mesmo sem possuí-lo. Veja o exemplo de Julien Sorel em O vermelho e o negro, de Stendhal. Como filho de um carpinteiro, ele sabe pouco do mundo da alta arte. Por sorte, porém, é abençoado com uma sensibilidade naturalmente refinada e, quando se encontra com a beleza, ele desmaia. Com um pouco da ajuda de livros e de uma memória fotográfica, ele impressiona imensamente seus patrões quando se torna tutor de uma família elegante e começa a conviver com a elite aristocrática.

É interessante notar que a literatura não associa muito frequentemente sensibilidade estética a sucesso mundano — e A linha da beleza não é exceção. Nick Guest é um esteta solteiro com gosto pela alta vida, mas não dispõe dos recursos para alcançá-la. Ele se torna inquilino na casa do deputado Gerald Fedden, pai de seu melhor amigo da universidade. A mansão vitoriana é cheia de objets d'art belos

A linha da beleza
ALAN HOLLINGHURST

e desejáveis, mas, como Hollinghurst adora deixar claro, a família trata a arte mais como um símbolo de riqueza e poder, porém não tem exatamente bom gosto inato. Enquanto procura uma maneira de sobreviver nesse mundo de pessoas mais ricas do que ele jamais pôde esperar ser, e conclui sem muito entusiasmo um doutorado sobre Henry James, Nick gravita em torno do status — e da beleza física — de Wani Ouradi, um jovem milionário que ele conhece em uma das festas dos Fedden (ver: alpinista social, ser).

Logo ele e Wani, filho de um magnata libanês do ramo dos supermercados, começam a planejar o lançamento de uma revista com pretensões artísticas. Seu nome será *Ogee*, ou ogiva, inspirado na curva em forma de S encontrada em muitos padrões artísticos de beleza, como a arquitetura islâmica e gótica e os relógios germânicos. (Hogarth a chamou de "linha da beleza", daí o título do livro.) Para Nick, essa linha é mais sensualmente expressa na curvatura das costas de um jovem, no ponto em que se unem às nádegas. As coisas começam a dar errado quando as inclinações sexuais de vários personagens são expostas, com repercussões cataclísmicas para Gerald Fedden. E, embora Nick, o estranho no ninho, tenha participação na queda de Fedden, sua sensibilidade estética genuína acaba por redimi-lo. Quando você estiver lendo esse romance, ouvindo Nick atentamente enquanto ele fala de forma lírica sobre música e arte para os membros menos finamente sintonizados de seu meio, sua própria sensibilidade se abrirá como uma margarida ao sol. Não é que a gente queira que você jogue fora seu suéter velho, mas pode começar a apreciar a curva sinuosa da beleza — nas artes, na música e, talvez, nas costas de seu parceiro.

gravidez

Uma dança para a música do tempo
ANTHONY POWELL

Meninas, é uma viagem e tanto. Em um momento, você é independente e despreocupada, com apenas coisas corriqueiras para resolver — de que cor pintar seu cabelo, ir para a Mongólia ou para Milão em sua próxima grande viagem, depilar com cera ou gilete — e, no momento seguinte, está estourando seu skinny jeans, tendo de dormir com um travesseiro entre os joelhos e lendo livros que lhe dizem para colocar folhas de repolho dentro do sutiã.

Enquanto seus ligamentos se afrouxam e distendem e seu sangue é desviado para várias tarefas complexas de criação interna, sugerimos que aproveite ao máximo seu cérebro antes que o processo completo de "mamãeficação" se instale. Ignore o canto da sereia de sua casa para ser redecorada. Explore seu estado aproveitando esse momento para ler. Porque a gravidez é uma chance real de se dedicar a algo longo e envolvente, algo que, nos anos por vir, definirá esse período de espera em sua vida. E nada pode ser melhor, enquanto você contempla seus próprios passos na dança do tempo atual, que o ciclo de doze romances de Anthony Powell, *Uma dança para a música do tempo*.

Inspirada pelo quadro de mesmo nome de Nicolas Poussin, a saga de Powell acompanha seu narrador, Nicholas Jenkins, dos tempos de escola, durante a Primeira Guerra Mundial, até a década de 70, de modo que, além de percorrer o curso de uma vida, ela é o retrato de um século. Casamento, infidelidade, voyeurismo e mesmo necrofilia constam do pacote, mas a criatividade é o tema unificador — conforme Moreland compõe, Barnby pinta e Trapnel e o narrador escrevem. Empilhe os doze romances ao lado da cama e devore-os um a um enquanto nutre a vida que cresce dentro de si. Você gostará de se perder nesse mundo boêmio, na companhia de pessoas cheias de estilo, e estará pronta para começar uma nova dança você mesma.

VER TAMBÉM: **cama, incapacidade de sair da • cansaço e sensibilidade excessiva • costas, dor nas • maternidade • náusea**

gripe

Algo que nenhum médico ou pesquisador científico notou, ou mesmo estudou, é a seguinte estranha coincidência: o momento em que um paciente de gripe começa a ler um romance de Agatha Christie (e nosso favorito é *O assassinato de Roger Ackroyd*, a história de mistério de Poirot que confirmou o gênio de Christie como autora de ficção de detetive) marca o início de sua recuperação.

O assassinato de Roger Ackroyd
AGATHA CHRISTIE

Se a correlação for mais que mera coincidência, só podemos especular, clinicamente falando, quanto ao que talvez esteja acontecendo. Talvez, como peixes que não conseguem recusar uma isca, nossa curiosidade inata para descobrir o criminoso seja mais forte que a necessidade de chafurdar em nosso sofrimento gripal.* Dores,

---

* A menos que você tenha uma variedade muito mais séria de gripe, conhecida como gripe masculina; nesse caso, é o contrário. Ver: gripe masculina.

calafrios, febre, dor de garganta, nariz escorrendo — isso não é nada comparado à determinação de descobrir o culpado *antes* de Poirot.* Talvez o grau de energia mental necessário para acompanhar e tentar resolver um mistério de Agatha Christie seja exatamente a dose certa para revigorar suas células cinzentas adoentadas sem sobrecarregá--las indevidamente — como se você tivesse feito nelas uma massagem leve e curativa em vez de mandá-las correr dez quilômetros.

Sejam quais forem as razões, essa é a nossa prescrição. Recoste--se confortavelmente em travesseiros. O trabalho de mestre de Poirot — aquele "sujeitinho detestável, bombástico, cansativo e egocêntrico" (palavras de Christie) — começou.**

VER TAMBÉM: **apetite, perda de** • **cabeça, dor de** • **dor, sentir** • **esgotamento** • **gripe masculina** • **náusea** • **resfriado**

gripe masculina

Os miseráveis
VICTOR HUGO

Infinitamente pior que a gripe comum, e que não deve ser confundida com resfriado (o que é difícil, porque os sintomas são idênticos), a gripe masculina é uma doença sofrida não só pela vítima, mas por todos os envolvidos. O descanso na cama é essencial, e o paciente — na verdade, a palavra *vítima* provavelmente é mais adequada — precisará de muita atenção. A vítima deve ser apoiada em travesseiros macios, com xícaras de chá, garrafas térmicas de água quente, refeições em bandejas, uma tevê com controle remoto e mensagens de apoio e comiseração de familiares e amigos levadas a ele*** regularmente; e os visitantes que forem a seu quarto devem ter muito cuidado com as conversas, a fim de manter o assunto em torno da vítima e de seu sofrimento. Não se aventure em temas referentes ao mundo exterior ou mesmo à esfera doméstica (tarefas e responsabilidades familiares), porque isso agitará a vítima e a impedirá de se focar no próprio sofrimento e, assim, começar a longa jornada de volta à saúde plena.

Nossa "cura" — e esta é uma das ocasiões neste livro em que devemos usar o termo mais frouxamente — é uma edição em dois vo-

---

* Esqueça. Você nunca descobre.
** Se essa cura funcionar, isso prova que você, na verdade, não tinha gripe, apenas um resfriado forte. Ver: resfriado. A busca por uma cura literária para a gripe prossegue.
*** Os cientistas não sabem explicar por que esse mal só afeta os homens, mas é assim.

lumes do clássico de tormento e sofrimento humano de Victor Hugo, *Os miseráveis*. Seu paciente talvez se considere doente demais para a aplicação de uma cura pelo romance, e é possível que lhe peça para procurar neste livro o verbete referente à morte. Mas é importante ter mão firme para administrar esse remédio, mesmo com a resistência dele. Garantimos a ambos, você e ele, que em poucas páginas ele terá se perdido completamente nos infortúnios de Jean Valjean e Fantine, Cosette e monsieur Marius, Eponine e o inspetor de polícia Javert, reconhecendo o próprio sofrimento no deles e extraindo grande conforto disso como resultado.

Devido a sua grande extensão, totalizando mais de mil páginas, ler *Os miseráveis* pode, a princípio, parecer um castigo. Na verdade, ajudará a vítima a encontrar paciência e estoicismo para suportar sua inatividade forçada — pois sabe-se que os casos mais perniciosos de gripe masculina podem incapacitar as vítimas por até uma semana. Os responsáveis por cuidar da vítima, um trabalho que exige vinte e quatro horas por dia, perceberão que ela ficará menos falante enquanto recebe a cura, dando assim a todos a oportunidade de se recuperar e de mergulhar dentro de si em busca de suprimentos inesgotáveis de amor e solidariedade. Nos casos mais efetivos, a cura pode mesmo permitir que o sofredor esqueça completamente os sintomas e produzir o retorno do bom humor, da vivacidade e do prazer pela vida — até mesmo do interesse pelos outros —, que parecerá bastante miraculoso quando ocorrer. Pois *Os miseráveis* é tão envolvente quanto as melhores novelas de televisão e tão nutritivo quanto canja de galinha. (Na verdade, soubemos de casos em que os cuidadores acabaram pegando o romance curativo para si mesmos e deixaram o paciente indefeso apenas com a tevê!)

Se o paciente não terminar a medicação antes de se recuperar, nada de pânico. Aqueles propensos à gripe masculina podem sofrer recorrências da doença a intervalos regulares ao longo da vida, e uma dose inacabada do remédio é algo útil para se ter à mão. Por estar mais familiarizado com o tratamento, o paciente terá mais chances de ser receptivo a ele e provavelmente concordará em recebê-lo assim que os sintomas reaparecerem, o que é uma condição benéfica para todos.

VER TAMBÉM: **hipocondria** • **morte** • **resfriado**

guarda de trânsito, ser

VER: **ninguém gosta de você**

gula

Gula
JOHN LANCHESTER

A palavra "glutão", derivada do latim *gluttire*, significa engolir. Ela se traduz em linguagem moderna por satisfação desmedida do desejo e consumo excessivo de comida, bebida e outros artigos consumíveis, até o ponto da extravagância ou do desperdício. Em outras palavras, ser um comilão insaciável. Se a gula for seu mal, delicie-se com esse saboroso romance antes de se sentar para comer. (Se o comilão for um amigo, deixe o livro no prato dele e sirva o jantar mais tarde.)

A cura que ele produz lhe será servida em três pratos, como se segue.

Para a entrada: esse livro é impossível de engolir depressa e vai adiar a deglutição de seu jantar, talvez indefinidamente. Tarquin, o narrador, expressa seus pensamentos tão precisamente, com tanto prazer ante as próprias palavras, que você vai querer ler cada parágrafo duas vezes e depois copiá-lo em seu diário de leituras para ruminá-lo, como faria com um pedaço de fígado de vitela. Leia não só antes de comer, mas também entre os pratos, para tornar a refeição mais lenta. Pode até se levantar da mesa e experimentar fazer uma das receitas que ele contém (blínis, omelete e cordeiro pré-salgado, para citar algumas). Pois esse romance, como essa parte de sua cura, é uma quase eternal digressão, que usa receitas como desculpa para lembrar, filosofar e dar pistas de onde estamos de fato indo com toda essa história sinuosa.

Para o prato principal: o prolongado prazer que Tarquin experimenta em cada ingrediente lhe ensinará como saborear, em vez de enfiar goela adentro. Cada comestível com que você se depara revela uma surpresa. Pêssegos, por exemplo, fazem Tarquin se lembrar de seu irmão, Bartholemew, não só porque eles passaram um verão se deliciando com essa fruta de pelugem delicada, com um prazer infantil, mas porque, aos seis anos de idade, nosso entusiasta por culinária não pôde resistir a uma experiência de confecção de geleia de pêssegos, com caroço e tudo, liberando acidentalmente o cianeto contido no caroço, o que provocou um caso quase fatal de envenenamento.

E para a sobremesa: não há sobremesa, afinal. Desculpe. Porque, a essa altura, você já deve estar com a incômoda sensação de que há algo sinistro acontecendo — e de que precisa ficar de olho em suas medidas (ou veja "obesidade").

Esse romance lhe ensinará a saborear mais, porém comer menos, e a procurar saber a origem exata de cada ingrediente antes que ele chegue a seu estômago.

VER TAMBÉM: **dente, dor de** • **flatulência** • **obesidade**

H

hipocondria

O jardim secreto
FRANCES HODGSON
BURNETT

Ler *O jardim secreto* serve como um lembrete educado de que muitos de nossos males são, na verdade, fictícios.

O jovem Colin, confinado em seu quarto desde o nascimento, está convencido de que há um caroço em suas costas que um dia vai crescer, o deixará corcunda e causará sua morte prematura. Claro que não há caroço nenhum, a menos que se contem as vértebras em sua coluna. Seus cuidadores o estimularam a acreditar que ele é deformado, fadado a não crescer e virar adulto, e que o ar fresco é um veneno para seu sangue. Mary, sua prima mimada, tão capaz quanto ele de ter acessos de cólera e de dar ordens aos outros, não acredita em nada disso. Sendo a única pessoa com coragem suficiente para dizer a Colin que não há nada de errado com ele, Mary contrapõe a raiva do menino por seu suposto destino trágico à própria irritação pela inércia do primo. Só uma garotinha decidida e totalmente determinada a trazer à vida o seu jardim secreto consegue estourar a bolha de terror de Colin e lhe mostrar a verdade.

A paixão de Mary pelo jardim atrai Colin de seu quarto de doente para o mundo de flores e pássaros — um mundo também habitado pelo sardento e irresistível Dickon, a quintessência da saúde. Deixe que esse romance o atraia para fora da cama, a fim de descobrir seu próprio jardim secreto, talvez até seu próprio Dickon e um retorno glorioso à saúde perfeita.

VER TAMBÉM: **ansiedade** • **gripe masculina** • **morte** • **resfriado**

homofobia

Não faz muito tempo, a sociedade queria "curar" os homens homossexuais de sua orientação sexual, vendo-a como uma aberração, uma perversão, uma doença (e mais ou menos esquecida das mulheres homossexuais, ou talvez preferindo ignorá-las). Felizmente, em anos recentes a homofobia vem substituindo a homossexualidade como elemento inaceitável na sociedade. Mas ela persiste, e muito — e nossa contribuição para curar aqueles que ainda abrigam preconceito sexual, seja abertamente ou nos recessos sombrios do coração, é uma prescrição para ler ou reler *Maurice*, talvez o primeiro romance homossexual dos tempos modernos.

Maurice
E. M. FORSTER

É impossível não se emocionar com essa história de amor entre dois homens, desde os primeiros sentimentos no coração de Maurice, quando conhece Clive Durham em Cambridge, à sua recusa inicial — para si mesmo e para Clive — desse amor, apesar de haver uma ligação terna e um suave erotismo quando eles se tocam, e ao momento em que ele finalmente muda do ódio direcionado a si mesmo para uma fúria voltada contra o mundo que não permite que ele e suas emoções mais profundas sejam "normais". Em *Maurice*, não há praticamente nenhum exemplo de atitudes esclarecidas além do próprio Maurice. Clive, que foi quem primeiro possibilitou seu amor, torna-se o pior opressor de todos.

Leia e se arrepie (porque, sim, os primeiros momentos entre Maurice e Clive trazem uma carga erótica também para homens e mulheres heterossexuais). Participe da triste alegria de Maurice ao superar a própria hipocrisia, depois de ter negado e humilhado Clive. Arda com a fúria de Maurice contra a sociedade em que ele tem de viver com "as palavras erradas nos lábios e os desejos errados no coração". Sofra com Maurice pela devastadora solidão que o toma quando Clive finalmente o rejeita com repulsa. E agradeça por não vivermos mais em um tempo (1913) em que um escritor da estatura de Forster julgou necessário esperar até depois de sua morte para publicar um romance do qual se orgulhava, sabendo que o retrato de um amor genuíno que traçara desafiava uma abominável lei.

VER TAMBÉM: **julgamentos, fazer** • **ódio**

hormônios à flor da pele

VER: **adolescência** • **adolescente, ser** • **cansaço e sensibilidade excessiva** • **chorar, necessidade de** • **gravidez** • **menopausa** • **TPM**

hospital, estar no

Quando estamos no hospital, desejamos o tratamento carinhoso de anjos — e uma fuga para qualquer lugar cheio de energia. Faça sua escolha com base em nossas opções de "anjos" ou "aventuras".

 OS MELHORES LIVROS PARA LER NO HOSPITAL

Anjos

Skellig DAVID ALMOND
Belas maldições NEIL GAIMAN E TERRY PRATCHETT

Aventuras

A guerra de Don Emmanuel LOUIS DE BERNIÈRES
Rainha africana C. S. FORESTER
A mulher e o macaco PETER HØEG
O chamado da floresta JACK LONDON

VER TAMBÉM: **dor, sentir** • **tédio**

humildade, falta de

VER: **arrogância**

humor, falta de

Cada um precisa de um gatilho diferente para o humor. Teste esta lista para ver o que funciona com você.

 OS MELHORES LIVROS PARA FAZER VOCÊ RIR

O amor é fogo NORA EPHRON
O diário de Bridget Jones HELEN FIELDING
Tom Jones HENRY FIELDING
Os homens preferem as louras ANITA LOOS
Um homem quase perfeito RICHARD RUSSO

VER TAMBÉM: **desmancha-prazeres, ser** • **mau humor** • **rabugice**

I

idade, diferença de no casal

Romances com grande diferença de idade costumam incomodar mais os que observam o relacionamento do que os que de fato o vivem. Mas a desaprovação e a desconfiança dos outros podem acabar prejudicando a relação e, se você estiver prestes a cair nos braços de alguém muito mais velho ou mais jovem, é aconselhável se perguntar se o relacionamento será forte o bastante para enfrentar o preconceito cultural arraigado contra grandes diferenças de idade, que persiste no Ocidente.

A primeira coisa a estabelecer é por que vocês estão no relacionamento e se algum dos dois está em alguma espécie de negação quanto à própria motivação ou à do parceiro. Quando o pai de oitenta e seis anos de Nadia anuncia o noivado com Valentina, uma ucraniana divorciada de trinta e seis anos, com "peitos de alta qualidade" e a ambição de escapar de sua vida monótona no Oriente, ela vai direto ao assunto: "Entendo por que você quer casar com ela. Mas já se perguntou por que ela que casar com *você*?" Papai sabe, claro, que é de um visto de permanência e de um carro chique para levar o filho de catorze anos à escola que ela está atrás, mas não vê nenhum mal em resgatar Valentina e Stanislav em troca de um pouco de afeto jovial. Ela vai cozinhar e limpar para ele e lhe dispensar cuidados na velhice. Mas o fato de que também vai limpar suas parcas economias de uma vida inteira e deixar todos eles de joelhos com sua comida congelada é algo que ele se recusa a reconhecer. É preciso muito trabalho de equipe entre Nadia e sua irmã mais velha, Vera, apesar das desavenças entre elas, para convencê-lo a abrir os olhos reumáticos para os danos que essa "insinuante granada de mão cor-de-rosa" está causando à família.

Uma breve história dos tratores em ucraniano
MARINA LEWYCKA

Seria preciso um espírito um pouco mesquinho para se ressentir com a nova perspectiva de vida que Valentina, apesar de todos os seus defeitos, dá ao velho especialista em tratores; desde que ambas as partes compreendam e aceitem as motivações mútuas, uma relação entre duas pessoas em extremos opostos da escala de inocência e experiência pode ser algo maravilhosamente simbiótico. Mas é necessário que haja sinceridade dos dois lados, sem intenções ocultas. Se for dessa maneira, você tem nossa bênção. Caia nesses braços, qualquer que seja a idade deles.

identidade, crise de

Stiller
MAX FRISCH

Nova gramática finlandesa
DIEGO MARANI

A metamorfose
FRANZ KAFKA

Quem é você, leitor? Pai ou mãe, profissional, estudante, filho? Você é sempre você mesmo, ou tem duas facetas — uma que mostra apenas para certas pessoas e outra que exibe para todos os demais? Ou você sente que seu eu "real" jamais vê a luz do dia?

A literatura está cheia até o pescoço de pessoas com crise de identidade, seja por perda de memória, crise psiquiátrica ou algum outro processo mais inexplicável. O narrador de *Stiller*, do escritor suíço dos anos pós-guerra Max Frisch, nega persistentemente as acusações de que seja o escultor desaparecido Anatol Stiller. E, de fato, de acordo com seu passaporte, seu nome é James (ou Jim) White. Mas amigos, conhecidos e até a esposa o identificam repetidamente como Stiller — um enigma que nos intriga tanto quanto a White (ou talvez devamos dizer Stiller). À medida que a verdade gradualmente aparece, obtemos um raro vislumbre da fragilidade de nossa relação conosco mesmos. Não queremos revelar muito da história, mas pessoas que sentem que sua identidade está em jogo devem ter certeza de que confiam naqueles a quem pedirem ajuda, incluindo elas mesmas.

Uma coisa é certa: você pode ter de carregar mais do que um passaporte e um crachá com seu nome para se identificar em seu caminho pela vida. Quando um homem é encontrado espancado quase até a morte, em Trieste, durante a Segunda Guerra Mundial, o nome em finlandês em sua roupa diz que ele é Sampo Karjalainen. Mas, quando recupera a consciência, o homem não tem lembrança de quem é, além de não saber nenhuma língua. Essa é a intrigante premissa inicial de *Nova gramática finlandesa*, de Diego Marani. Um médico finlandês está a bordo do navio-hospital onde o homem vai parar e começa a reintroduzir o finlandês no cérebro do paciente, com toda aquela gramática infernalmente complicada e palavras repletas de consoantes. Mas e se o homem nem for de fato finlandês? O que ele se tornará em uma língua diferente? O que, afinal, faz com que ele seja ele mesmo? No fim, são os novos relacionamentos que ele cria no navio que parecem revelá-lo a si próprio. Leia o livro, e seu relacionamento com o romance talvez lhe mostre novas coisas sobre o que significa ser você.

Mas, se tiver a falta de sorte de perder completamente sua identidade, a melhor cura em que você poderá pôr as patas é A *metamorfose*, de Franz Kafka. O vendedor ambulante Gregor Samsa acorda certa manhã e descobre que se transformou em uma barata. Gigantesca. Ele é repugnante não só para si mesmo, mas para toda a família; e, embora Gregor tente continuar a vida como antes, é cada vez mais difícil. Comer é complicado, a comunicação é impossível, a higiene básica vai ficando comprometida; e Gregor mergulha lentamente em um estado vazio, mas ruminante e pacífico, enquanto vai morrendo de fome.

Agradeça porque, mesmo sem saber quem é, pelo menos você é humano. Admire seus dedos das mãos, seus dedos dos pés e a ponta do nariz. Aprecie o uso de seus membros. Leia o último parágrafo da obra-prima de Kafka em voz alta. Alegre-se com o fato de que sua voz não é o ruído áspero e aterrorizante de um inseto. Comemore sua humanidade — de quem quer que ela seja.

VER TAMBÉM: **identidade de leitura, incerto quanto à sua**

idiota, sentir-se um

O idiota
FIODOR
DOSTOIÉVSKI

A sala fica em silêncio, e você se percebe foco de um mar de olhares. E se dá conta de que é o único que não entende o que há de errado no que acabou de dizer. Então alguém começa a rir e, um a um, os outros se juntam a ele. Você sente um calor subir pelo rosto, seguido de um calafrio de vergonha (ver: vergonha). Eles não estão rindo com você, mas *de* você.

Todos nós já passamos por isso. Sentir-se um idiota é quase tão inevitável quanto se apaixonar. Na verdade, ser um idiota não é necessariamente algo ruim.* O gentil príncipe Lev Michkin, em *O idiota*,

---

* Enquanto se apaixonar, pela pessoa errada pelo menos, com frequência é. Ver: amor não correspondido; amor condenado.

MAL LIGADO À LEITURA

identidade de leitura, incerto quanto à sua

CRIE UMA PRATELEIRA DE FAVORITOS

Se você achar que esqueceu, ou talvez nunca soube, qual tipo de livro é o *seu* e, como resultado, tiver dificuldade para escolher o que ler em seguida, sugerimos que crie uma prateleira de "Favoritos". Selecione dez livros que o deixem contente, pensativo ou arrepiado de emoção. Se alguns desses forem favoritos de infância, melhor ainda. Faça daqueles que mais o atraem o seu padrão. Coloque-os em uma prateleira especial no aposento onde costuma ler, ou no qual passará por eles todos os dias. Se possível, releia-os (ou pelo menos partes deles). Eles o lembrarão do que você mais gosta em literatura e, se sua vida como leitor tiver sido rica, de quem você é. Na próxima vez em que se sentir inseguro quanto ao que ler em seguida, use sua prateleira de favoritos como guia e cutuque gentilmente sua alma literária. Ela lhe dará respostas para perguntas que você nem sabia que tinha.

de Dostoiévski, é um idiota no sentido social, não intelectual, que fica de fora da sociedade porque não compreende seus mecanismos: dinheiro, status, conversas sociais e as sutis complexidades da vida cotidiana são obscuros para ele. Mas quando nós, leitores, pensamos no príncipe Lev, não é com sensação de menosprezo, mas com absoluto carinho e amor. De fato, todos que encontram o príncipe no romance ficam, ao mesmo tempo, exasperados com ele e profundamente impressionados com seu intenso entendimento de uma versão da realidade que a maioria de nós não vê.

Na próxima vez em que a sala ficar em silêncio a sua volta, lembre-se do príncipe. Olhe todos nos olhos e espere despertar afeição. Você provavelmente conseguirá.

VER TAMBÉM: **fracasso, sentir-se um**

idosos, pais

Desejamos que todos vocês sofram desse problema. Ter pais idosos é algo a comemorar; a outra opção é ter enfrentado a morte deles antes do tempo (ver: morte de pessoa amada). No entanto, não se pode negar que as pessoas podem, às vezes, ficar incômodas quando envelhecem. Elas se tornam mais irritadiças, mais teimosas, menos tolerantes, mais inflexíveis em seus modos. E, para completar, tornam-se fisicamente incapacitadas e precisam de cuidados, forçando uma reversão muito desconcertante da relação pai/mãe-filho. Por isso, abordamos o envelhecimento dos pais como uma condição que requer um unguento, ao lado de uma comemoração. Recomendamos dois livros excelentes com esse tema em seu núcleo, que revelam os efeitos práticos e psicológicos de pais idosos sobre filhos atentos — ou desatentos.

Todos os três filhos pendem fortemente para esse último caso no dolorosamente divertido *As correções*, de Jonathan Franzen, embora talvez Alfred e Enid Lambert tenham colhido o que plantaram. Encontramos os Lambert pela primeira vez no estágio final e mais complicado de suas vidas. Alfred tem mal de Parkinson e demência, e Enid se une aos filhos na preocupação de como cuidar dele (entre outras coisas, Alfred deu para urinar em garrafas no quarto, porque o banheiro fica muito longe). A força que impulsiona a narrativa é o esforço desesperado de Enid para que todos os seus filhos — e ne-

As correções
JONATHAN FRANZEN

Assuntos de família
ROHINTON MISTRY

tos — venham para o Natal, como se isso, por si só, pudesse lhe reafirmar que a vida ainda vale a pena. Mas seu filho mais velho, Gary, finge que um de seus filhos está doente, a fim de evitar a viagem até a casa dos pais. A filha Denise tem os próprios problemas com seu novo restaurante, e Chip, o mais novo, voou para tão longe quanto se possa imaginar — a Lituânia —, por conta de um muito duvidoso negócio ligado à internet.

Conforme nos movemos em direção ao inevitável confronto no Natal, revisitamos momentos importantes do passado dessa família aparentemente convencional: Alfred se recusando, por mesquinharia, a vender uma patente que poderia ter feito sua fortuna; Alfred dominando Enid de maneira cada vez mais preocupante; e Enid descontando seu sofrimento nos filhos, alimentando-os com os pratos da vingança (nabo e fígado). Talvez seja a lembrança dessa refeição que convença os três filhos adultos a colocar Alfred em uma casa de repouso — a qual Franzen, que nunca perde a oportunidade de uma piada, chama de "Deepmire" (literalmente, "lama profunda"). Isso funciona bem para todos, exceto para Alfred. A experiência aterrorizante de ler esse livro lembrará a você que evitar más relações entre pais e filhos, para começar, é altamente recomendável.

O romance de Mistry, ambientado em Bombaim, começa com uma comemoração: o aniversário de setenta e nove anos do patriarca da família Vakeel, Nariman. Nariman é um parse, cuja religião o impediu de se casar com a mulher que amou por trinta anos e com quem, de fato, viveu boa parte desse tempo, até ceder ao dogma da família e se casar com uma mulher de seu próprio credo. Agora viúvo e sofrendo do mal de Parkinson, ele se vê cada vez mais dependente de seus dois enteados, Jal e Coomy, que sempre se ressentiram de seu amor imperfeito pela mãe deles. Quando, um dia, em seu passeio diário, ele quebra a perna, é forçado a se colocar inteiramente nas mãos dos enteados. Não demora para que esteja em uma cama, desejando que um deles o lave, troque suas roupas e toque-lhe alguma música, mas tem receio demais de perturbá-los para pedir ajuda. Quando eles o ouvem chorar à noite, percebem que está deprimido e, sem tolerar a ideia de ter que cuidar de sua higiene pessoal — e detestando os detalhes de comadres e escaras, que sabem derivar de sua própria negligência —, enviam-no para morar com sua filha de sangue, Roxana, no apartamento muito menor que ela divide com o marido e os dois filhos.

Ali, vovô Nariman tem de dormir no sofá com Jehangir, de nove anos, enquanto Murad, o mais velho, dorme em uma barraca improvisada no terraço, o que, felizmente, ele considera uma incrível aventura. Roxana e o marido fazem um trabalho infinitamente melhor, acolhendo com compaixão o vovô e sua meticulosidade com as dentaduras. E, anos depois, Jehangir se lembra com carinho e afeto do tempo em que o avô morou com eles.

Assuntos de família é um exemplo maravilhoso de como cuidar de pais idosos com compaixão — e como não fazê-lo. E, embora os enteados de Nariman não o tratem como deveriam, pelo menos o acolhem. Em nosso mundo ocidental de dependência de casas de repouso e hospitais, faríamos bem em prestar atenção nesse exemplo de uma família que cuida de seu idoso em casa. Pais e mães idosos: não sejam tão desagradáveis a ponto de seus filhos e cônjuge terem vontade de enfiá-lo em algum lugar onde vocês não possam constrangê-los. Filhos desses pais: escutem quando eles lhes pedem dignidade e privacidade e façam o máximo para ajudá-los a manter esses últimos bens vitais. Ambas as partes: tentem perdoar as diferentes moralidades e expectativas uns dos outros. E, se possível, estejam em casa no Natal (para ajudá-lo a sobreviver, veja "Natal").

ignorância

VER: **homofobia • idiota, sentir-se um • racismo • xenofobia**

impopular, ser

VER: **guarda de trânsito, ser**

imprudência

VER: **adolescência • alcoolismo • drogas, uso excessivo de • egoísmo • jogo, vício em • negligência • riscos, correr excesso de • vinte anos, ter**

impulso sexual baixo

VER: **libido, perda de**

incapacidade de aproveitar a vida

VER: aproveitar a vida, não conseguir

indecisão

Indecisão
BENJAMIN KUNKEL

Se você tem tendência de se atrapalhar toda vez que precisa tomar uma decisão; se é o tipo de pessoa que vê as coisas pelo ponto de vista de todo mundo, menos do seu; se deixa a si mesmo e seus amigos loucos enquanto pula de um lado para outro entre uma variedade de caminhos, incapaz de escolher ou de se comprometer com algum deles, com certeza está sofrendo do mal típico da nossa era: indecisão. Porque nunca antes houve tanta possibilidade de escolha — no entanto, nunca ficamos tão paralisados.

Dwight Wilmerding, o herói de vinte e oito anos que se esquiva de problemas no romance *Indecisão*, de Ben Kunkel, sente que não consegue "pensar no futuro até ter chegado lá", o que é uma característica compartilhada por muitos tipos indecisos. Subempregado, pouco entusiasmado em relação à namorada, Vaneetha, ele toma decisões sobre aceitar ou não convites jogando uma moeda — a única maneira de assegurar que sua natureza flutuante não o acabe levando a seguir a vontade de alguma outra pessoa. Enquanto isso, decisões continuam a ser tomadas por ele: seus empregadores na indústria farmacêutica onde trabalha o mandam embora, e, quando sua antiga colega de escola Natasha o convida — de maneira bem sugestiva — para visitá-la no Equador, ele vai. E, sem surpresa, quando seu amigo Dan lhe oferece um novo remédio, chamado Abulinix, que está em fase de testes antes de ir para o mercado e promete curá-lo de sua indecisão, ele se agarra à cápsula azul como a uma pedra preciosa. Só depois de engoli-la alegremente, ele é informado de que o medicamento tem alguns efeitos colaterais curiosos: "satiríase", ou desejo excessivo de copular, e potencialização do álcool, fazendo com que, uma vez na corrente sanguínea, um drinque se torne dois.

Talvez por causa do Abulinix, talvez não, as coisas tomam um rumo excitante no Equador. Porque, melhor ainda que Natasha, ele encontra a bela e politizada Brigid, que tem um sedutor sotaque estrangeiro. Seja em razão do Abulinix ou de um alucinógeno alterador da psique que eles tomam na floresta — ou, de fato, por uma mudança fundamental de consciência —, Dwight começa a fazer escolhas proativas pela primeira vez na vida.

Leve esse romance com você, vá procurar seu Abulinix e/ou sua Brigid e/ou seu equivalente da droga da floresta e esteja preparado para despertar para uma vida nova e decidida. Ou será que é melhor não ir?

VER TAMBÉM: começar, medo de • férias, não saber que livros levar nas

indiferença

VER: apatia

infelicidade

VER: *Farmácia literária* ELLA BERTHOUD e SUSAN ELDERKIN

infidelidade

VER: adultério

inquietação

VER: abandonar o barco, desejo de • ansiedade • claustrofobia • passar os olhos superficialmente, tendência a • rodinhas nos pés, ter • viajar, desejo de

insatisfação

Muitos de nós vivemos acompanhados de uma perpétua sensação de insatisfação — um sentimento angustiante de que não fizemos o suficiente ou de que não temos o bastante para mostrar em relação ao tempo que já vivemos. Para alguns, é não ter coisas suficientes, e desde a adolescência pensamos que, se ao menos tivéssemos condições de comprar aquela engenhoca nova, ou aquela roupa maravilhosa, estaríamos satisfeitos. Para outros, é não ter tempo suficiente, uma sensação interminável de estar correndo para dar conta da lista de tarefas a cumprir antes de finalmente conseguir um espaço para pensar e respirar (ver: ocupado, ser muito). Para outros ainda, é uma sensação de estar emocional, intelectual ou espiritualmente incompleto, não totalmente preenchido — e ansiamos por um re-

A rua das ilusões perdidas
JOHN STEINBECK

lacionamento melhor (ver: par errado, acabar com o), ou um emprego melhor (ver: profissão errada), ou um estilo de vida melhor (ver: falência; gosto, mau), que nos fizesse sentir que finalmente chegamos aonde queríamos e podemos, por fim, começar a viver de fato.

Detestamos ter que lhe dizer isso, mas, se você continuar procurando as respostas fora de si, a insatisfação vai permanecer. Por mais clichê que possa ser, a resposta está dentro. E, com frequência, a única maneira de ver isso é parar de correr atrás de borboletas, sossegar um pouco e avaliar a situação.

Mack e os rapazes sabem fazer isso. Em A *rua das ilusões perdidas*, a ode de John Steinbeck à vida sem ambição dos vagabundos, nós os encontramos sentados sobre canos enferrujados descartados pelas fábricas de sardinha enlatada em um terreno baldio — Mack, Eddie, Hazel, Hughie e Jones, homens que têm três coisas em comum: nenhuma família, nenhum dinheiro e nenhuma ambição além de comida, bebida e satisfação.

Na verdade, não é exatamente assim. Eles são sua própria família sem vínculos sanguíneos — além de Doc, o adorável proprietário do laboratório biológico, que vive entre frascos de espécimes marinhos. Doc compreende seu papel paternal nessa família e expõe todos os que entram em sua casa à influência edificante de Scarlatti ou Monteverdi, ou a uma leitura do poeta chinês Li Po. E há Dora, que comanda o bordel com seus flamejantes cabelos ruivos e vestidos de noite verde-nilo. E há Lee Chong, o dono de mercearia e dublê de banqueiro para eles, que lhes vende uísque barato e os deixa comprar fiado, com lampejos de seus dentes de ouro. E eles têm uma espécie de ambição, porque fazem um lar: um antigo depósito de peixe seco alugado por Lee Chong a que eles dão o nome de Palace e que decoram carinhosamente com pedaços de tapetes velhos, cadeiras "com e sem assento" e a "glória, coração e centro", um enorme fogão com volutas prateadas que dois deles demoram três dias para conseguir transportar até lá.

Para muitos, eles são imprestáveis, ladrões e vagabundos. Mas, para Doc, são histórias de sucesso na vida — homens saudáveis, "limpos", que podem passar os dias fazendo o que têm vontade. Eles levam uma existência precária, vivendo do dinheiro que conseguem juntar em trabalhos eventuais, mas estão felizes assim. Enquanto outros se esfalfam pela vida à procura de realizar e acumular e se mantêm nessa busca interminável, jamais alcançando suas metas,

Mack e os rapazes entendem a satisfação de maneira "descontraída, tranquila" e a absorvem suavemente. "De que serve a um homem conquistar o mundo inteiro e voltar para casa com uma úlcera gástrica, a próstata estourada e lentes bifocais?", pergunta Steinbeck.

Você talvez imagine que esse lado dos Estados Unidos, com seus ferros e ferrugens espalhados, calçamentos de pedra e terrenos baldios cheios de mato, suas espeluncas e galpões abandonados, não existe mais. Mas existe, se você souber onde procurar. Tire um dia de sua vida para mergulhar nesse mundo terno, amoroso e indolente de homens que estão felizes com pouco, que armam uma grande confusão quando decidem "fazer alguma coisa boa" por Doc, mas com o coração no lugar certo — um lugar de calma e aceitação. Depois, aplique essa atitude descontraída e tranquila, com seu cheiro de sardinha, à sua própria vida. Com a prática, você logo conseguirá se recostar e ver a insatisfação — como a água nas piscinas de pedras onde Doc e Hazel coletam estrelas-do-mar — escoar-se lentamente.

VER TAMBÉM: **cotidianidade, oprimido pela** • **felicidade, busca da** • **mau humor** • **rabugice** • **tédio**

insônia

Todos sofrem desse mal ocasionalmente. Mas, se você sofre todas as noites, isso pode criar um caos em seu relacionamento, sua carreira e sua capacidade de levar adiante as atividades do dia. Se você for afligido por esse tipo de insônia, provavelmente se sente preso em um círculo vicioso. Porque, conforme seu nível de exasperação sobe com o acúmulo de fadiga, o problema alimenta a si próprio: nada tem mais probabilidade de atrapalhar o sono do que a ansiedade por, talvez, não conseguir dormir.

Insones muitas vezes se voltam para a leitura como maneira de suportar as horas solitárias da madrugada. Concordamos vivamente que não há melhor modo de passar esse tempo que, de outra maneira, seria perdido — desde que você não perturbe ninguém enquanto vira as páginas —, mas precisa ser o livro certo.* Por exemplo, o ro-

A casa do sono
JONATHAN COE

Livro do desassossego
FERNANDO PESSOA

---

* Claro que, se alguém estiver dividindo a cama com você, essa pessoa pode ser a causa número um da insônia, seja pela ressonância de suas vias aéreas (ver: ronco), seja por algo que lhe tenha dito antes de dormir (ver: adultério; culpa; irritabilidade; mau humor).

mance A casa do sono, de Jonathan Coe, é uma ferramenta muito valiosa para explorar a falta de sono, mas não deve ser lido à noite — a menos que você esteja preparado para aceitar que ficará acordado até o amanhecer —, porque, apesar do título, o livro está longe de ser tranquilo em seu conteúdo. Pegue-o durante o dia, quando estiver bem acordado e pronto para uma boa análise do motivo de não conseguir dormir.

O romance é dividido em seis partes, cada uma representando um dos vários estágios do sono, e acompanha quatro personagens frouxamente conectados que têm, cada um deles, um problema diferente com o sono. Sarah é uma narcoléptica cujos sonhos são tão vívidos que ela não consegue diferenciá-los da vida real. Terry, um crítico de cinema emergente, dorme pelo menos catorze horas por dia, porque é viciado em sonhos de "encanto quase paradisíaco". Gregory, namorado de Sarah, torna-se psiquiatra em uma clínica de sono e começa a fazer experiências de privação de sono consigo mesmo para fins científicos, acreditando que essa seja uma doença que precisa ser vencida. Robert é, aparentemente, o mais normal dos quatro, mas fica tão obcecado por Sarah que passa por uma transformação radical para tentar se enfiar na vida — e na cama — dela.

Cheio de brilhantes detalhes técnicos que fascinarão os insones, esse romance desencadeará uma análise de suas próprias alucinações hipnagógicas e o induzirá a olhar com mais curiosidade para seus olhos narcolépticos ali refletidos — além de sugerir uma infinidade de curas práticas, entre as quais você talvez encontre uma que funcione para o seu caso. Mas repetimos: não o leia à noite. É tão bom que você se forçará a manter os olhos abertos para não largá-lo.

Em vez disso, o volume para se pegar durantes essas horas inquietas é o Livro do desassossego, um romance sem enredo que, embora não vá exatamente te fazer dormir (mas pode fazer; chegaremos lá), possibilita que você fique naquele pesado estado pré-sono em que é preciso permanecer um pouco antes de ganhar acesso ao sono de fato. Livro do desassossego é o diário de Bernardo Soares, ajudante de guarda-livros da Vasques & Co, na Rua dos Douradores — um emprego que exige tanto quanto uma soneca à tarde. Soares ao mesmo tempo se desespera e celebra a monotonia de sua vida enfadonha, porque reconhece que tudo o que pensa e sente existe apenas como "negação e fuga" de seu trabalho. E que pensamentos e sentimentos são esses! Porque Soares, um homem com um rosto tão comum que lhe causa um desalento terrível quando dá com ele em uma foto no escritório, é um sonhador cuja atenção está sempre dividida entre o que está de fato acontecendo e os voos da imaginação que lhe passam pela cabeça.

Devido a sua frustração consigo mesmo, seu jeito sonhador, sua constante tristeza, é impossível não se apaixonar por Soares. Quieto, discreto, melancólico, um homem que está constantemente sonolento e que, embora propenso a nostalgia e crises de desolação, não é imune à alegria, ele é a companhia perfeita para as horas noturnas. Soares vai se sentar com você hora após hora para ponderar, por exemplo, se a vida seria, na verdade, "a insônia ambulante de [nossos] sonhos", e o sono, nossa existência real. Porque Soares pensa muito em sono. Na verdade, ele mal discrimina entre os estados de sono e vigília, porque sonha enquanto vive *e* enquanto dorme, e dormir, como ele ressalta, ainda é viver.

Além de tudo isso, em nenhuma outra literatura os ritmos da prosa estão mais sintonizados com o andar fascinante e pesado das horas insones. Se suas pálpebras começarem a baixar enquanto você lê, Soares não vai se importar. Pode continuar a conversa com ele na próxima noite, do ponto onde tiver parado. Ele estará esperando, pronto para levantar a próxima questão existencial.

VER TAMBÉM: **cansaço e sensibilidade excessiva** • **depressão em geral** • **esgotamento** • **estresse** • **irritabilidade**

inteligente, ser excepcionalmente

"Não entendo qual é a vantagem de saber tanto e ser tão inteligente se isso não te faz feliz." É o que diz a sra. Glass, na novela *Franny e Zooey*, de J. D. Salinger — e ela deve saber. Mãe de sete prodígios precoces, todos participantes do popular programa de rádio *It's a Wise Child*, para crianças sabidas, ela já perdeu o filho mais velho (Seymour) para o suicídio, e agora está vendo a mais nova (Franny) ter uma suspeita de colapso nervoso no sofá da sala de estar.

Ser mais inteligente que todo mundo deveria, teoricamente, ser algo positivo. Mas não há nada que pessoas medíocres mais odeiem do que ter sua mediocridade exposta. Infelizmente, isso sentencia a criança excepcionalmente inteligente a uma vida de isolamento. As crianças Glass se veem rotuladas de "punhado de pirralhos insuportavelmente 'superiores' que deviam ter sido afogados ou sufoca-

Franny e Zooey
J. D. SALINGER

dos ao nascer", ou o mais gentil, mas desconfiado "autênticos gênios e sábios precoces". E, se os excepcionalmente inteligentes não são afastados pelos outros, com frequência acabam afastando os outros. Pessoas inteligentes se entediam ou se decepcionam facilmente com os colegas. O aparente colapso nervoso de Franny é desencadeado por um encontro de fim de semana com o bonitão da faculdade, Lane, durante o qual ela não consegue parar de criticá-lo. "Eu simplesmente *não* conseguia manter uma única opinião para mim mesma", ela se lamenta para o irmão, Zooey. "Foi horrível. Praticamente desde o segundo em que ele me pegou na estação, eu comecei a implicar e implicar e implicar com todas as opiniões e valores dele e — com *tudo*." Isso a faz odiar a si mesma.

Na vida, são geralmente os Lanes deste mundo que ficam com a simpatia geral — essas pessoas "normais" que são o alvo do comportamento "anormal". Mas a literatura gosta de ficar do lado dos diferentes, e os excepcionalmente inteligentes encontrarão grande alívio na descrição feita por Franny de seu tormento. Felizmente, os leitores adoram personagens como os irmãos Glass pelos mesmos traços que levam os colegas a não gostar deles, e os excepcionalmente inteligentes devem encontrar algum consolo nisso.

Se, como Franny e Zooey, sua inteligência te separou do mundo, é fundamental não odiar o mundo por isso (ver: amargura). Ambos acabam encontrando uma saída do isolamento por meio de uma epifania que lhes permite ver Deus em todas as pessoas. Você talvez prefira deixar Deus fora disso; a invocação é simplesmente para amar os outros. Essa encantadora novela o encherá de uma sensação de solidariedade e reabastecerá seu tanque de amor sempre que ele ameaçar secar.

VER TAMBÉM: **diferente, ser**

internet, vício em

A cidade e as serras
EÇA DE QUEIRÓS

O que nos tornamos? Somos uma raça que se senta, aos milhões, por horas, dias e anos a fio, olhando em solitário êxtase para nossas telas, perdidos em um mundo paralelo de escassa realidade. Ainda que possamos nos levantar de vez em quando para comer, dormir, fazer amor ou uma xícara de café, nossos computadores e smartphones nos chamam como sereias para voltar, interagir, atualizar, recarregar. Como mariposas atraídas para a luz e o calor, parecemos incapazes de resistir — mesmo que nossos olhos estejam cansados, nossas costas doloridas (ver: costas, dor nas) e nossa capacidade de concentração arruinada (ver: concentração, incapacidade de). Às vezes, pode parecer que a vida é mais interessante na tela que fora dela.

Nossa cura para esse tão deplorável mal moderno exigirá que você dê as costas para a vida por mais algumas horas: o belo romance póstumo A *cidade e as serras*, de José Maria Eça de Queirós, publicado em 1901. Ambientado na região do baixo Douro, em Portugal, o livro tem uma escrita densa, mas vale a pena. Porque, depois que descobrir esta obra, que faz uma verdadeira apologia da natureza, você terá vontade de jogar seu computador na caçamba mais próxima e viver o resto de seus dias entre os passarinhos e as abelhas.

Quando conhecemos Jacinto, ele é um janota que mora no número 202 da Champs-Élysées, coração da nobreza parisiense. Em sua casa há todo tipo de modernidade, como telégrafo, telefone e até mesmo um elevador. Jacinto é um defensor aguerrido da civilização e da tecnologia. Um dia, ele recebe uma notícia vinda de Portugal, terra de seus antepassados: uma tempestade devastadora fez desabar a igrejinha onde estão enterrados seus avós, na cidade serrana de Tormes. Após alguns contratempos, Jacinto resolve ir pessoalmente ao lugarejo acompanhar as obras da capela nova e o transporte dos restos mortais dos avós.

Antes de chegar à cidadezinha, o homem se põe a imaginar a casa "medonha" que lá encontrará, as noites horríveis, "tudo negro, enorme solidão", a falta de médico. Porém, ao se aproximar do bucólico cenário, a curiosidade vai lhe amansando o coração e, quando dá por si, já está a suspirar pela paz e a doçura do lugar. Aos poucos, Jacinto vai se sentindo cada vez melhor, mais disposto, e começa a contribuir para melhorar a vida dos moradores locais, até decidir instalar-se definitivamente nas serras.

Pelo olhar de Jacinto, você começará a ver a energia animal das pessoas. Como uma maneira de redescobrir um novo jeito de viver no mundo — sensível e sensualmente, com plena participação de mente e corpo —, esta obra é imbatível. E talvez, como acontece com Jacinto, cercar-se de toda essa eflorescência vegetal alivie seus olhos, fortaleça suas costas e, mais crucial, recupere a plena capacidade de seu cérebro fraturado.

VER TAMBÉM: **concentração, incapacidade de**

inveja

VER: **ciúme**

irmãos, rivalidade entre

Caim
JOSÉ SARAMAGO

O moinho sobre o rio
GEORGE ELIOT

Paz como um rio
LEIF ENGER

Mulherzinhas
LOUISA MAY ALCOTT

A literatura fervilha de brigas entre irmãos, jovens e velhos. Irmãos pequenos em adoração não correspondida aos mais velhos, irmãos competindo pela atenção dos pais, irmãos abusadores, que traem, que amam demais, irmãos que são irritantes uns com os outros, simplesmente por serem irmãos.

Um pouco de competição entre irmãos é parte do processo, mas atenção para o exemplo de Caim, que levou isso longe demais. Conhecemos essa história arquetípica de fratricídio principalmente da Bíblia, mas, no livro *Caim*, de José Saramago, nos é apresentado um quadro mais completo. Os irmãos começam como melhores amigos, mas, quando adultos e agricultores, a competitividade alcança níveis perigosos. Um dia, eles fazem oferendas a Deus: Abel oferece a carne de um cordeiro, e Caim, um punhado de verduras. O Senhor não fica muito satisfeito com as verduras e demonstra isso. Caim sente uma rivalidade tão intensa por causa do sucesso de Abel que pega o osso da mandíbula de um burro e mata seu irmão em uma gruta. Ele sente um terrível remorso imediatamente — e culpa Deus por não intervir. (Sinceramente, achamos que ele tem certa razão.) Durante o restante da história, Caim busca se vingar de Deus, interferindo nos planos do Todo-Poderoso, atrapalhando o andamento das histórias do Antigo Testamento, de Sodoma e Gomorra ao Dilúvio. Os resultados são deliciosamente divertidos.

Deus é o pai muito humano no romance de Saramago: inconsistente, instável e demonstrando favoritismo. Filhos de pais similarmente pouco habilidosos precisam fazer algo realmente desafiador: elevar-se acima do mau exemplo que lhes foi dado e amar uns aos outros, independentemente da maneira diferente como são tratados. Em última instância, porém, a falha foi de Caim. Não caia na mesma armadilha de culpar seus irmãos pelos erros de seus progenitores.

O sr. Tulliver, em *O moinho sobre o rio*, de George Eliot, tenta dar um bom exemplo: ele diz à irmã, a sra. Moss, que ela não precisa lhe pagar o dinheiro que ele lhe emprestou, na esperança de que Tom preste atenção e demonstre, um dia, bondade similar para com sua irmã

Maggie. Mas a recusa de Tom a perdoar Maggie quando ela se esquece de alimentar os coelhos dele (e eles morrem) revela um traço cruel. Aí está um irmão mais velho que, aproveitando-se da adoração da irmã mais nova, lhe nega continuamente a aprovação que ela tanto deseja e, assim, a mantém eternamente em suspenso. Não se pode dizer a alguém na posição de Maggie para deixar de amar tanto seu irmão mais velho. Mas pode-se sugerir que ela tente disfarçar um pouco. Se Maggie pudesse ter encontrado alguma outra ambição para si além de cuidar de Tom, talvez tivesse conseguido virar a mesa e ganhar a admiração dele em troca.

Certamente, irmãos literários parecem se dar melhor quando se unem em combate contra alguém ou algo — e, quando não é contra os pais que estão brigando, geralmente é contra a pobreza ou contra valentões. Os irmãos de *Paz como um rio*, de Leif Enger, são muito bons para o pai, Jeremiah Land, mas estão unidos pelas dificuldades, pela fome e pela desconfiança da pequena cidade de Roofing, em Minnesota. Sem mãe desde que seu pai foi rebaixado de médico a zelador (pouco impressionada com a situação, ela vai embora), Swede, de oito anos, tenta bravamente instigar o espírito natalino fazendo biscoitos de Papai Noel, com ervilhas congeladas no lugar de olhos e macarrão como barba. O irmão mais velho, Davy, devora um deles com barba e tudo, em uma demonstração tão "perfeita de alegria e prazer" que até consegue convencer o outro irmão, Reuben, de onze anos. Irmãos rejeitados devem definitivamente tentar imitar essa generosidade fraterna em casa.

A lealdade se torna problemática, porém, quando rompe os limites da moralidade. Davy defende seus irmãos com zelo um tanto excessivo quando atira nos dois valentões da cidade, tornando-se um fora da lei. Esses são irmãos que amam sem pensar, além de si mesmos. Imite tal amor até certa medida, mas não a ponto de ele se tornar destrutivo.

E se não houver dificuldades nem pais importunos contra quem se aliar e você e seus irmãos não tiverem nada em comum? Sua única opção é aprender a amar uns aos outros partindo do zero quando forem adultos. Estude as interações de Meg, Jo, Beth e Amy em *Mulherzinhas*, de Louisa May Alcott. Se irmãos talvez tenham alguma razão para duvidar ter vindo do mesmo pacote de genes (ou da mesma caneta), as irmãs March com certeza têm: a responsável Meg, a moleca Jo, a boazinha Beth e a mimada Amy não poderiam ser menos parecidas. Mas, em vez de se desprezar por suas diferenças, as irmãs March (ligadas pela experiência de quase morte de uma delas) desenvolvem compreensão e apreciação genuínas dos pontos positivos umas das outras, que, se você conseguir lidar com o clima um pouco ultrapassado de historinha de meninas (e você deve; isso é parte do charme do romance), merecem muito ser absorvidas.

Irmãos são para a vida toda. Trate-os bem, mesmo que isso signifique se unir contra seus pais ou sair da casa da família. Diga adeus à dinâmica que vocês estabeleceram quando crianças e entre em um novo relacionamento, como adultos, com esses irmãos e irmãs crescidos que, felizmente, são totalmente diferentes de você.

VER TAMBÉM: **ciúme • família, conviver com a • irritabilidade • Natal**

irritabilidade

A luz do farol
COLM TÓIBÍN

Quando alguém se mostra muito irritável, pode ter certeza de que existe alguma outra emoção não expressa escondida, como um iceberg, sob a superfície. Com frequência, irritabilidade é um sinal de que há problemas sendo evitados (ver: confronto, medo de). Se isso não for contido, descarregar verbalmente pode se tornar um hábito reflexo, do qual você nem terá mais consciência.

Não há nenhuma emoção não expressa por trás do exterior bondoso de Hugh, o marido de Helen, em *A luz do farol*. Ele é "tranquilo", "coerente", "simples", sem "nada secreto, nada escondido dentro de si". Helen, por outro lado, é "instável e desconfiada" — cheia de icebergs que ela nem entende direito. Nesse romance, Colm Tóibín disseca a amargura e a mágoa que se estabeleceram entre três gerações da família de Helen — a avó, sra. Devereux; a mãe, Lily; e a filha, Helen — desde que seu pai morreu, muitos anos antes.

Quando Helen fica sabendo que o irmão, Declan, está morrendo de aids, ela precisa dar a notícia para sua distanciada mãe, Lily, a qual nem convidou para seu casamento, sete anos antes, e que nunca conheceu seu marido e seus dois filhos. E, quando decidem levar Declan para a casa da avó em Blackwater — onde ela e Declan ficaram quando seu pai adoeceu, partiu para Dublin com a mãe deles para "fazer uns exames" e não voltou nunca mais —, Helen é lançada de volta a um mundo que esperava nunca mais ter de visitar.

As armas estão empunhadas entre Lily e Helen antes mesmo de elas chegarem lá. "E você nunca me contou?", grita Lily quando Helen lhe diz que sabia havia dez anos que Declan era gay. "Eu nunca te contei nada", Helen retruca. Depois que estão fechadas na pequena casa abafada e com lençóis desconfortáveis, os comentários mordazes começam realmente a voar. "Eu não sei como ele te aguenta", diz Lily sobre o marido de Helen, Hugh — aquele, você deve lembrar, que ela nunca conheceu. Helen revida, mudando ostensivamente de assunto quando Lily faz uma pergunta. A avó, sra. Devereux, não é nada melhor: ofende todo mundo e depois tira o corpo, dizendo: "Eu sou velha, posso falar o que quiser".

Enquanto a luz do farol inunda a casa a intervalos regulares — este também uma área de águas turbulentas —, Declan está morrendo no meio delas, o catalisador de todas as brigas, mas o único que não está envolvido nelas. Felizmente, dois amigos leais de Declan estão presentes, o falante Larry e o friamente direto Paul, os quais chamam as mulheres de lado, uma a uma, e as incentivam a expressar seus sentimentos. Os icebergs logo surgem à vista, e, no fim do romance, Helen, sua mãe e sua avó têm um entendimento muito mais claro das mágoas mútuas. Não espere uma crise para forçar sua irritabilidade a subir à superfície. Se você, ou alguém que você conhece, for propenso a irritação, convide uma dupla de amigos loquazes para o grupo e conversem sobre seus icebergs até que eles emerjam.

VER TAMBÉM: **insatisfação • mau humor • rabugice • raiva**

irritante, ser

VER: **abstêmio, ser • adolescência • adolescente, ser • carência • desmancha-prazeres, ser • filhinha de papai, ser • gripe masculina • hipocondria • humor, falta de • mal de amor • mau humor • misantropia • rabugice • vegetarianismo**

J

jantares sociais, medo de

Suíte em quatro movimentos
ALI SMITH

Suor frio. Coceiras na pele. Enjoo súbito. Tiques faciais. Incapacidade de encontrar qualquer roupa limpa para vestir. Descoberta de um trabalho inadiável a ser feito para amanhã. Impulso repentino de se sentar e conversar com a babá por uma hora. Esses são os sintomas do fugitivo de jantares sociais. O parceiro do fugitivo, enquanto isso, aperta os lábios de impaciência e tenta tirá-lo de casa. Quando finalmente estão prestes a sair, o acanhado anuncia uma necessidade urgente de ir ao banheiro e se tranca lá dentro. Nesse ponto, o parceiro exasperado enfia *Suíte em quatro movimentos* por debaixo da porta...

Nossa cura para o medo crônico de jantares sociais conta a história de Miles, que sai no meio de um jantar (tendo antes roubado um saleiro) e se tranca em um quarto vazio no andar de cima. Ali permanece por várias semanas. A notícia se espalha e, enquanto o mundo o observa através de uma janela que dá para o Greenwich Park, montando acampamento para incentivar seu "protesto", ele se torna uma pequena celebridade.

A princípio, os donos da casa, chocados, tentam ignorar o que aconteceu. Depois, de má vontade, começam a passar pedaços finos de presunto sob a porta de Miles. A menina Brooke, porém, filha precoce de nove anos de um casal vizinho e principal observadora da comunidade local, é quem demonstra o que Miles deveria ter feito quando enfrentava o evento social que desencadeou a situação: aprender a ser curioso e fazer perguntas aos outros convidados sobre eles. E, se nada mais der certo, dormir sobre a mesa.

Imite Brooke. Você se divertirá muito mais na festa, além de voltar mais cedo para casa.

VER TAMBÉM: **misantropia**

jet lag

VER: **cabeça, dor de** • **esgotamento** • **insônia** • **náusea** • **tontura**

jogo, vício em

Pegue um dado. Anote seis ações que você poderia realizar hoje. Pense em coisas sublimes. Pense em coisas ridículas. Por exemplo:

O homem dos dados
LUKE RHINEHART

1. Raspar todos os pelos do corpo.
2. Convidar para jantar a próxima pessoa que passar por você na rua, não importando a idade, o sexo ou a espécie.
3. Espetar um alfinete em um mapa-múndi e ir para onde quer que ele indique.
4. Enviar este livro para seu/sua chefe, sublinhando todos os males de que ele/ela sofre.
5. Pegar um baldinho e uma pá e caminhar até o mar.
6. Ler *O homem dos dados*, de Luke Rhinehart, para curá-lo de seu vício em jogo.

Prometa solenemente que fará o que o dado mandar. Agora é com você.

VER TAMBÉM: **falência** • **riscos, correr excesso de**

julgamentos, fazer

É tentador, especialmente na juventude, sair por aí formando opiniões instantâneas e fortes sobre os outros. Julgar, decretar, rotular — tais coisas, para uma mente imatura, podem parecer sinônimos de força e autoconfiança. Mas ter opiniões fortes não deve jamais se tornar equivalente de ser crítico em excesso ou julgar uma coisa ou pessoa com base em apenas uma qualidade ou atributo. Quem tende a fazer julgamentos insistirá, por exemplo, que todos os criminosos são pessoas terríveis, que todos os enjoados para comer são ruins de cama e que todos os adolescentes são ingênuos e julgam demais.*

O leitor
BERNHARD SCHLINK

Pobby e Dingan
BEN RICE

---

* Estão certos sobre essa última.

Para pôr fim em suas tendências de julgar os outros apressadamente, recomendamos que faça uma imersão na complexa história de culpa nazista, vergonha pessoal e horror retrospectivo que é *O leitor*, de Bernhard Schlink, um romance que explora a questão de como as gerações pós-guerra devem entender o Holocausto e aqueles envolvidos em suas persistentes atrocidades. Michael Berg tem apenas quinze anos quando começa um relacionamento com Hanna, uma cobradora de bonde de trinta e seis anos. Seus encontros, que com frequência envolvem tomar banho juntos — o que sugere a necessidade, ao estilo de Lady Macbeth, de se esfregar para remover pecados passados —, também giram em torno de livros, pois Hanna gosta que Michael leia para ela (a *Odisseia* em grego, *Guerra e paz*), algo que aprovamos totalmente (ver: solidão induzida pela leitura; parceiro que não lê, ter um). Só mais tarde, quando Michael se torna estudante de direito e vai assistir a um julgamento de criminosos de guerra, ele reconhece um dos rostos no banco dos réus. Seu primeiro amor havia sido, no passado, guarda da SS, cúmplice na morte de centenas de mulheres. E ela tem mais um segredo, do qual se sente ainda mais envergonhada.

Michael passa a vida tentando aceitar o que Hanna fez — e o que fez com ele. E, embora ela sofra de remorso e até mesmo se permita ser julgada por uma responsabilidade maior do que aquela que realmente tem, a decisão de Michael de não responder a suas cartas escritas da prisão a faz sofrer. Assim, Schlink traz o leitor para dentro do dilema ético. Você se permite ficar comovido diante do sofrimento de Hanna, ou continua a condená-la, assim como seu crime? Aqui está o seu teste. Que esse romance lhe mostre que ter opiniões fortes e não julgar as pessoas não precisam necessariamente anular um ao outro.

Se você não tem estômago para essa questão ética pesada, há uma cura mais suave disponível. Se algum romance — ou novela — pode levá-lo a arrefecer seu impulso de fazer julgamentos, é a pequena obra de estreia de Rice, *Pobby e Dingan*. Kellyanne, a irmãzinha do narrador Ashmol, tem dois amigos imaginários, Pobby e Dingan. Como se esperaria de qualquer irmão mais velho que se dê ao respeito, especialmente um que tenha sido criado na endurecida comunidade de mineração de opalas de Lightning Ridge, na Austrália, Ashmol não tem tempo para essas infantilidades. Você teria, depois de anos recebendo instruções para arrumar os lugares de Pobby e Dingan à mesa e ouvindo que não pode ir à piscina porque Pobby e Dingan estão no banco de trás e não há espaço para você no carro?

No fim do romance, sim. Porque, quando Kellyanne anuncia que Pobby e Dingan morreram e fica tão doente de luto que acaba no hospital, Ashmol faz uma coisa maravilhosa: sai pela cidade espalhando cartazes que oferecem uma recompensa a quem encontrar os amigos de sua irmã ("Descrição: imaginários. Silenciosos"). E, a partir desse momento, você também vai querer estar do lado dos que entram na fantasia da menina, e não dos que torcem o nariz.

Mantenha-se aberto. Há bem, mal, loucura e tristeza em todas as pessoas, e você não precisa aceitar ou acreditar em todos os aspectos para ser gentil com o todo. Isso também se aplica a você. Se, ao ter dificuldade com alguma habilidade, você tiver a tendência de se descartar como incapaz em tudo (ver: autoestima baixa), comece praticando uma atitude menos crítica em relação a si mesmo.

L

letargia

O céu que nos protege
PAUL BOWLES

Dom Quixote
MIGUEL DE
CERVANTES
SAAVEDRA

Você pode ter conseguido sair da cama (ver: cama, incapacidade de sair da), mas tem tanta animação em seus movimentos quanto uma hipopótama grávida. Quando você está vencido pela letargia física e mental, arrastando os membros pesados e vazio de motivação, é sabidamente difícil mudar de situação. Porque, para combater a letargia, você precisa de energia. Mas de onde pode vir a injeção inicial de energia necessária para reverter a inércia?

Nosso tônico em duas partes começa por uma imersão no tipo de ambiente estagnado em que a letargia prospera. O inimitável *O céu que nos protege*, de Paul Bowles, sutil, sóbrio, intenso e carregado de uma sensação de fatalidade, é esse lugar. Port, sua esposa Kit e seu "incrivelmente bonito" amigo Tunner, americanos que abandonaram a terra natal, mas não conseguiram encontrar nada melhor, estão seguindo à deriva pelo deserto no norte da África. Formam um grupo estranhamente indistinto e inquieto e passam os dias essencialmente evitando uns aos outros, os habitantes locais e qualquer engajamento real com a vida. Uma ameaça inespecífica parece existir entre eles e os árabes que encontram — figuras sombrias que espreitam e não merecem confiança. Pedras são lançadas de mãos invisíveis, carteiras são quase surrupiadas. E assim o trio se move sem nenhum destino específico em mente, com um vento sinistro às costas e um "céu límpido e ardente" acima.

Kit é a mais disfuncional. Há dias em que se sente tão tomada por uma sensação profética de desgraça que cancela qualquer plano que pudesse ter. Tunner, com sua beleza meiga, a entedia, e ela acha os cumprimentos matinais dele "ofensivamente animados". Para seu marido Port, enquanto isso, a única certeza é uma "tristeza infinita"

ler em vez de viver, tendência a

VIVA PARA LER MAIS PROFUNDAMENTE

"O recurso habitual de pessoas que não vão suficientemente até o mundo para viver um romance é escrever um." Assim disse Thomas Hardy sobre seus colegas escritores em *Um par de olhos azuis*. Se você prefere ler a viver, está em perigo de perder a coisa real. A experiência verdadeira é necessária se você tiver alguma esperança de compreender e fazer justiça a seus livros. Como poderia sentir a dor de Anna Karenina se jamais correu um risco e viu o chão tirado de sob seus pés?

Uma boa maneira de garantir que você está com o equilíbrio certo é nunca passar mais horas de seu tempo livre lendo que vivendo. Vá em frente e ponha em prática algumas das lições de vida que você aprendeu com os romances. Vá visitar alguém em vez de postar uma carta — como Harold em *A improvável jornada de Harold Fry*. Faça uma viagem de camelo, jogue a cautela ao vento. Leia para viver, não viva para ler.

no núcleo de seu ser, tranquilizadora por já ser tão familiar. Quando Kit diz para Port, um dia: "Nunca conseguimos, nenhum de nós dois, seguir todo o caminho até a vida", ela acerta em cheio. A vida deles assemelha-se a placas de Petri em que as bactérias da letargia proliferam: cheia de desinteresse, incerteza, falta de comunicação e alienação. Dê uma boa olhada para si mesmo e se pergunte se essas placas de Petri estão presentes em sua vida também.

A segunda metade de nossa cura deve ser administrada assim que você virar a última página de *O céu que nos protege*, pois energizará seu corpo com um choque elétrico de contraste. O adorável e empolgado Dom Quixote, do romance homônimo de Cervantes — que se espelha nos cavaleiros andantes dos romances de cavalaria em que ele é viciado e fica lendo a noite inteira —, é tudo o que os personagens de *O céu que nos protege* não são. Ele acorda cedo, veste a armadura impecável do avô e sai em busca de aventuras: uma donzela em apuros para salvar e amar, um vilão para atravessar com a lança. Poderia a letargia crescer ali? Não, de jeito nenhum! Enquanto os americanos insatisfeitos de Bowles reduzem o mistério e a beleza do deserto às partes estranhas e não confiáveis para não se machucar, negando-lhe a magnificência ou a ressonância épica que lhes daria um lugar na história, Dom Quixote transforma hospedarias comuns de beira de estrada em castelos com pináculos prateados e moinhos de vento em um exército de gigantes. E tudo isso com uma disposição confiante e jovial, imune aos alertas de seu fiel escudeiro.

Tome-o puro, gotejando da pena de Cervantes com sua atividade frenética e o cavalheiresco chamado às armas, com seu romance e seu entusiasmo. Para os preguiçosos e lentos, esse é o tônico mais energizante que a literatura pode oferecer deste lado da lei.

VER TAMBÉM: **ambição, falta de** • **apatia** • **cama, incapacidade de sair da** • **tédio**

libido, perda de

Elogio da madrasta
MARIO VARGAS LLOSA

Quando seu impulso sexual descer em queda livre, busque inspiração nesse pequeno romance travesso do escritor peruano Mario Vargas Llosa. A cada noite, depois de suas fastidiosas abluções, dom Rigoberto toma nos braços a esposa, dona Lucrécia, e murmura: "Você não vai perguntar quem eu sou?" Dona Lucrécia conhece o jogo. "Quem,

quem, meu amor?", ela implora. E dom Rigoberto — um sensualista, um amante da arte, um viúvo que não pode acreditar na sorte de ter encontrado o amor novamente, na meia-idade, e uma madrasta para seu filho adolescente, Alfonso — começa a falar do ponto de vista do personagem de um quadro famoso.

Porque o que o excita é que ele e dona Lucrécia vivam as figuras desses quadros em suas fantasias. Uma noite, ele é o rei da Lídia em uma obra do mestre holandês do século XVII Jacob Jordaens, enaltecendo orgulhosamente as virtudes do traseiro volumoso da esposa. Na noite seguinte, excita-se e deleita-se com *Diana saindo do banho*, de François Boucher, imaginando Lucrécia como a deusa caçadora tendo o corpo massageado com mel e os dedos dos pés sugados um a um por sua amante. Em uma noite mais complicada, é a angustiada e pouco atraente *Cabeça I*, de Francis Bacon, que faz seu sangue ferver.

Talvez eles levem o jogo longe demais. Ao personificar Vênus, em *Vênus com organista e Cupido*, dona Lucrécia fica tão excitada com as descrições que o marido faz de Cupido tocando-a com suas asas e "rolando sobre a geografia acetinada de seu corpo" que começa a ter pensamentos impróprios com seu angelical enteado, Alfonso. No limiar da sexualidade nascente, o menino de cabelos dourados está mais do que ansioso para encorajá-la.

Não há nada errado, porém, em buscar alguma inspiração na arte e na literatura para avivar a chama do desejo em um leito conjugal cansado. No espírito de dom Rigoberto, e não de dona Lucrécia, nós lhe oferecemos esse livro e mais uma ampla variedade de literatura erótica em nossa cura para "orgasmos, não ter suficientes". Esperamos que você encontre algo para embaçar as janelas de seu quarto.

VER TAMBÉM: **orgasmos, não ter suficientes** • **sexo, pouco**

luto

VER: **anseio geral** • **coração partido** • **morte de pessoa amada** • **viúvo(a), ficar**

MAL LIGADO À LEITURA

livrão, intimidado por um

DESMEMBRE-O

Se você se sente intimidado por livros do tamanho de tijolos, perderá algumas das melhores experiências de leitura conhecidas pelo homem (ver: Os melhores livrões, a seguir). Para superar o bloqueio, desmembre o volume em partes mais manejáveis. Se for um livro de capa dura, coloque-o em pé e examine-o: você verá que as páginas são divididas em uma série de cadernos, que depois são costurados para formar o livro. Faça suas divisões entre os cadernos. As folhas de livros com capa mole são coladas ao dorso e podem ser separadas mais aleatoriamente; você precisará ter consigo um suprimento de pregadores de roupa ou clipes de papel para juntar os papéis soltos. De repente, o livro enorme se metamorfoseou em uma dúzia de volumes finos, cada um mais ou menos do tamanho de um conto longo, que não são mais nem um pouco intimidantes. E, a propósito, não seja preciosista demais com essas páginas soltas. Depois que tiver lido, jogue-as fora. Gostamos da ideia de deixar as folhas voarem alegremente uma a uma pela janela de um trem em alta velocidade (embora saibamos que recomendar jogar lixo pela janela seria irresponsável). Seja como for, reduza o livro conforme avança, para ficar no controle. É muito melhor ter uma cópia de *Um rapaz adequado* em forma não corpórea dentro da cabeça do que intacta, mas destinada a passar a vida servindo de peso para segurar a porta.

OS MELHORES LIVRÕES

Lanark ALASDAIR GRAY
O mar da fertilidade YUKIO MISHIMA
Em busca do tempo perdido MARCEL PROUST
O arco-íris da gravidade THOMAS PYNCHON
Um rapaz adequado VIKRAM SETH
A feira das vaidades WILLIAM MAKEPEACE THACKERAY
Guerra e paz LEON TOLSTÓI
Cristina Lavransdatter SIGRID UNDSET
Graça infinita DAVID FOSTER WALLACE

livros, compulsão por ter

INVISTA EM UM E-READER E/OU CRIE UMA PRATELEIRA DE LEITURAS ATUAIS

MAL LIGADO À LEITURA

Nós conhecemos o seu tipo. Você gosta tanto da aparência e do toque dos livros que fica louco para possuí-los. Só de entrar em uma livraria, já fica excitado. Seu maior prazer na vida é trazer livros novos para casa e colocá-los nas prateleiras imaculadas. Você se afasta um pouco para admirá-los, imagina como será quando os tiver lido — depois sai e vai fazer outra coisa.

Invista em um e-reader. Ao reduzir um livro a palavras — sem capa elegante, sem um nome de autor da moda ou esotérico, para que os outros notem —, você logo descobrirá se realmente quer ler o livro ou somente tê-lo. Se ele passar no teste, espere até estar de fato pronto para começar a leitura antes de clicar em "baixar" (mantenha-o em uma lista de desejos enquanto isso). Se, e apenas se, você o amar ao ler em seu e-reader, pode então se permitir a aquisição de um belo exemplar impresso para manter em sua estante, ler e reler, amar, tocar e babar, mostrar para os amigos e simplesmente ter.

Se você não se entusiasmar com a ideia de um e-reader, crie uma prateleira em casa designada "Leituras atuais". Deve ficar perto da cama ou de onde você mais gostar de ler, e conter a meia dúzia de livros que serão sua próxima leitura. Cuide de manter ativa a rotatividade nessa prateleira. Porque a regra número um é que você só pode comprar um livro novo quando um dos títulos na prateleira "Leituras atuais" tiver sido lido e devolvido à estante. A regra número dois é que você tem de ler os livros dessa prateleira mais ou menos na ordem em que chegarem ali. E a regra número três é que, se algum dos livros for pulado mais de uma vez, ou ficar na prateleira por mais de quatro meses, deve ir para um amigo ou para doação.

Nada de trapacear! Você estará curado de seu hábito no prazo de um ano.

MAL LIGADO À LEITURA

livros novos, seduzido por

APRENDA A ARTE DA RELEITURA

É tentador ver livros do mesmo modo como vemos equipamentos eletrônicos: precisamos da versão mais recente e mais atualizada. Mas, só porque um romance é novo, não significa que seja bom; na verdade, com um novo romance sendo publicado a cada três minutos,* as chances de que ele seja bom são de fato muito pequenas. É bem melhor esperar para ver se um romance passa pelo teste do tempo e, enquanto isso, ler um que já tenha se mostrado digno de ser lido. Porque a arte da releitura é negligenciada, mas talvez seja ainda mais importante que o ato de ler pela primeira vez.

Às vezes, um romance funciona apenas no nível da história e, nesse caso, a segunda leitura será uma versão aguada da primeira. Mas os melhores romances conversam com o leitor em muitos níveis diferentes, e, em nossa pressa de descobrir o que acontece, passamos batido pelas outras coisas. Uma segunda leitura vai pegá-las na rede. Não mais cegados pelos "o quês", podemos apreciar os "comos" e "por quês". É mais provável percebermos os prenúncios sinistros de eventos antes que eles ocorram, por exemplo, e sorrirmos com o autor ao notar como um personagem engana a si mesmo — e como o autor nos enganou primeiro. É mais provável que, no fim, compreendamos com mais clareza a filosofia que marca o livro. E certamente estaremos mais alertas para a habilidade do escritor ao conduzir a narrativa — o que foi omitido, o que foi contado — e para como a linguagem, os diálogos, os temas e as imagens foram usados para produzir a atmosfera, o ritmo e o tom.

A nova visita a um livro especialmente admirado ou amado pode se tornar, talvez, um ritual para cada cinco anos, marcando a passagem do tempo em sua vida, ajudando-o a ver em que aspectos você mudou e em quais permaneceu o mesmo. Não saia sempre correndo atrás do novo. Como os melhores amigos e vinhos, os melhores romances se aprimoram com o passar dos anos.

---

* Exceto aos domingos.

luxúria

A luxúria tem seu lugar, claro. Não nos sentiríamos vivos sem ela. Mas, quando se trata de tomar decisões, ponha-a no banco de trás. O desejo humano é imensamente poderoso, mas também inteiramente irracional, incapaz de formar juízos sensatos (e, se você sofrer disso de modo geral, veja "bom senso, falta de"). Deixar o desejo controlar suas decisões na vida é, francamente, tão sensato como entregar a um menino de treze anos as chaves de seu carro novo e sugerir que ele dê uma voltinha.

Moça com brinco de pérola
TRACY CHEVALIER

Espelhe-se em Griet, a recatada e comedida empregada-e-musa de Johannes Vermeer, na recriação por Tracy Chevalier do momento por trás do quadro de mesmo nome. A moça humilde atrai o interesse do pintor quando ele nota que ela arrumou o repolho-roxo e as cenouras cortadas de tal maneira que as cores não "brigam", percebendo de imediato que ela tem um olho instintivo para a pintura. No momento em que ela posa para ele, ambos já nutrem respeito um pelo outro e trabalham pacificamente no estúdio, lado a lado. Griet começa a se referir a ele como "seu mestre" e, mais revelador ainda, como um "ele" sem outro vocábulo identificador. Um ensina ao outro novas maneiras de ver. E há um toque significativo e intensamente carregado: Vermeer põe a mão sobre a de Griet para lhe mostrar como usar o socador, ou pistilo, a fim de triturar um pedaço de marfim carbonizado e preparar tinta preta, produzindo na moça uma descarga sexual tão potente que ela derruba o instrumento. Dá-se início à aproximação amorosa, portanto. E, quando o quadro é terminado, o desejo — dele, mas também dela — está lá para todos verem, no brilho do branco dos olhos, nos lábios úmidos ligeiramente abertos, no tecido delicadamente enrolado e preso do turbante e, claro, na luminosidade da incongruente e lustrosa pérola contra o pescoço sombreado.

Griet sabe perfeitamente bem que, na Delft do século XVII, uma garota de sua classe não pode se misturar com um homem da estirpe de Vermeer. Esse é um território muito perigoso, e, com a tensão sexual que pipoca na página, sabemos que o futuro de Griet está por um fio. As frases concisas e cuidadosas de Chevalier espelham a contenção exigida de ambos. Será que eles a encontrarão? Ou o desejo falará mais forte?

Ó, voluptuoso leitor, quando seus hormônios ameaçarem prevalecer sobre a razão, afaste-se para um lugar sossegado acompanhado de *Moça com brinco de pérola*. Deixe que as frases elegantes e disciplinadas acalmem suas paixões, refreiem sua luxúria. Pare, tranquilize-se, repense. Sua atração é por alguém com quem você pode compartilhar repolhos e cenouras? Se não for, desfrute do desejo apenas pelo que ele é, depois respire fundo e siga sua vida.

VER TAMBÉM: **mal de amor** • **paixão** • **sexo demais**

M

mãe/pai solteiro, ser

Ninguém disse que seria fácil. E, a menos que você possa se dar ao luxo de não trabalhar, ou de ter uma babá ou uma vovó cooperativa, tentar estar presente para seus filhos emocional e fisicamente, ao mesmo tempo em que ganha o sustento, administra a casa e mantém um pouco de vida social, é desafiador mesmo para o mais estoico dos seres humanos. A literatura tem um apetite grande e desproporcional por mães e pais sozinhos, e há muito a aprender com a variedade de estratégias apresentadas para a criação dos filhos. Em um extremo estão os trabalhos malfeitos, que lhe dão uma excelente lista de "como não fazer". Quanto às mães sozinhas, a literatura geralmente assume a linha de que, quanto mais alternativa for a abordagem, melhor — veja a tia Penn (que, embora não seja estritamente uma mãe solteira, bem poderia ser) em *Minha vida agora*, de Meg Rosoff, para algumas impressionantes técnicas práticas de como ser mãe. É verdade que seu filho Edmond, de catorze anos, fuma e dirige o carro da família, mas ele tem o tipo de maturidade e sensibilidade que toda mãe sonha em estimular em seus meninos.

Nossa mãe solteira favorita, porém, é Sibylla, de *O último samurai*. Mãe do superinteligente Ludo, ela não tem dinheiro para aquecer a casa, e eles passam regularmente dias inteiros em viagens contínuas pela Circle Line do metrô para se manter aquecidos. Mas Sibylla não deixa a pobreza interferir entre ela e a vida intelectual. Tendo decidido educar seu filho em casa, ela ensina Ludo a ler aos dois anos, e, aos três, ele já está enfrentando Homero — em grego.

Ela mesma uma mulher de inteligência superior, Sibylla não se intimida com o gosto de Ludo por línguas e, nos anos seguintes, hebraico, japonês, nórdico antigo e inuíte são acrescentados a seu cur-

O último samurai
HELEN DEWITT

Silas Marner
GEORGE ELIOT

O sol é para todos
HARPER LEE

rículo. A única coisa que ela não aceita fazer é apresentá-lo ao pai, optando pelo filme clássico de Kurosawa, *Os sete samurais*, para dar ao menino modelos masculinos. Isso não impede Ludo de iniciar uma busca pelo pai real — mas será que qualquer candidato estará à altura do samurai? Essa é uma premissa brilhante e executada com o amor pela linguagem que se esperaria de uma escritora que gerou tal dupla de personagens multilíngues. A conclusão trará alegria silenciosa ao coração de qualquer mãe que esteja lutando para criar filhos na ausência de um pai dedicado.

Ser deixado com um bebê nas mãos é mais comum para mulheres, mas às vezes homens também se veem nessa situação fortalecedora do caráter. Qualquer que seja seu gênero, o profundamente comovente *Silas Marner*, de George Eliot, garantirá que você perceba sua situação como uma bênção, caso ainda esteja em dúvida. Amargurado e solitário, evitado pelos outros habitantes de Raveloe (pessoas de Raveloe, vejam "julgamentos, fazer"), Silas Marner não tem nada que motive sua vida, exceto o ouro que esconde sob as tábuas do assoalho. Um dia, ele encontra uma criança misteriosa adormecida junto à lareira. Gradualmente, Eppie enternece seu coração, ensinando-lhe como amar e construindo uma ponte entre Silas e os habitantes locais. Se ter um filho sozinho não foi algo que você planejou e estiver sendo difícil se ajustar, esse romance lhe dará grande estímulo.

Mas é Atticus Finch, em *O sol é para todos*, de Harper Lee, que recebe nosso voto de melhor pai solteiro em atividade. Para aprender como tratar seus filhos com respeito, como lhes dar liberdade para brincar e descobrir o mundo por si, como lhes mostrar a importância de defender o que se considera certo e ter coragem de agir contra o que está errado (para mais sobre isso, veja "covardia"), não precisa procurar mais. Construa uma casa com varanda e coloque uma cadeira de balanço nela. Sente-se ali, fumando um cachimbo. Leia *O sol é para todos* uma vez por ano, primeiro para si, depois em voz alta para seus filhos. Seja forte. E esteja presente para eles. O resto virá por si.

VER TAMBÉM: **maternidade • ocupado, ser muito • ocupado demais para ler • paternidade**

mal de amor

Carol
PATRICIA HIGHSMITH

Na Idade Média, heróis e heroínas literários com frequência definhavam de mal de amor. Palamon, do *Conto do cavaleiro*, de Chaucer, é um excelente exemplo, tendo avistado a bela Emília pela janela da torre onde é mantido prisioneiro e, depois, quase se consumindo pelos efeitos de vê-la, mas não poder tê-la. É apenas em nossa era menos romântica que psiquiatras tendem a ser consultados e prescrever drogas. O mal de amor é causado pela ausência da pessoa amada, seja por uma separação forçada, por rejeição pelo objeto do amor (ver: amor não correspondido) ou por morte do ser amado. Os sintomas podem ser muito palpáveis e incluem desmaios, definhamento, alheamento e vício em chocolate. Todas essas aflições podem ser muito fatigantes para amigos e familiares (e estes devem ver: família, conviver com a). Nossa cura natural é uma dose tonificante de amor correspondido.*

O segundo romance de Highsmith foi inspirado por um incidente na vida da própria autora, quando ela trabalhava em uma loja de departamentos vendendo bonecas, como Therese em *Carol*. Ela ficou tão impressionada com uma cliente que parecia "emitir luz" e fazê-la ter a sensação de estar diante de uma visão que, quando chegou em casa, escreveu o esboço da história em duas horas. E a história contada é a da paixão inesperada entre duas mulheres: Carol, na casa dos trinta anos, com uma filha e um marido que ela está em processo de deixar, e Therese, de dezenove anos, que muda de um emprego para outro, mas tem um gosto especial por cenografia. É Therese, a garota da loja, que inicia o romance.

A princípio, Therese fica abertamente encantada, e Carol permanece bem-humoradamente indiferente. O namorado de Therese fica perplexo; ela não fez nenhuma tentativa de esconder dele sua obsessão. "Isso é pior que sofrer por amor", ele lhe diz, "porque é tão completamente despropositado", incapaz de acreditar na possibilidade de amor entre pessoas do mesmo sexo. Mas o que é o verdadeiro amor senão o triunfo da emoção sobre a razão? Quando elas partem em uma viagem de carro pelos Estados Unidos, Carol se abre para Therese e elas se ligam inteiramente. Seu romance sensual é belamente descrito: "O aroma quente e levemente doce de seu per-

---

* Pedimos desculpas por entregar o jogo, mas esse romance não é prejudicado por se saber, de antemão, que a garota fica com a garota no fim.

fume veio até Therese outra vez, um aroma sugestivo de seda verde-
-escura que era só dela [...]. Tinha vontade de derrubar a mesa de lado
e lançar-se em seus braços, enterrar o nariz no lenço verde e dourado que ela trazia amarrado ao pescoço". Durante um período em que
as duas ficam separadas (e elas acham que é para sempre), Therese
experimenta a dor de amor extrema: esgotamento total e desespero
no mais perfeito estilo medieval.

"Como o mundo voltaria à vida? Como teria de volta o seu sal?"
Apenas Carol pode salvá-la de seu estado de sofrimento por amor.
E ela o faz.

Qualquer que seja sua orientação sexual, o enfrentamento por
Therese desse mal de amor lhe dará forças. Se você tiver uma Carol
em sua vida, vá atrás dela. O sal logo estará de volta. Se perder a esperança, veja "amor condenado", "amor não correspondido" e "coração partido".

VER TAMBÉM: **anseio, geral** • **apetite, perda de** • **cansaço e sensibilidade excessiva** • **concentração, incapacidade de** • **coração partido** • **insônia** • **luxúria** • **morte de pessoa amada** • **náusea** • **obsessão** • **paixão** • **romântico incorrigível** • **sentimental, ser** • **tontura**

mal do século XXI

Uma história de amor real e supertriste
GARY SHTEYNGART

A sensação de desconforto que é única deste século vem da discre-
pância entre o desejo de uma vida satisfatória, plena e aventureira
e o absurdo da sociedade como a vemos se desenrolar a nossa volta:
a burocracia, o politicamente correto, a legislação voltada à segurança, a disfuncionalidade de indivíduos causada pelo uso excessivo da
tecnologia... e a lista continua.

Em *Uma história de amor real e supertriste*, de Shteyngart, Lenny e
Eunice vivem em um mundo não muito distante do nosso, em que
um fluxo de dados atualiza constantemente pontuações de crédito
e a classificação da rede social dos indivíduos, ao mesmo tempo em
que oferece ideias de compras instantâneas e as fofocas mais recentes sobre seus amigos. Lenny tem trinta e nove anos e é um imigrante judeu da Rússia que, anacronicamente, ainda adora — e lê — livros
(particularmente Tolstói, que seus amigos consideram pouco saudável). O objeto de seu desejo, Eunice, é uma jovem estudante coreana.
A história deles é contada por meio de registros alternados em seus

diários — o de Lenny, da maneira tradicional, o de Eunice, por sua conta no GlobalTeens, uma espécie de versão ampla do Facebook, de modo que também temos a diversão dos "adolescentismos" de Eunice para acompanhar. Suas postagens revelam sua ansiedade em relação ao futuro e a satisfação que sempre encontra, para sua surpresa, com o "boboquinha adorável" Lenny. Enquanto isso, Nova York está começando a se desintegrar à volta dele, os Estados Unidos estão em guerra com a Venezuela e todos estão endividados a tal ponto com a China que os recursos podem ser cortados a qualquer momento. Lenny teme pelo futuro deles, como indivíduos e como nação.

Depois dessa incursão por um mundo midiamaníaco, pós-literatura, de amigos que buscam a imortalidade e seguram um "Emote-Pad" junto ao coração dos outros a fim de conhecer seus sentimentos, você se verá procurando um "artefato de mídia encadernado, impresso, sem streaming" — talvez Tolstói, como Lenny —, mesmo que isso faça cair sua "pontuação de personalidade". Lenny Abramov, o último leitor da Terra, acaba se revelando certo sobre muitas coisas.

VER TAMBÉM: **cidade, fadiga da** • **desencantamento** • **insatisfação**

mal-humorado, ser

VER: **desmancha-prazeres, ser** • **irritabilidade** • **mau humor** • **rabugice**

maternidade

A maternidade não pode ser curada, mas pode ser tratada. Com uma abordagem moderna da maternidade, *Não sei como ela consegue*, de Allison Pearson, é uma dissecação hilariante das habilidades de malabarista necessárias para manter um emprego de alto nível, um amante, uma simulação de casamento e a maternidade. O livro começa com Kate Reddy, de trinta e cinco anos, em pé à uma e trinta e sete da madrugada, no dia 13 de dezembro, "desmontando" ligeiramente tortinhas de frutas compradas no supermercado para que pareçam feitas em casa. Ela está determinada a pelo menos parecer uma "mãe adequada", uma "abnegada assadora de tortas de maçã e asseada vigilante da máquina de lavar", e não do "outro tipo", tão desaprovada em sua infância, na década de 70.

Durante o dia, Kate é gerente de investimentos de uma empresa no centro financeiro de Londres, onde o chefe olha para seus seios

Não sei como ela consegue
ALLISON PEARSON

"como se estivessem em oferta especial", e trabalha até tarde, tendo como principal distração um romance por e-mail com o bom-demais-para-ser-verdade Jack Abelhammer. Ela se tortura constantemente por perder os momentos marcantes dos filhos ("Hoje é o primeiro aniversário do meu filho e estou sentada no céu sobre Heathrow") e se enfurece contra o mundo misógino que a colocou nessa posição. Seu casamento parece decididamente do século passado também, já que é ela quem se encarrega de toda a organização relacionada às crianças, às tarefas domésticas e a levar e buscar na escola, ainda que por controle remoto.

Pearson escreve com tanto humor que ler esse livro representará um desafio para seus músculos pélvicos pós-parto. Se você ainda não tiver entrado no reino da maternidade, mas estiver curiosa sobre o que acontece do outro lado do muro, esse romance servirá como um alerta contra querer "ter tudo". Mas aquelas que já vivem deste lado do muro terão um prazer travesso ao ver Kate Reddy se preparando para o próximo passo, ainda equilibrando alegremente as bolas do casamento, da profissão e dos filhos. Leia esse livro e se anime. Você até pode ter tudo; só não se esqueça de ter um rolo de macarrão à mão para esmagar suas tortinhas compradas prontas.

VER TAMBÉM: **dona de casa, ser** • **filhos demais solicitando atenção** • **mãe/pai solteiro, ser**

mau gosto

VER: **gosto, mau**

mau humor

A ilha do dr. Moreau
H. G. WELLS

Se você for tão mal-humorado quanto o dr. Moreau, na polêmica obra sobre antivivissecção de H. G. Wells escrita em 1896, tome cuidado com o efeito que está tendo sobre seus amigos, colegas e coabitantes. Rabugices são contagiosas, e você logo se verá cercado de outras pessoas truculentas e desagradáveis, as quais antes eram alegres e leves.

Moreau, na privacidade de sua ilha no Pacífico, está tentando transformar vários animais quadrúpedes — porcos, hienas, cachorros e leopardos — em seres humanos, usando um misto de cirurgia e condicionamento comportamental. Quem testemunha esses experimentos é Edward Prendrick, um náufrago inglês resgatado por Moreau e depois mantido em cativeiro. Primeiro, Prendrick entende a situação ao contrário, imaginando que a intenção de Moreau é transformar humanos em animais, e teme por sua vida. Depois ele percebe que se trata do inverso. Moreau tem sucesso apenas parcial; suas criações semi-humanas têm tendência a reverter para a natureza bestial, voltando a andar sobre quatro patas e caçando coelhos — daí o mau humor do doutor. E, no fim, Prendrick não tem nada a temer do Povo Animal. Mas, depois de ter passado muitos meses na ilha, ele está tão intratável quanto Moreau, tendo sido exposto por tempo demais ao mau gênio do cientista.

Não leve todo mundo para baixo com você. Veja nossas curas para "irritabilidade" e "misantropia", depois pense em mudar de profissão (ver: profissão errada).

VER TAMBÉM: **insatisfação** • **rabugice**

medo da morte

VER: **morte, medo da**

medo da segunda-feira de manhã

VER: **segunda-feira de manhã, sensação de**

medo de começar

VER: **começar, medo de**

medo de compromisso

VER: **compromisso, medo de**

medo de confronto

VER: **confronto, medo de**

medo de ficção científica

VER: **ficção científica, medo de**

medo de jantares sociais

VER: jantares sociais, medo de

medo de terminar

VER: terminar, medo de

medo de violência

VER: violência, medo de

medo de voar

VER: voar, medo de

medo indefinido

Algo sinistro vem por aí
RAY BRADBURY

Você coloca o CD do livro no aparelho de som do carro com... bem... considerável medo. Com um título como esse, como poderia ser diferente? Além disso, a chuva de outubro cai como vergastadas no para-brisa, mais pesada a cada minuto, e você tem um longo caminho pela frente.

Cinco horas mais tarde, você ainda está lutando com a chuva na estrada, os limpadores de para-brisa correndo de um lado para o outro diante de sua visão. Mas, dentro de sua cabeça, você está agachado atrás de uma estante de livros na biblioteca de Greentown, Illinois. A seu lado estão Will e Jim — ambos acabaram de fazer treze anos —, e o "Homem Ilustrado" se aproxima inexoravelmente. Ele sabe exatamente quem está procurando, pois o rosto dos meninos está tatuado na palma de suas mãos. Ele os quer para seu parque sinistro.

Enquanto esse predador do Show Pandemônio avança entre as estantes, murmurando consigo mesmo: "M de Meninos? A de Aventura? E de Escondidos... T de Terror?", o para-brisa subitamente fica todo embaçado.

Por mais que você tente limpar o vidro por dentro, parece não fazer nenhuma diferença. Sua respiração é curta e rápida. É como se seus olhos estivessem sendo costurados pela bruxa do livro que viaja com o parque de diversões, deslocando-se em seu balão preto e murmurando feitiços contra qualquer um que atrapalhe o avanço do grupo: "Libélula de agulha de cerzir, costure esses olhos para que não possam ver!" Você estaciona e desliga o audiolivro, pálido e trêmulo.

Mas é tarde demais: você já está fisgado. Agora precisa *saber*. Você abre as janelas para deixar entrar o ar, sem se importar com a chuva, e cautelosamente pressiona o botão para continuar a ouvir. Depois de um tempo, retoma a viagem, com as janelas bem abertas.

Foi por pouco. Você é quase engolido pela neblina e sente que está começando a virar cera, como quase acontece com Will e Jim, mas, quando um poderoso segredo no livro é divulgado, seu medo subitamente desaparece. E não volta mais.

Ao chegar a seu destino, você está gargalhando de satisfação. E, quando desce do carro em frente à casa, repara que é o tipo de casa que o teria enchido de um medo indefinido... Mas, dessa vez, você está armado.

VER TAMBÉM: **angústia existencial • ansiedade**

meia-idade, crise da

Você fantasia sobre partir ao pôr do sol em um potente e pulsante carro esporte, sentado com orgulho no banco de couro, a mão apoiada no câmbio firme e reluzente? Já imaginou sua secretária como passageira em potencial? Poupe-se desse vexame. Deixe esse pequeno livro na mesa de cabeceira, na próxima vez em que estiver numa viagem de negócios, e consulte-o sempre que os impulsos da crise da meia-idade se apossarem de você.

O ano da lebre
ARTO PAASILINNA

Pode-se dizer que Vatanen, o jornalista herói desse romance picaresco, esteja tendo uma crise da meia-idade arquetípica. Ele é um de dois "homens céticos e insatisfeitos" (o outro é seu colega fotógrafo) "avançando para a meia-idade". Nunca é explicado por que Vatanen sente necessidade de deixar sua casa em Helsinque para viver uma aventura com uma lebre; simplesmente acontece. Ele está em viagem de trabalho com o fotógrafo, seu carro atropela uma lebre, ele sai do carro e vê que o animal quebrou uma pata. Enquanto cuida da lebre, recusando-se a responder a seu colega no carro, o fotógrafo fica impaciente e vai embora sem ele. Vatanen não se importa; ele não sente mesmo nenhuma grande vontade de voltar para Helsinque e para sua esposa.

Então ele embarca em uma série de aventuras que o levam mapa acima pela Finlândia, fazendo trabalhos eventuais pelo caminho. Entre outras coisas, ele se envolve em um incêndio florestal; hospeda-se na casa de campo de um superintendente de polícia que, enquanto vira uma garrafa de vodca, conta a Vatanen evidências perturbadoras de que o presidente da Finlândia pode não ser tão bom quanto o fazem parecer; e é preso por parecer suspeito quando, com sua lebre em um cesto, bate à porta de alguém no meio da floresta na esperança de encontrar um lugar para dormir. Há episódios de extrema bebedeira (que dura oito dias em um dos casos), uma carona de helicóptero e uma muito dramática caça ao urso.

Tudo isso é alegremente energizante e melhora a vida. Ler *O ano da lebre* lhe fornecerá todas as aventuras pelas quais você anseia, sem a destrutividade de realizá-las pessoalmente. Embora, claro, se você se sentir inspirado a levar consigo um belo animal selvagem, em vez de sua secretária, talvez possa ganhar seu bolo da crise da meia-idade e comê-lo também.

VER TAMBÉM: **abandonar o barco, desejo de • cinquenta anos, ter • claustrofobia • divórcio • envelhecimento, medo do • felicidade, busca da • idade, diferença de no casal • insatisfação • profissão errada • quarenta anos, ter**

melancolia

VER: **tristeza**

membro, perda de

Peter Pan
J. M. BARRIE

O terceiro tira
FLANN O'BRIEN

A perda de um membro é uma situação horrível e reduzirá seu ritmo por algum tempo; mas, como a literatura demonstra, há maneiras de usá-la em seu benefício. Faça de seu membro perdido uma característica peculiar, como o capitão Gancho no delicioso, mesmo para adultos, *Peter Pan*, de J. M. Barrie, e use um gancho, ou outro substituto de braço ou perna, com orgulho. Você não só se destacará na multidão como também as pessoas saberão que você sofreu uma perda e tem uma personalidade mais complexa como resultado. A incapacidade do capitão Gancho de lidar com a visão do próprio sangue e seu terror de crocodilos (pelo menos de um crocodilo em particular) o tornam mais humano para nós e para Peter Pan.

O narrador de uma perna só da brincadeira amalucada de Flann O'Brien, *O terceiro tira*, é salvo da morte por sua deficiência. Um bandido de uma perna só está prestes a matá-lo quando nota a assimetria que eles têm em comum e decide que devem ser amigos.

Anime-se. A vida pode ser diferente quando se perde um membro, mas não precisa ser menos rica, menos ativa ou menos cheia de amigos.

memória, perda de

O erro que você comete, claro, é pensar na memória como se ela realmente existisse em um lugar especial, enquanto a coisa toda não passa de um projeto do momento. Mas vamos deixá-lo persistir no erro até o fim de sua tolice, e então você poderá voltar à questão, tomando o cuidado de não tentar facilitar usando termos, se não noções, acessíveis ao entendimento. Um pouco mais de reflexão talvez lhe mostre que você é compelido, de fato, a esquecer, e que a hora de lembrar, longe de já ter chegado, pode não chegar nunca. Por que então não pensar em alguma outra coisa, algo cuja existência pareça ser, em certa medida, mensurável, algo que seja nomeável? E, quanto à coisa, preferimos essa, devemos dizer que preferimos essa, pois sua atitude em relação a nós mudou, fomos enganados, você talvez seja uma porta levando-o a uma memória; se ao menos você ouvisse, a voz lhe contaria tudo.

Você estranha, não sente uma boca em si, não sente o atropelo de palavras na boca e, quando pensa em um romance de que gosta, se por acaso gostar de romances, em um ônibus, ou na cama, as palavras estão ali, você não sente isso também, as palavras caindo, você não sabe onde, não sabe de onde, gotas de silêncio; você sente uma orelha, sente um nariz, embora agora, francamente, não sinta, você precisa fazer uma cabeça para si.

Você acha que muda você nunca muda vai continuar dizendo a mesma coisa até morrer. Onde agora? Quem agora? Quando agora? Você sempre esquece isso; precisamos retomar, você precisa retomar, nunca parar de contar histórias para si mesmo, imaginando de onde as tirou, estaria na terra dos vivos, onde você armazena essas lembranças, em sua cabeça, você não sente uma cabeça em si, você é feito de silêncio, nós somos feitos de histórias, nós seríamos você, seríamos o silêncio, você seria as histórias, você se deixou para trás nisso, está esperando por si mesmo. Você precisa continuar, não pode

O inominável
SAMUEL BECKETT

continuar, nós o levamos até o limiar da sua história, diante da porta que se abre para sua própria história, você se surpreenderá, a porta vai se abrir, você será você.

VER TAMBÉM: **amnésia associada à leitura**

menopausa

O verão antes da queda
DORIS LESSING

O anjo de Miss Garnet
SALLEY VICKERS

A vida íntima de Pippa Lee
REBECCA MILLER

Pode ser o fim de seus ciclos mensais, mas não precisa ser o seu fim. Na verdade, para muitas mulheres, a chegada à menopausa desencadeia o desejo de desencavar o "eu" que estava enterrado ou deixado de lado pelas distrações dos anos férteis. Quer você tenha tido filhos cedo ou tarde, ou não os tenha tido, a deposição de seus ovários do trono permite que você própria se dispa de um certo manto maternal e se vista com algo mais empolgante.

Como modelo, tome Kate, personagem do clássico de autodescoberta feminina dos anos 70 *O verão antes da queda*, de Doris Lessing. Há vários anos, Kate, de quarenta e cinco anos, vem tentando segurar a maré — pintando o cabelo, mantendo controle do peso e "se comprimindo" para caber no papel de dona de casa e mãe, em um subúrbio de classe média londrino. Mas o mais novo de seus quatro filhos já fez dezenove anos e está pronto para sair de casa, e, embora ela ainda não esteja na menopausa, sua família, grosseiramente, fala sobre ela como se já estivesse. Quando um emprego aparece em seu caminho — o primeiro em sua vida, já que Kate escolheu se casar em vez de ter uma profissão —, ela abandona as roupas antigas e compra vestidos sexy e sofisticados que "lhe dariam entrada, como um passaporte", a uma vida em que ela não é mais a sra. Brown, mas Kate Ferreira.

Mas ela logo se cansa disso. A razão de ser tão boa em seu trabalho, ela percebe, é que continua a desempenhar um papel diplomático, como se estivesse secretando uma espécie de "fluido invisível" que "integrava indivíduos que não poderiam ter nenhuma outra conexão". Em suma, como se ainda fosse a mãe de todos. Ela continua a experimentar e a rejeitar uma série de outros papéis e roupas, mas vê em todos eles variações do tema da maternidade, uma descoberta que a leva a uma espiral de pane mental (mas não tenha receio, já que panes mentais são sempre purificadoras no universo de Lessing). O que reluz através de toda a confusão é uma epifania que ela tem na metade desse verão de mudanças, de que seu futuro não será uma continuação do passado imediato, mas recomeçará de onde ela o deixou quando criança: a Kate inteligente, animada e, sim, sexy que ela fora antes. Se você está procurando um bastão para levar adiante, qual poderia ser melhor do que esse?

Se você já superou as preocupações de ser ou não sexy e se volta com alívio para pensamentos sobre arte, educação, espiritualidade e autodescoberta, *O anjo de Miss Garnet* deverá ser seu cúmplice. Solteira de pouco mais de sessenta anos e ainda virgem, Miss Garnet lamenta, ocasionalmente, nunca ter sido amada o suficiente por alguém a ponto de se casar. Mas, agora que "a única pessoa com quem ela já comeu junto", sua colega de apartamento, morreu, tudo o que ela quer é um pouco de aventura em algum lugar exótico. Bem aleatoriamente, decide ir para Veneza.

Ali, Miss Garnet se abre para experiências de maneiras que nunca viveu antes, fazendo amigos com facilidade e vendo-se envolvida em um intrigante roubo de arte, bem como em um quase romance. Mais importante, porém, é sua descoberta do anjo Rafael. Revigorante e sábio, e tranquilamente livre de sexo, o florescimento tardio de Miss Garnet inspirará você a se dedicar a coisas mais elevadas na vida.

Mas, se você ainda não se despediu das aventuras arrojadas da juventude, pegue *A vida íntima de Pippa Lee*, de Rebecca Miller. Do tédio terrível de uma comunidade de aposentados, ainda que muito ricos, em que Pippa Lee parece fadada a passar a meia-idade em companhia do marido mais velho, Herb (de oitenta e um anos), viajamos pelas lembranças de sua infância conturbada e de seus loucos e acelerados vinte anos até os braços de Chris, um homem mais jovem e cristão em recuperação. Arte e anjos são uma excelente opção, mas o sexo pós-menopausa às vezes também é. Leve esse romance para a cama, porque nunca é tarde demais para um novo amor.

VER TAMBÉM: **cabeça, dor de** • **cansaço e sensibilidade excessiva** • **cinquenta anos, ter** • **insônia** • **libido, perda de**

mentira

A mentira tem várias formas. Mas, exceto mentirinhas inocentes, aquelas usadas para proteger outra pessoa de um sofrimento desnecessário, mentiras geralmente são espalhadas por maldade e/ou egoísmo:

Reparação
IAN McEWAN

um desejo de fazer mal ou de se proteger de vergonha ou castigo. Não subestime os danos que elas podem causar. Permita-se provocar pequenas infelicidades, por mais que pareçam insignificantes, e você não só estará se relegando à categoria das pessoas em quem não se pode confiar (para as desvantagens disso, veja "confiança, perda de") como também correrá o risco de causar a si próprio, ou a outros, danos que podem durar a vida inteira.

Veja o que acontece com Briony, de treze anos, em *Reparação*, de Ian McEwan. Ainda ferida, talvez, por ter confessado sua paixão de infância por Robbie, o filho do caseiro dos Tallis que havia sido criado e educado como um membro da família, ela permite que sua imaginação excessivamente ativa, sua tendência ao drama e a ideia de si mesma como uma protetora altruísta dos outros a levem longe demais. Quando ela interrompe Cecilia e Robbie em flagrante delito na biblioteca, sua interpretação equivocada do que estava acontecendo poderia ser atribuída à ingenuidade. Mas quando, mais tarde, encontra sua desesperada prima Lola no escuro, depois de ter sido agredida e violentada por uma figura que fugia nas sombras, ela só pensa em um único culpado. O socialmente inferior Robbie, com seus "membros fortes e desajeitados" e "feições grosseiras e amistosas, que costumava carregá-la nas costas", imediatamente se metamorfoseia, em sua imaginação febril, em um bruto que abusou horrivelmente da hospitalidade da família e deve ser castigado.

O fato de Briony ser jovem não é desculpa. Prisioneira das próprias ilusões, ela cria uma história intricada com base em suas interpretações e imaginações equivocadas, que a fazem abafar sua voz interior, a qual sabe a verdade. Prefere, em vez disso, reafirmar sua posição e ignorar as dúvidas, tudo para manter a narrativa em que embarcou. E assim, quando o inspetor lhe pergunta se ela viu Robbie claramente, com seus próprios olhos, ela mente.

Sua mentira arruína não só a vida de Robbie e de Cecilia, mas a sua também. Ao buscar reparação para seu crime, ela rememora os detalhes em um loop infinito, como "um rosário a ser manuseado por uma vida inteira". Esse romance deve ser lido como uma vacina contra a tentação de dizer uma falsidade. Leia-o e deixe-o pairar na mente como um lembrete constante.

VER TAMBÉM: **confiança, perda de**

misantropia

Se você odeia a espécie humana, experimente viver em uma rocha no meio de um lago por dezessete anos, como Gregório em *O eleito*. Ele tem razões extremamente boas para desconfiar da natureza humana. Casou-se com a mãe, matou o pai e é, ele próprio, filho de um relacionamento entre dois irmãos. Até aqui, tão *Édipo rei*... Mas ele decide que precisa expiar seus pecados (ainda que não intencionais) e parte para viver em uma ilha no centro de um lago. Acorrenta-se à rocha pela perna, para tornar a penitência ainda mais dolorosa. Com sua dieta limitada (ele suga da pedra da Mãe Terra), Gregório definha até o tamanho de um ouriço ao longo dos anos.

Enquanto isso, o último papa morreu e dois bispos têm a visão de um cordeiro ensanguentado que lhes dá a entender que o próximo papa poderá ser encontrado em uma ilha, no meio de um lago. Com grande desgosto e confusão, os bispos trazem o homúnculo enrijecido de volta por sobre a água. Assim que atingem terra seca, Gregório é miraculosamente restaurado ao tamanho humano normal, tornando-se bastante belo e sorridente, ainda que um tanto peludo, e vem a se tornar um dos maiores papas de todos os tempos, admirado pela clemência, sabedoria e compreensão.

Se, como Gregório, você tende a se afastar da humanidade, desprezando o que vê, pergunte-se se seu ódio não é, na verdade, ódio de si mesmo. Adote, como ele, a expressão *Absolvo te* e volte-a para dentro de si. Depois que tiver aprendido a amar a si próprio, você não terá dificuldade para voltar a amar os outros.

O eleito
THOMAS MANN

VER TAMBÉM: **desmancha-prazeres, ser** • **egoísmo** • **jantares sociais, medo de** • **mau humor**

morte

A morte não pode ser adiada para sempre, e, quando chega a hora, precisamos estar prontos. No Ocidente, temos tendência a evitar pensamentos de morte e a ignorar mais ou menos esse fato em nossa vida cotidiana. Foram-se os dias do *memento mori*, um lembrete diário de que um dia vamos morrer. No entanto, é essencial tanto viver na presença da morte — e, assim, ter a certeza de estar sempre plenamente vivo — como estar preparado com as companhias literárias

Pérola
O POETA DE GAWAIN

Metamorfoses
OVÍDIO

adequadas. De modo que, quando o momento vier, não cheguemos a um leito de morte — o nosso próprio, ou o de outra pessoa — sem o devido arsenal. Quer seja você quem está morrendo, quer você se encontre na cabeceira de uma pessoa amada enquanto ela deixa este mundo, alguma literatura que console e acalme, e ao mesmo tempo incentive suavemente a aceitação, é uma dádiva inestimável. Você ficará satisfeito por ter se preparado com essas duas obras de atemporal serenidade e grande beleza, seja para ler para si mesmo, se você puder, ou para ler em voz alta, ou para ouvir na voz de alguém.

Nesses momentos mais sérios da vida, precisamos de uma linguagem que possa nos elevar acima do comum. *Pérola* é um dos mais belos poemas de língua inglesa, escrito, ou pelo menos assim se supõe, pelo mesmo autor de *Sir Gawain e o Cavaleiro Verde*, a encantadora e evocativa "aventura" de Natal do século XIV. *Pérola* descreve a perda de uma "pérola de grande valor", que muitos críticos acreditam que represente a filha de dois anos do poeta; outros defendem que a pérola seja inteiramente alegórica, representando a perda da alma e permitindo deliberadamente muitas interpretações quanto a seu significado. Tão pouco se sabe sobre a vida do poeta que ninguém pode ter certeza dos detalhes biográficos de seu suposto luto; este é inferido do poema, mas o texto, por sua vez, é tão cheio de camada sobre camada de alegorias que uma interpretação segura é impossível. Mas a própria ambiguidade é também o que torna o poema tão rico e irresistível. A agonia da perda expressa, a pureza do amor sentido, a beleza da pérola descrita estão todas intricadamente inseridas em um poema de estrutura notavelmente complexa. O poema é composto de cento e uma estrofes de doze versos cada, habilmente conectados por termos de ligação, enquanto vínculos temáticos criam uma relação entre os dois extremos do texto, produzindo uma estrutura que é, ela mesma, circular — como o ciclo de vida e morte.

Mencionamos tudo isso porque o poema é tão belo, tão primoroso e agradável quanto uma pérola segura na palma da mão. Se você o interpretar literalmente, a "pérola de grande preço" representa a coisa ou pessoa que você mais ama no mundo (e que o agonizante deve, se possível, ter consigo no momento crucial). E, se você que está lendo isso for uma pessoa religiosa, vai se sentir pronto para passar para as mãos de Deus, porque a mensagem cristã é clara, e a pérola aparece como uma camareira dizendo ao poeta que ele deve se colocar sob a misericórdia de Deus para cruzar o rio e entrar no reino.

Tanto os que creem como os que não creem podem derivar conforto do conceito de transformação nessas horas. Porque, mesmo se acreditarmos que a morte é o fim, há um sentido segundo o qual meramente mudamos de forma. Para ajudá-lo a se sentir parte da roda da vida eterna, leia Ovídio, pois sua grande obra, *Metamorfoses*, é sobre como uma coisa se torna outra, *ad infinitum*.

Há tudo da vida nessas páginas, dos mitos da criação à vida dos filósofos, de Caos a Eros, da vinda dos deuses às provações de Hércules e Prometeu. Mas o tema central de Ovídio é o amor, o poder que transforma todas as coisas. Por causa de seu desejo, Zeus se transforma em um cisne, um touro, uma chuva de ouro. Por suas investidas contra a honra de suas vítimas, elas se tornam árvores, ninfas da água, aves ou feras. Diana transforma Acteon em um cervo, porque ele fatalmente a viu nua. Narciso se metamorfoseia em uma flor devido a seu amor por si mesmo. E Eco vive para sempre como um som repetitivo, tendo definhado de amor (se não for tarde demais, veja "mal de amor"). Aracne é transformada em aranha porque gostava demais de tecer. Tudo é mutável, nada permanece estático, e todos os seres passam de um estado a outro — não morrendo, mas tornando-se.

E, assim, os versos de Ovídio nos deixam hipnotizados, pois ele escreve sobre mito e lenda, amor e perda, mostrando como permanecemos em flores silvestres, oliveiras e riachos, com nossa vida fluindo de uma forma a outra em infindáveis metamorfoses.

morte, medo da

Você já se perguntou como as pessoas conseguem funcionar sabendo que podem deixar de existir a qualquer momento? Já acordou no meio da noite suando frio, pregado à cama, por causa do terrível conhecimento de que há uma ameaçadora eternidade de não existência à sua espera?

Você não está só. A consciência da morte é o que nos separa dos animais. E o modo como escolhemos lidar com isso — quer optemos por acreditar em Deus e em vida após a morte, conciliar-nos com a ideia da não existência ou simplesmente reprimir todos os pensamentos a esse respeito — é algo que nos separa uns dos outros.

Jack Gladney, professor de estudos sobre Hitler em uma faculdade do Meio-Oeste dos Estados Unidos, sofre de um medo agudo da mor-

Ruído branco
DON DELILLO

Cem anos de solidão
GABRIEL GARCÍA MÁRQUEZ

te. Jack é obcecado por quando vai morrer, se é ele ou sua esposa, Babette, quem se vai primeiro (ele torce secretamente para que seja ela) e sobre o tamanho de "buracos, abismos e fendas". Um dia, ele descobre que Babette tem tanto medo da morte quanto ele. Até aquele momento, sua esposa grande e loira havia estado entre ele e seu medo, representando "a luz do dia e a vida densa". A descoberta abala sua alma — e as bases de um casamento até então feliz.

Jack explora todos os tipos de argumentação e de filosofias para superar o medo da morte, desde colocar-se dentro do domínio protetor de uma multidão até a reencarnação. ("Como você pretende passar sua ressurreição?", pergunta um amistoso testemunha de Jeová, como se estivesse perguntando sobre um fim de semana prolongado.) Seu método mais bem-sucedido para aliviar o medo (e se distrair) é sentar-se e observar os filhos dormirem, uma atividade que o faz se sentir "devoto, parte de um sistema espiritual". Para aqueles com a sorte de ter filhos dormindo à mão, esse é um bálsamo que recomendamos sinceramente, não só para o medo da morte, mas para medos de todos os tipos.

Talvez uma das argumentações de Jack funcione para você. Se não funcionar, pelo menos *Ruído branco* lhe proporcionará uma associação entre pensamentos de morte e risadas. DeLillo é um escritor divertido, e sua descrição de Jack tentando pronunciar palavras alemãs recebe nosso voto como uma das passagens mais engraçadas da literatura. Procure-a à noite, quando o terror da morte atacar, e testemunhe a metamorfose do medo em risos.

A outra cura para manter junto à cama é *Cem anos de solidão*. Esse romance sobre a família Buendía, de Macondo, pode ser lido e relido, já que os eventos ocorrem em uma espécie de ciclo eterno, e é tão densamente escrito que você encontrará novos encantos e revelações a cada leitura. Uma vez que a narrativa se estende por um século, a morte aparece com frequência e de forma natural, e os personagens aceitam sua parte na ordem natural das coisas — uma atitude que, com o tempo, pode passar para você.

Se isso não acontecer, continue lendo. De novo e de novo. E uma noite, talvez, quando chegar cansado à última página e voltar ao início, você comece a entender que o fato de todas as coisas boas terem fim, em algum momento, é necessário.

VER TAMBÉM: **angústia existencial**

morte de pessoa amada

De todos os desafios com que podemos nos defrontar na vida, talvez nenhum seja mais difícil que esse.

Seja o pai ou a mãe, o cônjuge, um irmão ou um filho que perdemos, um amigo de uma vida inteira ou alguém que conhecíamos havia pouco tempo, a morte de uma pessoa amada traz consigo uma enxurrada de estados emocionais, todos os quais podem ser incluídos sob o título geral de luto. Para muitas pessoas, pode ajudar pensar no luto em termos dos cinco estágios identificados por Elisabeth Kübler-Ross no fim da década de 60, em relação àqueles que se veem frente a frente com a própria mortalidade: negação, raiva, barganha, depressão e aceitação. Nem todos os enlutados passam pelos cinco estágios, e os que o fazem não os vivem necessariamente de modo distinto ou nessa ordem. Mas esperamos que, fazendo uso dessas categorias, possamos direcionar mais claramente os enlutados para o romance com mais probabilidade de lhe trazer algum consolo e conforto quando estiverem precisando.

Se você desconfia que está em negação quanto a sua perda — o que muitos entendem como a maneira de o organismo moderar a intensidade do luto, reduzindo seu fluxo por meio de torpor e choque —, indicamos *Depois que você foi embora*, de Maggie O'Farrell. Quando encontramos Alice pela primeira vez, ela está indo visitar suas irmãs em Edimburgo. Mas, no banheiro feminino da estação, vê algo tão terrível, tão irrepetível que não consegue processar e imediatamente pega o trem de volta para Londres. Naquela noite, seu estado de choque se torna absoluto quando ela é atingida por um carro e sofre uma lesão cerebral que a deixa em coma. É a partir desse estado onírico do coma da heroína que acompanhamos sua vida até esse ponto e descobrimos um luto não processado à espreita. Deixe esse romance lhe dar permissão para existir por algum tempo dentro de seu casulo de choque. Não se preocupe se não estiver conseguindo se convencer a sair dele; seu corpo romperá o casulo quando estiver pronto.

Se a raiva for o sentimento dominante, você precisa deixá-la sair. Não há melhor modelo para isso do que *Incendiário*, o dilacerante grito de angústia e fúria de Chris Cleave sobre uma mulher que perdeu o marido e o filho pequeno em um ataque terrorista ficcional, no Estádio de Wembley. Na forma de uma carta para Osama bin Laden —

Depois que você foi embora
MAGGIE O'FARRELL

Incendiário
CHRIS CLEAVE

Extremamente alto & incrivelmente perto
JONATHAN SAFRAN FOER

O que eu amava
SIRI HUSTVEDT

Aqui nos encontramos
JOHN BERGER

que estaria por trás do ataque —, a narradora escreve na esperança de fazê-lo entender e amar o filho dela, para que ele não mate nunca mais. "Vou lhe escrever sobre o vazio que ficou quando você levou embora o meu menino [...], para que você possa olhar para minha vida vazia e ver como um menino humano realmente é, pela forma do buraco que ele deixa atrás de si", escreve ela. Sua voz é tão inesquecível quanto a mensagem, pois a crueza de sua expressão — agramatical, cheia de coloquialismos toscos e manchetes de tabloides abreviadas — mostra uma mulher que não se incomoda mais com coisas que não importam. As palavras "não vêm naturalmente para mim", diz ela a Osama — mas, ah, elas dão um golpe e tanto.

Destemida e cada vez mais enlouquecida ao imaginar seu filhinho perdido, gritando pela mamãe, ela desabafa até desmoronar. Mas sabemos, no fim, que esse desabafo era profundamente necessário. Sua raiva pode parecer infinita, e assim deve ser, pois é a transmutação de seu amor. Mas só pode se dissipar se você a deixar sair. Também esse estágio não pode ser apressado.

Não é incomum, ao sofrer um luto agudo, entrarmos em negociação conosco mesmos ou com o destino. Se ao menos pudermos encontrar a resposta certa para x ou y, acreditamos, a dor irá embora. Crianças são particularmente propensas a isso — como ilustrado pela busca por toda Nova York empreendida pelo menino Oskar Schell, de nove anos, em *Extremamente alto & incrivelmente perto*. Depois que seu pai, Thomas, é morto no ataque terrorista de 11 de setembro, Oskar encontra uma pequena chave em um envelope no fundo de um vaso no armário de seu pai. No envelope, está escrita a palavra "Black". Oskar decide que, se conseguir encontrar a fechadura que a chave abre, entenderá algo sobre o que aconteceu com seu pai e, assim, inicia a missão de visitar todas as pessoas com sobrenome Black da lista telefônica.

A busca acaba se revelando uma missão impossível, mas o que Oskar encontra no processo é mais precioso: um entendimento do sofrimento e da perda, por intermédio da vida de seus avós antes de ele nascer; e, em um toque que ajudará a reaquecer seu coração, o desejo de uma mãe enlutada, mas amorosa, de ajudar o filho a se recuperar da enorme perda.

O estágio que todos mais temem talvez seja o da depressão. Não há como contornar: algumas coisas não podem ser melhoradas, e é vital permitirmos, a nós e aos outros, existir nesse estágio escuro e sombrio, durante o qual tentativas de nos alegrar são inadequadas e inúteis, por tanto tempo quanto precisarmos. O romance *O que eu amava*, de Siri Hustvedt, é uma exploração resoluta desse lugar. Leo Hertzberg, o narrador, e seu amigo Bill Wechsler estão de luto. A vida de ambos os homens, antes tão cheia de promessas, agora está se desintegrando — e ambos também lamentam o passado, sua vida intelectual em Nova York, que eles, de alguma maneira, acharam que duraria para sempre.

Os personagens de Hustvedt, incluindo as crianças, são pessoas inteligentes e profundas. O que ela mostra é que a inteligência não pode nos salvar da dor; às vezes, até faz com que seja mais difícil encontrar o caminho para superá-la. A dor é parte inevitável da vida, e viver a sua na companhia desses personagens o ajudará a habitar seus cantos mais escuros, o que talvez seja a parte mais vital do processo de luto, para que você tenha esperança de seguir adiante.

Algumas pessoas encontram o caminho para a aceitação mais facilmente que outras. Quando o narrador de *Aqui nos encontramos*, de John Berger, encontra sua mãe, morta há muitos anos, em um parque em Lisboa, é seu modo de andar que ele reconhece primeiro. Na conversa que se segue, ele se pega reparando em gestos conhecidos e queridos — como lamber o lábio inferior, o que ela sempre fazia depois de passar batom — e se irritando, como quando era criança, com a exibição exterior de segurança que, a seus olhos, parecia esconder uma total falta de segurança.

O narrador de Berger — ou talvez seja o próprio Berger — viaja de cidade em cidade buscando pistas de seus mortos. Na Cracóvia, ele reencontra seu mentor Ken e, enquanto observam juntos um jogo de xadrez, o narrador "sofre a morte dele" como se fosse a primeira vez, o que nos lembra que a dor é, com frequência, experimentada em ondas e em momentos imprevisíveis e aleatórios ao longo de nossa vida. Em Islington, Londres, ele reencontra seu amigo Hubert, assoberbado pelo problema de arrumar as gavetas de desenhos criados por sua falecida esposa, Gwen. "O que devo fazer?", ele grita. "Estou sempre adiando. E, se eu não fizer nada, todos eles serão jogados fora."

Andar por esses lugares oferece ao narrador uma maneira de lembrar, e as conversas com os mortos são um modo de assimilar seu amor por aqueles que ele perdeu. "Aprendi muito desde minha morte", a mãe do narrador lhe diz, referindo-se depois ao "eterno enigma de tentar encontrar algo no nada" — pois ela sabe, finalmente, que é assim. O narrador reflete sobre a questão do que deixar junto a um túmulo (uma de suas luvas de couro, talvez?) e nota como seus mortos acrescentam novos elementos a seu caráter: sua mãe, por exemplo, tem um novo ar atrevido de impertinência, "segura, agora que está fora do alcance", e seu pai afirma que agora prefere peixe-espada a salmão. Dessa forma, Berger permite que os mortos mudem e se desenvolvam como os vivos. Dê a seus relacionamentos com seus mortos o mesmo novo sopro de vida. Você achará isso muito mais gratificante do que deixá-los travados e estáticos.

E é assim que, mais adiante no processo de luto (embora o processo nunca termine), passamos a ver as pessoas amadas que perdemos como elas realmente eram, com seus aspectos bons e ruins. Podemos acertar contas e também reunir o que havia de mais maravilhoso nelas, as coisas de que sentimos falta, e, talvez, encontrar uma maneira de incorporá-las em nossa vida de um jeito diferente e mágico. Faça uma viagem, com Berger, aos lugares onde esteve em companhia da pessoa amada; faça as coisas que costumavam fazer juntos, aprecie e celebre tudo o que ela lhe deu enquanto estava viva — e que continua a lhe dar agora.

VER TAMBÉM: **anseio geral** • **apetite, perda de** • **coração partido** • **culpa** • **desorientação** • **insônia** • **pesadelos** • **raiva** • **solidão** • **tristeza** • **viúvo(a), ficar**

mudança, resistência a

Jornada ao Oeste
WU CHENG'EN

Alguns de nós ficamos sentados como uma rocha em uma colina, imóveis desde que os tempos começaram. Talvez tenhamos criado líquens ao longo dos anos. Confortáveis, seguros, confiantes em quem somos, a última coisa que queremos é mudar. Então vem uma flutuação climática. Ou talvez um troll de passagem. Antes que nos demos conta, estamos rachados, nossa compostura perdida, e nossos planos tão bem feitos virados do avesso. De repente, nos vemos rolando montanha abaixo, para aterrissar sabe-se lá onde e com o que saindo de nossas rachaduras.

É compreensível ficar nervoso com mudanças. Nós nos acostumamos com nossos cantinhos, e a ideia de sair deles é assustadora. Questionar ou nos desviar de normas estabelecidas nos dá vertigens e nos faz perguntar quem somos, provocando uma crise de identidade (ver: identidade, crise de). Mas a mudança é essencial para o crescimento e o desenvolvimento, e o medo da mudança não é razão para resistir a ela. Para uma prova estimulante da mutabilidade essencial da vida, sugerimos o alegre *Jornada ao Oeste*, escrito por um eremita e poeta chinês da dinastia Ming, no século XVI.

Ele também começa como uma rocha. Desde a criação do mundo, a rocha absorveu as essências puras do céu, o "vigor do sol e a graça do luar". Então a rocha fica grávida e dá à luz um ovo de pedra, e do ovo sai o rei Macaco. O rei Macaco é um animal irreverente e poderoso, com um prazer pela vida que logo o leva a explorar destemidamente as setenta e duas transformações polimórficas que lhe foram ensinadas por um imortal taoísta. Um dia, ele aprende o "salto na nuvem", que lhe permite pegar carona em uma nuvem, de um extremo do mundo até o outro e até para o próprio céu; no dia seguinte, aprende a transformar os pelos do corpo em outras coisas, de exércitos a pincéis. Obtém um bastão mágico que pode colocar atrás da orelha, do tamanho de uma agulha, ou, a seu comando, atingindo até a extensão da Via Láctea. Na verdade, a adaptabilidade do rei Macaco e sua capacidade de criar à vontade representam tal problema para os céus que o Buda decide prendê-lo em uma montanha por quinhentos anos, para ensinar-lhe um pouco de humildade. A transformação final do rei destina-se a adotar essa sabedoria monástica e aprender a moderação. Mas ele continua sempre feliz de assumir um novo papel, enquanto ajuda o jovem monge Tripitaka em sua própria busca espiritual.

Pare de ficar sentado sobre os próprios louros, em uma mesmice inflexível. Rompa-se como a rocha na montanha e descubra a alegria da mudança e da reinvenção de si mesmo. Você também tem sabedoria a obter, talvez um peregrino para ajudar, um reino para administrar. Pode até mesmo descobrir como usar nuvens como trampolins, que o lançarão aos céus.

VER TAMBÉM: **controle, mania de**

N

Napoleão, complexo de

VER: **baixo, ser**

narcisismo

VER: **arrogância** • **autoconfiança, excesso de** • **egoísmo** • **vaidade**

nariz, detestar o seu

O perfume: a história de um assassino
PATRICK SÜSKIND

Qualquer nariz é esquisito se você ficar olhando muito tempo. Alguns são grandes, outros delicados; alguns são rampas de esqui, outros afloramentos rochosos com crateras e tudo — mas nenhum, e provavelmente podemos concordar nisso, é particularmente lindo. O que determina como os outros percebem nosso nariz é nossa própria opinião sobre ele, e pessoas com autoestima elevada lidam bem com seu nariz, qualquer que seja sua forma e tamanho. Para aprender a amar seu nariz, comece não pelo órgão, mas por si mesmo (ver: autoestima baixa).

Por outro lado, se você realmente tem um nariz desafiador, enterre-o imediatamente em *O perfume: a história de um assassino*, de Patrick Süskind. Em questão de uma página, você já estará mergulhado em um tempo (o século XVIII) em que reinava nas ruas um fedor "quase inconcebível" para nós hoje: uma mistura infecta de estrume, urina e "repolho estragado", de "lençóis engordurados" e urinóis, de sangue, mau hálito e "doenças tumorosas". Aqui, no canto mais pútrido da mais fedida das cidades (Paris), nasce Jean-Baptiste Grenouille, no dia mais quente do ano, cuja mãe deu à luz agachada entre as vísceras de peixes sob uma mesa na qual ela estava limpando um (fedorento) peixe. Ele é passado para as mãos de uma ama de leite, depois para um claustro de monges — porque, reclama a ama de leite, o bebê não tem cheiro. Segue-se uma descrição sobre como os bebês *devem* cheirar: seus pés são como "pedra quente", ou "coalhada", ou "manteiga fresca", a ama diz, tateando; seu corpo, "como panqueca ensopada no leite", e a parte de trás da cabeça, a pequena coroa deixada no meio onde o cabelo faz um redemoinho, esse pedacinho é onde eles "cheiram melhor... como caramelo".

E assim, em poucas páginas, somos indiretamente expostos — porque a boa escrita consegue reproduzir os próprios aromas, ou pelo menos a recepção deles em nosso cérebro — a odores de ambos os extremos do repertório olfativo. O próprio Jean-Baptiste, claro, embora desprovido de odor pessoal, tem o olfato mais apurado de Paris e um apetite indiscriminado e perigoso pela busca de novas fragrâncias, especialmente as de jovens virgens. Mas, do lado positivo, ele ganha bem a vida usando o nariz, como perfumista. E se, como ele, você fizer pleno uso de seu nariz, educando-o com vinhos tintos encorpados e café recém-moído, com *parfums* sutis e jasmins e algumas gotas de essência de capim-limão na esponja em seu banho matinal; se você compreender plenamente a contribuição sensorial que ele confere à vida, garantimos que aprenderá a amar e a apreciar seu cheirador, de uma maneira totalmente nova.

VER TAMBÉM: **vaidade**

Natal

O Natal pode ser uma época em que todas as nossas aflições parecem vir ao mesmo tempo. Se você tem uma família grande, ficará preso sob o mesmo teto com um punhado de parentes (ver: família, conviver com a), o que pode incluir crianças excessivamente entusiasmadas (ver: maternidade; paternidade). Você provavelmente vai gastar em um mês o que normalmente gasta em três (ver: falência), certamente vai comer demais (ver: gula; obesidade) e ficar com gases (ver: flatulência), talvez até diarreia (ver: diarreia) ou o oposto (ver: prisão de ventre), e acabará pagando o preço do excesso de bebidas (ver: ressaca; ou, se for um veterano de muitos terríveis Natais: alcoolismo). Se for casado ou tiver um parceiro, um de vocês sem dúvida terá algum desentendimento com os sogros que poderá resultar

Um conto de Natal
CHARLES DICKENS

em um desentendimento entre vocês (ver: divórcio). Se você tiver um namorado/namorada, provavelmente será forçado a responder perguntas pessoais sobre esse relacionamento (ver: filhos, pressão para ter). E, se for solteiro, vão lhe perguntar a razão (ver: solteirice), o que pode fazê-lo desejar que não fosse e deixá-lo se sentindo insuportavelmente solitário (ver: solidão). Se você não tiver uma família grande, ou estiver passando o Natal só com seu cachorro, poderá realmente se sentir solitário (outra vez, ver: solidão), ou ficar com saudades da família (ver: família, conviver com a). Em resumo, o Natal é uma experiência que tem grandes probabilidades de levar à perda de fé (ver: fé, perda de) e ao desejo de se trancar sozinho dentro de um guarda-roupa escuro (ver: misantropia).

Nestas páginas, você vai encontrar curas para todos os males citados anteriormente. Como um medicamento preventivo, leia-as devagar, ao longo do ano, para ir se preparando para o grande dia. E, quando o momento chegar, anuncie a sua família, parceiro, vovó ou plantinha no vaso que, em vez de assistir a um filme no dia de Natal, você vai ler em voz alta para eles, junto à lareira, tendo à mão vinho quente e castanhas assadas, o apreciado por muitas gerações *Um conto de Natal*, de Charles Dickens.

É uma história de fantasmas brilhante. Ebenezer Scrooge: solitário, velho, avarento, mesquinho. Bob Cratchett: um empregado sofrido, oprimido, humilde, mas alegre. Pequeno Tim: adorável, às portas da morte, filho de Cratchett e comovente. Jacob Marley: solícito, vingativo, morto, alarmista e colega de Scrooge. Eles se combinam para contar uma história que tem todo o conforto e o charme de um clássico infantil e, ao mesmo tempo, é satisfatória para os adultos. Deleite-se com as fantasmagóricas aparições. Consterne-se com a avareza sem sentido de Scrooge e o adiamento infinito de seu casamento. Chore de compaixão pelo Pequeno Tim. Alegre-se com todos no fim. "Sou leve como uma pena, sou feliz como um anjo, sou alegre como uma criança, sou risonho como um bêbado", cantarola Scrooge. Foi Dickens quem inventou o mito de que deveríamos esperar um Natal feliz; foi ele quem primeiro nos exortou a "viver bem o Natal", a festejar e dar o que pudermos aos outros. Em outras palavras, ele é em grande medida responsável por fazer do Natal o que ele é hoje. Então, faça de Dickens uma tradição anual. Uma deliciosa sensação de afeto tomará seu coração, e o de seus parentes, quando você estiver lendo. Na verdade, pode até ser que mais gente apareça no ano seguinte. E, se você estiver sozinho no Natal, ofereça-se para ler para uma família próxima. Use seu melhor tom de voz à Dickens. Ao diluir a dinâmica familiar, você pode estar fazendo a todos um favor maior do que imagina.

náusea

Há poucas coisas piores. Perdão por nossa vulgaridade, mas, como a recuperação é impossível sem deixar tudo sair... que assim seja. Vá em frente. Nós não vamos olhar.

Memórias de Brideshead
EVELYN WAUGH

Trêmulo, transpirando, abalado? Ainda um pouco enjoado, talvez? Vá escovar os dentes, depois volte aqui e assuma uma posição horizontal, enrolado em um cobertor, apoiado em travesseiros, com uma garrafa térmica de chá quente ao lado e a cabeça oscilante acalmada pela prosa perfeitamente balanceada de Evelyn Waugh.

Mais que em qualquer outro escritor, pode confiar em Waugh para colocá-lo novamente em equilíbrio. Para segurá-lo pela mão — suave e discretamente —, erguê-lo na ponta dos pés, fazer uma pausa e levá-lo de volta para baixo outra vez, com cuidado. Ninguém faz isso melhor.

Desde o primeiro parágrafo desse hino aos privilegiados, *Memórias de Brideshead*, observe como Waugh usa repetições para manter um estado de deliberado equilíbrio: "Eu refleti então" é equilibrado com "e reflito agora". Um pouco adiante, você encontrará "um quarto de milha" em uma frase, ecoado na seguinte. Baixe os olhos para a base da página e observe aliteração e sobreposição tomarem as rédeas, conduzindo-nos adiante em precisos passos de dançarino: de "o campo permanecia", a "a casa da fazenda ainda permanecia", a "a hera ainda mantida". Ponto e vírgulas atuam como breves e discretas pausas, sustendo por um momento uma forma agradável, segurando a subida, enquanto vírgulas acomodam a fluência de fluxos e rodopios depois. Nem por um instante somos deixados em dúvida quanto ao ritmo: "Em meia hora estávamos prontos para partir e em uma hora partimos". Ah, a firmeza, a segurança, a acomodação de seu estômago! Essa prosa é uma dança, e Waugh é a parceira graciosa e talentosa que nos faz rodopiar pela pista.

Opa! Firme aí. Se você tem receio de que a náusea retorne, continue lendo. Pois Charles, nosso narrador, cujos "aposentos" em Oxford ficam no piso térreo, logo ao lado do quadrilátero central, estabelece o relacionamento mais intenso de sua vida por causa de um vômito. Sebastian, o filho mais novo do senhor e da senhora de Brideshead Castle, com seu inseparável ursinho de pelúcia, "magicamente belo, com aquele atributo epiceno que [...] canta em voz alta pelo amor", bebeu demais. E, ao passar pela janela aberta de Charles, pouco antes da meia-noite, o jovem aristocrata se inclina para dentro do quarto e vomita. Charles é generoso o bastante para ver "uma espécie de adequação insana e cativante" na escolha feita por Sebastian, em seu momento de necessidade, de uma janela aberta, mas o quarto cheio de flores que ele encontra ao voltar da aula no dia seguinte e o contrito convite para um almoço o encantam ainda mais. Logo, ele é lançado em um mundo em que ovos de tarambola cozidos são servidos aos hóspedes — um mundo de beleza, intensidade e disfunção que fará brilhar sua juventude, depois o deixará para uma vida inteira de decepção.

Mas a vida — e a ficção — torna-se extraordinária por essas amizades. Se não fosse pela náusea de Sebastian, Charles nunca teria ido para Brideshead, ou conhecido as "incrivelmente charmosas" irmãs de Sebastian, ou entrado no "jardim fechado e encantado" que lhe proporciona, pelo menos por um breve período, a infância feliz que ele nunca teve.

Agradecimentos, portanto, à náusea, a dele e a sua, e a Evelyn Waugh, por tornar tudo melhor.

negligência

O Pequeno Príncipe
ANTOINE DE SAINT-EXUPÉRY

Se você morasse em um planeta tão pequeno quanto o do Pequeno Príncipe, o Asteroide B-612 — tão pequeno que, se levasse uma manada de elefantes para lá, teria de empilhá-los uns sobre os outros; que precisaria não se esquecer, depois de se lavar e se vestir todas as manhãs, de arrancar qualquer broto de baobá que tivesse aparecido durante a noite, para que eles não tomassem o planeta; e que, em um único dia, seria possível ver o sol se pôr quarenta e quatro vezes, tendo apenas de mover a cadeira —, estaria vivendo uma vida simples que inculcaria em você o hábito do cuidado. Você regaria todos os dias a única flor que crescesse em seu planeta e jamais se esqueceria de fazer isso. Tomaria o cuidado, antes de sair em viagem, de revolver seus vulcões, mesmo o extinto. Porque saberia que é o tempo e a atenção que você dedica às coisas que as fazem importantes. E que, se não tomasse esse cuidado, acordaria um dia e se veria cercado de coisas tristes, as quais estariam sentindo, elas mesmas, sua desimportância.

Qualquer que seja o tamanho de seu planeta quando você começar a ler *O Pequeno Príncipe*, garantimos que ele terá encolhido e se tornado muito mais parecido com o Asteroide B-612 no final. E que, depois disso, você viverá sua vida com muito mais cuidado.

VER TAMBÉM: **egoísmo** • **riscos, correr excesso de**

ninguém gosta de você

VER: **impopular, ser**

ninho vazio, síndrome do

Pode ser constrangedor admitir, mas muitas mulheres se sentem perdidas quando os filhos saem de casa. O que farão agora, sem todos aqueles lanches para preparar, camisetas sujas para lavar e adolescentes para levar e buscar nos lugares, nas noites de sexta-feira? Levar a própria vida, claro — só que isso não é fácil quando se perdeu o hábito. Mas, felizmente, essa é uma síndrome que você mesma pode diagnosticar, como faz Eva Beaver no romance de Sue Townsend sobre o tema, depois de ouvir a respeito em um programa feminino no rádio. E, com essa cura tipicamente townsendiana, você poderá rir do lado engraçado da situação, pois não há melhor maneira de desinflar uma síndrome do que, afetuosamente, dar risada dela.

Para qualquer pessoa familiarizada com as aparentemente intermináveis tarefas que acompanham o ato de ser mãe e dona de casa (ver: dona de casa, ser; maternidade), ficar na cama por um ano parece uma reação totalmente sensata — e invejável. Mas Eva não está apenas cansada; ela não sabe mais quem é. Depois de vinte e cinco anos cuidando das necessidades dos outros e fazendo, como ela vê agora, um trabalho "porco" na criação dos filhos, ela se retira do mundo para reaprender como estar nele. Depois de chutar o marido, Brian, para fora do quarto, ela repensa seu casamento e as coisas de que abdicou quando seus gêmeos Brian Junior e Brianne nasceram (a leitura, por exemplo), e isso lhe dá uma sensação esmagadora de decepção. Quando Brian se muda para o anexo com sua amante de longo

A mulher que decidiu passar um ano na cama
SUE TOWNSEND

tempo, Tatiana, e Brian Junior e Brianne aprendem a viver longe de casa, Eva começa a fazer amizade com vários transeuntes, entre eles o caseiro, enquanto chega ao fundo do poço de sua dor.

Como estratégia para se recuperar e se recarregar — e abrir as portas para novos amigos, novas ocupações e uma nova organização doméstica —, recomendamos fortemente essa medida, embora consideremos que um ano é um período um tanto exagerado. Se você perceber que está começando a saturar a paciência das pessoas de seu convívio, veja "cama, incapacidade de sair da" para uma contracura.

VER TAMBÉM: **anseio geral** • **filhos, não ter** • **solidão**

noventa anos, ter

OS MELHORES LIVROS PARA QUEM ESTÁ NA CASA DOS NOVENTA

Os escritos secretos SEBASTIAN BARRY
Através do espelho LEWIS CARROLL
A casa soturna CHARLES DICKENS
O velho e o mar ERNEST HEMINGWAY
O livro do riso e do esquecimento MILAN KUNDERA
As vinhas da ira JOHN STEINBECK
Época de acasalamento P. G. WODEHOUSE

obesidade

Para uma cura belamente simples para a obesidade, siga o conselho da sra. Hawkins, a heroína de queixo duplo da sátira de Muriel Spark sobre a indústria editorial na Londres do pós-guerra. A sra. Hawkins é pródiga em conselhos e os distribui sobre tópicos tão diversos quanto encontrar um emprego, escrever um livro, melhorar a concentração, casar-se, como dizer "não", para onde ir se você estiver muito cheio de problemas* e como lidar com excesso de correspondência desimportante. Mas sua dica para perder peso é a melhor: coma metade do que você comeria normalmente. "Eu dou esse conselho de graça", ela diz, "está incluído no preço do livro." Nós compramos o romance dela e agora estamos incluindo seu conselho gratuito no preço do nosso.**

A obesidade, porém, com frequência tem causa psicológica e, nesse caso, nenhuma dieta ajudará se essa causa não for tratada. Assim acontece com o dr. Pereira, o corpulento editor viúvo da página de cultura do *Lisboa*, um jornal da tarde de Lisboa, em *Afirma Pereira*. Estamos em 1938 e, sob a sombra da Espanha fascista, Lisboa "fede a morte". Ninguém tem coragem de imprimir notícias reais, e Pereira preenche sua página com traduções de literatura francesa do século XIX. Dia após dia, ele se anima conversando com uma fotografia de sua esposa morta e saboreando uma omelete *aux fines herbes* e vários copos de limonada no Café Orquídea, arrematados com um café e um charuto.

Um eco muito distante
MURIEL SPARK

Afirma Pereira
ANTONIO TABUCCHI

Agência nº 1 de mulheres detetives
ALEXANDER McCALL SMITH

---

* Paris.
** O romance também contém uma cura mais complicada para a obesidade, embora essa não esteja incluída no preço do nosso livro. Você terá de ler *Um eco muito distante* e descobrir por si mesmo.

Que as omeletes estão surtindo efeito deletério sobre sua circunferência é claro para Pereira, mas ele não consegue resistir. É só quando encontra o dr. Cardoso, em uma clínica fora da cidade, que começa a entender a própria necessidade de comidas gordurosas e bebidas açucaradas. Franco está fazendo de seu trabalho e, portanto, dele mesmo um deboche. A salvação chega sob a forma de um jovem casal que ele conhece no Café Orquídea e que, como Pereira depois descobre, está envolvido em atividades clandestinas ilegais. Eis uma maneira de combater Franco e recuperar a "hegemonia" de sua alma. Não passa muito tempo até seus pedidos mudarem para salada de frutos do mar e água mineral.

Se você estiver acima do peso porque se sente infeliz, não tranque a geladeira com cadeado nem comece uma dieta rígida; isso não vai funcionar e você só se sentirá mais infeliz ainda. Tente descobrir por que está buscando consolo — este livro pode lhe dar algumas ideias (para começar, tente "profissão errada"). Depois que tiver resolvido sua relação consigo mesmo, a relação com a comida se corrigirá por conta própria.

Se você é grande e gosta de ser, abrace o mundo do grande-é-lindo com a "tradicionalmente constituída" (tamanho cinquenta e dois, para sermos precisas) Mme. Preciosa Ramotswe, estrela da famosa série policial de Alexander McCall Smith ambientada em Botsuana, que merece ser lida na ordem, começando por *Agência nº 1 de mulheres detetives*. Preciosa Ramotswe vai mostrar a você como ousar e quebrar as regras, portar seu peso com dignidade e autoconfiança e ganhar o coração de um homem bom (se você quiser um) apenas sendo seu próprio espirituoso, inteligente e abundante eu.

VER TAMBÉM: **autoestima baixa** • **gula** • **letargia** • **pressão alta** • **ronco**

obsessão

Morte em Veneza
THOMAS MANN

Moby Dick
HERMAN MELVILLE

A verdade é que os obcecados não querem ser curados. O que eles mais temem é o fim de sua obsessão e dessa experiência intensificada da vida. Para Aschenbach, de *Morte em Veneza*, as três ou quatro horas que ele passa todos os dias sentado na praia, vendo Tadzio brincar — e depois seguindo o rapaz e suas irmãs pelas ruas cada vez mais fétidas da Veneza infectada pela cólera —, são "preciosas demais" para que desista delas. Ele vai dormir às nove horas porque, depois que Tadzio sai de cena, não há nada mais para mantê-lo acordado; na verdade, não pode mais imaginar a vida sem esse menino de olhos cinzentos e sorriso cativante. Ele sabe que a coisa responsável a fazer seria alertar a mãe de Tadzio sobre a doença que está invadindo Veneza, depois pousar a mão, pela primeira e última vez, na cabeça de Tadzio e dizer adeus. Pois, ao não avisá-la, ele está se arriscando à morte de Tadzio pela epidemia de cólera, bem como à sua própria. Mas ele sabe que tal ato quebraria a magia, o levaria de volta a si mesmo, o sensato Aschenbach dos velhos tempos, e ele não quer isso.

Parte do que mantém a obsessão viva é que Tadzio é polonês e Aschenbach não entende nada do que ele diz. Assim, o que poderia ser "pura banalidade" é elevado, nos ouvidos de Aschenbach, ao reino da música. Quando Tadzio sai do mar, com seus cachos molhados iluminados pelo sol, nada que ele grite para as irmãs na praia pode arruinar a imagem. Aos olhos de Aschenbach, ele é o que há de mais real, um "suave e jovem deus".

Moby Dick também assume proporções mitológicas. A tripulação já ouviu os rumores e viu como a baleia domina o atormentado capitão Ahab, muito tempo antes de encontrarem o grande Leviatã ao vivo. Quando finalmente o avistam, veem apenas partes — um pedaço do dorso ou a cauda, um jato quente de vapor lançado ao céu —, enquanto o "terror completo" de seu volume enorme e obscurecido permanece submerso. A inescrutabilidade de Moby Dick lhe dá poder sobre a tripulação do *Pequod*, da mesma forma que a inescrutabilidade de Ahab. Ismael nem põe os olhos no capitão até já estarem em viagem há muitos dias; mesmo então, é um "Ahab temperamental" que ele vê, tão preso às próprias pretensões interiores que se torna intratável. Mas de que outra maneira senão por puro carisma Ahab poderia ter convencido aquela tripulação a caçar Moby Dick, mesmo com o barco já cheio de gordura de baleia, o suficiente para deixá-los todos ricos, quando seguir adiante significaria quase morte certa? Pois eles são compelidos por alguém que também está compelido, tal é o poder da obsessão.

Para o leitor de *Morte em Veneza*, Tadzio é apenas um menino. Mas Moby Dick nunca é apenas uma baleia, e o capitão Ahab nunca é apenas um homem. Quando Ahab e Moby Dick desaparecem, juntos, sob a "grande mortalha" do mar, sua atração mútua não morre; algo vasto, magnético, terrível ainda permanece, logo além do alcance. E, assim, o poder de obcecar é transferido da baleia para o romance. Porque, talvez mais que qualquer outro livro na história literária, *Moby Dick* tem a capacidade de fisgar os leitores de uma maneira que os faz voltar a ele ao longo da vida. Se Aschenbach tivesse podido conhecer Tadzio; se Ahab tivesse podido conhecer sua baleia; se a tripulação do *Pequod* tivesse podido conhecer Ahab; se o leitor de *Moby Dick* pudesse *conhecer* Moby Dick; se Herman Melville...

Mas para quê? Você não quer saber como superar uma obsessão. Porque, estando obcecado, não quer ser curado.

VER TAMBÉM: **amor não correspondido • controle, mania de • ficção científica, vício em • ler em vez de viver, tendência a • paixão • reverência excessiva por livros • solidão induzida pela leitura**

ocupado, ser muito

Os trinta e nove degraus
JOHN BUCHAN

Você tem uma empresa para dirigir (ver: ditador, ser um), uma estante de livros para instalar (ver: faça-você-mesmo), jantar para vinte pessoas para preparar (ver: queimar o jantar), e seu melhor amigo está no hospital (ver: hospital, estar no). Você já está ocupado demais para ler esta prescrição, quanto mais para o romance que estamos prescrevendo. Mas, só por um minuto, entre na vida de Richard Hannay e talvez você encontre um antídoto.

Hannay, logo no começo do romance de Buchan, está meio perdido na vida. Tendo acabado de voltar da guerra na Rodésia com todas as faculdades intactas, ele decidiu que dará mais um dia para que seu velho país natal prove que não é "choco como água com gás deixada aberta ao sol". Se for, ele voltará para as savanas. Então, para seu um tanto envergonhado prazer, ele encontra um homem morto em seu quarto. O homem não está morto no sentido convencional; ele conta a Hannay uma história muito fascinante sobre como, na verdade, não está ali, mas deitado de pijama na própria cama, com o queixo estourado por um tiro, em outro apartamento no mesmo prédio.

A partir desse momento, e nos próximos nove capítulos curtos e ágeis desse romance de ritmo fenomenalmente acelerado, Hannay é um fugitivo. E você será também — de seu excesso de ocupação. Ficará tão preso na fuga que Hannay empreende do homem sinistro com olhos pesados que terá de encontrar maneiras de escapar de suas tarefas e arrumar um momento para sentar e ler. Você provavelmente é uma pessoa multitarefas, então pode ler enquanto corre de uma reunião para outra. Hannay também sabe ser multitarefas. Ele decifra um código vital enquanto está no trem para a Escócia, ao mesmo tempo em que finge ser um fazendeiro de sotaque carregado. Entra no meio de uma reunião secreta do governo britânico e descobre qual das pessoas ali é o espião alemão. Por fim, captura a famigerada Pedra Negra, uma rede de espiões, usando sua intuição afiada. Depois de passar vinte e um dias seguidos em fuga constante de grandes matadores internacionais, Hannay salva o dia — e o mundo.

É pouco provável, por outro lado, que o seu mundo entre em combustão se você não completar todas as suas tarefas. Na verdade, esse livro o fará questionar se você não poderia acrescentar mais alguma coisa. Certamente daria para encaixar um pouco de decifração de códigos? Imitação de um fazendeiro? Você não poderia sair e salvar o mundo? Até conhecer Hannay, você não sabia o que era estar *realmente* ocupado.

VER TAMBÉM: **esgotamento** • **estresse** • **filhos demais solicitando atenção** • **ocupado demais para ler** • **viver em vez de ler, tendência a**

ódio

O ódio é como uma planta venenosa. Deixe que ele finque raízes em seu ser e ele o consumirá gradualmente por dentro, contaminando tudo que você tocar. Quer você odeie outra pessoa, outros motoristas, semolina, blogueiros hipsters ou reality shows na tevê, não faz muita diferença. Também não melhora se o ódio for justificado ou compreensível, como odiar alguém que tenha lhe feito um mal terrível. O fato de você nutrir essa emoção violenta em seu coração acabará sendo uma violência contra si mesmo.*

1984
GEORGE ORWELL

---

* Por causa disso, os neurocientistas trabalharam muito para investigar a neurobiologia do ódio. Alguns anos atrás, eles anunciaram que haviam identificado as áreas específicas do cérebro responsáveis pela emoção venenosa. Essas áreas incluíam o giro frontal médio, o putâmen direito, o córtex pré-motor e o polo frontal. Estamos lhe contando isso principalmente porque queríamos um pretexto para mencionar "giro frontal médio" e "putâmen direito", mas também porque achamos divertido comentar que algumas dessas áreas do cérebro — o putâmen, por exemplo — foram citadas anteriormente por neurocientistas que investigavam a neurobiologia do amor e afirmaram ter identificado as áreas específicas do cérebro responsáveis por esse sentimento. O

MAL LIGADO À LEITURA

ocupado demais para ler

OUÇA AUDIOLIVROS

Sua vida é uma grande lista de coisas a fazer e viver é ir marcando as tarefas que foram cumpridas. Você não tem tempo para telefonar a seu melhor amigo, quanto mais para se sentar com um livro. Mas uma coisa que sabemos é que você pode ser multitarefas. Por isso, sugerimos que aprenda a absorver um livro enquanto vai cuidando da vida. Equipe-se com um suprimento de audiolivros. Encomende um par de fones de ouvido confortáveis. E, na próxima vez em que estiver ocupado fazendo alguma coisa com o corpo que não exija demais da mente — passar roupa, cuidar do jardim, lavar louça, correr na esteira, caminhar para o trabalho —, aproveite para ouvir um romance. Você verá que usa uma parte do cérebro para entender a história que não é a mesma necessária para a tarefa concomitante, e de repente o aspecto automatizado e rotineiro de sua vida será transformado. Você logo estará em busca de mais tarefas para realizar. Qualquer tarefa servirá, desde que lhe proporcione mais meia hora — e depois outra — com seu audiolivro.

Se se libertar do ódio for difícil demais, leia 1984, de George Orwell, e estude o que acontece na "Semana do Ódio": sete dias dedicados a inflamados desfiles, discursos, faixas e filmes destinados a induzir as massas a um frenesi de ódio contra o inimigo número um do Estado, a Eurásia. No sexto dia, a multidão já está em tal delírio enlouquecido de ódio que, se pudesse pôr as mãos em algum eurasiano, o rasgaria em pedaços. Mas então, de repente, o objeto do ódio é mudado. Começa a correr a notícia de que o inimigo não é mais a Eurásia. É a Lestásia. Rapidamente, cartazes são arrancados das paredes, faixas são pisoteadas. A multidão não perde o ritmo. Em poucos minutos, "urros ferozes de fúria" são redirecionados para os lestasianos.

A aparente facilidade desse redirecionamento certamente dá o que pensar. O sentimento de ódio tem algo a ver com o objeto do ódio, afinal? Será que não tem mais a ver com a determinação de *encontrar* um objeto no qual descarregar seu ódio? Dê um tempo em seu ódio e olhe bem atentamente para dentro de si mesmo. Se esse momento em 1984 não o fizer reconsiderar, você é um caso sério demais para o alcance brando de nossas curas. Possivelmente é um psicopata, e nós lhe recomendamos que consulte um psiquiatra.

VER TAMBÉM: **amargura** • **julgamentos, fazer** • **pensamentos assassinos** • **raiva**

oitenta anos, ter

OS MELHORES LIVROS PARA QUEM ESTÁ NA CASA DOS OITENTA

Lord Jim: um romance JOSEPH CONRAD
A grande feira E. L. DOCTOROW
Do outro lado do rio, entre as árvores ERNEST HEMINGWAY
O mestre de go YASUNARI KAWABATA

organizado, não ser

VER: **aflito pelo número de livros na sua casa** • **encontrar um de seus livros, incapacidade de** • **negligência** • **riscos, correr excesso de**

---

que ou demonstra que amor e ódio estão intimamente ligados, ou não demonstra absolutamente nada. Ainda bem que podemos contar com a literatura como dispositivo de apoio para a neurociência.

organizado, ser excessivamente

On the Road — Pé na estrada
JACK KEROUAC

Um efeito colateral infeliz de uma vida corrida é que podemos ficar tão hábeis em organizar nosso tempo, dividir nossos dias em segmentos de meia hora alocados a um uso específico — trabalhar, dormir, se exercitar, comer, cumprir tarefas, fazer compras, atividades sociais —, que nos esquecemos de dedicar uma parte aos aspectos da vida que não se encaixam sob um rótulo. Onde fica apenas sentar sem fazer nada? Ou sair espontaneamente de bicicleta, sem um plano? Ou encontrar alguém por acaso na rua e ir tomar um café? Se você quiser evitar a constatação, em seu leito de morte, de que realizou tudo o que estava programado em sua lista, mas nunca saiu de fato pela porta e deixou a vida vir até *você*, passe um tempo aleatório na companhia de Sal Paradise e da "grande alma amorosa" de Dean Moriarty em *On the Road*, o hino de Jack Kerouac à geração que sabia como ficar à toa.

Ninguém em *On the Road* faz algo mais do que planos muito vagos. E, quando eles partem, vão depressa, pulando dentro de um ônibus ou na traseira de um caminhão, ouvindo um "novo chamado", uma "ode às planícies", na direção geral do Oeste. Eles não levam muito consigo, apenas algumas peças em uma mochila de lona, mais uma pura exuberância movida por benzedrina e amor pelas possibilidades infinitas da vida. Pois Sal e Dean e a nova "gata gostosa" de Dean, Marylou, estão em uma onda, uma "louca explosão positiva de alegria americana" que os leva pelo país em um espírito de excitação inconsequente, improvisando ao som do bebop e gritando e conversando o tempo todo. São pessoas que "gostam de tudo", que querem ser envolvidas por "todo o doido turbilhão" do que quer que encontrem e, quando chegarem a Denver, ou Chicago, ou New Orleans, ou aonde quer que estejam indo, farão o que quer que as pessoas façam nesses lugares. Porque "Ah, sei lá. Que importa?". Eles vão descobrir quando for a hora.

Aprenda com esses garotos. Ser organizado, planejar, decidir as coisas com antecedência — isso não é o cálice sagrado da existência. Se você quiser um tipo de vida realmente intenso, ao estilo Kerouac, tome uma dose de *On the Road* no começo de cada dia e siga o ritmo da música.

VER TAMBÉM: **aproveitar a vida, não conseguir • certinho, ser • controle, mania de • detalhes, obsessão por • reverência excessiva por livros**

orgasmos, não ter suficientes

E quanto seria suficiente?, alguém poderia perguntar. Antigamente, pensava-se que ter orgasmos demais drenava a energia chi e encurtava a vida; hoje, especialistas parecem achar que, quanto mais você gozar, mais continuará gozando, em todos os sentidos. Para alguns, porém, a dificuldade de alcançar o orgasmo — ou a total incapacidade — pode estragar uma relação íntima que, em outros aspectos, é feliz. Conhecida como anorgasmia, essa condição é mais comum em mulheres que em homens e, embora a ciência não tenha certeza sobre a causa, a repressão derivada da crença de que a expressão sexual feminina é, de alguma forma, "errada" — uma ressaca dos tempos vitorianos — é com frequência mencionada. Sugerimos, portanto, que os afligidos com essa condição moderem sua dieta literária de acordo: chega de vitorianos eufemísticos ou que se esquivam do tema (não mencionamos nomes).* Em vez disso, solte-se com romancistas que tendem para o explícito.

Para muitos dos adolescentes atuais, são os romances de vampiros, com seus desejos sombrios e não realizados, que levam seres recém-sexuais ao primeiro clímax literário. Os cativos incestuosos de Virginia Andrews, na série A Saga dos Foxworth, continuam a fascinar; e há encontros sexuais mais explícitos oferecidos por autores como Ellen Hopkins e companhia. Adultos se animam na literatura de tantas maneiras diferentes que mal podemos molhar a ponta do dedo antes de querer inserir uma lista longa e variada, tanto de livros que sugerem maneiras de alcançar o orgasmo como daqueles tão eroticamente intensos que você talvez não precise de nada além do texto em si, pensado e refletido do modo como lhe for mais prazeroso. Mas limitaremos nossa escolha a alguns poucos. O romance de 1748 Fanny Hill: *memórias de uma mulher de prazer*, de John Cleland, geralmente considerado o primeiro romance pornográfico da língua inglesa, vai surpreendê-lo com suas jovens prostitutas em atos de masturbação mútua, discussão sobre tamanhos de pênis e brincadeiras sexuais que duram vários dias seguidos. No século XX, O amante de Lady Chatterley abriu caminho — para aqueles que conseguiram pôr as mãos em uma cópia — com uma sensualidade ostensiva e carnal e referências abertas à genitália masculina e feminina que não

---

* Dickens.

apareciam nas páginas da literatura havia um século (para mais sobre esse livro, veja "amor condenado"). Depois que *Lady Chatterley* se tornou amplamente acessível, na década de 60, as porteiras se abriram e todos entraram. *O arco-íris da gravidade*, de Thomas Pynchon, mostra uma verdadeira orgia a bordo do *Anubis* — extravagantemente erótico, com o ambiente náutico oferecendo um elemento extra à alegria geral. Uma sessão de palmadas pública culmina com todos a bordo chegando ao clímax simultaneamente. As fantasias masturbatórias de Bloom, em *Ulisses*, podem fazer o serviço para os rapazes, enquanto as lembranças de Molly sobre como sua tarde de sexo com Boylan a fez se "sentir queimando por dentro" pode funcionar para as meninas. Em *Mandando ver*, de Melvin Burgess, temos a chance de reviver as complicadas e nervosas experiências sexuais dos adolescentes; enquanto *O açougueiro*, de Alina Reyes, descreve um verão durante o qual uma jovem trabalha em um açougue e é levada a uma exploração da carne que não tem a ver apenas com vísceras de boi. A heroína de *A vida íntima de Pippa Lee*, de Rebecca Miller, alcança precocemente o orgasmo na adolescência, praticando nado de peito, e *A noiva despida*, de Nikki Gemmell, mostra sua heroína dando um tempo no casamento recente para explorar suas facetas interiores de puta e dominadora. *A história de O*, de Pauline Réage, dá rédeas a uma fantasia sadomasoquista sobre uma escrava sexual que remete à obra inaugural desse gênero, *A Vênus das peles*, do fim do século XIX (para mais sobre esse livro, veja "ciúme"); tenha chicotes prontos para ambas. Enquanto isso, a literatura lésbica e gay vem compensando os anos de repressão com total desprendimento: *A biblioteca da piscina*, de Alan Hollinghurst, é uma rica fonte de elementos eróticos gays masculinos — ereções alegremente exibidas são a ordem do dia ali. A homossexualidade emergente é tema de *Um jovem americano*, de Edmund White, um hino ao jovem amor gay, enquanto uma visão mais angustiada da relação homem-homem explode com metáforas florais em *Nossa Senhora das Flores*, de Jean Genet. As meninas podem acrescentar um drama de costumes a seu repertório com *Na ponta dos dedos*, de Sarah Waters, rainha da literatura erótica lésbica. Os sofredores de anorgasmia situacional ou completa devem manter esses romances ao lado da cama, pondo em prática suas sugestões sozinhos ou com um amigo ou amiga.

VER TAMBÉM: **insatisfação** • **sedução, falta de** • **sexo, pouco** • **solteirice**

orgasmos demais

VER: **sexo demais**

otimismo

Otimistas incuráveis às vezes precisam morder o bicho da maçã para temperar seu paladar esperançoso com um gostinho de realidade. Embora adotemos o otimismo de todo o coração, sentimos também a necessidade de alertá-los quanto a ser despreocupadamente alegres *demais* diante da inevitável injustiça e sofrimento no mundo. Pois não se pode sempre pressupor os melhores motivos por trás das ações e das palavras dos outros. E se você precisar fugir ou revidar? Entre o otimismo e a ingenuidade, há às vezes muito conflito desnecessário.

Cândido é um caso exemplar. Criado em um Éden idílico e tendo Pangloss como professor, Cândido aprendeu que "tudo vai bem no melhor dos mundos possíveis". Assim, quando ele prova pela primeira vez o mundo além das paredes de sua infância, a experiência é um pouco chocante. Sobrinho ilegítimo de um barão, ele se apaixona intensamente pela filha deste, Cunegunda. Mas o barão tem outros planos para Cunegunda e, quando vê os dois se beijando, expulsa do castelo Cândido, cujas perspectivas são bem limitadas. Isso já é suficientemente ruim, mas ainda ficará pior.

Alistado à força no exército búlgaro, Cândido testemunha uma batalha horrível. Posteriormente, depois de se afastar um pouco do acampamento para uma caminhada, é brutalmente açoitado como desertor. As provações e tribulações continuam, mas, durante todas elas, o jovem mantém resolutamente a perspectiva otimista. Só perto do final, depois de ter sido roubado de sua fortuna e ver-se vivendo com uma Cunegunda muito mudada; depois de seu amado Pangloss ter sido enforcado, dissecado e espancado até se tornar uma massa informe (mas esse não é o fim de sua história); depois de Cunegunda ter se perguntado em voz alta se seria pior ser repetidamente estuprada por hordas de búlgaros ou estar ali, fazendo o que está fazendo (nada), ele começa a hesitar. Você também certamente verá a estupidez de ficar sorrindo benignamente enquanto chovem catástrofes.

Mas, se seu otimismo for ainda mais difícil de ofuscar que o de Cândido, *Não me abandone jamais*, de Kazuo Ishiguro, com certeza aba-

Cândido, ou O otimismo
VOLTAIRE

Não me abandone jamais
KAZUO ISHIGURO

lará suas bases. Criados na misteriosa Casa Hailsham, Kathy, Tommy e Ruth são incentivados a expressar a imaginação, criar arte e desenvolver relacionamentos. Mas, ao mesmo tempo, são curiosamente reprimidos e separados do mundo. Não vamos contar mais. Basta dizer que temos tanta segurança de que essa cura vai funcionar que daremos nosso braço direito se você ainda acreditar no melhor dos mundos possíveis ao final. E, no caso de isso o levar longe *demais* nessa estrada, veja "pessimismo" para voltar ao centro.

outsider, ser um

Oscar e Lucinda
PETER CAREY

Um outsider é alguém que não se encaixa. Ele não é deixado de fora (ver: excluído, sentir-se), porque nunca esteve dentro. E, embora certamente seja diferente (ver também: diferente, ser), também é um transplantado. Porque um outsider deixou um lugar onde havia outros como ele, ou nunca chegou a encontrar esse lugar, e vagueia pelo mundo como um perene observador, olhando para dentro, mas nunca, jamais entrando. Se isso te descreve, você vai exultar ainda mais quando encontrar os extraordinários outsiders Oscar e Lucinda, no livro de Peter Carey premiado com o Booker Prize em 1988.

Oscar Hopkins é tão outsider que nem sabe que existe um lado de dentro. Criado no vilarejo de Hennacombe, em Devon, tem um pai botânico que, embora amoroso, é membro de uma seita evangélica chamada Os Irmãos de Plymouth, que interpreta a Bíblia literalmente, "como se fosse um relatório compilado por um naturalista consciencioso". Ele começa a sentir que são diferentes quando a criada, Fanny Drabble, lhe faz um pudim de Natal e seu pai, que era contra guloseimas em festas cristãs, chama-o de "fruta de Satanás" e faz Oscar beber água com sal até vomitar o que tinha comido. Mas ele não questiona as crenças do pai nem se dá conta de como sua criação o tornou estranho para o mundo até que vai para o Oriel College, em Oxford, e sua "ignorância" se torna assunto de conversas.

Quando o colega Wardley-Fish, da turma dos populares da escola, bate na porta de Oscar por engano à procura de outro aluno, o convida para as corridas de cavalo, embora Oscar seja conhecido por toda parte como "o Cara Estranho". Oscar vai às corridas com Wardley-Fish e, tendo ganhado sua primeira aposta por 9 a 1, desenvolve uma relação patológica com o jogo que ameaça constantemente fazê-lo perder a batina quando, mais tarde, ele se torna o reverendo Hopkins (encaminhamos Oscar, e qualquer outra pessoa chegada a uma aposta, à nossa cura para "jogo, vício em"). Mas quando, a bordo de um navio para Nova Gales do Sul, ele conhece Lucinda Leplastrier, herdeira e proprietária de uma fábrica de vidros, com cabelos similarmente incontroláveis, isso se torna motivo de comemoração — pois Lucinda é uma outsider tanto quanto ele e, por acaso, também compartilha seu vício. Procurando-o para se confessar, ela lhe conta, com uma voz tão pequena "que poderia caber em um dedal", sobre sua sede aparentemente insaciável por um jogo de dados, ou pôquer, ou mesmo uma briga de galos. Oscar mal pode acreditar em seus ouvidos. Logo deixando de lado os pensamentos sagrados, ele sabe que encontrou a pessoa que pode fazê-lo se sentir ajustado.

O que Lucinda e Oscar fazem com sua relação é para aqueles de nós que leram saberem e para os que não leram descobrirem. Mas a cura está na cena a bordo do *Leviathan* em que Lucinda olha nos olhos de Oscar e vê a si mesma "refletida". Oscar, o outsider, foi reconhecido. Enquanto estiver com Lucinda, ele não é mais um outsider.

Embarque em um navio e encontre sua cara-metade outsider.

VER TAMBÉM: **diferente, ser** • **estrangeiro, ser** • **excluído, sentir-se** • **solidão**

ovo na camisa

Pela primeira vez, você chegou na hora. Está com seu melhor terno e suas anotações em mãos. Você sobe ao pódio e baixa os olhos para ajustar o microfone. Ao fazer isso, avista uma gota de gema de ovo intensamente amarela descendo lentamente por sua camisa.

A cena lhe parece familiar? Nesse caso, conheça Robert Merivel, o herói de *Restauração*, de Rose Tremain, ambientado na licenciosa corte do rei Carlos II. Merivel é um glutão em relação aos prazeres devassos da vida do século XVII. Ele costuma ser encontrado com as calças abaixadas até os tornozelos, deliciando-se com alguma prostituta apetitosa, ou rindo tão alto que faz voar um punhado de pudim de uva de sua boca até o outro lado da mesa em um banquete. Quando Merivel consegue uma rara audiência com o rei, faz uma confusão tão absurda que parece ter desperdiçado sua única oportunidade de melhorar de vida. Mas ele tem uma segunda chance. E é nessa ocasião, bem quando lhe tinha sido oferecida a ilustre posi-

Restauração
ROSE TREMAIN

ção de médico da Corte para os cachorros de Sua Majestade, que Merivel nota a mancha de ovo em suas calças.

Isso não cria nenhum empecilho. O rei está encantado com Merivel, com seu apetite pela vida e sua capacidade de peidar atendendo a pedidos, e concede uma série de favores a esse novo e descuidado amigo. A boa sorte não dura para sempre, mas a mensagem permanece: a tendência a derrubar comida na roupa pode ser uma vantagem. Você só tem de escolher bem o contexto.

VER TAMBÉM: **fracasso, sentir-se um** • **idiota, sentir-se um**

P

pai/mãe, ser

VER: filhos demais solicitando atenção • mãe/pai solteiro, ser • maternidade • paternidade

pais idosos

VER: idosos, pais

paixão

Não há nada tão atordoante, tão doce ou tão inebriante quanto estar flutuando em uma paixão. Seja quem for o objeto de seu amor, estar perdido de admiração por outro ser é uma das maneiras mais absorventes e delirantemente prazerosas de perder grandes pedaços de sua vida. Pois, mesmo com todo o prazer proporcionado por esse estado, há um preço a pagar. O objeto de seu amor pode não sentir o mesmo; e, por sua própria natureza, a paixão nos cega para os aspectos práticos da situação. Ela é um amor irracional e extravagante, que se alimenta de si mesmo mais que da afeição retribuída do destinatário do amor (ver também: amor não correspondido). E, embora não seja tão perigosa quanto a obsessão, pode ser precursora desse estado, tornando o sofredor incapaz de enxergar a própria insensatez e as inadequações de seu objeto.

O pequeno e enigmático romance de Cocteau é paradigmático do arrebatamento. Ele ilustra um labirinto amoroso totalmente intrigante, em que um irmão e uma irmã marcam pontos transferindo sua paixão mútua para outros jovens homens e mulheres, depois de volta para si próprios. Paul e Elisabeth cuidam da mãe em um apartamen-

As crianças terríveis
JEAN COCTEAU

to parisiense com um único enorme aposento, que se torna, assim, quase como um palco. Eles acabam ficando sozinhos ali, com suas imaginações e neuroses, para crescer como flores em uma estufa. Na escola, Paul havia se apaixonado por Dargelos, um menino bonito que jogara nele uma bola de neve com uma pedra dentro. Isso deixa o delicado Paul de cama por várias semanas, durante as quais, como um inválido desfrutando os "doces prazeres da doença", ele aprende a amar sua irmã um pouco demais. Ao se recuperar, conhece Agathe (que se parece muito com Dargelos) e transfere sua paixão para ela. Mas, enquanto isso, Paul e Elisabeth aperfeiçoaram "o Jogo", um meio de aprofundar sua relação ferindo um ao outro em uma série de ataques verbais circulares. Quando sua ligação se torna mais extrema, eles se retiram do mundo para viver uma existência de faz de conta em que tudo que importa é "o Jogo".

Isso só pode acabar mal. É tudo atordoante demais, intenso demais e prismaticamente refrativo. E é só uma questão de tempo antes de ouvirmos o estilhaçamento. Se você estiver enredado em uma paixão similarmente intensa, transfira o objeto de seu fascínio da vida para as páginas do livro. Cocteau era conhecido nos círculos artísticos de sua época (cujos membros incluíam Picasso, Modigliani, Proust e Gide) como o "príncipe frívolo", e ele próprio inspirou paixões muitas vezes. Sua prosa sensual e a imaginação mercurial são igualmente arrebatadoras. As *crianças terríveis* foi escrito durante um período de afastamento do ópio, e pode-se sentir o desejo de seu sangue pela droga em cada frase exaltada. "O mundo deve seu encantamento a [...] criaturas peculiares e seus caprichos", ele pondera. "Espíritos diáfanos, trágicos e dilacerantes em sua evanescência, são levados pelo vento diretamente para a perdição."

Não se deixe levar para a perdição por correntes de desejo caprichoso. O prazer encontrado nos arrebatamentos estéticos durará para sempre; sua paixão mortal, não.

VER TAMBÉM: **luxúria** • **mal de amor** • **obsessão**

pânico, ataque de

Só há uma coisa mais assustadora do que achar que talvez você esteja prestes a ter um ataque de pânico: ter um ataque de pânico. Claro que saber disso, e se preocupar com isso, torna a possibilidade ainda mais provável. Aqueles que se veem encurralados nessa situação do tipo "ovo e galinha" precisam manter um frasco de tranquilidade literária à mão e tomar goles longos e lentos — seja lendo, seja recitando em silêncio passagens que ficaram na lembrança — sempre que estiverem em pânico com a possibilidade de entrar em pânico. Faça isso com frequência e, com o tempo, só o título já acalmará as batidas de seu coração. O romance para esse trabalho é *Shane*.

Shane cavalga pelo vale vestido de preto. Quando chega educadamente pedindo água para si e para seu cavalo, os três membros da família Starrett simpatizam com ele — pois ele emana algo poderoso e misterioso. Eles o convencem a ficar, oferecendo-lhe um emprego como ajudante temporário, embora seja evidente que trabalhar em fazendas não é sua profissão. É rapidamente perceptível que Shane é a essência da calma. Homem de poucas palavras, ele tem um forte senso de justiça; embora tenha força e potência para dominar facilmente outro homem, a agressividade claramente não é sua praia. Ele mantém a arma sob o travesseiro, e não no cinto, como os outros homens.

A primeira coisa que Shane faz quando vai morar com a família Starrett é pegar um machado para remover o toco de pau-ferro no meio do pátio, o qual vinha incomodando Joe Starrett desde que ele limpara o terreno pela primeira vez. O toco é grande o suficiente para servir de mesa para uma família com o dobro do tamanho da sua, mas, enquanto Shane o corta, o som límpido do retinir do aço na madeira toca o pequeno Bob como nenhum som havia feito antes, enchendo-o de um sentimento bom. Nesse momento, Shane se torna o herói de que Bob precisava para crescer "reto por dentro, como um menino deve crescer". Porque Bob precisava de um exemplo exterior à unidade familiar, alguém que ele pudesse ver como modelo. Determinado, gentil, justo, carregando tristezas que desconhecemos e com um jeito de quem sempre vai fazer a coisa certa, Shane é esse mentor — e não só para Bob, mas também para seu pai, Joe.

Instale essa joia forte e sólida de homem em seu coração. Seu sangue fluirá tão constante e calmo quanto o retinir límpido do machado no obstinado toco. Faça o pânico ser o toco de árvore que você sabe que pode vencer.

VER TAMBÉM: **ansiedade**

papel de bobo, fazer

VER: **arrependimento** • **idiota, sentir-se um** • **vergonha**

par errado, acabar com o

Middlemarch
GEORGE ELIOT

Se você puder, evite de todas as maneiras acabar com o par errado. O sofrimento que o leitor sente quando a incomparável Dorothea Brooke desperdiça sua vida com o velho e sufocante Casaubon, no magistral e revolucionário *Middlemarch*, de George Eliot — um exame implacavelmente não sentimental do casamento e das consequências deploráveis de uma escolha ruim —, torna clara a enormidade desse erro. Embora Dorothea não ache que está cometendo um erro — para ela, a "grande alma" de Casaubon é suficiente, e de fato podemos perceber que, no universo do século XIX, no qual as mulheres são geralmente trivializadas, ela tem uma grande necessidade de se associar a um intelectual para poder adquirir o título para si mesma também —, sabemos que é apenas questão de tempo até que ela o veja como o pedante insensível que ele realmente é, e perceba que as "grandes vistas e o vasto ar fresco" que ela havia sonhado encontrar na cabeça do marido são, na verdade, "antecâmaras e passagens tortuosas" que não levam a lugar nenhum.

Felizmente, Dorothea é salva de uma vida inteira de sombria servidão pelo bem-vindo aparecimento do Ceifador Sinistro. Mas, como o jovem e arrojado dr. Lydgate nesse mesmo romance, você pode não ter tanta sorte. Ele e Rosamond, iludidos pelo ideal romântico que veem encapsulado um no outro, enfrentam uma vida inteira de tormento quando suas verdadeiras personalidades começam a surgir por trás da fachada. Os hábitos perdulários de Rosamond frustraram as ambições de Lydgate de promover reformas na medicina, e, quando a motivação principal dela para o casamento é exposta como pouco mais que promoção social, a amargura começa a corroer o relacionamento. Lydgate teria sido muito mais feliz compartilhando a vida e o trabalho com Dorothea, que tem a mesma consciência social. Mas o divórcio não era uma opção naquele tempo e, seja como for, a essa altura Dorothea já está em um casamento feliz com outra pessoa... Tome muito cuidado para conhecer bem tanto a si próprio quanto seu/sua cônjuge em potencial antes de se casar. Se você for em frente com um entendimento apenas parcial do caráter da pessoa, pode ter algumas surpresas desagradáveis a sua espera.

VER TAMBÉM: apuros, estar em • arrependimento • divórcio • insatisfação • parceiro que não lê, ter um • pensamentos assassinos

par perfeito, à espera do

Fazer concessões é inevitável quando se é casado, mas os que se recusam a fazer concessões *antes* de se casar — e preferem esperar pelo par perfeito a se juntar apressadamente à pessoa errada e se arrepender depois — estão optando por uma estratégia arriscada. Uma vida inteira pode se passar em espera, e não há garantia nenhuma de que, no fim, você encontrará o tão aguardado prêmio. E se você demorar tanto tempo que fique tarde demais para ter filhos? (ver: filhos, não ter). E se finalmente conhecer seu par perfeito, mas então já estiver tão adaptado a seus hábitos de solteiro que não suporte mais a ideia de dividir sua casa com outra pessoa?

Os que estão nessa espera precisam de incentivo para manter a firmeza, porque a alternativa é pior. (Se estiver na dúvida, veja "par errado, acabar com o".) Anime-se com a história de Aldred Leith, no magistral *O grande incêndio*, de Shirley Hazzard. Aos trinta e dois anos, mas sentindo-se mais velho, Leith está emocionalmente atolado depois do trauma da Segunda Guerra Mundial e de um "casamento de guerra", dissolvido, com Moira. Ele não espera nada da vida dali em diante. Mas, nas colinas úmidas perto de Hiroshima, para onde foi a fim de escrever um relatório para o governo, conhece dois adolescentes notáveis, Helen Driscoll e seu irmão terminalmente doente, Ben. Os frágeis irmãos não têm nada em comum com o pai ignorante e a mãe falsa, que representam tudo o que Leith despreza. Juntos, eles criaram um pequeno paraíso de intelectualidade, lendo Gibbon e Carlyle em voz alta um para o outro — "eles vivem na literatura e a tratam com familiaridade" —, e Leith descobre, quase com constrangimento, que encontrou sua alma gêmea em Helen. Vendo a marca de seus pequenos seios apenas despontando sob o vestido, ele calcula que a menina não deve ter mais que quinze anos.

A princípio, ele atribui isso a uma necessidade de conforto em um "mundo inteiro" que precisa de conforto, mas a verdadeira felicidade está presente quando eles se encontram, e Shirley Hazzard faz de um par que poderia parecer impróprio (ver: idade, diferença de no casal) algo belo e real, pela força de sua prosa cuidadosamente

O grande incêndio
SHIRLEY HAZZARD

A espera
HA JIN

não sentimental. Leith e Helen esperam um pelo outro, amenizando a separação com cartas, enquanto também têm de lidar com a reprovação dos pais de Helen e o transplante de seu relacionamento para um país diferente. Mas a certeza com que eles reconhecem — e nós também sentimos — que são certos um para o outro é inspiradora para qualquer um que esteja esperando por algo semelhante. Sua confiança, no fim, mostra-se justificada.

Tenha cuidado, porém, para que sua opção de esperar pela pessoa certa não seja apenas resultado de indecisão ou de não aceitar o que a vida lhe reservou. Em *A espera*, de Ha Jin, um médico da cidade, Lin, mantém a namorada, Manna, esperando por dezoito anos, porque primeiro precisa se divorciar de Shuyu, a aldeã iletrada de pés atados com quem seus pais o forçaram a se casar. A cada ano, Shuyu concorda com o divórcio, mas, a cada ano, Lin chega ao tribunal e descobre que ela mudou de ideia. Manna, enfermeira-chefe do hospital onde Lin trabalha, desperdiça seus trinta anos à espera de Lin, e seu ressentimento a torna amarga (ver: amargura).

Ela não é a única prejudicada pelos anos de espera: Shuyu enfrenta uma vida dura e solitária, criando a filha, Hua, no campo; e só tardiamente Lin se dá conta de como foi um péssimo pai para Hua. A certa altura, Manna já esperou tanto tempo por Lin que se torna tarde demais para *não* continuar esperando. No entanto, nesse ponto, a paixão romântica de Lin por Manna já esmaeceu, e sua vacilação o faz perder o respeito próprio. "Conheço seu tipo", o colega de quarto de Lin lhe diz. "Você está sempre com medo de que as pessoas digam que você é um homem mau." Lin sabe que tal fraqueza arruinou a vida de todos, e, mesmo quando a espera termina, ainda há mais espera no horizonte. Que esse romance sirva de alerta: não deixe toda a sua vida se tornar uma única grande espera.

Nós o incentivamos fortemente a esperar. Mas garanta que você seja um realista, como Leith, e não um tipo "a-grama-do-vizinho-é-mais-verde", como Lin. E, se estiver à espera de alguém que ainda precisa ser persuadido, seja implacavelmente sincero consigo mesmo. Só faça isso se ele ou ela realmente valer a espera; se decidir que não vale, veja "perder tempo em um relacionamento ruim".

VER TAMBÉM: **compromisso, medo de** • **indecisão** • **mudança, resistência a** • **otimismo** • **perder tempo em um relacionamento ruim** • **procrastinação** • **romântico incorrigível**

par perfeito, à procura do

Encontrar o parceiro ideal — melhor amigo, amante, companheiro, financiador, chef de cozinha, tudo engenhosamente combinado em um único e encantador pacote — costuma ser considerado a sorte grande na loteria da vida, a melhor maneira de assegurar felicidade, boa saúde e longevidade. Para muitos, essa é a maior obsessão da adolescência e da juventude e, se a busca fracassar, é a causa principal de infelicidade nas décadas seguintes (ver: par errado, acabar com o; solidão). Desde o século XIX, os romances compartilharam — ou refletiram, ou estimularam, dependendo da interpretação — essa obsessão. Centenas de buscas pelo par perfeito foram apresentadas para nosso entretenimento e edificação. Mas será que dois séculos de leituras sobre o tema nos fizeram melhores nisso? Será que nós, na verdade, simplesmente nos tornamos tão perfeccionistas que corremos o risco de procurar por um ideal que não existe (ver: par perfeito, à espera do; felicidade, busca da)?

Não parece que seja assim. Muitos de nós ainda seguem o terrível exemplo de Linda Radlett em *A procura do amor*, de Nancy Mitford, que, apesar de começar com a convicção de que o verdadeiro amor vem apenas uma vez na vida, usa o método pelo qual, mais tarde, compra roupas: tentativa e erro, casando-se com dois homens errados antes de finalmente encontrar o amor verdadeiro com o rico duque francês Fabrice. Fabrice financia suas farras de compras e, por um tempo, faz dela a mulher mais feliz do mundo. Mas, infelizmente, não por muito tempo. Ah, se ao menos ela não tivesse tido tanta pressa e tivesse esperado pelo cara certo desde o início!

Claro que, muitas vezes, nós *encontramos* logo o par certo — ele ou ela às vezes está, de fato, na nossa cara —, mas, por uma falta nossa, ou dele, não o reconhecemos como tal. O primeiro caso é o que acontece com Emma, personagem de Jane Austen, que leva um romance inteiro para desenvolver autoconsciência suficiente e se dar conta da flechada que lhe informa, com absoluta e prodigiosa certeza, que seu par perfeito é o vizinho, Mr. Knightley. (Dã! Mas quem não se enganou a princípio?) O segundo caso é o de Elizabeth Bennet em *Orgulho e preconceito*, cujo sr. Darcy tem algumas falhas de caráter a ser eliminadas antes de poder ser o par perfeito para ela (ver: arrogância). Não se apresse em descartar os amigos de seu círculo imediato quando estiver à procura de amor; muitos dos casamentos mais

A procura do amor
NANCY MITFORD

Emma
JANE AUSTEN

Orgulho e preconceito
JANE AUSTEN

Bel canto
ANN PATCHETT

felizes acontecem entre pessoas que compartilham uma história similar e se conhecem há muito tempo.

Mas, às vezes, nosso par perfeito está mesmo muito longe, e a vida não faz nossos caminhos se cruzarem. Esse é o caso do sr. Hosokawa, o chefe de uma empresa de eletrônicos japonesa, que com certeza continuaria acreditando que só conseguia sentir amor verdadeiro pela ópera, não por outro ser humano, se não tivesse sido feito refém enquanto assistia a um concerto em sua homenagem. Em uma das melhores histórias que conhecemos sobre o florescimento do amor em lugares improváveis, o brilhante *Bel canto*, de Ann Patchett, mostra o surgimento de três amores verdadeiros: o sr. Hosokawa com a bela soprano Roxane Coss; seu extremamente culto tradutor, Gen, com uma camponesa-que-virou-terrorista, totalmente sem instrução; e o diplomata francês Thibault, que até então não dava muita atenção à elegante esposa, Edith. Transformados pela beleza do canto de Coss — e Patchett escreve muito bem sobre a capacidade visceral, quase dolorosa da música de nos comover — e forçados a viver no momento intensificado pela constante ameaça de morte, reféns e terroristas presos no casulo da mansão do vice-presidente (onde são mantidos) experimentam como resultado extraordinário uma gravitação para a cultura e a arte: o canto, a leitura, a aprendizagem, a culinária, o jogo de xadrez e, claro, o amor.

Não estamos sugerindo que você tente ser tomado como refém. Ou que persiga uma pessoa famosa que admira de longe (ver: amor não correspondido). A literatura sugere que procurar o par perfeito é, de qualquer forma, perda de tempo; ele provavelmente está bem debaixo do seu nariz. Em vez de insistir na procura, volte a atenção para as coisas que te apaixonam: seja a ópera, como o sr. Hosokawa, cavalos ou Hemingway. Você vai crescer e se desenvolver de maneiras interessantes como pessoa, e vai se sentir feliz com isso. Então, e só então, o par perfeito encontrará *você*.

VER TAMBÉM: **felicidade, busca da** • **solteirice**

parceiro que não lê, ter um

CONVERTA OU DISPENSE

MAL LIGADO À LEITURA

Se você mora com alguém que não lê livros, pode ser difícil arrumar e resguardar um tempo de leitura para si, especialmente se seu parceiro preferir ver tevê, conversar ou se posicionar entre você e seu livro quando você estiver lendo na cama. Há duas opções: converta-o ou desista — dele, não da leitura.

Para converter seu parceiro, folheie esta obra para ter algumas ideias, depois leve-o a uma livraria acolhedora e presenteie-o com um livro novo. Se não conseguir convencê-lo a ler o que você comprar, experimente ler para ele em voz alta e pedir que ele também o faça para você. Essa é uma maneira maravilhosa de compartilhar a experiência de um livro e de passar um tempo fortalecendo o vínculo entre vocês, tendo livros como cola. Para ter ideias, veja a seguir nossas listas dos melhores livros para converter seu parceiro (homem e mulher) à ficção.

Se isso não funcionar, compre alguns audiolivros para ouvir durante longas viagens de carro ou enquanto estiverem envolvidos em tarefas domésticas juntos — algo de que os dois possam gostar. Se ele/ela se interessar por um escritor específico, você pode lhe dar uma cópia impressa de outro livro do mesmo autor.

Se seu parceiro ainda se recusar a acompanhar você, será preciso definir alguns parâmetros para resguardar seu tempo de leitura. Decida quantas horas por semana você gostaria de separar para ler e negocie quando serão essas horas: todo sábado à tarde, talvez, e meia hora antes de dormir. Encontre um lugar na casa para ler onde você não será perturbado — talvez em seu cantinho de leitura (ver: tarefas de casa, ocupado com). Se gostar de ler na cama, retire-se para o quarto meia hora antes de seu parceiro. Se ele/ela se sentir perdido sem você (ninguém gosta de ser ignorado), planejem juntos o que ele pode fazer enquanto você lê: Plantar tomates? Aprender a tocar banjo? Montar uma estante de livros para você?

Se nada disso funcionar e você já puder prever que a vida com seu parceiro vai significar uma vida sem livros, não há outra opção. Desista dele e arrume outra pessoa. Ver: par perfeito, à procura do.

OS MELHORES LIVROS PARA CONVERTER SEU PARCEIRO (HOMEM) À FICÇÃO

Por razões misteriosas, homens não leem tanta ficção quanto mulheres. Se você estiver entalada com um homem que não encosta num romance desde que saiu da escola, dê-lhe um destes. (Diga-lhe que é não ficção disfarçada.)

As aventuras de um coração humano WILLIAM BOYD
As incríveis aventuras de Kavalier & Clay MICHAEL CHABON
Micro servos DOUGLAS COUPLAND
O nome da rosa UMBERTO ECO
Ardil 22 JOSEPH HELLER
Solaris STANISLAW LEM
Flashman GEORGE MACDONALD FRASER
Fôlego TIM WINTON

OS MELHORES LIVROS PARA CONVERTER SUA PARCEIRA (MULHER) À FICÇÃO

Por razões igualmente misteriosas, algumas mulheres não leem romances. Se sua parceira não tiver o gene da ficção, seduza-a com uma história realmente boa. Envolventes, cativantes, interessantes, estas são obras de alguns dos melhores contadores de histórias dos tempos modernos.

Vulgo Grace MARGARET ATWOOD
A visita cruel do tempo JENNIFER EGAN
Um quarto com vista E. M. FORSTER
A mulher foge DAVID GROSSMAN
A cidade do sol KHALED HOSSEINI
O Hotel New Hampshire JOHN IRVING
O afinador de piano DANIEL MASON
A lista de Schindler THOMAS KENEALLY
Dentes brancos ZADIE SMITH
O fim do sr. Y SCARLETT THOMAS

passar os olhos superficialmente, tendência a

MAL LIGADO À LEITURA

LEIA UMA PÁGINA POR VEZ

Se seus olhos tendem a pular para adiante, procurando diálogos ou drama, sexo ou escândalo, saltando rudemente passagens descritivas, pode ser que você esteja lendo um livro ruim. Nesse caso, use esta obra para orientá-lo para outro melhor. Mas pode ser que sua capacidade de esperar pela gratificação esteja prejudicada e você tenha de controlar o cérebro para diminuir o ritmo e digerir.

Nossa terapia é ler um romance uma página por vez — nada mais, nada menos. Uma página antes de dormir, uma página ao acordar de manhã, uma página enquanto você almoça. O melhor romance para esse fim é aquele em que cada página brilhe com insights inteligentes. *O homem sem qualidades*, de Robert Musil, é ideal, mas você pode escolher o seu. A ideia é permitir que qualquer coisa que você leia desencadeie seus pensamentos, depois passar algum tempo com esses pensamentos, penetrando até camadas cada vez mais profundas de si. Concordamos que descobrir o que acontece em seguida é importante (assim como sexo e escândalo). Mas você quer viver a vida na superfície, pegando apenas a cobertura do bolo? Às vezes, mastigar um pedaço de pão realmente bom é a parte mais satisfatória da refeição. Certamente é a parte que o energizará para o resto do dia.

paranoia

O leilão do lote 49
THOMAS PYNCHON

Esse romance é inteiro sobre você. Você vai encontrar seu nome nele. Experimente a página 49.*

paternidade

A estrada
CORMAC McCARTHY

Uma das melhores coisas de ser pai é a chance de ser criança de novo — ao mesmo tempo em que se é lançado em uma nova fase de maturidade, como pai e como parceiro. Ser pai lhe dá a oportunidade de transmitir suas paixões e todas as coisas que você aprendeu. Mas traz consigo enormes responsabilidades e pode mudar seu relacionamento com seu parceiro ou parceira de maneiras desagradáveis; às vezes, o ressentimento acaba sendo descarregado sobre a criança. Se o manto da paternidade não está confortável em seus ombros, ou você deseja fortalecer um vínculo pai-filho que talvez tenha sido contaminado por esse tipo de transferência emocional, nós lhe oferecemos o equivalente, na ficção, a um manual de relacionamento pai-filho, o estarrecedor, mas surpreendente *A estrada*, de Cormac McCarthy.

Sua premissa é mais tenebrosa do que, esperamos, jamais será a realidade da vida de qualquer um de nós. Após um evento cataclísmico, cuja natureza exata os sobreviventes só podem tentar conjeturar, os Estados Unidos — e talvez o mundo todo — estão devastados. Cinzas bloqueiam o sol. As cidades se incendiaram e as árvores morreram. Em meio a esse território "estéril, silencioso, sem Deus", um homem e seu filho (conhecidos pelo leitor apenas como "o homem" e "o menino", como convém a um mundo sem cor e com escassa humanidade) seguem por uma estrada em direção ao sul, na esperança de encontrar calor e aumentar as chances de sobrevivência. Ao longo do caminho, tentam dormir nas noites longas e escuras e "mais

---

* Na verdade, é sobre algo bem mais interessante que você. É sobre moto-perpétuo, entropia, LSD, um sistema postal alternativo e uma era na história cultural americana que nós mesmas gostaríamos de ter vivenciado. Mas continue lendo. Porque vamos curá-lo de sua paranoia provando-lhe, durante o ato da leitura, que, se você procurar algo com muita intensidade, vai encontrar. Em vez de procurar as teorias da conspiração que você quer encontrar, deixe a visão de mundo peculiar e fantasticamente complexa de Pynchon levá-lo em uma viagem para a mente delirante de Édipa Maas, enquanto ela investiga as próprias conspirações. Quando tiver percorrido San Narciso ao lado dessa donzela em busca de um cavaleiro libertador, você estará preso à história dela, não a seus próprios falsos terrores, e olhando para fora, não mais para dentro.

frias que qualquer coisa que já tivessem enfrentado", procurar comida onde puderem, de cogumelos silvestres a latas ocasionais de conservas, e viver sob a ameaça constante dos "caras maus", homens sujos e aterrorizantes que viajam em bandos, usando máscaras e roupas de segurança, armados de bastões ou pedaços de cano, saqueando e matando como animais.

É um mundo tão destituído de beleza quanto possível. O menino está quase sempre tão cheio de medo que não consegue correr quando o pai manda. Está faminto, sente falta da mãe, e a possibilidade de ter amigos, quanto mais qualquer outro dos prazeres normais da infância — brinquedos, esportes, gramados verdes, bolo —, é inexistente para ele. Em certo momento, o pai encontra uma lata de Coca-Cola em uma máquina de refrigerantes que foi aberta com uma barra de ferro e diz ao menino para beber tudo, e devagar. "É porque eu nunca mais vou beber outra, não é?", diz o menino. E assim, por meio de uma lata de Coca-Cola, sentimos o pleno golpe da perda de um mundo que jamais retornará.

Mas, em termos emocionais, o livro é rico. Pois aqui, despojado de todo o resto, revela-se, em sua forma mais pura, mais primal, o amor extraordinário entre um pai e um filho, no qual a única coisa que importa é ter certeza de que o menino "está bem". Se o menino morrer, o homem sabe que vai querer morrer também. Pois o que é a essência da paternidade senão a esperança para a próxima geração?

O romance nos deixa com um resíduo de esperança, que é um ingrediente essencial para viver (ver: esperança, perda de). Comemore, portanto, sua paternidade e, ao longo do caminho, adquira o hábito da honestidade absoluta que existe entre esses dois. Observe a confiança entre eles, a necessidade que o filho tem de ver que o pai jamais vai quebrar uma promessa, nunca vai deixá-lo, sempre dirá a verdade quando ele pedir — exceto, talvez, se estiverem morrendo. Atente para sua necessidade de confirmar que eles são os "bons", que eles "carregam o fogo". Se existe honestidade, amor, um conjunto sólido de princípios morais e uma presença confiável, nada pode dar errado.

O caminho da paternidade já é semeado de culpas; não deixe que a autocrítica excessiva crie mais uma armadilha. Mulheres com frequência entendem que existe "perfeito" e existe "suficientemente bom" — e que "suficientemente bom" costuma ser preferível. É hora de os homens ouvirem essa mensagem também. Mesmo que você às vezes queime o feijão, esqueça o material de ginástica ou pegue seu filho fazendo experiências com o conteúdo do armário do banheiro, permita-se um elogio a si mesmo de vez em quando e lembre-se desse manual de paternidade, *A estrada*. Não complique as coisas: amor e comunicação honesta são tudo de que vocês precisam.

VER TAMBÉM: **filhos demais solicitando atenção • mãe/pai solteiro, ser**

paternidade, medo da

O canto do pássaro
SEBASTIAN FAULKS

Adeus, ficar bebendo até altas horas da noite. Adeus, domingos preguiçosos com jornais e café até o meio-dia. Adeus, dedicação integral da namorada/parceira/esposa/cachorra/mãe. Adeus, poder dizer, sem culpa: "Vou passar o fim de semana com os caras. Vejo você domingo à noite".

É mais fácil para as mulheres. Assim que ficam grávidas, elas começam a se alterar, não só fisicamente, mas emocionalmente também, pela nova vida que cresce dentro delas. Isso é o que acontece com Isabelle em *O canto do pássaro*, o triste épico da Primeira Guerra Mundial de Sebastian Faulks. Ela fica sabendo que está carregando um filho de Stephen, pouco depois de eles fugirem juntos do casamento infeliz de Isabelle, e quase imediatamente descobre um até então despercebido desejo "louco" de ter um filho. Mas, em sua confusão (talvez emocional), não só decide não contar a Stephen sobre a gravidez como o abandona e corre para a irmã, Jeanne.

Na próxima vez em que vemos Stephen, emocionalmente fechado e sem tocar em uma mulher há sete anos, ele está encarregado de um pelotão nas trincheiras do Somme. Enquanto lutam para enfrentar os inimagináveis horrores diários e a possibilidade de morte a qualquer momento, os homens enviam e recebem cartas de casa. Ficamos sabendo muito bem quais deles têm filhos e quais não têm, porque, certo ou errado, Faulks usa a existência de filhos na vida desses homens para despertar nossa maior simpatia por eles. Há Wilkinson, recém-casado e com um bebê a caminho, que sofre uma morte horrível na linha de frente. E há o bem-humorado Jack Firebrace, que recebe da esposa a notícia de que seu filho está no hospital, gravemente doente com difteria, e pergunta a seu tenente — que, no momento, está pensando se deve ou não condenar Jack à morte por ter dormido em serviço — se ele tem filhos. Esse tenente é Stephen. "Não", é a resposta. Mas nós, claro, sabemos que ele provavelmente tem.

Podemos ou não aprovar a maneira como Faulks diferencia os homens, mas, seja como for, um mundo se abre nesse romance em que homens com filhos diferem de homens sem filhos, e não podemos deixar de sentir que Stephen, que é pai sem saber, sofre uma perda com sua ignorância a respeito de ter um filho com Isabelle. Se soubesse que era pai, em que ele poderia ser diferente? Ele não manda matar Jack, mas não tem a existência do filho para lhe dar esperança nos dias sombrios da guerra, como os outros têm. O romance termina com um nascimento, que provoca no pai em questão tal arroubo de alegria inesperada que ele sai correndo para fora da trincheira e lança castanhas no ar.

Se você é um futuro papai e tudo o que sente no momento é espanto e uma vaga sensação de medo do Apocalipse, esse romance é para você. Se estiver contornando como um caranguejo a questão do compromisso e do casamento, também lhe serve. Conhecemos muitos homens que não têm a menor gota de sentimento paterno pelo embrião que geraram enquanto este está no útero, mas se apaixonam perdidamente no momento em que o bebê nasce. Viaje com Stephen e decida por si mesmo: uma escapada por pouco, ou uma chance perdida de experimentar uma nova dimensão na vida?

VER TAMBÉM: **compromisso, medo de**

pé na estrada, ter o

VER: **viajar, desejo de**

pensamentos assassinos

Todos os têm. Até as crianças. Até os gatos. Então não finja que você não tem. Você mora com alguém. Essa pessoa joga os saquinhos de chá dentro da pia. Deixa fios de cabelo suspeitos no sabonete. Fica um pouco perto demais. Faz barulho enquanto come. E, às vezes, você tem vontade de matá-la.

A maioria de nós não vai além de uma rápida resmungada interna, seguida de um período de reflexão silenciosa — em que lembramos o que essa pessoa tem de bom e, crucialmente, o fato de que assassinato é sempre uma ideia muito ruim.

No entanto, alguns de nós levamos a irritação um passo além e começamos a maquinar. Se um dia você se pegar fazendo isso, *Thérèse*

Thérèse Raquin
ÉMILE ZOLA

Raquin, de Zola, é seu sinal de alerta. Ele descreve a vida abjeta de Thérèse e Camille, um casal que vive no andar de cima da loja que possuem num beco da Pont Neuf, com a mãe de Camille. Zola lapida a desolação com arte: ele descreve como a luz de inverno que entra pelo teto de vidro em arco e que deveria iluminar a loja "lança apenas escuridão sobre as lajes viscosas, uma obscuridade manchada e abominável".

A vida deles é de fato tão desgraçada que compreendemos quando Thérèse procura alguma paixão e entusiasmo em outro homem, Laurent, pintor cavalheiresco e parasita ocioso. Mas, quando ela e Laurent decidem matar Camille para desimpedir o caminho de seu amor, Zola põe em xeque nossa afinidade com a heroína. Não é que sintamos algum grande afeto por Camille: Zola o representa, deliberadamente, como um sujeito fraco de caráter e mimado. Mas Thérèse e Laurent despertam cada vez menos estima conforme o romance prossegue. Não vamos contar o que acontece, mas a mensagem é clara: matar um parente lhe trará pesadelos, sexo ruim e levará, invariavelmente, a mais pensamentos homicidas. Então, pare de maquinar. Respire fundo e distraia-se com esse poderoso dissuasor. Depois, veja nossas curas para "ronco" e "tédio".

VER TAMBÉM: **vingança, em busca de • violência, medo de**

perder a esperança

VER: **esperança, perda de**

perder a fé

VER: **fé, perda de**

perder a si mesmo

VER: **identidade, crise de • identidade de leitura, incerto quanto à sua • maternidade • paternidade • vender a alma**

perder o emprego

VER: **emprego, perder o**

perder o juízo

VER: **drogas, uso excessivo de**

perder tempo em um relacionamento ruim

É muito doloroso ver um personagem que aprendemos a amar se lançar nos braços de alguém que não o merece. Lamentamos a perda de seu potencial, sua dor autoinfligida — porque qualquer pessoa que se apaixona por alguém que não vale a pena está comprando sofrimento para o futuro — e desejamos vê-lo recuperar o juízo e procurar coisa melhor. No entanto, por razões que com frequência não são claras, tendemos muitas vezes ao mesmo erro. Embora, em algum nível, possamos sentir pesar por nós mesmos, costumamos não tomar nenhuma atitude para nos salvar como gostaríamos de salvar os outros.

O trânsito de Vênus
SHIRLEY HAZZARD

Pedimos que as vítimas dessa triste situação — e vocês sabem quem são — se apaixonem por Caroline Bell, uma jovem bela e séria de cabelos negros, e a vejam sofrer nos braços inferiores de Paul Ivory. Caro, como a conheceremos, é uma de duas irmãs órfãs australianas que emigraram para Londres nos anos 50 em busca de uma nova vida — Grace, um casamento conservador e filhos; Caro, um emprego público e independência. Caro é amada — devota e desesperançadamente — por Ted Tice, um acadêmico da classe trabalhadora com uma tendência infeliz a blusões de mau gosto (ver: gosto, mau). Mas ela se apaixona pelo alto, elegante e rico Paul — um jovem e impetuoso dramaturgo com tudo para se dar bem, cujas maneiras seguras e o prazer diante da própria boa saúde e aparência ofuscam facilmente seu ruivo rival.

Quando eles se conhecem, Paul está noivo de Tertia, herdeira de um castelo, com quem logo se casa. Mas ele se impressiona com o "brilho sóbrio" de Caro, e a atração entre eles é avassaladora. Sabemos desde o início que ele não é bom o bastante para ela. Deslumbrado com o próprio sucesso e tendo a superficialidade evidenciada pelo casamento com a inexpressiva Tertia, ele sabe que Caro enxerga além da aparência e que o amor dela é misturado com desprezo. Um homem melhor insistiria para que ela seguisse em frente com a vida, porque a relação deles não pode dar em nada (ver: adultério); mas ela parece não resistir à força que a atrai para o apartamento que ele mantém na cidade.

O que torna mais intensa a angústia que sentimos pelos anos perdidos de Caro é a prosa extraordinária de Shirley Hazzard: densa ao ponto da elipse, requer toda atenção na leitura. Você se verá forçado a se entregar e a aprender como se estivesse diante de uma mestra de grande autoridade. Hazzard é uma escritora talentosa que disseca as emoções com precisão cirúrgica e o elevará a novos níveis de compreensão emocional. No fim de O trânsito de Vênus, você será uma pessoa mais perceptiva do que era no início — assim como Paul viu sua capacidade emocional se ampliar por meio da associação com a maior profundidade e conteúdo de Caro.

Também não haverá mais ilusões. Com seus novos padrões de sinceridade, novas amplitudes de emoção, você verá seu relacionamento ruim pelo que ele realmente é. Sofra por Caro enquanto lê, mas, assim que virar a última página, sofra por você mesmo. Depois minimize suas perdas e fuja antes que seja tarde demais.

VER TAMBÉM: **amor condenado** • **par errado, acabar com o** • **par perfeito, à espera do**

perfeccionismo

VER: **controle, mania de** • **detalhes, obsessão por** • **organização, excesso de** • **reverência excessiva por livros**

perna quebrada

Os lusíadas
LUÍS VAZ DE CAMÕES

A capacidade de se mover — andar, correr e, por extensão, fugir — é algo em que só prestamos atenção quando perdemos. Se você quebrou a perna e agora está se perguntando como manter a sanidade sem se movimentar, ou tendo de saltitar por aí de muletas pelas próximas semanas, procure *Os lusíadas*, de Luís Vaz de Camões. Esse poema épico do século XVI — o maior já escrito em língua portuguesa — lhe dará a desculpa perfeita para se sentar em um local tranquilo, relaxar com uma xícara de café, descansar a perna e cair de cabeça na leitura.

A epopeia do navegador e explorador Vasco da Gama de Portugal até as Índias, narrada em dez cantos, é povoada de lendas, criaturas e fortes emoções — há até brigas entre deuses do Olimpo. Trata-se de uma obra prolixa, repleta de heroísmo, em que as conquistas dos navegadores portugueses são comparáveis às proezas dos heróis da

Antiguidade. A linguagem arcaica não deverá demover você, leitor, da empreitada, já que tempo não lhe faltará para eventuais consultas ao dicionário — mas não se esqueça de tê-lo à mão, pelo menos uma versão digital, no celular ou tablet, para poupar-se de maiores deslocamentos.

Esta será a oportunidade que você estava esperando para se tornar mais íntimo de Os lusíadas, obra que muitos de nós estudamos na escola, mas poucos podem de fato afirmar que leram. Só não deixe que o lamento final do poeta o desanime de retomar plenamente a vida quando sua perna estiver curada.

VER TAMBÉM: **hospital, estar no • dor, sentir**

perseguir determinadamente uma mulher, mesmo quando ela é casada

Se você estiver na posição infeliz de ter se apaixonado por uma mulher casada,* Michael Ondaatje é o seu homem. (Ondaatje gosta de um desafio quando se trata de amor.)

O paciente inglês
MICHAEL ONDAATJE

O perseguidor é o próprio paciente inglês, que afinal nem inglês é, mas um conde húngaro chamado Almásy, embora seja definitivamente um paciente. Quando o encontramos, ele está acamado, em uma propriedade em ruínas na Toscana, queimado a ponto de ficar irreconhecível depois que seu avião caiu no deserto, no norte da África. O momento é logo após o fim da Segunda Guerra Mundial, e há pessoas morrendo de ferimentos de guerra em toda parte; mas, gradualmente, vai surgindo a constatação de que o avião do paciente inglês não caiu por ele ter sido abatido pelo inimigo, mas como resultado de... você adivinhou, de ele ter se apaixonado perdidamente por uma mulher casada.

É pela voz dela que ele se encanta no começo, recitando poesia em volta de uma fogueira de acampamento, no deserto, com o próprio Almásy sentado logo além do halo do fogo. "Se um homem se inclinasse para trás uns poucos centímetros, desapareceria na escuridão", Ondaatje nos conta, em sua prosa que consegue fazer moradia nos espaços metafísicos da poesia. Logo Almásy e a recém-casada Katharine Clifton são consumidos por uma paixão que beira a violência.

---

* Se você não percebe por que essa situação é infeliz, veja primeiro "adultério" e "amor não correspondido".

Não somos do tipo moralista, e Ondaatje também não é. Mas às vezes a literatura tem dificuldade de resistir a isso. E seria possível argumentar que o preço que esses amantes pagam pelo adultério é merecido. No entanto, é possível também que não haja nenhuma mensagem moral aqui e que Almásy e Katharine tenham sido simplesmente vítimas aleatórias da pena cruel de Ondaatje. Vá em frente e corra atrás de sua mulher casada. Consiga-a, se é isso que tanto deseja. Mas pense, de vez em quando, no vazio frio e escuro atrás de si e nos perigos de cair em desgraça com maridos, especialmente os muito ciumentos com um avião nas mãos.

VER TAMBÉM: **amor não correspondido** • **bom senso, falta de** • **par perfeito, à espera do**

perseguir determinadamente uma mulher, mesmo quando ela é freira

Na pele de um leão
MICHAEL ONDAATJE

Se você estiver na posição infeliz de ter se apaixonado por uma freira,* Michael Ondaatje é novamente o seu homem, agora com o livro *Na pele de um leão*.

Primeiro, porque traz o melhor encontro casual entre um homem e uma mulher na literatura, e, se você estiver apaixonado por uma freira, vai ter de criar um bom encontro casual. Nicolas Temelcoff é um trabalhador braçal imigrante que, por acaso, está suspenso por uma corda em um viaduto em construção no centro de Toronto. Ela é uma das cinco freiras que entraram por engano no viaduto inacabado, à noite, e são separadas por uma súbita rajada de vento. Quando ela é soprada da beira do viaduto, Temelcoff, pendurado no ar, vê sua queda e estica o braço. O tranco de segurá-la na queda desloca seu braço. Aterrorizada e em choque, ela o encara de olhos arregalados. Ele, com uma dor excruciante e quase incapaz de respirar, pede a ela, educadamente, que grite.

Esse encontro sem paralelos (inspirado por uma queda real de um viaduto real) é um acaso especialmente importante, porque dá início ao processo pelo qual a freira de Temelcoff decide largar o hábito — o que, obviamente, você precisará que a sua freira também faça

---

* Embora suponhamos que a maioria dos leitores não questionará nossa categorização dessa situação como um mal, gostaríamos de sugerir que aqueles que se opuserem a isso leiam, antes, "bom senso, falta de" e "amor não correspondido". Só então, e se a situação ainda persistir, devem voltar a esta cura.

em algum momento. Antes de terminar a noite, a freira de Temelcoff já havia tirado o véu para que ele usasse como tipoia, se permitido tomar conhaque pela primeira vez na vida, imaginado como seria um homem passar a mão por seus cabelos e se renomeado Alice, inspirada em um papagaio. Se seu encontro casual não tiver tamanho efeito transformador, porém, não se desespere. Continue lendo. Porque *Na pele de um leão* traz ainda outro homem (Patrick Lewis), tão apaixonado por outra mulher (Clara, uma atriz) que, mesmo depois de uma série de rejeições diretas, mesmo depois que ela tenta passá-lo para sua melhor amiga, Alice (a ex-freira, na verdade), e mesmo depois que o namorado dela, Ambrose Small, põe fogo nele com um coquetel-molotov, ele continua querendo ir para a cama com ela. E consegue.

Na verdade, Patrick Lewis acaba ficando com a freira, mas isso não vem ao caso. (Se você está pensando que esse é um romance complicado, está certo.) Ler esse livro lhe ensinará a ter determinação. Você conseguirá sua freira. E, quando conseguir, poderá ler para ela passagens desse que é, em nossa opinião, um dos romances mais líricos e engenhosamente construídos dos últimos cinquenta anos.

VER TAMBÉM: **amor não correspondido** • **bom senso, falta de** • **par perfeito, à espera do**

pesadelos

Se você tende a ser perturbado por sonhos ruins nas madrugadas solitárias, um romance tranquilizador ajudará a reconfortar sua mente. Mantenha uma pilha destas leituras a respeito de rios ao lado da cama e flutue de volta ao sono seguindo sua corrente.

 OS MELHORES LIVROS PARA DEPOIS DE UM PESADELO

Rio profundo SHUSAKU ENDO

O vento nos salgueiros KENNETH GRAHAME

Três homens e uma canoa JEROME K. JEROME

O monge endinheirado, a mulher do bandido e outras histórias de um rio indiano GITA MEHTA

O guia R. K. NARAYAN

Terra d'água GRAHAM SWIFT

As aventuras de Huckleberry Finn MARK TWAIN

pessimismo

Robinson Crusoé
DANIEL DEFOE

"O destino de um homem é o seu caráter", disse Heráclito muitos anos atrás. A sociedade ocidental fez um grande desvio dessa ideia, acreditando, nos tempos medievais, que Deus, ou o destino, segurava as rédeas e o indivíduo era um mero fantoche. Se o indivíduo não podia moldar o próprio destino, o que importava a personalidade? Mas então, de repente, Deus (ou o destino) passou para o banco de trás. Uma vida bem-sucedida dependia da capacidade do indivíduo de fazê-la assim — e, *presto!*, nascia o romance de base psicológica.*

Robinson Crusoé foi a primeira demonstração, na literatura, do poder do otimismo para transformar a vida. A princípio, a situação de Crusoé parece irremediavelmente desoladora. Único sobrevivente de um naufrágio, ele se vê em uma ilha selvagem e desabitada sem nada além de uma faca, um cachimbo e um pouco de fumo em uma caixa. Em "terríveis agonias" mentais, corre como um louco, convencido de que logo será devorado por alguma fera faminta.

Como todos sabemos, é difícil conseguir qualquer coisa quando se está nesse estado (ver: coração partido; depressão em geral). O que salva Crusoé é se forçar a pensar positivo. Ele recolhe o que sobrou a bordo do barco antes que este afunde, encontra caneta e papel no meio dos objetos e define "o bom em relação ao ruim" de sua situação — em outras palavras, faz uma lista dos bons e velhos prós e contras. Ao fazer isso, descobre algo simples, mas capaz de mudar a vida: que os prós cancelam os contras, e, como ele não pode imaginar nada pior que a situação que está vivendo, conclui que não há "praticamente nenhuma condição no mundo tão lastimável, mas havia algo [...] de positivo pelo qual se sentir agradecido nela". Viva!

E assim, amparando-se na visão do lado melhor, Crusoé faz todas as coisas necessárias para sobreviver: caça, cria cabras, planta, adota um papagaio, fabrica potes e produz todos os artefatos de que precisa (e é bom nisso, mas, se não fosse, nós o encaminharíamos para "faça-você-mesmo"). Ele se torna um especialista em autossuficiência na ilha por vinte e oito anos.

Uma vida bem-sucedida tem a ver com encontrar seus recursos interiores, principalmente em tempos difíceis. Se você se recusar, em

---

* Seguindo essa linha de argumentação, o romance nasceu (com *Robinson Crusoé*) em 1719. Em outros dias, porém, seguimos outras linhas de argumentação.

seus momentos mais penosos, a ceder ao pessimismo e ao desespero e, em vez disso, se esforçar para encontrar algum otimismo e uma perspectiva animadora, não só terá descoberto o melhor em você como se tornará seu melhor amigo. Chegaremos a ponto de dizer que, quando existe otimismo, quase não importa o que aconteça. Recolha os restos do naufrágio. Mantenha Crusoé a seu lado. Como Heráclito poderia ter dito se tivesse pensado nisso primeiro: escolha o otimismo em vez do pessimismo e terá uma vida muito melhor.*

VER TAMBÉM: **confiança, perda de** • **depressão em geral** • **esperança, perda de** • **fé, perda de** • **sentido, falta de**

porcelana quebrada

O estrondo ressoante de porcelana caindo no chão é um choque sonoro sempre impressionante. Infelizmente, a satisfação que ele produz não dura e é logo substituída por consternação. A porcelana quebrada é estranhamente simbólica do coração humano — em um minuto tão robusto e sólido, no minuto seguinte tão irreparavelmente danificado. Por sorte, ao contrário do coração partido, a porcelana quebrada pode, quase sempre, ser consertada com cola epóxi.

Mas, se seu açucareiro de porcelana Davenport, transmitido de geração a geração, se perdeu sem esperança de conserto, leia Utz. Kaspar Utz é um tcheco especialista em porcelanas de Meissen, com hábitos compulsivos de colecionador, que se torna prisioneiro das próprias peças. Judeu, ele arrisca a vida permanecendo na Rússia de Stálin porque não pode levar seus valiosos objetos consigo. Tal é o perigo e a tirania das belas peças.

Mas quando Utz morre, tendo deixado sua coleção para o Museu Rudolfine, em Praga, suas porcelanas não são encontradas em lugar nenhum. Várias teorias são apresentadas sobre onde elas poderiam estar, e não vamos estragar o fim da história revelando aquela que se prova correta. Basta dizer que o professor Utz finalmente se libertou de sua obsessão. Se, por meio de Utz, você conseguir aceitar a natureza essencialmente transitória tanto da vida como das posses materiais, estará livre de aborrecimento também.

Utz
BRUCE CHATWIN

---

* Mas não exagere. Veja "otimismo".

preguiça

VER: **adolescência** • **ambição, falta de** • **cama, incapacidade de sair da** • **letargia** • **procrastinação**

preocupação

VER: **ansiedade**

preso em um relacionamento

VER: **par errado, acabar com o**

pressão alta

Reconhecida por reduzir a ansiedade, a leitura é um ótimo hábito para adquirir se você tiver pressão alta, especialmente se fizer isso com um animalzinho peludo aconchegado sobre os joelhos. Mas tenha cuidado com o que escolhe; algo rápido demais, ou que o deixe roendo as unhas de nervoso, vai fazer sua pressão subir ainda mais. Para desacelerar, reduzir a ansiedade e incentivá-lo a viver o momento, escolha uma das opções em nossa lista de leituras calmantes: romances que não se precipitam para a solução, mas se deleitam em não acontecimentos e nas virtudes da vida tranquila. O que lhes falta em ritmo eles mais que compensam com beleza e a capacidade de promover reflexão.

OS MELHORES LIVROS PARA BAIXAR A PRESSÃO

Villette CHARLOTTE BRONTË
A cidade do seu destino final PETER CAMERON
As horas MICHAEL CUNNINGHAM
O coração é um caçador solitário CARSON McCULLERS
Destinos cruzados WALLACE STEGNER
As ondas VIRGINIA WOOLF

VER TAMBÉM: **estresse** • **trabalhar em excesso**

presunçoso, ser

VER: **arrogância** • **autoconfiança, excesso de**

pretensão

VER: **arrogância** • **autoconfiança, excesso de** • **cultura literária, desejo de parecer ter** • **inteligente, ser excepcionalmente** • **vaidade**

prisão de ventre

Alguns romances dão vontade de guardar tudo dentro de você; outros o fazem querer pôr tudo para fora. Esse romance extenso, volumoso, ambientado nas áreas pobres de Bombaim e escrito pelo ex-ladrão de bancos australiano Gregory David Roberts, desbloqueará você em um instante. Leia-o pela grande afetividade do narrador, por sua aceitação de tudo o que é vivo e anárquico por dentro. Leia-o pela facilidade com que as palavras saem, erguendo essa cidade de vinte milhões de habitantes com seu calor sufocante e miragens poeirentas e os quilômetros e quilômetros de casebres feitos de sucata e outros materiais descartados, em que as pessoas vão levando a vida: comendo, fumando, brigando, copulando, negociando, cantando, se barbeando, nascendo, brincando, cozinhando e morrendo, tudo em plena vista uns dos outros. Leia-o por sua deliciosa lista de frutas delicadas que podem soltar seu intestino como um laxante lexical: *paw paw*, papaia, pinha, *mosambi* (lima), uva, melancia, banana, *santra* (laranja), manga. E, acima de tudo, leia-o pela descrição que Prabaker faz dos "movimentos intestinais" matinais dos homens moradores dos cortiços, que ocorrem em massa na lateral de um molhe: jovens e meninos agachados, com as nádegas voltadas para o oceano em alegre harmonia, livres para assistir à vontade o progresso — ou a falta dele — uns dos outros. "Ah, sim!", diz Prabaker, o amigo do narrador, insistindo para irem ao molhe, pois sabe que outras pessoas estão à espera deles. "Eles estão fascinados por você. É como um herói de cinema para eles. Estão loucos para ver como você fará suas necessidades."

Com essa imagem de nádegas nuas fazendo seu trabalho em público gravada na mente, você ficará para sempre agradecido por seu banheiro privativo e ansioso para fazer uso dele. E se, quando chegar lá, os muito esperados "movimentos intestinais" falharem, o tijolaço que é esse livro o manterá maravilhosamente entretido enquanto você espera.

Shantaram
GREGORY DAVID ROBERTS

VER TAMBÉM: **irritabilidade**

procrastinação

Os resíduos do dia
KAZUO ISHIGURO

Por que fazer hoje o que pode esperar até amanhã? Porque, a cada dia que você deixar de fazer uma tarefa, ela vai ficando maior e a motivação para fazê-la diminui.

A procrastinação, ou a arte de evitar fazer o que precisa ser feito, não tem nada a ver com preguiça ou mesmo com estar ocupado demais. Suas causas são emocionais. Muito simplesmente (e, poderíamos argumentar, muito sensatamente), o procrastinador evita as tarefas que, consciente ou inconscientemente, associa a emoções desconfortáveis, como tédio (ver: tédio), ansiedade (ver: ansiedade) ou medo de fracasso. O problema de deixar que uma emoção desconfortável fique em seu caminho é que, uma vez evitadas, tarefas que eram provavelmente bem tranquilas de cumprir começam a crescer em nossa imaginação e (com frequência) na realidade, até que se agigantam sobre nós de maneira tão opressiva que se tornam merecedoras de ser procrastinadas. E, enquanto estamos ocupados procrastinando e evitando essas emoções desconfortáveis, incontáveis oportunidades de felicidade e sucesso — vidas inteiras, na verdade — passam por nós. É a sensação de uma vida semivivida e o intenso arrependimento que se segue que deveríamos tentar evitar, não algumas poucas emoções desagradáveis que, seja como for, passarão depressa. Os procrastinadores precisam, portanto, de uma lição sobre as consequências catastróficas de fugir quando uma emoção desagradável ameaça agitar nossas águas. E ninguém melhor para nos proporcionar isso que o mordomo muito inglês e muito formal de Darlington Hall, em *Os resíduos do dia*, de Kazuo Ishiguro.

O sr. Stevens é um arquievitador de emoções — *todas* as emoções. Como tal, ele tem um emprego perfeito. Porque acredita que o que separa um excelente mordomo de um mordomo meramente competente é a capacidade de reprimir seu verdadeiro eu e exibir um ar puramente profissional o tempo todo — tendo como exemplo o mordomo que "falhou em entrar em pânico" ao descobrir um tigre sob a mesa de jantar. Com a repressão assim justificada e protegida, ele passa a vida concentrando-se apenas em ser o melhor mordomo que puder, mesmo quando fica claro que seu patrão, Lord Darlington, é um simpatizante nazista, e mesmo quando seu próprio pai está morrendo. Assim é que, quando seu pai quer lhe dar o último adeus, tudo que o sr. Stevens consegue pensar é em subir as escadas apressadamente a fim de servir o vinho do Porto. E quando a srta. Kenton, a governanta, tenta demonstrar interesse por ele, o sr. Stevens a rejeita com frieza e distância por trás da fortaleza de sua imagem de mordomo.

Ele leva vinte anos para se dar conta do que perdeu. Ao não agir nos "pontos decisivos" de seu relacionamento com a srta. Kenton quando eles apareceram — aqueles preciosos momentos em que, se ele houvesse tido a coragem de ser vulnerável, poderia ter baixado a ponte levadiça de sua fortaleza e se permitido sentir os próprios sentimentos —, ele perdeu a chance de uma vida feliz de casado para ambos. Em vez disso, viveu como se tivesse à frente "um número infindável de dias, meses, anos em que resolver os meandros de [seu] relacionamento com a srta. Kenton". Agora, claro, é tarde demais. Ele ficou com as minguadas sobras do que resta do "seu dia". Mesmo alguém tão impassível quanto o sr. Stevens tem um coração que pode se partir quando percebe isso.

Procrastinador, você não tem um número infindável de dias para cumprir as tarefas que se empenha tanto em evitar. Ao procrastinar, você está permitindo que suas emoções negativas se tornem obstáculos a uma vida que poderia ser produtiva e fluente. Seja ansiedade ou medo o sentimento que acompanha a percepção da tarefa que você tem em mãos, estenda essas mãos e receba suas emoções uma a uma. Convide-as para vir se sentar e ficar à vontade. Então comece sua tarefa na companhia delas. Assim que começar, você perceberá que elas não vão permanecer por muito tempo; na verdade, é bem capaz de se levantarem e partirem imediatamente. E, quando estiver perto de terminar, você levantará os olhos e encontrará companhias emocionais bem mais agradáveis sentadas no lugar delas, à espera, para comemorarem junto quando a tarefa estiver concluída.

VER TAMBÉM: **aproveitar a vida, não conseguir • começar, medo de • indecisão**

profissão errada

Não é pouca coisa mudar de profissão quando você desconfia que está no caminho errado. Para começar, você provavelmente está exausto demais com seu trabalho atual para ter tempo de pensar no que poderia fazer em vez disso. E a ideia de todos esses anos de treina-

Os irmãos Sister
PATRICK DEWITT

mento e experiência descerem pelo ralo lhe dá vertigens. Assim como dizer adeus àquele lindo Audi prateado. Assim como pensar na cara de seu parceiro ou parceira quando você der a notícia de que cansou de sua carreira lucrativa e está pensando em abrir uma loja de chapéus.

Divulgar a linha exata de trabalho em que os irmãos Charlie e Eli Sister estão envolvidos estragaria a surpresa de uma das muitas frases deliciosas desse livro impossível de largar. Mas é suficiente dizer que não se trata de um trabalho fácil de sair vivo. Nessa história, ambientada nos dias loucos da corrida do ouro na Califórnia, o irmão mais novo, Eli, começa a admitir para si mesmo que não leva muito jeito para sua profissão, depois de passar por uma porta na qual uma velha sem cabelos e de dentes pretos tinha pendurado um cordão de contas — um sinal certo de mau agouro. As contas podem ou não ter alguma coisa a ver com isso, mas, daquele momento em diante, Eli se sente cada vez mais envergonhado do que é e do que faz e desenvolve uma tendência a tomar decisões que surpreendem seu irmão mais velho, pouco dado a sentimentalismos (ver: irmãos, rivalidade entre). Quando a Providência lhe oferece um cavalo negro belo e forte, ele o rejeita para permanecer leal a seu fiel Tub, um animal perigosamente lento e cego de um olho. Não leva muito tempo para que ele esteja dando dinheiro a estranhos, de repente consciente de seu poder de corrupção.

Quando entra em contato com Hermann Kermit Warm, um homem que deixou os próprios interesses e talento — mais o desejo de amizade sincera — o levarem a um trabalho pelo qual tem verdadeira paixão, Eli se enche de admiração e inveja. Enquanto observa Hermann colher os benefícios, tanto monetários como espirituais, de seus esforços, Eli tem seu momento Estrada de Damasco. Iniciando uma mudança no equilíbrio de poder entre si e seu dominador irmão mais velho, ele convence Charlie de que devem juntar forças com Hermann, e experimenta uma sensação de felicidade extática, em parte porque a natureza física do trabalho é tão agradável (ficar em um rio salpicado de sol, com um vento quente soprando do vale) e em parte porque está sendo ele mesmo, alguém de quem ele gosta.

Fique com Eli nesse rio e inspire-se com Hermann Warm. Se você também pudesse encontrar uma maneira de ganhar dinheiro que lhe trouxesse compensações tanto financeiras como espirituais — e envolvesse passar os dias de um modo que lhe desse alegria —, o que seria?

VER TAMBÉM: aproveitar a vida, não conseguir • insatisfação • segunda-feira de manhã, sensação de

promessa quebrada

VER: confiança, perda de

Q

quarenta anos, ter

 OS MELHORES LIVROS PARA QUEM ESTÁ NA CASA DOS QUARENTA

Sombras do império J. G. BALLARD
Agarre a vida SAUL BELLOW
A boa terra PEARL S. BUCK
Daniel Deronda GEORGE ELIOT
Que sejamos perdoados A. M. HOMES
Coração tão branco JAVIER MARÍAS
Um hino à mulher madura STEPHEN VIZINCZEY
Um punhado de pó EVELYN WAUGH

queimar o jantar

O ventre de Paris
ÉMILE ZOLA

Domesticamente falando, há poucas coisas mais catastróficas que queimar o jantar. Quer você tenha trabalhado durante horas em um daube de boeuf ou preparado rapidamente um crêpe suzette, um prato esturricado e malcheiroso, que só serve para ser jogado no quintal e comido pelos urubus, o deixará não só bravo, mas mal-humorado. Nessas ocasiões, pegue *O ventre de Paris*, o terceiro romance publicado na multigeracional saga dos Rougon-Macquart, de Zola.

O livro conta a história de Florent Quenu, que volta para sua Paris natal a fim de viver com a família em um apartamento junto ao recém-reconstruído mercado de alimentos de Les Halles. Enquanto caminha com ele por ali, você encontrará carnes, verduras, frutas e queijos, todos expostos com uma volúpia de dar água na boca. Faça sua escolha entre língua recheada de Estrasburgo, "vermelha, parecendo ter sido envernizada", patês, cozidos, potes de molhos, caldos e conservas, trufas em conserva, salmão "reluzente como prata bem polida" e pêssegos de "pele clara e macia como meninas do norte". Logo você estará babando de desejo e correndo para o mercado de hortifrútis mais próximo.

Mesmo que você não o tenha queimado, seu jantar não teria sido tão saboroso quanto as iguarias que nos são oferecidas por Zola. Diga isso a seus convidados; convença-os lendo em voz alta algumas partes desse romance. E, na próxima vez em que for fazer compras, traga um estoque de gloriosas frutas, peixes defumados e queijos — que poderá servir sem precisar acender o forno.

R

rabugice

A morte de um estranho
ANDREI KURKOV

Há muitas coisas de que reclamar na vida. Se concorda com essa afirmação, você é um deles. Porque é uma dessas pessoas irritantes que sofrem de rabugice, ou uma necessidade constante de resmungar e reclamar, o que não só é autoperpetuador — já que a determinação a ver o mundo em preto e branco é a maneira mais segura de desbotá-lo de toda cor — como também impede você de notar a riqueza da vida.

Viktor, o aspirante a romancista em *A morte de um estranho*, de Andrei Kurkov — escrito com a concisão impassível de um obituário —, tem muitos motivos para reclamar. Sua namorada o deixou há um ano, ele está preso em "uma rotina entre o jornalismo e uns parcos rabiscos de prosa", acabou de chegar em casa e encontrou a energia elétrica cortada e seu único amigo é seu pinguim de estimação, Micha — que é ele próprio deprimido. No entanto, Viktor não reclama. Recebe o que lhe cabe com uma espécie de aceitação muda, que faz parecer improvável que as coisas um dia possam melhorar.

Mas melhoram. O editor-chefe do *Notícias da Capital* lhe oferece trezentos dólares por mês para criar um índice de "cruzes", ou obituários, enquanto as pessoas ainda estão vivas. A primeira reação de Viktor é de alarme — parece um trabalho e tanto. Mas, assim que começa, ele descobre que gosta daquilo. Logo, no entanto, toma consciência do lado negativo: depois de cem obituários, ele ainda não teve o prazer de ver seu trabalho impresso. Seus sujeitos ainda estão todos teimosamente vivos. Quando um contato do editor — um homem que compartilha o nome do pinguim de Viktor, Micha, e assim fica conhecido como Micha-Não-Pinguim — lhe faz uma visita, a necessidade de reclamar dessa situação acaba por vencê-lo: "Aqui estou eu, escrevendo e escrevendo, mas ninguém vê o que escrevo", ele não resiste a protestar em voz alta.

É quando os VIPs sobre quem ele escreve começam a morrer.

Não resmungue com ninguém. Você pode receber o tipo errado de ajuda — e certamente arrastará outros junto. Mas não resmungue consigo mesmo também. Quando as pessoas começam a morrer a sua volta, a vida de Viktor melhora em muitos aspectos, mas, a essa altura, o hábito de aceitar o que a vida lhe dá desapareceu e ele se torna rabugento em relação às coisas boas. Os que adquirem o hábito de resmungar e se veem constantemente irritados com a vida podem, como Viktor, não enxergar a felicidade, nem mesmo quando ela lhes é entregue de bandeja.

VER TAMBÉM: **insatisfação** • **irritabilidade**

racismo

Homem invisível
RALPH ELLISON

Qualquer pessoa que seja alvo de atitudes ou comportamentos racistas — ou aquelas ainda inclinadas a pôr a culpa pelas tensões raciais na conta das minorias sitiadas — faria bem em ler o extraordinário e radical romance de Ralph Ellison, *Homem invisível*. A redação e a publicação desse livro foram um ato de heroísmo por parte do autor, pois, quando a obra irrompeu na cena literária, em 1952, os Estados Unidos ainda eram um país tolhido pela segregação e cheio de preconceito racial. Rosa Parks ainda não havia se recusado a ceder seu lugar no ônibus. Martin Luther King Jr. ainda não havia feito seu discurso. De repente, ali estava um romance que oferecia toda uma nova estética negra: elegantemente escrito, com uma voz ironicamente relaxada (o romance ganhou rapidamente o rótulo de "a extensão literária do blues"), começava com um ato chocante de violência entre brancos e negros que, no entanto, não chamava à luta. Porque aqui temos um narrador negro altamente instruído, para quem a tendência das pessoas de não o notarem é, às vezes, conveniente (ele a usa para morar sem pagar aluguel no porão de um prédio reservado aos brancos) e, às vezes, em um eufemismo irônico típico de sua voz, "desgastante para os nervos". Quando um homem alto de olhos azuis e cabelos loiros tromba com ele e o insulta na rua, o Homem Invisível o agarra pela lapela, puxa-lhe o queixo com força contra a própria cabeça e chuta-o repetidamente, exigindo um pedido de desculpas.

Ele se recusa — para nós — a assumir a responsabilidade pelo quase assassinato do homem. "Não vou entrar nessa. *Ele* trombou comigo, *ele* me insultou. Ele não deveria, para sua própria segurança pessoal, ter reconhecido minha histeria, meu 'potencial de perigo'?" E assim nos é mostrado o gêiser de raiva que existe dentro dele, construído ao longo dos anos, transmitido de gerações anteriores.

As atitudes — e as leis — melhoraram desde 1952, tanto nos Estados Unidos como no restante do mundo. Mas a segregação *de facto* ainda persiste em toda parte, e as estatísticas mostram enormes desigualdades de riqueza, educação, oportunidades e tratamento dado às minorias raciais. Os que são vítimas de racismo terão no romance corajoso e revolucionário de Ralph Ellison um tônico revigorante — como obra literária em si e como exame não polêmico da luta de um homem para definir a si mesmo em relação a um mundo desrespeitoso. Os que sabem que o racismo vive em seu coração vão encontrar, esperamos, uma maneira de ver a si mesmos como de fato são — e os outros como de fato são. E, qualquer que seja sua raça e a cor de sua pele, saiba que é um ato de covardia (ver: covardia) e vergonha (ver: vergonha) *não* se unir à luta contra o racismo, onde quer que você sinta sua presença no mundo.

VER TAMBÉM: **julgamentos, fazer** • **ódio** • **xenofobia**

raiva

O velho e o mar
ERNEST HEMINGWAY

Porque, mesmo depois de oitenta e quatro dias consecutivos saindo com seu barco sem pegar um único peixe, o velho se mostra alegre e confiante. E, mesmo quando os outros pescadores riem dele, ele não fica bravo. E, apesar de agora ter de pescar sozinho — porque o garoto que estava com ele desde os cinco anos, que ele ama e que o ama também, foi forçado pela família a tentar a sorte em outro barco —, ele não carrega nenhum ressentimento no coração. E porque, no octogésimo quinto dia, ele sai com o barco outra vez, cheio de esperança.

E, quando finalmente fisga um grande peixe, o maior que ele ou qualquer outra pessoa já pegou, e o bicho puxa a linha com tanta força que corta a pele de sua mão, ele ainda assim deixa o peixe arrastá-lo para longe. E, embora deseje em prece a Deus que o menino estivesse ali, sente-se grato por ter ao menos os golfinhos, que nadam e brincam em torno de seu barco. E mesmo depois de um dia e uma noite, e com outro dia se estendendo à frente, e de estarem apenas ele e o peixe ali, sem ninguém para ajudar, ele ainda mantém a cabeça no lugar. E mesmo quando ele é puxado para mais longe do que jamais havia sido puxado na vida e começa a sentir um princípio de desespero, ele se convence a se controlar, porque precisa pensar no que tem e não no que não tem, e no que pode fazer com o que há. E, embora sua mão fique tão rígida que se torna inútil, e embora ele esteja com fome e sede e cego pelo sol, ainda pensa nos leões que viu uma vez numa praia da África, como em um tipo de visão celestial. Porque sabe que não há nada maior, ou mais belo, ou mais nobre que esse peixe que o puxa sem parar. E, mesmo quando o peixe morre e os tubarões vêm se banquetear — primeiro um, depois meia dúzia —, e o homem perde o arpão, depois a faca, em suas tentativas de afastá-los; mesmo quando ele arranca a quilha do barco para usar como porrete; e embora não consiga salvar a carne do peixe e o esforço o deixe tão cansado e fraco que ele próprio quase se perde; e embora, quando ele finalmente consegue voltar à praia, tudo o que lhe reste do peixe seja um esqueleto, ele aceita o que aconteceu e não se sente derrotado ou com raiva, mas vai com o coração tranquilo para a cama.

Porque, ao mergulhar na prosa simples e calmante dessa história, você também se elevará acima de suas emoções. Você se unirá ao velho no barco, testemunhará em primeira mão seu amor pelo menino, pelo mar, pelo peixe, e permitirá que ele o encha de paz e de uma nobre aceitação de como as coisas são, sem deixar espaço para o que foi ou para o que você gostaria que fosse. Às vezes, todos nós vamos longe demais, mas isso não significa que não possamos voltar. E, assim como o velho se sentiu feliz com a visão dos leões em uma praia, você também poderá ter sua visão — talvez do velho e do modo como ele convence a si próprio. E, depois de ter lido, você manterá esse livro na estante, em um lugar onde possa vê-lo sempre que estiver com raiva. E se lembrará do velho, do mar, do peixe, e se acalmará.

VER TAMBÉM: **desorientação** • **fúria no trânsito** • **vingança, em busca de** • **violência, medo de**

MAL LIGADO À LEITURA

redução da biblioteca por causa de empréstimos

ETIQUETE SEUS LIVROS

Sim, você quer contar para todo mundo sobre o livro que acabou de ler e quer que todos que você ama compartilhem a experiência. É assim que a notícia de um bom livro se espalha, e nós somos totalmente a favor da divulgação. Mas... e aquela ansiedade interior de que o livro emprestado não volte? A redução gradual dos amados volumes de uma biblioteca é algo terrível. Para proteger seus livros queridos, crie sua própria etiqueta *ex libris* para pregar dentro de cada volume que emprestar. Nela, devem constar instruções completas sobre como devolver o livro depois de lido e uma advertência quanto ao retorno com atraso ou à não devolução. (Seja criativo. Achamos a ameaça de lançar uma praga eficaz.)

Para casos extremos — se seus livros têm tendência a voar para fora das prateleiras mais depressa do que você pode comprar outros novos —, recomendamos manter um catálogo ao estilo daquele usado nas bibliotecas. Anote os livros que saem e que entram e configure um alarme em sua agenda digital, para alertá-lo sobre atrasos nas devoluções. Depois veja "controle, mania de" e "amigo, brigar com o melhor".

relacionamento, problemas de

VER: adultério • amor condenado • ciúme • compromisso, medo de • idade, diferença de no casal • par errado, acabar com o • parceiro que não lê, ter um • perder tempo em um relacionamento ruim

relógio biológico correndo

VER: filhos, não ter • filhos, pressão para ter

resfriado

Não há cura para o resfriado. Mas ele é uma desculpa excelente para se enrolar no cobertor, com um chá quente ao lado e uma leitura confortável e restauradora.

OS MELHORES LIVROS PARA QUANDO VOCÊ ESTÁ RESFRIADO

Um estudo em vermelho ARTHUR CONAN DOYLE
Memórias de uma gueixa ARTHUR GOLDEN
O noivo da princesa WILLIAM GOLDMAN
Jornada pelo rio mar EVA IBBOTSON
A vida secreta das abelhas SUE MONK KIDD
O cometa na terra dos Mumins TOVE JANSSON
A pousada da Jamaica DAPHNE DU MAURIER
A arte perdida de guardar segredos EVA RICE
O diabo veste Prada LAUREN WEISBERGER
A época da inocência EDITH WHARTON

VER TAMBÉM: **gripe masculina**

ressaca

Sua cabeça é um palco, retumbando com a batida de trinta bateristas. Sua língua é um pedaço de bacon cozido esquecido na geladeira por uma semana. E sua mente é uma máquina de lavar em giro rápido, com farrapos dos acontecimentos da noite passada batendo nas laterais, revelando suas cores por um breve e pavoroso momento antes de mergulhar novamente nas bolhas de espuma.

O carrinho branco
DANUTA DE RHODES

Sim, você está de ressaca.

Você sai da cama, ou do sofá, ou de onde quer que tenha desmaiado. Vai tropeçando até a pia para pegar um copo de água gelada. Inclina a cabeça para trás (ai!) e começa a beber, o delicioso líquido fresco trazendo de volta à vida o... ah, não. Pois é então que você se lembra. Pior que a cabeça latejante. Pior que a confusão. A lembrança. Do que. Exatamente. Você fez. Na noite. Passada.

A essa altura, pegue *O carrinho branco*, de Danuta de Rhodes. Porque, o que quer que você tenha feito, não foi tão ruim quanto o que fez Veronique, a parisiense mimada de vinte e dois anos que despertou de sua ressaca e se deu conta, com um mergulho em uma nova Era do Gelo... Bem, você vai ter de ler para saber.

Avise no trabalho que está doente e volte para a cama. Lá você vai ler, em letras grandes que não cansarão seus olhos e em uma prosa direta que não embaralhará seu cérebro, uma lição sobre como *poderia* ter sido pior. Vá em frente, permita-se.*

VER TAMBÉM: **ansiedade** • **cabeça, dor de** • **cama, incapacidade de sair da** • **dor, sentir** • **letargia** • **náusea** • **paranoia**

ressentimento

VER: **amargura** • **arrependimento** • **ciúme** • **insatisfação** • **ódio** • **raiva**

revanche, em busca de

VER: **amargura** • **ódio** • **vingança, em busca de**

rinite alérgica

Vinte mil léguas submarinas
JÚLIO VERNE

A rinite alérgica pode arruinar verões inteiros. Quando olhos coçando, nariz escorrendo, peito pesado e dificuldade para respirar ficam ruins demais, a vontade é mergulhar em uma piscina clara e fresca — algum lugar onde o pó e o pólen não possam alcançá-lo. Ou, melhor ainda, pegar carona em um submarino e ir viver no fundo do

---

* O autor britânico Dan Rhodes fez isso — embora tenha escondido a vergonha de usar uma premissa de tanto mau gosto em seu despretensioso e saboroso romance assinando-o como uma tal Danuta de Rhodes, autora bem mais nova que ele, que trabalha "na indústria da moda".

reverência excessiva por livros

PERSONALIZE SEUS LIVROS

Algumas pessoas não dobram as páginas. Outras não admitem colocar o livro aberto virado para baixo. Outras não ousam fazer uma marcação sequer nas margens.

Supere isso. Livros existem para compartilhar seu mundo com você, não como belos objetos a ser guardados para algum outro dia. Imploramos que você dobre, abra e rabisque seus livros sempre que tiver vontade. Sublinhe as partes boas, exclame "ISSO!" e "NÃO!" nas margens. Convide outros a fazer uma inscrição e datar na folha de rosto. Desenhe, anote números de telefone e endereço de sites, escreva anotações diárias, rascunhe cartas para amigos ou líderes mundiais. Rabisque ideias para seu próprio romance, esboce pontes que você quer construir, vestidos que quer criar. Coloque cartões-postais e flores prensadas entre as páginas.

Na próxima vez em que abrir o livro, você poderá encontrar as partes que o fizeram pensar, rir e chorar na primeira vez. E vai lembrar que aquela mancha de café veio da lanchonete de onde veio também aquele garçom bonito. Livros favoritos devem ser despidos, desgastados, dobrados até soltar as páginas. Ame-os como a um amigo, ou pelo menos como a um brinquedo preferido. Deixe-os enrugar e envelhecer com você.

oceano. Talvez tenha sido a rinite alérgica que levou o capitão Nemo, o misterioso viajante náutico do mais famoso dos romances de Verne, a sua peculiar existência subaquática. O misantropo capitão se livrou "desse intolerável jugo terreno" e resolveu viver em um "unicórnio marinho de dimensões colossais" (que os observadores navais, a princípio, pensaram ser um narval gigante), afastando-se de tudo e de todos, com exceção das criaturas marinhas que ele estuda (ver também: misantropia). Seu submarino, o *Nautilus*, viaja a velocidades incríveis e é capaz de maravilhas científicas muito além do conhecimento tecnológico alcançado em terra, uma vez que Nemo é tanto explorador quanto inventor. Ele se alimenta de conservas de pepinos-do-mar, que, em sua opinião, até um malaio consideraria incomparáveis, açúcar de fucus do mar do Norte e geleia de anêmonas-do-mar. Nemo não se acanha de seu sucesso como déspota submarino, chamando a si mesmo de "o Homem das Águas, o Espírito dos Mares", não reconhecendo ninguém como superior a ele e seguro de que poderia pagar a dívida nacional de dez bilhões de francos com os tesouros que encontrou sob as ondas.

Sempre que esses irritantes grãozinhos de pó ameaçarem invadir sua cabeça, agarre Júlio Verne e escape para o reino subaquático protegido do capitão Nemo. Nunca se sabe; de repente ele o inspira a projetar seu próprio *Nautilus*, ou a amarrar um tanque de oxigênio nas costas e pular, você também, em direção às profundezas.

riscos, correr excesso de

Fôlego
TIM WINTON

Memórias do subsolo
FIODOR DOSTOIÉVSKI

Se você for naturalmente arrojado, propenso a provocar calafrios em seus entes mais próximos e mais queridos enquanto pratica esqui freeride com iaques, atravessa pontes de corda ondulantes dentro de uma bola inflável ou faz rafting em águas revoltas em meio a zonas de guerra, precisa temperar essa tendência com alguma literatura ousada, mas também sensata.

Comece com *Fôlego*, de Tim Winton. É um romance sobre o desejo de meninos adolescentes de romper limites, o qual tem como foco a amizade de dois jovens. Bruce Pike (Pikelet) relembra seus anos de adolescência com Loonie, com quem costumava mergulhar no rio local, competindo para ver quem ficava mais tempo sob a água e divertindo-se com o pânico que isso gerava nas pessoas que, por acaso, estivessem assistindo. Então, um dia, eles conhecem Sando, um homem mais velho cuja obsessão é o surfe. "Que estranho era ver homens fazerem algo belo", reflete Pikelet, que se sente atraído pela graça dos surfistas, uma antítese direta à incapacidade de nadar de seu pai pescador. Os meninos começam a surfar também, com Sando incentivando-os a façanhas cada vez mais ousadas. "Chegou um momento em que estávamos surfando para brincar com a morte — mas, para mim, havia ainda o sentimento velado de fazer algo gracioso, como se dançar na água fosse a coisa melhor e mais corajosa que um homem poderia fazer."

Um dia, Pikelet se lança com sua prancha em uma rebentação muito violenta, sem ninguém por perto para ajudá-lo. Ele sabe que não está pronto para aquilo, mas a tentação é forte demais. Tendo sobrevivido a seu batismo no oceano, faz amizade com a esposa de Sando. Ela é uma ex-surfista com uma lesão permanente e entra em jogos perigosos com ele, flertando com outras atividades alarmantes, que funcionam como um substituto para a emoção das ondas. Esse é um romance que satisfará seu desejo de quebrar limites indiretamente. Com várias experiências de quase morte, deve servir como um alerta sobre o que acontece quando se vai longe demais (ver: arrependimento).

Na direção oposta a essa história australiana ao ar livre sobre as audácias da juventude, leia o amálgama de tragédia e sátira de Fiodor Dostoiévski, *Memórias do subsolo*, em que ele ilustra as consequências da negação radical dos próprios impulsos naturais. Nesse romance, curto em extensão, mas enorme em suas implicações para a literatura mundial (uma vez que contém as sementes de *Crime e castigo* e *Um jogador*), Dostoiévski entra na mente em desintegração de um homem que escolheu não fazer absolutamente nada da vida.

Escrevendo do ponto de vista de sua existência atual como um homem de quarenta e poucos anos, amargo e misantropo, o narrador não nomeado se lembra de si mesmo mais jovem, quando um encontro com uma prostituta chamada Liza poderia ter mudado tudo. "Eu imaginava aventuras para mim, inventei uma vida, para que pudesse ao menos existir de alguma maneira", ele escreve. Mas é um homem que pensa em vez de viver e que, "em consequência, não faz nada". Cheio de paradoxos, ele apresenta um argumento convincente sobre a inutilidade de tomar qualquer atitude, que dirá correr riscos (e, se você tiver tendência ao niilismo, veja "sentido, falta de"). Não estamos sugerindo que você siga esse exemplo e rejeite totalmente a vida de ação, mas que alcance um meio-termo entre suas inclinações audaciosas e a inércia completa. Entre Winton e Dostoiévski, há o caminho do meio; armado com esses extremos, você pode percorrer esse caminho sem medo.

VER TAMBÉM: **arrependimento • autoconfiança, excesso de • egoísmo • jogo, vício em • negligência • otimismo**

rodinhas nos pés, ter

Odisseia
HOMERO

A necessidade de estar sempre em movimento é tanto uma virtude quanto um equívoco. Ao mesmo tempo em que podemos ganhar discernimento e maturidade com mudança constante e novas experiências, nos arriscamos a poluir nosso frágil meio ambiente (ver: viajar, desejo de) e a nos tornar pessoas sem vínculos. Pois como construir uma vida em múltiplos lugares? É preciso se fixar em um destino para criar raízes (ver: compromisso, medo de), fertilizar relacionamentos e florescer. Para aliviar e sossegar seus pés inquietos, portanto, recomendamos um capítulo da *Odisseia* a cada manhã, administrado depois do banho e antes do café da manhã. Isso vai revigorar sua circulação e saciar seu desejo de viagem.

O próprio Odisseu é um sofredor inveterado do mal de ter rodinhas nos pés. Rei de Ítaca, ele deixou sua pátria insular, dez anos antes do início da ação do livro, para lutar na Guerra de Troia. Agora, parte de volta para Penélope, sua esposa, e em direção ao pequeno, mas importante reino. Porém ainda se passará mais uma década antes que ele sinta o solo de Ítaca sob as gastas sandálias — e, sinceramente, não se pode pôr a culpa apenas nos deuses por todas as suas perambulações. Muitos de seus desvios são induzidos por ele mesmo.

É verdade que ele é mantido em cativeiro durante alguns desses anos pela ninfa do mar, Calipso. E o ciclope Polifemo o prende em uma caverna, ao lado de seus homens e de um rebanho de ovelhas, por algum tempo antes que Odisseu, astutamente, cegue seu carcereiro. Ele está constantemente à mercê do enraivecido Posêidon, o qual envia tempestades que o arrastam, e a sua tripulação, para a ilha de Circe, onde todos são temporariamente transformados em porcos. Mas foi tolice de Odisseu gritar o próprio nome para Polifemo, desencadeando a perseguição de Posêidon. Se ele tivesse ficado quieto, teria poupado muitos anos turbulentos para si mesmo, sua esposa e seus cidadãos.

No fim, depois de vinte anos de ausência, ele retorna, justamente a tempo de salvar a esposa de um novo casamento forçado. Não cometa o mesmo erro de deixar sua vida passar enquanto você está ausente. Quando terminar de ler essa antiga história, cheia de aventuras sinuosas, mas introspectiva em sua natureza, terá viajado por tabela o suficiente para uma vida inteira. Agora, siga em frente com sua vida no lugar onde se encontra.

VER TAMBÉM: **abandonar o barco, desejo de** • **felicidade, busca da** • **insatisfação** • **viajar, desejo de**

romântico incorrigível

Você espalha pétalas de rosa na cama todas as noites, espera que seus pretendentes subam até sua varanda levando chocolates e deixa bilhetinhos de amor dentro da geladeira de seu(sua) namorado(a)? Você viajaria milhares de quilômetros para colher o primeiro morango alpino da estação e dá-lo de presente a sua alma gêmea no café da manhã? E espera que ele/ela faça o mesmo por você?

O mensageiro
L. P. HARTLEY

Se a resposta a qualquer uma dessas perguntas for sim, você é de fato um romântico incorrigível. Nós o aplaudimos e lamentamos em igual medida. Porque, embora adoremos românticos incorrigíveis, tememos por seu coração e esperamos que ele não se parta com muita frequência (ver: coração partido). Como uma primeira defesa contra os inevitáveis sofrimentos de amor que você terá de enfrentar, insistimos que se volte para *O mensageiro*. Leia-o no início da primavera todos os anos (quando os romances têm maior probabilidade de florescer), e ele o protegerá do desgosto completo por já começar a abalá-lo com antecedência, a fim de evitar o colapso total depois.

No prólogo do romance, conhecemos Leo Colston já velho, ao encontrar por acaso um diário que ele escreveu em 1900, quando tinha doze anos. O pequeno caderno desencadeia em Leo uma sensação terrível de ter desperdiçado a vida, pois algo que lhe aconteceu durante o ano, registrado naquele diário decorado com os signos do zodíaco, destruiu para sempre sua capacidade futura de ter um relacionamento feliz. E assim a história se desenvolve. Leo, filho único, foi convidado a passar algumas semanas das férias de verão com seu amigo de escola, Marcus Maudsley. Quando ele chega a Brandham Hall, não está preparado para o meio aristocrático com que se depara, e suas roupas são quentes, incômodas e apertadas demais. Lentamente, porém, ele se adapta ao novo ambiente — ajudado por seus anfitriões, que lhe compram um novo traje, mais leve. Durante sua estada, ele acaba sendo envolvido no relacionamento que a irmã mais velha de Marcus, Marian, mantém com o fazendeiro local Ted Burgess, tornando-se o mensageiro deles, entregando cartas de um ao outro para combinar encontros. Leo, em sua ingenuidade, não tem a menor noção das consequências sociais desse caso de amor até ele próprio estar enredado demais na teia. A beladona no telheiro, que tanto o fascina e repele, é um símbolo dos segredos existentes no coração do romance, espreitando no escuro e exercendo sua magia venenosa sobre o satélite involuntário do casal.

Sabemos pelo prólogo que Leo será ao menos parcialmente destruído pelos acontecimentos desse verão sufocante. Mas só descobrimos no fim que ele ainda é, no fundo, um romântico incorrigível. Em vez de repelir o romance de sua vida para sempre, ele continua a idolatrar e a cultuar a ideia, tratando os personagens da história como os deuses do zodíaco e ele próprio como Mercúrio, o mensageiro. É por isso que sua vida não funcionou. Ele é como o motorista de um carro cujo para-brisa estilhaçado o incapacita de ver onde está. Não cometa o mesmo erro. Enterre esses ideais românticos, assim como seus diários. Dê uma martelada no vidro do carro e siga em frente.

VER TAMBÉM: **sentimental, ser**

rompimento

Alta fidelidade
NICK HORNBY

Separações nunca são fáceis e, quer tenha sido você quem deu ou levou o fora, não deve passar por isso sozinho. Idealmente, você precisa da mão de um amigo que já tenha, ele próprio, sofrido as dores de relações rompidas e entenda como você está se sentindo (para mais sobre isso, veja "coração partido"). Oferecemos a você a mão de Rob, o herói louco por música de *Alta fidelidade*, o hino ao pop de Nick Hornby. Em nossa lista dos melhores livros de todos os tempos sobre separação (veja mais adiante), esse ficou em primeiro lugar. Pois, embora o vinil possa estar ultrapassado, a experiência, as emoções, as lições e as verdades não estão.

Para tentar entender seu rompimento mais recente — com a namorada Laura, com quem ele morava —, Rob revisita seus cinco términos de namoro mais memoráveis, do primeiro pé na bunda, recebido de Alison Ashworth, de doze anos, que, por razões que permanecem tão impenetráveis quanto na época, decidiu ficar na pegação com Kevin Bannister depois da escola em vez de ficar com ele, até a humilhação de Charlie Nicholson, que o trocou por alguém chamado Marco. Cada página ressoa com os sininhos da identificação; quem não experimentou a onda inicial de hesitante otimismo — parte libertação, parte nervosismo animado — que nos invade na sequência imediata do rompimento, para logo vê-la substituída por uma sensação esmagadora de perda, no minuto em que se dá conta de que ele ou ela não vai mais voltar? E quem não se perguntou o que vem primeiro, a música ou a infelicidade, enquanto se entregava à dor ao som de "Love Hurts" ou "Walk on By"?

Uma das duras verdades que Rob aprende é que rompimentos não ficam mais fáceis quanto mais a gente passa por eles. "Seria legal pensar que, como eu fiquei mais velho, os tempos mudaram, os relacionamentos se tornaram mais sofisticados, as mulheres menos cruéis, a pele mais calejada, as reações mais precisas, os instintos mais desenvolvidos", lamenta-se Rob aos trinta e cinco anos. No entanto, com alguma ajuda de Hornby, pode-se tentar fazer com que seja um pouco melhor que a vez anterior. A principal lição para Rob é a do compromisso (ver: compromisso, medo de), mas, conforme você o for observando recolher os cacos de seus amores rompidos, logo saberá quais lições são expressamente dirigidas a você. Você, como Rob aos vinte e poucos anos, é do tipo que reage aos fins de relacionamento sendo reprovado na faculdade e indo trabalhar em uma loja de discos (ou o equivalente atual)? Como o Rob mais velho, você se lamenta por ser um ímã de rejeições — quando, na verdade, deixou sua própria trilha de corações partidos pelo caminho? O ponto de vista desse romance pode ser decididamente masculino, mas há padrões aqui que servirão para quase qualquer rompimento e que você pode usar para te ajudar a reconhecer o papel que lhe cabe. Para as meninas, será bom lembrar que meninos também choram no travesseiro. E os rejeitados podem se divertir com a mulher de quarenta e poucos anos que tenta vender a valiosa coleção de discos de seu marido por cinquenta libras, porque ele fugiu para a Espanha com uma amiga de vinte e três anos da filha. (Antes de ter ideias similares, repare na resposta impressionantemente disciplinada de Rob e veja "vingança, em busca de".)

Leia *Alta fidelidade* e deixe seu coração absorver as lições dos erros passados de Rob — e de seus próprios erros. Será que você está indo atrás do tipo errado de homem/mulher? Não está conseguindo ser a rocha sólida de que seu/sua parceiro(a) precisa? Ou está vivendo sua vida amorosa com a trilha sonora errada? Conserte as coisas e esse rompimento será o último.

 OS MELHORES LIVROS SOBRE ROMPIMENTO
Alta fidelidade NICK HORNBY
Fim de caso GRAHAM GREENE
O corcunda de Notre-Dame VICTOR HUGO
Como eu era antes de você JOJO MOYES
Anna Karenina LEON TOLSTÓI

VER TAMBÉM: **apetite, perda de** • **cama, incapacidade de sair da** • **cansaço e sensibilidade excessiva** • **chorar, necessidade de** • **coração partido** • **mal de amor** • **solteirice** • **tristeza**

ronco

Dormir com alguém que ronca pode ser um tormento noturno. Na melhor das hipóteses, vocês acabam em camas separadas e diante da perspectiva de um futuro com menos intimidade física. Na pior das hipóteses, você passa seus dias em uma névoa de irritabilidade por causa do sono interrompido, e as noites odiando o emissor dos sons com todas as suas forças (ver: pensamentos assassinos). Para salvar sua sanidade e seu relacionamento — se não a vida de seu parceiro —, invista em fones de ouvido, ou em um dispositivo de áudio próprio para ser colocado sob o travesseiro, e mantenha uma pilha de audiolivros tranquilizadores ao lado da cama. Lidos em voz suave, em tom tranquilo, eles são a garantia de abafar os roncos de seu parceiro e preservar seu sono. Ouça-os a noite inteira se for preciso, entrando e saindo do sono. Para condições de sono ideais, a familiaridade com o livro é um bônus.

VER TAMBÉM: **barulho, excesso de** • **divórcio** • **insônia**

S

sala de espera, estar em uma

Salas de espera significam hospitais, consultórios médicos, dentistas, estações de trem, rodoviárias, aeroportos. Sem alegria, enfadonhos, marcados por preocupação, ecoando desespero. É crucial estar armado para essa zona morta com o romance de cura perfeito.

Tiger! Tiger!
ALFRED BESTER

Que é o enormemente influente romance de Alfred Bester, *Tiger! Tiger!* (ou *Estrelas, o meu destino*), de 1956, precursor de *Neuromancer*, de William Gibson, e antecipador do movimento cyberpunk da década de 80 (caracterizado pelo aperfeiçoamento cibernético do corpo, o poder de metacorporações e uma visão em geral sombria do futuro). Um material perfeito para uma sala de espera, no entanto, é a contribuição peculiar de Bester para essa mistura cyberpunk, a "jaunteação". Desenvolvida não intencionalmente por um homem chamado Jaunte, é a técnica de se transportar para outro local, desde que se tenham as coordenadas de onde se está agora e de onde se quer ir e se possa visualizar o destino. É possível jauntear para qualquer lugar do planeta, ou instantaneamente ou, se sua capacidade de jauntear for limitada pela distância, em estágios. Os únicos limites são o espaço: é impossível jauntear no vácuo. Porque a jaunteação tem tudo a ver com a mente. Ela funciona focando muito claramente e *desejando* o salto por longitudes e latitudes. Pelo menos até Gully Foyle aparecer e acabar desafiando o sistema inteiro com suas perambulações intrépidas pelas galáxias.

A história é ambientada no século XXV, onde Gully, o único sobrevivente de uma catástrofe não explicada, se agarra à vida na única sala hermética que permaneceu intacta durante a destruição de sua espaçonave, a *Nomad*. Seu cubículo tem um metro e vinte de largura, um metro e vinte de extensão e dois metros e setenta de altura

— "um caixão sem luz" em que ele ficou encarcerado por cinco meses, vinte dias e quatro horas. Quando aparece no espaço uma nave que poderia salvá-lo, Gully age rápido para chamar atenção — mas a *Vorga* passa por ele. Gully jura vingança, e esta o leva a sobreviver. Quando o vemos novamente, ele está na escola de treinamento de jaunteação na Terra, sumindo sem permissão com suas coordenadas e indo muitos países mais distante do que lhe é estritamente permitido.

Enquanto lê esse livro na sala de espera, agradeça por ela ser um pouco maior que "um por um por três". Concentre o poder de sua mente e sinta as possibilidades fluírem dentro de você enquanto imagina todos os lugares para onde iria jauntear, se pudesse. Você talvez não obtenha seu certificado de jaunteação, mas poderá descobrir, como Gully, novas habilidades esperando para serem usadas nas câmaras de sua mente.

VER TAMBÉM: **ansiedade** • **tédio**

sangue ruim

VER: **amargura** • **ódio** • **raiva**

saudade de alguém

VER: **anseio geral** • **família, viver sem** • **mal de amor** • **morte de pessoa amada** • **rompimento** • **saudade de casa** • **viúvo(a), ficar**

saudade de casa

A chegada
SHAUN TAN

Quer você seja um estudante morando longe de casa pela primeira vez ou um imigrante que deixou seu país, talvez para sempre, a saudade de casa pode se tornar um sentimento poderoso que determina a cor de todos os seus dias. Essa combinação de nostalgia, falta, desejo de ver os pais, os amigos e o que quer que lar signifique para nós — uma paisagem de colinas suaves, uma cidade envolva em neblina, um deserto, o cheiro do mar — é algo que todos experimentamos de tempos em tempos.

A graphic novel A *chegada*, de Shaun Tan, capta perfeitamente a melancolia da saudade de casa. As ilustrações de Tan, desenhos meticulosos com um impressionante grau de detalhe, são em sépia, cinza e dourado, as cores da nostalgia. Não há nenhuma palavra nesse romance, e você verá que não sente falta delas; as ilustrações são tão reveladoras, tão intricadas e multidimensionais que parece não haver nada que as palavras pudessem acrescentar.

A história é antiga: um homem sai de casa para encontrar trabalho em outra cidade. Sua busca é bem-sucedida. Ele sente falta da família. Mas também começa a se adaptar. Cercado por uma arquitetura extraordinária, adoráveis criaturas híbridas e realidades urbanas familiares, nosso herói se comunica com a família por meio de aviõezinhos de origami que magicamente atravessam continentes para encontrá-la.

Como em um romance de palavras, o significado de cada quadro nem sempre é imediatamente óbvio e requer que se volte a ele várias vezes — como um novo território que estamos começando a conhecer. Conforme descobrimos elementos antes não notados e lhes conferimos sentimentos diferentes a cada vez, nos unimos ao homem que está aprendendo os contornos de sua nova localização. E, assim, *A chegada* incorpora a perda do velho na experiência do novo e nos mostra como tirar o melhor de um ambiente desconhecido. Gradualmente, transpomos e recriamos o significado do lar, construindo um novo lar no lugar onde estamos.

VER TAMBÉM: **anseio geral** • **estrangeiro, ser** • **família, viver sem** • **solidão**

sedução, falta de

De todas as habilidades na vida, as que pertencem à arte da sedução talvez sejam as mais difíceis de desenvolver — ao mesmo tempo em que, certamente, estão entre as mais importantes para uma vida feliz e satisfatória. Mas como fazer para adquiri-las? Observamos nossos pais com horror, nossos amigos com divertimento e os filmes de Hollywood com descrença. Será que a literatura pode vir em nosso socorro de cabeceira?

Dom Casmurro
MACHADO DE ASSIS

A resposta é sim, claro — pois a sedução é abordada de Ovídio a E. L. James, passando por Anaïs Nin e *As ligações perigosas*. Mas você deve escolher com cuidado, pois nem todos os amantes ardentes desses romances usam estratégias que incentivaríamos. Sugerimos que o leitor observe os modos e as sutilezas de Capitu, a controversa personagem de *Dom Casmurro*, de Joaquim Maria Machado de Assis.

É aos quinze anos que o ingênuo Bentinho desperta para o amor pela filha do vizinho — e somente após ouvir atrás da porta uma conversa entre sua mãe, dona Glória, o agregado José Dias e tio Cosme, que diziam que os dois adolescentes andavam "sempre juntos", "em segredinhos...". Atordoado, Bentinho se põe a questionar essa afirmação e dá por si com um riso de satisfação: descobre-se apaixonado por Capitu. Esta já o chamava de "bonito, mocetão, uma flor", arrumava pretextos para pegar a mão do vizinho, elogiava seus cabelos, dizia que sonhara com ele. De menina já começava a desenvolver a arte da sedução.

Capitu é moça de ideias atrevidas, mas seduz pela persuasão lenta, por meios sinuosos. Dona de uma beleza morena, com olhos claros e profundos e longos cabelos, é atraente não apenas pelos atributos físicos. É também talentosa, contando entre suas habilidades o francês, o bordado, o desenho, o gamão, a música. Seu charme fatal, porém, está no olhar — para alguns dissimulado, para outros misterioso e enérgico, "uma força que arrastava para dentro". A cena do primeiro beijo entre Capitu e Bentinho dá a dimensão do poder de sedução da moça, fazendo o rapaz se sentir homem pela primeira vez.

Ao longo do romance, há um tema recorrente: o ciúme. O narrador Bentinho se convence de que foi traído pela esposa e mãe de seu único filho. Referida no romance como ninfa, oblíqua e dissimulada — e independentemente de ter havido ou não a traição de que Bentinho tem tanta certeza —, pode o leitor aprender com Capitu: use suas vantagens naturais, conquiste um pouco a cada dia e persista com o objeto de sua afeição. E, como Capitu, tenha autoconfiança. Nada mais sedutor do que alguém convicto da própria irresistibilidade.

VER TAMBÉM: **autoestima baixa** • **orgasmos, não ter suficientes** • **sexo, pouco**

segunda-feira de manhã, sensação de

Mrs. Dalloway
VIRGINIA WOOLF

Se pensar na segunda-feira de manhã te enche de uma sensação de tragédia, se você emerge do sono com o peso de uma montanha pressionando o peito, anime-se com a primeira página (ou duas, ou três, se não conseguir largar) de *Mrs. Dalloway*. Pois, com essa obra-prima, Virginia Woolf inventou um modo todo novo de escrever, de captar pensamentos em fluxo constante e a vitalidade que corre pelas veias de uma mulher que vive, momento a momento, um dia de junho, na Londres que ela ama, depois do fim da guerra. O dia não é, na verdade, uma segunda-feira, mas uma quarta, e Mrs. Dalloway está se preparando para uma festa naquela noite.

Ela decide comprar as flores pessoalmente. Preguiçoso de segunda-feira, tome nota. Você também pode tentar assumir a responsabilidade por uma tarefa, algo agradável, algo que dê prazer aos sentidos e que normalmente delegaria a outra pessoa. Isso o ajudará a sair da cama. Enquanto toma seu café da manhã, beba a exuberância de Mrs. Dalloway — Clarissa —, seus pensamentos precisos e límpidos ("Que divertimento! Que mergulho!") e corra com o pensamento mais longo e serpenteante que se segue, curvando-se pelo tempo e coletando sons: "Pois assim sempre lhe parecera quando, com um ranger das dobradiças, que ouvia agora, ela abria as portas francesas e mergulhava no ar livre em Bourton". Que frase! Que convite! Você não ouve o rangido, não percebe o pequeno tranco quando as portas cedem, não sente o ar limpo e fresco?

Depois receba, pelos olhos, pela mente e em seu corpo, o apetite de Clarissa e seu amor pela vida. Entre em sua figura alinhada, com um quê de pássaro, leve, ágil, aprumada, enquanto espera no meio-fio antes de atravessar a rua. Note o "silêncio peculiar", a "pausa indescritível" antes do toque do Big Ben. Esteja consciente, como ela, da presença da morte — que todas essas pessoas se apressando de um lado para o outro, um dia, serão apenas ossos e pó — e leve essa consciência consigo durante o dia. Deixe-a intensificar sua sensação de estar vivo, nesta segunda-feira em especial. Que isso o ajude a aproveitar ao máximo o seu dia. A sua *segunda-feira*.

Depois (sem se esquecer de olhar para a esquerda e para a direita primeiro — não queremos que suas segundas-feiras terminem por aqui, e acreditamos que, a essa altura, você também não quer), dê um passo à frente. E... por que não? Vá comprar flores.

VER TAMBÉM: **cama, incapacidade de sair da** • **insatisfação** • **profissão errada**

sem fala, ficar

VER: **sem palavras, ficar**

sem palavras, ficar

Lolita
VLADIMIR NABOKOV

Se você está sem palavras porque está em choque, espere o choque passar e as palavras retornarão. Se as palavras não vêm porque você tem um problema de gagueira, veja "fala, dificuldade de". Mas, se você não encontra as palavras porque eloquência não é o seu forte e as palavras certas parecem abandoná-lo sempre que você mais precisa delas, receba a companhia do narrador de *Lolita*, Humbert Humbert, um homem que está tão longe quanto possível de ser afetado por esse mal.

Por direito, Humbert Humbert — ou HH, como vamos chamá-lo — é quem deveria se recolher envergonhado ao silêncio. Ele usou uma menina para a satisfação egoísta de seus prazeres ilícitos. Mas, em vez disso, enquanto espera na prisão pelo julgamento que determinará seu destino, as palavras são suas melhores amigas. De fato, HH mal pode esperar para falar. Ali, na prisão, ele não precisa mais manter em segredo a pessoa desprezível que é, o que vinha reprimindo durante todos esses anos. Agora, finalmente, pode se permitir entrar em todos os detalhes arrebatados do que, e quem, ele amou.

E uma dessas coisas é a linguagem. Para HH, as palavras são um brinquedo: ele adora alusões e duplos sentidos e encontra em ambos uma catarse e um canal para seu humor. Mas elas são também uma ferramenta de sedução — e dessa vez é o leitor quem está sendo seduzido. Desde o primeiro parágrafo, com o sensual desmembramento do nome dela em suas três sílabas saborosas, "Lo-li-ta", somos tão enfeitiçados por suas descrições de Lolita como ele é pela própria menina. Queremos mais dessa "pirralha exasperante", porque queremos mais da linguagem em que ela nos é revelada. Assim, enredados na rapsódia, contaminados pela excitação conjunta, como podemos condenar HH sem condenar a nós mesmos? Esse é o jogo astuto de Nabokov. No fim, somos cativados por sua confissão de estupro, homicídio, pedofilia e incesto, com seus "pedaços de medula grudados, e sangue, e belas moscas verdes brilhantes". Nabokov fez de algo sórdido uma obra de arte.

O que separa você, com suas palavras presas e olhar ansioso, de Humbert Humbert — erudito, literário, um orador francês com predileção por *le mot juste* e por menininhas — é que esse criminoso loquaz tem uma sensação inabalável de seu direito de falar. Tome isso emprestado de HH. Embeba-se em seus ritmos elegantes — mas não em suas atividades deselegantes. Pense em palavras — mas não em ninfetas — como seus brinquedos, como fontes de diversão particular e compártilhada. Deixe que a sedução de HH — mas não sua sedução de meninas — se torne a sua sedução, soltando sua língua do palato até a ponta, "para, no três, bater nos dentes", dando a sua língua ansiosa, por fim, licença para falar.

sentido, falta de

Sabemos o que você está pensando. Qual é o sentido de prescrever uma cura para falta de sentido? Na verdade, qual é o sentido de prescrever qualquer coisa para qualquer coisa? Tudo isso é sem razão de ser, desprovido de qualquer propósito, certo? Não depois que você ler o romance de Georges Perec, *A vida: modo de usar*.*

A vida: modo de usar
GEORGES PEREC

O romance começa com um prédio de apartamentos em Paris, congelado no tempo logo antes das vinte horas do dia 23 de junho de 1975 — segundos depois da morte de um de seus moradores, Bartlebooth. Outro morador, Serge Valéne, atribuiu-se a tarefa de pintar todo o prédio "em elevação" — com a fachada removida —, revelando todos os habitantes e suas coisas em perfeito detalhe.**

Corre a notícia de que o recém-falecido Bartlebooth, um inglês rico, havia feito um plano (sem sentido) para dispor de sua imensa fortuna e, assim, ocupar o resto de sua vida. O plano era que o pintor Serge Valéne o ensinasse a pintar e que Bartlebooth, então, embarcasse com seu criado Smautf (outro morador do prédio) em uma viagem de duas décadas pelo mundo, pintando uma aquarela a cada duas semanas, com o objetivo final de criar quinhentas pinturas. Cada pintura seria enviada para a França, onde o papel seria colado em um suporte e cortado em forma de quebra-cabeça por outro morador do

---

* Na verdade, talvez seja uma série de romances, ou até mesmo — você já adivinhou — um manual para a existência. Perec gostava de jogos — matemáticos, circulares, irrespondíveis. *A vida* é cheio deles (o que é um dos sentidos de ler o romance). Membro do grupo OuLiPo, do francês Ouvroir de Littérature Potentielle (que pode ser traduzido aproximadamente como Oficina de Literatura Potencial), ele e os outros membros criavam para si mesmos restrições deliberadas que deveriam ser seguidas quando estivessem escrevendo. Veja se consegue adivinhar quais restrições ou condições Perec se impôs ao escrever *A vida: modo de usar*. Nós lhe daremos uma pequena pista: há noventa e nove capítulos no livro, que descreve um prédio de apartamentos em que há dez andares com dez apartamentos em cada andar; e a estrutura narrativa do livro é determinada pelo "passeio do cavalo", que vê o romance como um tabuleiro de xadrez.

** O sentido disso não é esclarecido.

prédio, Gaspard Winckler. Quando voltasse, Bartlebooth montaria os quebra-cabeças, recriando a cena que havia pintado. Cada quebra-cabeça completado seria, então, colado de volta e removido do suporte, para deixar a cena intacta. Precisamente vinte anos depois do dia em que cada pintura fosse feita, ela seria enviada de volta ao mesmo lugar onde tinha sido pintada, em um de centenas de lugares do mundo todo, colocada por um assistente ali posicionado em uma solução especial que extrairia toda a cor do papel e devolvida pelo correio, em branco, para Bartlebooth.

Uma tarefa sem sentido, alguns diriam. Para completar, Bartlebooth fica cego durante o processo, de modo que é cada vez mais difícil completar os quebra-cabeças. E, no fim, quando ele cai morto enquanto solucionava um quebra-cabeça com um único espaço faltando, na forma de um "W", e em sua mão há uma peça na forma de um "X", não podemos deixar de pensar em qual teria sido o sentido de tudo aquilo.

No entanto, a jornada até esse ponto no romance é notavelmente rica. Perec nos proporciona uma riqueza de histórias, ideias e oportunidades de riso — e aqui está a pista para o sentido da falta de sentido. A falta de sentido em si pode ser fonte de grande alegria, se pararmos de nos preocupar com sua falta de sentido e nos divertirmos com a vida, as esquisitices, as maravilhosas trivialidades, a própria desculpa para histórias que essa mesma falta de sentido oferece. E esse é, precisamente, o sentido — ou um dos muitos sentidos.* Mas seu sentido máximo é que o sentido da existência é simplesmente que, apesar de sua falta de sentido — apesar do fato de a última peça do último quebra-cabeça não encaixar —, a viagem até aquele buraco de formato errado foi cheia de deslumbramento e prazer.

VER TAMBÉM: **felicidade, busca da • pessimismo**

sentimental, ser

Um ciclone na Jamaica
RICHARD HUGHES

Tempos atrás, ser sentimental significava simplesmente estar em contato com as próprias emoções e, portanto, ser um apreciador melhor da literatura, da música e da arte. Mas o mundo girou, e agora o termo indica emoções duvidosas — um mundo açucarado de ursinhos

---

* Há sentidos em toda parte nessa obra-prima; ela tem mais maneiras de fazer sentido que a maioria dos romances que já lemos.

de pelúcia e finais hollywoodianos piegas (e, se você não tiver cuidado, pode resvalar para o romantismo incorrigível; ver: romântico incorrigível). Insistimos fortemente na cessação de todas essas emoções superficiais, que ocorrem à custa de sentimentos mais profundos e mais delicados. Solicita-se que os sentimentais se administrem uma dose do excelente conto de pirataria, rapto e morte de Richard Hughes, *Um ciclone na Jamaica*. Esse livro é tão incisivamente não sentimental que, depois de lê-lo, você não vai mais chorar diante da imagem de uma criança faminta. Em vez disso, vai enviar um pacote de comida ou se voluntariar para ajudar.

Esse tônico revigorante começa com cinco crianças estrangeiras levando uma vida idílica e semisselvagem na Jamaica. Depois de sobreviver a um pequeno terremoto e um grande furacão, Emily e seus quatro irmãos mais novos, filhos negligenciados de pais emocionalmente ausentes, são enviados de navio de volta à Inglaterra para estudar. Mas, no caminho, a embarcação é atacada por piratas. Conforme os irmãos vão se envolvendo no modo de vida dos piratas — que, embora ameaçador, não parece ter muita violência —, a menina mais velha, Emily, acaba participando inadvertidamente das transgressões deles. Não tarda para que os irmãos estejam mais ligados aos piratas do que jamais estiveram a seus pouco acessíveis progenitores ingleses.

E isso não acontece porque os piratas sejam particularmente charmosos. As ações de Emily são repreensíveis. A princípio, ela age em autodefesa, depois por pura obediência aos mais velhos, sem se dar conta do horror daquilo que está fazendo. E há muita reflexão no romance sobre como o modo de pensar das crianças é diferente — mais próximo do de gatos, peixes e cobras, reflete o narrador, que daquele de adultos. E, quando seu comportamento instintivo de autopreservação é comparado com moralidades adultas — a dos piratas e a dos ingleses, conforme demonstrado por seu sistema jurídico —, nenhuma delas parece admirável.

No romance, é muito forte a total falta de sentimentalismo das próprias crianças. Quando um dos meninos desaparece, elas parecem se esquecer dele quase imediatamente e logo o tiram da cabeça. No navio, o equilíbrio do medo muda em certo ponto, passando de as crianças terem mais medo dos piratas para a situação oposta. E a sequência mostrará que os piratas estão certos em seu temor. Esse livro, sem uma insinuação sequer de sentimentalismo, deve produzir uma cura completa e permanente. Leia-o, depois jogue seus ursinhos de pelúcia na lata do lixo e saia com uma nova firmeza na expressão.

VER TAMBÉM: **romântico incorrigível**

sessenta anos, ter

OS MELHORES LIVROS PARA QUEM ESTÁ NA CASA DOS SESSENTA

O mundo se despedaça CHINUA ACHEBE
O sentido de um fim JULIAN BARNES
A improvável jornada de Harold Fry RACHEL JOYCE
Os peixes também sabem cantar HALLDÓR LAXNESS
Pastoral americana PHILIP ROTH
Últimos pedidos GRAHAM SWIFT
Pais e filhos IVAN TURGUENIEV

setenta anos, ter

OS MELHORES LIVROS PARA QUEM ESTÁ NA CASA DOS SETENTA

A história do amor NICOLE KRAUSS
Uma história do mundo PENELOPE LIVELY
O amor nos tempos do cólera GABRIEL GARCÍA MÁRQUEZ
O exótico Hotel Marigold DEBORAH MOGGACH
O mar, o mar IRIS MURDOCH
Estado de graça ANN PATCHETT

sexo, pouco

Os mil outonos de Jacob de Zoet
DAVID MITCHELL

Se você não está vendo muita ação no departamento "cama" — e isso está resultando em contrariedade, tristeza e um desejo frustrado de celebrar seu lado físico —, insistimos que compare seu sofrimento com o dos monges e freiras no multifacetado *Os mil outonos de Jacob de Zoet*, de David Mitchell. Ambientado em uma ilha no Japão na virada do século XIX, conta a história de duas comunidades unissexuais tão sexualmente carentes que inventam rituais estranhos e perturbadores para atenuar o confinamento. Você ficará tão aliviado por não estar vivendo *aquela* vida que aceitará a sua com mais equanimidade. Se for solteiro, desenferruje suas habilidades de sedução (ver:

sedução, falta de) e corra para a biblioteca para ver o que — e quem — mais consegue arrumar. Se for casado, presenteie seu(sua) parceiro(a) com um romance adequadamente excitante (e, para ideias sobre o que escolher, veja "libido, perda de" e "orgasmos, não ter suficientes").

VER TAMBÉM: **libido, perda de • orgasmos, não ter suficientes • sedução, falta de • solteirice**

sexo demais

Sim, é possível fazer sexo demais.

Homens que sentem ter uma fixação excessiva devem despejar um balde de água fria sobre si na forma de A maligna: vida e amores de uma mulher demônio, de Fay Weldon. Quando o atraente marido de Ruth, Bobbo, a deixa pela miúda e delicada Mary Fisher — um clichê de feminilidade saído direto dos muito vendidos romances que Fisher escreve —, Ruth decide dar vazão a seu demônio interior (ver: vingança, em busca de). Ela vai para a cama com vários homens, até que o sexo não signifique mais nada para ela, depois o usa para conseguir o que quer: arrasar a vida de Bobbo e Mary com devastador sangue-frio. Se você for casado e estiver tentado a sair da linha, esse romance o fará engolir em seco e pensar duas vezes. E, casado ou não, você achará a conclusão de Ruth — de que mulheres bonitas usam o sexo para controlar seus homens — suficiente para assentar a cabeça. Depois disso, um bom e longo período de celibato começará a parecer tão sedutor quanto uma piscadela.

Mulheres necessitadas de uma distração extra a encontrarão nas páginas do voraz Mulheres, de Charles Bukowski. O narrador, Henry Chinaski — baseado mais ou menos no próprio Bukowski —, é um homem ardente de cinquenta anos cujo desejo sexual nunca cessa. Um pouco de uísque, uma vomitada antes do café da manhã e lá está ele, enroscado no próximo par de jeans justo, beijando e brigando — e depois se perguntando se seu estômago está revirado demais para um sexo oral. Há alma aqui, e uma beleza crua e vulgar que fascinará alguns, particularmente se você tiver ouvido para prosa rítmica, mas esse livro definitivamente fará você querer deixar aquela lingerie sexy dentro da gaveta.

A maligna: vida e amores de uma mulher demônio
FAY WELDON

Mulheres
CHARLES BUKOWSKI

VER TAMBÉM: **costas, dor nas • dor, sentir • esgotamento**

sexo na cabeça

VER: **luxúria**

sincero, ser excessivamente

VER: **dar com a língua nos dentes, tentação de**

sofrimento

VER: **anseio geral • coração partido • morte de pessoa amada • tristeza • viúvo(a), ficar**

solidão

A bússola de ouro
PHILIP PULLMAN

Eu, Cláudio
ROBERT GRAVES

Histórias de uma cidade
ARMISTEAD MAUPIN

Você nunca terá de se sentir solitário com um quarto cheio de livros — ou mesmo apenas aquele que você levaria para uma ilha deserta —, e todos temos nossos amigos literários favoritos. Mas há, inevitavelmente, tempos de seca literária, em que você talvez não tenha nenhum livro à mão; para esses momentos, é preciso ter certeza de haver povoado sua mente com muitos personagens, ideias e conversas interessantes, reunidos da ficção, para garantir que seu mundo interior esteja sempre a postos para lhe fazer companhia.

Uma das melhores dessas vacinas contra a solidão é *A bússola de ouro*, de Philip Pullman, e os outros dois romances que compõem sua trilogia Fronteiras do Universo, *A faca sutil* e *A luneta âmbar*. Porque, no mundo de ficção que mais lembra o nosso — Pullman criou muitos mundos dentro do universo desses romances —, todos os personagens humanos têm um daemon, um companheiro animal que se senta em seus ombros e lhes faz companhia pela vida inteira. Os daemons, porém, não são somente companheiros, mas representações do espírito da pessoa. Se um daemon se afastar muito de seu humano, tanto ele como o humano se sentem fisicamente comprometidos e, se o daemon for ferido de alguma maneira, o humano também sente dor. Em parte melhor amigo, em parte parceiro, em parte manifestação física da própria alma, um daemon jamais deixa um humano se sentir só.

O terror começa nesse irresistível romance quando a "Autoridade" — a organização religiosa que governa o território ao estilo Cromwell

— decide separar as crianças de seus daemons, supostamente pelo bem de suas almas. Lyra, uma pré-adolescente determinada, experimenta uma terrível tortura quando chega muito perto de perder seu daemon, Pantalaimon, que aparece principalmente na forma de uma marta (a forma dele só é definida permanentemente na adolescência). Enquanto se deixa envolver pela luta de Lyra para impedir essa atrocidade e salvar Roger e as outras crianças dos "Gobblers", no norte congelado, você se verá convertido à necessidade absoluta de daemons e, com certeza, saberá que forma seu próprio daemon teria.

É difícil acreditar que Robert Graves já tenha se sentido solitário, a julgar pela profusão de personagens intrigantes em seus grandes e populosos romances. Em casa, num canto idílico de Maiorca, ele escreveu seus dois romances mais bem-sucedidos, *Eu, Cláudio* e *Cláudio, o deus*, como um meio de financiar seu estilo de vida sociável — porque ele abrigava uma comunidade barulhenta não só na mente, mas também em casa. Muitos escritores, artistas e astros do cinema frequentavam suas festas e participavam das apresentações teatrais que ele organizava. Use esses romances para manter a festa animada em sua cabeça.

Eu, Cláudio é a autobiografia fictícia de um nobre que começa a vida como um tolo gago, ridicularizado e ignorado por sua odiosa família, para depois se elevar acima de todos eles. Os sicofantas e conspiradores que o cercam são uma companhia muito interessante, entre eles o sábio Augusto e sua conivente esposa Lívia, o sádico Tibério e o abertamente insano Calígula. Com a família em guerra constante e todos tentando envenenar uns aos outros o tempo todo, Cláudio está sempre em meio a muita gente. Tudo isso resulta em uma fascinante e agitada sensação do que deve ter sido viver no Império Romano do século I d.C. Na verdade, talvez você até fique feliz com sua solidão depois que tiver terminado o livro.

Às vezes, quando estamos solitários, não temos energia para novas amizades; são os velhos e conhecidos amigos que queremos. Nesse caso, receba de volta em sua vida os habitantes da 28 Barbary Lane, na sinfonia à cidade de San Francisco de Armistead Maupin (e, se você não os conheceu ainda, não levará mais que umas poucas páginas para se sentir parte da tribo). Criações do fim dos anos 70 e começo dos 80, Mary Ann Singleton, Mona Ramsey, Michael "Mouse" Tolliver, Brian Hawkins e a dona da pensão onde moram, sra. Madrigal, que planta maconha, são ainda surpreendentemente atuais. Com sua forma episódica (a experiência é tão próxima de assistir à televisão quanto a literatura pode chegar), esse romance e suas sete sequências devem ser mantidos na cozinha, ao lado dos livros de receitas. Não coma sozinho, mas com a divertida Mona fazendo-o rir enquanto lhe joga no prato um ovo com a gema mole, com Mouse preparando um revigorante café forte e com a sra. Madrigal tirando a caneca de suas mãos e substituindo-a por pérolas de sabedoria e um baseado. Quem precisa sair em uma sexta à noite quando tem em casa as histórias da cidade de Maupin?

VER TAMBÉM: **solidão induzida pela leitura**

solteirice

O diário de Bridget Jones
HELEN FIELDING

Quarta-feira, 2 de janeiro

7h17 New Haven, nossa casa. Acordo antes do filho. Milagre. Fico ali por meia hora ao lado do marido que ronca, pensando que preciso levantar antes do filho. Faço isso. Passo pelo quarto dele sem acordá-lo. Pergunto-me quando comecei a tratá-lo como se ele fosse uma espécie invasiva e potencialmente perigosa. Desço a escada rangente, faço café.

7h29 Interrompida por grito lancinante vindo do quarto principal. Corro para cima e vejo o filho de pé com todos os membros no lugar e nenhum sinal visível de sangue ou vômito. Filho apontando para o lugar vazio no meu lado da cama. "MAMÃE, VOCÊ NÃO ESTAVA ALI!" Penso em recuar e sair. Noto que os olhos do marido estão fechados. Imagino que ficou surdo da noite para o dia ou então morreu durante o sono. Filho enfia livro na minha cara. "CAFÉ DA MANHÃ E LIVRO DO COELHINHO, AGORA!"

8h15 Aproveito momento de paz comendo mingau com o filho. Noto agradecida que ele não pode falar e comer ao mesmo tempo. Pensamento interrompido pelo toque estridente e detestável em máximo volume do despertador, seguido de obscenidade gritada pelo marido. Depois silêncio. Concluo que está vivo e capaz de ouvir.

8h35 Pensamentos interrompidos por batidas repetidas na cabeça com o livro do coelhinho. Sugiro que o filho vá fazer algo menos irritante, como pintar.

8h36 Olhos caem sobre um antigo exemplar de *O diário de Bridget Jones* calçando a perna mais curta da mesa.

solidão induzida pela leitura

LEIA COM COMPANHIA

MAL LIGADO À LEITURA

Todos nós apreciamos o prazer de ficar sozinhos com um bom livro. Mas às vezes, depois de várias horas de imersão, erguemos a cabeça e olhamos em volta, subitamente surpresos pelo silêncio, pela ausência de outros. O mundo lá fora — e, talvez, o mundo de nosso livro — está fervilhante de pessoas interagindo umas com as outras. Mas nós estamos sozinhos. Uma espécie de lamento entrou em nossa alma; estamos sofrendo de solidão induzida pela leitura.

Para alguns, a leitura é sobretudo uma maneira de escapar da solidão (ver: solidão); sentindo, talvez, que ninguém nos entende, encontramos grande conforto na companhia de um livro compatível conosco. Às vezes nos voltamos para os livros para escapar das pessoas à nossa volta, pois pode haver solidão em meio a uma multidão também. Que contradição, portanto, que a mesma coisa que inicialmente nos curou da solidão agora nos deixe em uma espécie diferente de isolamento.

A solução é ler na companhia de outros leitores — seja em um espaço público, como um café ou uma biblioteca, ou em casa, com um amigo ou parceiro sentado na outra ponta do sofá. Na próxima vez em que você levantar os olhos, verá outra pessoa similarmente entretida e não se sentirá mais sozinho.

Ler pode ser sociável; se você estiver em casa, experimente ler em voz alta com seu amigo ou parceiro, a leitura toda ou apenas trechos que você tiver destacado. Pense em entrar para um grupo de leitura em que todos se revezem para ler um romance em voz alta; há várias organizações que apoiam esses grupos e lhe mostrarão como fazê-lo. Ler um livro comunitariamente é uma maneira maravilhosa de compartilhar uma experiência que, de outra forma, seria interna e solitária, e é bem provável que você saia com novas percepções e um entendimento maior do livro a partir das reações dos outros durante e depois da leitura. Essa também é uma ótima maneira de fazer novos amigos leitores. Talvez, em algum momento, um deles possa vir a ocupar o lugar na outra ponta do seu sofá.

8h45-9h45 Passo uma hora inteira embaixo da mesa relendo *O diário de Bridget Jones* enquanto o filho me usa como tela de arte abstrata. Rio quando Bridget se esquiva de perguntas sobre sua vida amorosa ("Por que as pessoas casadas não conseguem entender que essa não é mais uma pergunta educada? A gente não vai para cima *delas* trovejando: 'Como vai seu casamento? Vocês ainda fazem sexo?'"). E também dos sedutores e pré-históricos e-mails de Daniel Cleaver no trabalho ("Mensagem para Jones: Parece que você esqueceu de vestir a saia"). Rio tanto que bato a cabeça na parte de baixo da mesa. De repente estou cheia de nostalgia por ser uma solteira de trinta e poucos anos, virar garrafas de Chardonnay em reuniões emergenciais de desabafo com a Melhor Amiga e passar fins de semana inteiros esfoliando os cotovelos em expectativa pelo jantar à luz de velas com um homem emocionalmente indisponível. Não acredito que passei tanto tempo sonhando em ser uma Casada Metida e agora sou Casada Mas Não Metida. Percebo que a mesa está se inclinando precariamente e enfio um volume de *Como ser feliz mesmo casada* embaixo da perna mais curta. Nota para mim mesma: ler esse também.

10h Desespero. Lendo o livro do coelhinho em looping contínuo embaixo da mesa.

10h30 Interrompida por filho gritando: "MAMÃE, POR QUE VOCÊ PAROU?" Digo ao filho que estava pensando. "EM QUÊ?", pergunta ele. Ouço-me dizendo que estava imaginando dar uma facada no coelhinho, pôr fogo em seu rabo com um fósforo e fugir. "POR QUÊ?", pergunta o filho. "Porque, quando eu era solteira, poderia ter feito qualquer coisa e não fiz", digo. "O QUE É 'SOLTEIRA'?", indaga o filho. "É o que eu era antes de conhecer o papai e ter você." "MAS O QUE VOCÊ FAZIA?", pergunta o filho. "Eu fazia o que queria, quando queria e com quem eu queria, dentro de certos limites socialmente aceitáveis", digo. "Só que não fiz o suficiente." "POSSO SER SOLTEIRO?", pergunta o filho. "Não", digo. "POR QUE NÃO POSSO SER SOLTEIRO?", choraminga o filho.

10h34 Digo que vou ao banheiro. Mando mensagem para Melhor Amiga perguntando se ela sabe por que não dávamos valor a ser solteiras quando tínhamos vinte/trinta anos. Olho pela janela pensando em todas as coisas que poderíamos ter feito em vez de ficar encarando o telefone esperando que ele tocasse. Interrompida pelo aviso de mensagem no celular. "Porque estávamos procurando o homem perfeito", respondeu a Melhor Amiga. "Porque a gente tinha medo de ficar para tia."

10h46 Interrompida pelo marido, que entra no banheiro sem bater. Ele diz: "Está de calcinha?" e "Tem ovo?" e "O que é esse cheiro de queimado?"

10h47 Corro para baixo enquanto puxo para cima a calcinha cinza velha, seguida de perto pelo marido, e acho o filho embaixo da mesa com um fósforo aceso, aproximando-o do livro do coelhinho, que tem uma faca enfiada nele. O filho diz: "MAMÃE, SOU SOLTEIRO AGORA?"

10h49 Interrompida por marido, que pergunta: "Como a criança pegou uma caixa de fósforos?" e "Você disse sim ou não para os ovos?" e "O que é essa história de ser solteiro?"

10h50 Interrompida pelo filho, que grita: "MAMÃE!! O QUE SÃO LIMITES SOCIALMENTE SOCHIATÁVEIS?"

10h53 O marido abre o armário e olha lá dentro. Diz: "Ovos!" e sorri. Diz: "Então, conseguiu trabalhar bastante esta manhã?" e "Vamos fazer sexo mais tarde?" e "Acabei de ler um artigo muito interessante sobre sistemas eleitorais em democracias emergentes. Quer que eu te conte?"

10h54 Olho atordoada para o marido. Penso: *Ovos? Democracia? Sexo?*

VER TAMBÉM: **felicidade, busca da** • **jantares sociais, medo de** • **par perfeito, à espera do** • **par perfeito, à procura do** • **sexo, pouco** • **sexo demais** • **solidão**

soluço

Ninguém sabe o que causa os soluços, mas todos nós temos um método favorito para curá-los. Certamente não lhe fará mal unir-se a um destes livros em sua jornada, afinal ninguém quer lutar sozinho contra um diafragma em espasmos. Sugerimos que você autoadministre um choque literário breve e incisivo, dos quais os melhores estão à espreita para pular sobre você das páginas dos romances a seguir.

OS MELHORES LIVROS PARA CHOCAR

Com a garantia de fazer um cubo de gelo descer por sua espinha, estes livros ou acumulam choques enquanto avançam, ou mandam um golpe matador em determinada página. Não vamos dizer qual é qual.

Jogos vorazes SUZANNE COLLINS
Garota exemplar GILLIAN FLYNN
O filho de Deus vai à guerra JOHN IRVING
A lista de Schindler THOMAS KENEALLY
O pássaro pintado JERZY KOSIŃSKI
O hotel branco D. M. THOMAS
Anna Karenina LEON TOLSTÓI

sonambulismo

Os sonâmbulos
HERMANN BROCH

Quando sonhamos, o cérebro imagina todo tipo de perambulações vívidas. Para a maioria de nós, as conexões nervosas que transmitem do cérebro para o corpo a intenção de movimento são bloqueadas pelo sono. Ficamos deitados, imóveis, sem nenhuma manifestação externa de nossas jornadas interiores, senão, talvez, um soluço ou um gritinho. Em crianças e, ao que parece, nos idosos — e em alguns casos ocasionais no espaço intermediário —, as conexões às vezes apresentam mau funcionamento, deixando as intenções do cérebro escaparem para o corpo, transformando o sonhador em um sonâmbulo perambulante que quase mata de susto outros moradores da casa que por acaso estejam passando. De olhos vidrados, o sonâmbulo não tem a menor consciência de que está andando por aí descalço — e, se você o acordar para avisar, é capaz de quase matá-lo de susto também.

Nós o aconselhamos a reconsiderar o uso do termo "sonâmbulo". De agora em diante, comece a vê-lo metaforicamente, como faz Hermann Broch em *Os sonâmbulos*. Nesse grande épico modernista experimental — que é constituído, na verdade, por três romances distintos, cada um escrito em um estilo diferente —, Broch usa o termo para representar os que se veem comprimidos entre dois conjuntos de valores éticos, antigos e novos, na virada do século XIX para o XX.

No primeiro volume da trilogia, temos Joachim von Pasenow (o romântico), um aristocrata prussiano altamente formal que defende com ardor valores tradicionais — a tal ponto que entra em um casamento conveniente, mas sem amor, com a emocionalmente distante Elisabeth. Mas Pasenow também está apaixonadamente envolvido com a sensual Ruzena, uma prostituta boêmia com quem tem vergonha de ser visto em público. No segundo, há August Esch (o anarquista), um contador estável e responsável que joga tudo para o alto e vai trabalhar como gerente de um circo — onde descobre que isso também não o agrada e volta a ser contador. E, por fim, no terceiro livro, em que Pasenow e Esch retornam, temos Huguenau (o oportunista), um homem que trapaceia, mata e estupra para obter o que deseja, sem receber nenhum castigo. Durante qualquer dada época, estamos presos, filosoficamente falando, entre diferentes modos de vida — como sonâmbulos que não estão exatamente dormindo nem acordados. Estamos vivendo nossa vida deliberadamente, guiados por um conjunto de princípios, ou estamos correndo atrás de qualquer falso deus que por acaso caia em nossas graças em determinado momento, seja na arte, na política, nos negócios ou no prazer, com vistas apenas ao objeto e sem nenhuma consideração pelas consequências? Em outras palavras, como devemos viver?

Conte com um modernista austríaco para se dedicar tão abertamente — na ficção — à exploração de uma tese filosófica.

E enquanto vocês, sonâmbulos, estiverem se debatendo com as questões filosóficas, psicológicas, existenciais, gramaticais, transcendentais, tradutórias (poderíamos continuar) evocadas pela condição metafórica do sonambulismo, uma de três coisas terá acontecido: ou você terá descoberto um conflito interno, uma parte de você que aprova o seu modo de vida e outra que não aprova, cuja solução refreará suas perambulações noturnas para sempre; ou terá esgotado a tal ponto seu cérebro lendo essa trilogia densa, com frequência comovente, sempre fascinante, às vezes obscura, definitivamente longa, que seu sono se manterá na parte mais profunda do ciclo, em que não ocorrem sonhos nem sonambulismo; ou terá adormecido no meio de uma frase, com esse livro enorme ainda pesando sobre o peito de tal maneira que, com ou sem sonhos, ele o manterá pregado à cama até o amanhecer.

sonhos desfeitos

Presenciar a destruição dos sonhos de uma pessoa amada, ou resignar-se à perda de seus próprios, é algo terrível de enfrentar. E é muito mais comum do que você poderia imaginar. Porque ter um sonho é fácil, mas encontrar a maneira certa de fazê-lo se tornar realidade é muito mais difícil — e seu sucesso ou fracasso quanto a isso pode fazer de você alguém realizado ou arrasado. Se você tiver desistido de seus sonhos, pergunte-se se realmente deu uma chance

Réquiem por um sonho
HUBERT SELBY JR.

a eles. Como esse livro contundente mostra, é possível que você tenha escolhido o caminho errado para alcançá-los.

Todos têm um sonho nessa história. Harry e Marion sonham em ter o próprio negócio, um café com obras de arte à venda nas paredes, incluindo as da própria Marion. O melhor amigo de Harry, Tyrone, quer simplesmente escapar do gueto. E Sara, mãe de Harry, tem esperança de entrar para o reino místico da televisão ao vivo, diante da qual passa a maior parte do tempo em que está acordada.

Os sonhos são inocentes; o modo como eles agem para tentar realizá-los é que é o problema. Porque a chave para escapar de sua vida marginalizada em Nova York, Harry e Marion acreditam, é um tipo particularmente potente de heroína que planejam vender com enormes lucros. Eles testam a heroína para verificar a qualidade e, antes de se darem conta, estão presos a ela. Tyrone também. Enquanto isso, Sara senta no sofá, comendo chocolate e engolindo pílulas para emagrecer ao mesmo tempo, convencida de que conseguirá chegar ao programa de perda de peso da televisão pelo qual está obcecada. E ela nunca chega.

Em vez de realizar seus sonhos, cada um desses personagens desce para o inferno em vida. Leia esse livro devastador e chocante. É tarde demais para Harry, Marion, Tyrone e Sara, mas não para você. Pense em uma maneira prática e realista de alcançar seus sonhos — alguma que não envolva a venda de drogas pesadas (ver: drogas, uso excessivo de). Mantenha os olhos no sonho, mas também em cada degrau da escada.

VER TAMBÉM: **amizade desfeita** • **desencantamento** • **esperança, perda de**

sonhos ruins

VER: **pesadelos**

super-herói, desejo de ser um

As incríveis aventuras de Kavalier & Clay
MICHAEL CHABON

Espere — não nos conte. Você se imagina com a roupa justa vermelha e azul. Fica pensando qual superpoder escolheria. Um pedacinho de você ainda acredita na tiara antibalas da Mulher Maravilha, em seus poderes telepáticos e em sua velocidade de digitação (cento e sessenta palavras por minuto, se estiver curioso). Você não exclui completamente a possibilidade de vir a ter, um dia, algo semelhante, se não idêntico, ao Batmóvel. E, ocasionalmente, quando está vivendo sua vida cotidiana, você imagina "Oooof!", "Bam!", "Kaboom!" ou "Pow!" em pequenas bolhas sobre sua cabeça.

Tudo bem. Algumas crianças passam dessa fase; você não passou.

Você já deve ter lido e adorado As incríveis aventuras de Kavalier & Clay, a história épica de Michael Chabon sobre os criadores de histórias em quadrinhos Josef Kavalier e Sammy Clay. Surfando na onda da era de ouro dos quadrinhos, a dupla criou uma série de super-heróis, começando, em 1939, pelo Escapista, que "vem em resgate dos que sofrem sob os grilhões da tirania e da injustiça", e lutando a guerra contra Hitler com pena e tinta. Mas Joe e Sammy não se tornam super-heróis eles mesmos; e, se você estiver à procura de um mentor literário que ensine como fazer isso, conhecemos alguém assim.

Richard Novak, em Este livro vai salvar sua vida, de A. M. Homes, ficou emocionalmente entorpecido depois de um divórcio, treze anos antes, e deixou um filho de quatro anos, Ben, em Nova York quando se mudou para a Califórnia. Sua vida agora representa tudo o que há de artificial na Los Angeles moderna: ele vive em uma casa com paredes de vidro em uma encosta, esplendidamente fechado para o mundo, com fones de ouvido que isolam o barulho e interagindo apenas com a governanta, o nutricionista, o massagista e o personal trainer. Um dia, ele começa a sentir outra vez — o que principia com uma dor física muito forte e não diagnosticável —, e, gradualmente, pessoas começam a entrar em sua vida: Anhil, a proprietária da loja de rosquinhas, Cynthia, a dona de casa explorada, e sua "espantosamente sexy" vizinha e estrela de cinema, Tad. Não tarda para que ele esteja quebrando as próprias regras: tomando café ("Café de verdade?", pergunta a nutricionista, chocada. "Com leite integral?"), comendo rosquinhas, se desmanchando em lágrimas, tirando cochilos... E ele quer "ser mais, fazer mais... ser heroico, poderoso — salvar pessoas de prédios em chamas, pular sobre os telhados". Em outras palavras, ser um super-herói.

Os vários atos heroicos de Richard — um dos quais envolve uma perseguição de carros na estrada que é a nossa favorita na literatura — o deixarão radiante de admiração. É preciso que seu médico charlatão, Lusardi, observe que, talvez, toda essa necessidade de salvar

Este livro vai salvar sua vida
A. M. HOMES

outras pessoas tenha a ver, na verdade, com salvar a si mesmo. Quando seu filho Ben, agora com dezessete anos, finalmente aparece em sua porta, Richard está pronto para tentar salvar o relacionamento mais importante de todos.

A verdade é que você não pode se tornar um super-herói se não tiver sofrido primeiro. Richard percebe as necessidades dos outros, mas é sua própria necessidade desesperada de acertar as coisas com Ben e recuperar algo do que perdeu que realmente o impulsiona. Se você for motivado por corrigir erros passados e melhorar a vida dos outros, poderá ser um super-herói também.

T

tagarela, ser

Como modelo exemplar do pouco falar, e para ilustrar sua eficácia como cura, nós, que acabamos de relê-lo, não vamos dizer mais nada.

A estrada
CORMAC McCARTHY

tédio

A Mãe e eu moramos no Quarto. Tem uma janela, que é a Claraboia. A gente precisa ficar de pé na Mesa para ver por ela, e aí dá para ver o Céu. Também tem a Cama, o Guarda-Roupa, a Prateleira, a TV, a Mesa, a Porta e o Secador de Roupa. A Mãe andava toda triste, até eu acontecer na barriga dela. Agora, sou o sr. Cinco Anos, porque é meu aniversário. Meu presente de aniversário foi um desenho feito a lápis. Era eu com os olhos fechados. Nós prendemos dentro do Guarda-Roupa, para o Velho Nick não ver. Às vezes ele vem no Quarto, depois das nove horas. Mais tarde, o ar fica diferente.

Antes de eu chegar, a Mãe deixava a TV ligada o dia inteiro e virou um zumbi, porque a TV estraga o cérebro da gente. Agora, depois que vemos *Dora, a aventureira*, desligamos, para que as células do cérebro possam se multiplicar outra vez. Temos mil coisas para fazer todas as manhãs no Quarto, como Cama Elástica, O Mestre Mandou, depois Orquestra, em que corremos batendo nas coisas para ver que barulhos conseguimos fazer. Hoje cortamos uma tira da caixa de cereal do tamanho do pé da Mãe. Depois usamos para medir o Quarto. Às vezes subimos na Mesa e fazemos o Grito, e eu bato as tampas de panela como se fossem pratos. Depois brinco de Telefone com rolos de papel higiênico. Às vezes a Mãe diz que está com vontade de bater em alguma coisa, mas não bate porque não quer quebrar nada. Então ela diz que, na verdade, queria mesmo quebrar alguma coisa,

Quarto
EMMA DONOGHUE

MAL LIGADO À LEITURA

tarefas de casa, ocupado com

CRIE UM CANTINHO DE LEITURA

Se não há uma refeição para cozinhar, há um aspirador para passar. E, se tiver acabado de passar o aspirador, há um banheiro para limpar. Se o banheiro estiver limpo, há a geladeira para arrumar. E, se a geladeira tiver sido arrumada, provavelmente é hora de fazer compras. E, quando você voltar, haverá a roupa para lavar, as camas, a limpeza do carro, o jardim, a reciclagem, o lixo e toda a infinidade de tarefas que a vida em uma casa exige. Qual é a esperança de sonhar com uma horinha preciosa em que você possa se acomodar na companhia de um livro?

Crie um cantinho de leitura confortável — um espaço especialmente dedicado a ler. Deve ser um local pequeno e reservado, dentro de casa ou no jardim: um vão de parede, uma tenda, um estúdio, ou atrás das cortinas em uma grande janela saliente, onde você fique escondido, mas tenha uma vista. O importante é que, quando estiver aninhado em seu cantinho, não possa ver nada que precise de sua atenção.

Deixe seu cantinho deliciosamente aconchegante e convidativo. Se gostar de se acomodar no chão, decore-o com almofadas e um tapete felpudo. Se preferir se esticar, dê-se o luxo de uma elegante chaise longue. Você precisará de boa iluminação, um cobertor macio, meias ou chinelos e uma superfície plana para colocar alguns livros, seu diário de leitura, um lápis e uma xícara de chá. Mantenha tampões de ouvido à mão e um par de fones de ouvido para audiolivros. Pendure uma plaquinha na entrada, para desestimular a visita de outras pessoas — a não ser que elas também queiram entrar para ler. Quando estiver em seu cantinho, esqueça as tarefas. Aproveite o tempo em companhia do livro. Se tiver sorte, alguém verá que você está lá dentro e fará as tarefas em seu lugar.

queria quebrar tudo. Eu não gosto dela assim. É como quando ela está acesa e eu estou apagado. Mas pior.

Hoje fizemos um bolo de aniversário com três ovos. Guardamos as cascas dos ovos embaixo da Cama para fazer coisas. Enquanto o bolo está no forno, sentamos na frente dele e respiramos o ar delicioso. A Mãe diz que, se as pessoas no Lá Fora estiverem entediadas, deviam vir morar aqui no Quarto. Elas ficariam surpresas com todas as coisas que tem para fazer.

VER TAMBÉM: **apatia** • **cotidianidade, oprimido pela** • **estagnação mental** • **insatisfação** • **letargia**

tensão

VER: **ansiedade** • **estresse**

tesão

VER: **luxúria**

tontura

Quer você sofra de tontura física, vendo estrelas antes de despencar no chão como um saco de batatas, ou de uma vertigem emocional que o leve a cambalear de um problema para outro, você precisa fazer o mundo parar de rodar segurando-se em algo sólido e firme. Talvez você esteja grávida (ver: gravidez), ou sentindo dor (ver: dor, sentir), passando por mudança de fuso horário ou privação de sono (ver: esgotamento), ou prestes a ficar doente (ver: resfriado; gripe masculina). Ou talvez sofra de um atordoamento emocional que o deixe instável e indeciso (ver: bom senso, falta de; indecisão). Depois de cuidar desses males específicos individualmente, sugerimos uma dose de pé no chão com *Minha Ántonia*.

Jimmy Burden, de dez anos, ouve falar pela primeira vez de Ántonia quando, depois de perder pai e mãe no espaço de um ano — o suficiente para fazer até a criança mais estável perder o chão —, vai morar com seus avós em Nebraska. O mais notável sobre Nebraska é que, depois de um dia no trem, "ainda era, o dia inteiro, Nebraska". Quando chega o fim da linha, ele e a família imigrante boêmia que

Minha Ántonia
WILLA CATHER

MAL LIGADO À LEITURA

terminar, medo de

LEIA SOBRE O LIVRO

Você está adorando o livro, fez amizade com os personagens do livro, devorou o livro, sonhou com o livro, sentiu saudade do livro, chorou com o livro, fez amor com o livro, atirou o livro para o outro lado do quarto, morreu para o mundo fora do livro — e agora está prestes a terminar o livro. Todos nós já passamos por isso; é um momento terrível, visceral.

Mas não se desespere: você não precisa deixar o mundo do livro para trás. Assim que o terminar, leia sobre o livro: resenhas, críticas literárias, blogs, o que puder encontrar. Converse com outras pessoas que o leram. Assista ao filme do livro. Leia-o em outra língua ou em uma tradução diferente. E então, por fim, releia-o. Os melhores livros, dos maiores autores, passam bem pelo teste de ser relidos muitas vezes. E, de fato, nos dão mais de volta a cada vez. Desse modo, você nunca terminará o livro. Você se tornará o livro, e ele se tornará parte de você. Você não chegou ao fim. Na verdade, está só começando.

vai se tornar sua vizinha são levados de carroça pela noite. Em certo ponto, Jimmy espia debaixo do couro de búfalo que o cobre e não vê nada — "nenhuma cerca, nenhum riacho ou árvores, nenhuma colina ou campos... nada, só terra". Ele tem a sensação de que deixaram o mundo para trás e deixa-se sacudir com o balanço da carroça, oferecendo-se a seu destino. Em Nebraska, ele ensina Ántonia, a filha da família de imigrantes, a falar inglês e, em troca, aprende sobre a importância da determinação e do trabalho duro para sobreviver. A amizade deles acaba sendo uma das mais instrutivas em sua vida.

É a submissão de Jimmy ao destino e sua conexão com a sensata Ántonia que você precisa imitar. Se seu corpo estiver flexível e você se submeter ao que vier, não se machucará se cair. E se, em sua tontura emocional, você focar uma imagem da terra sólida e descomplicada, encontrará algo em que seu coração possa se segurar. Leia *Minha Ántonia* e inale seus vapores de sais aromáticos. E, como Jim anos mais tarde, retorne a essa paisagem sempre que precisar, para a luz pálida e fria de inverno que não embeleza, mas, em vez disso, é "como a luz da própria verdade" e diz: "Isso é realidade, quer você goste ou não".

topada no dedo do pé

A agonia de uma topada com o dedo do pé precisa ser suportada; nada pode curá-la. Felizmente, como uma batida no nariz, a dor não dura muito. Exclamações e xingamentos costumam ser o único recurso.

Retrato do artista quando jovem
JAMES JOYCE

Para evitar ofensas e constrangimento em público, sugerimos fortemente que se arme do equivalente literário a uma explosão de desabafo: uma citação que venha facilmente aos lábios e que seja curta, memorável, aliterativa, musical, evocativa, perturbadora — ou seja, o primeiro parágrafo do mais abordável dos romances de Joyce, *Retrato do artista quando jovem*. Vamos oferecer aqui apenas as palavras iniciais — pois esse é um romance que, se ainda não estiver em suas mãos, você deve conseguir imediatamente e decorar as sete primeiras linhas. Assim, na próxima vez em que der uma topada, estará pronto para exclamar:

"Era uma vez, e uma vez muito boa era essa, uma vaquinha-mu que vinha descendo pela estrada, e essa vaquinha-mu que vinha descendo pela estrada encontrou um menininho engraçadinho chamado bebê tico-taco...", prosseguindo até "confeito de limão".

Depois, leia o resto desse edificante romance, aprendendo com Stephen como evitar os obstáculos da vida e encontrar suas asas.

TPM

Suas pernas doem. Você tem arrepios. Não tem vontade de se mover muito depressa. Qualquer coisa mais complicada pode levá-la às lágrimas. Aconchegue-se sob as cobertas com uma garrafa térmica de chá e uma boa literatura para meninas: um reconfortante analgésico.

 OS MELHORES LIVROS PARA FICAR NA CAMA
A casa dos espíritos ISABEL ALLENDE
A tenda vermelha ANITA DIAMANT
As virgens suicidas JEFFREY EUGENIDES
Bridget Jones: no limite da razão HELEN FIELDING
A grande Sofia GEORGETTE HEYER
Cadê você, Bernadette? MARIA SEMPLE

VER TAMBÉM: **cabeça, dor de • cama, incapacidade de sair da • cansaço e sensibilidade excessiva • chorar, necessidade de • dor, sentir • irritabilidade**

trabalhar em excesso

A família Mumin
TOVE JANSSON

Quando a vida encolhe para o tamanho de sua escrivaninha e tudo o que você parece fazer é cumprir prazos, realizar tarefas agendadas (ver: organizado, ser excessivamente) e se recuperar para estar pronto para o dia seguinte, é preciso submergir sua alma ressecada em algo muito simples, muito rústico, muito pequeno.

A vida é mais que trabalho. Saia de seu escritório e dê uma olhada. E, quando estiver lá fora, tire uma lição de vida de um personagem que é a antítese de todas as coisas excessivamente trabalhosas: Snufkin, o herói não reconhecido dos livros dos Mumins. Snufkin é o misterioso andarilho/poeta/músico que aparece no vale dos Mumins todas as primaveras, com seu chapéu e sua gaita. Os Mumins sempre esperam por ele e sentem que a primavera só chega de fato quando Snufkin vem. Mas ele não é alguém com quem se possa contar. "Virei quando tiver vontade", diz Snufkin, e "talvez eu nem venha. Pode ser que eu vá para uma direção totalmente diferente."

A filosofia de Snufkin, um ocioso extraordinário, é irresistível. Ele viaja sem peso; sua mala é quase vazia. Prefere conhecer um objeto completamente, depois deixá-lo para trás, a carregá-lo consigo. Ele monta sua barraca onde a vontade o levar. Saia pela estrada aberta com uma pena no chapéu, como Snufkin. O mundo é um lugar "maravilhosamente esplêndido", com muito mais que apenas mesas de trabalho.

VER TAMBÉM: esgotamento • estresse • obsessão • ocupado, ser muito • ocupado demais para ler • pressão alta • vender a alma

trabalho, excesso de

VER: cansaço e sensibilidade excessiva • esgotamento • estresse • insônia • ocupado, ser muito • ocupado demais para ler • pesadelos • profissão errada • trabalhar em excesso

trabalho, não ter

VER: desemprego

trancado para fora de casa, ficar

Para passar o tempo enquanto espera o chaveiro, você certamente precisa de um ótimo romance de detetive/crime/espionagem. Mantenha uma pilha deles no galpão de seu jardim (onde, aliás, você devia ter pensado em deixar uma chave reserva também). Talvez você encontre algumas ideias para arrombar a fechadura e entrar em casa.

 OS MELHORES LIVROS PARA QUANDO VOCÊ FICAR TRANCADO PARA FORA DE CASA

Os ladrões não podem escolher LAWRENCE BLOCK
A forma da água ANDREA CAMILLERI
Um espião perfeito JOHN LE CARRÉ
A mulher de branco WILKIE COLLINS
O voo dos anjos MICHAEL CONNELLY
Viva e deixe morrer IAN FLEMING
Laços de sangue DICK FRANCIS
O diabo vestia azul WALTER MOSLEY

trinta anos, ter

OS MELHORES LIVROS PARA QUEM ESTÁ NA CASA DOS TRINTA
Campos de Londres MARTIN AMIS
A moradora de Wildfell Hall ANNE BRONTË
Middlesex JEFFREY EUGENIDES
O sol também se levanta ERNEST HEMINGWAY
Servidão humana W. SOMERSET MAUGHAM
Todos os homens do rei ROBERT PENN WARREN

tristeza

Dois irmãos
MILTON HATOUM

Quando estamos tristes, nosso corpo se move para a estante de livros com a mesma força irresistível por meio da qual a lua atrai as marés, indo pousar com inexorável precisão em *Dois irmãos*. Um romance tão embebido em tristeza que a emoção parece vazar da página e misturar-se com a nossa, proporcionando conforto pelo conhecimento inescapável de que, neste mundo, a tristeza profunda existe.

O drama familiar soberbamente escrito pelo manauara Milton Hatoum conta a história da tempestuosa relação entre os gêmeos Yaqub e Omar. Filhos de uma família de origem libanesa que vive em Manaus, os irmãos são como polos opostos. O contido Yaqub, ambicioso e profissional, diferencia-se fisicamente do expansivo e boêmio Omar por uma cicatriz no rosto em forma de meia-lua — infligida justamente pelo irmão, numa briga que remonta às origens da rivalidade entre eles: a menina Lívia (ver: ciúme). O que começa como uma disputa pelo coração da vizinha se torna, ao longo das páginas, uma relação permeada do mais puro ódio (ver: raiva; vingança, em busca de). E é com aflição que Zana, a mãe, pergunta em seu leito de morte: "Meus filhos já fizeram as pazes?" O silêncio que se segue é de uma tristeza tão absoluta que pode levar o leitor a relativizar sua própria melancolia.

Mantenha esse romance forte e belo perto da cama e mergulhe em seu poço de tristeza sempre que a sua própria estiver ameaçando transbordar. Ao misturar sua tristeza com a dessa história, você perceberá esse sentimento como uma celebração do poder que a literatura tem de nos emocionar — e, em última análise, de nos arrancar do nosso mundinho de desalento.

VEJA TAMBÉM: **chorar, necessidade de**

V

vaidade

O problema de ser vaidoso é que isso torna você egoísta e tolo. Scarlett O'Hara, a beldade do Sul que está no centro de *E o vento levou*, tem tanta consciência de sua beleza de olhos verdes que só pensa em vestidos bonitos e em ganhar o coração não apenas do homem com quem quer se casar, Ashley Wilkes, mas de todos os jovens das vizinhanças (para irritação de todas as outras moças). Quando fica sabendo que Ashley ficou noivo de sua prima Melanie, uma jovem inegavelmente comum, ela não pode acreditar. Obcecada como é pela beleza exterior, não leva em conta as outras qualidades de Melanie nem vê necessidade de cultivá-las em si mesma. E, assim, mantém-se como uma adolescente mimada e petulante e continua a usar a aparência para obter o que deseja. E, tão alheia à importância da bondade quanto às atitudes racistas profundamente entrincheiradas que vê à sua volta (um atributo que ela parece compartilhar, infelizmente, com a autora; e, de fato, a representação complacente da escravidão é algo que o leitor ou leitora* terá de respirar fundo e ignorar se quiser apreciar esse romance que, em outros aspectos, é maravilhoso), ela passa como um trator por cima de todos, inclusive de seu marido, Rhett, antes que a verdade finalmente lhe apareça. Sua amiga, a irrepreensível Melanie, ganha retrospectivamente sua admiração, respeito e amor pelas mesmas razões que a levaram a despertar esses sentimentos em Ashley tantos anos atrás. E essas razões não têm nada a ver com beleza exterior.

A vaidade também o deixa feio no fim. Quando o radiantemente belo Dorian Gray começa a perceber que todos o amam por sua apa-

E o vento levou
MARGARET MITCHELL

O retrato de Dorian Gray
OSCAR WILDE

---

* Não vamos nos enganar. A *leitora*.

rência, fica com tanto medo de perdê-la que empenha sua alma em troca da beleza eterna (ver: vender a alma), conseguindo que seu belo retrato pintado por Sir Basil Hallward deteriore em vez dele. Embarca, então, em uma vida de hedonismo inconsequente sob a tutela de Lord Henry Wotton e, quando uma jovem atriz cujo coração ele partiu comete suicídio, uma horrível expressão de desdém aparece no retrato. Pois nosso rosto guarda testemunho não só da passagem dos anos, mas da evolução de nosso caráter — e, conforme a desconsideração de Dorian pelos outros deixa mais e mais detritos humanos em seu rastro, seu retrato vai ficando correspondentemente mais hediondo.

A verdade inescapável é que a beleza está do lado de dentro. Trate os outros como gostaria de ser tratado e continuará viçoso até além dos noventa anos.

VER TAMBÉM: **arrogância** • **cultura literária, desejo de parecer ter**

vegetarianismo

Montanha gelada
CHARLES FRAZIER

De tempos em tempos, vocês, amantes de grãos, precisam descer de seus altos cavalos e admitir que a morte é parte inegável da vida. Comer apenas coisas vivas que crescem do solo tem muito valor, mas o corpo pede sangue de vez em quando. E, embora reconheçamos que boa parte da carne moderna é produzida de maneiras repreensíveis, há momentos — principalmente quando você se encontra no meio do nada sem um piquenique — em que pode ser indispensável dar uma dentadinha em um animal.

Isso é algo que Inman, o protagonista fantasticamente masculino de *Montanha gelada*, sabe melhor que a maioria das pessoas. A odisseia de Inman o leva a deixar o Hospital Militar Confederado em Petersburg e atravessar o país até a Carolina do Norte, onde espera reunir-se à mulher que traz no coração. Ele percorre o caminho todo a pé, evitando estradas por medo de ser reintegrado ao exército confederado. Ele precisa comer, e suas aventuras derivam em grande medida das tentativas de obter alimento: roubar um cesto de pão e queijo das mulheres que se lavam em um rio, salvar o porco de uma viúva dos exércitos da União e comer o cérebro do animal, atirar em um filhote de urso cuja mãe tinha morrido (o que o deixa com um gosto amargo na boca).

Na metade da viagem, ele encontra uma pastora de cabras que vive em um trailer cor de ferrugem, cercada por seu rebanho, há vinte e cinco anos. Sua relação com os animais é de total simbiose e, quando ela acaricia a cabra que aninha nos braços e depois gentilmente corta seu pescoço, a morte do animal é mostrada como parte completamente natural do ciclo da vida, de forma alguma cruel ou desnecessária, mas amorosa e respeitosa. Inman deixa o trailer com a barriga cheia da carne da cabra bicolor e prossegue em direção a sua querida Ada, segurando o desenho que a mulher das cabras lhe dera de uma planta que exala cheiro de carne em decomposição para atrair seus polinizadores — besouros e moscas carniceiros — e serve como um lembrete dos truques que a natureza prega em si mesma para sobreviver. Com isso, Frazier põe a nós, carnívoros, firmemente na ordem natural das coisas.

vender a alma

Doutor Fausto
THOMAS MANN

Aqueles que negociam sua alma literária tendem a fazê-lo em troca de juventude eterna, conhecimento, riqueza ou poder. Na vida real, isso se traduz em perder a integridade artística, preferindo sacos de dinheiro a ter tempo para respirar e virando as costas para os velhos amigos. Mas o resultado é o mesmo: você perde a si mesmo. E qual é a vantagem de viver se você está presente só pela metade?

O hiperconsumidor John Self, em *Grana*, de Martin Amis, acredita que é um figurão do mundo do cinema. Mas ele vendeu sua vida — não ao diabo, e sim a devedores. Kurtz, em *Coração das trevas*, de Conrad, está menos interessado nos aparatos da civilização ocidental que em poder e controle. Ele vendeu sua alma pela soberania sobre os outros e, ao fazê-lo, reduziu-se a um animal. Mas o melhor modelo para a glória e a catástrofe de vender a alma continua sendo a obra-prima de Thomas Mann, *Doutor Fausto*. Nessa versão do mito de Fausto, é um compositor que é seduzido pelo diabo. Em troca de vinte e quatro anos de sucesso artístico sem paralelos, sua alma pertencerá para sempre a Mefistófeles.

Não é a primeira vez que Adrian Leverkühn recorre a medidas drásticas. Antes de se encontrar com a encarnação do mal, ele contrai sífilis de propósito com a ideia de que a loucura produzida pela doença o ajudará a aprofundar sua sensibilidade artística. É durante uma crise de perturbação sifilítica que uma visão de Mefistófeles aparece. O diabo avisa que ele não deve pressupor que esteja tendo uma alucinação.

Incerto e aterrorizado, Leverkühn volta ao trabalho — e imediatamente começa a criar grandes obras de arte. Ele "inventa" o radical "sistema dodecafônico", é aclamado como gênio e torna-se o músico mais célebre de sua geração. Mas há algo desconcertante nele, algo frio que amigos e público percebem — e que só conseguem descrever como uma ausência, como se os sentimentos em relação a ele "caíssem sem som e sem deixar rastros". Não por coincidência, o romance é ambientado na época em que a Alemanha estava, ela própria, se encaminhando para o inferno.

Segure-se à sua alma. Você talvez não consiga seus vinte e quatro anos de fama, ou qualquer que seja a riqueza mundana que deseje. Mas quem quer ser — ou conhecer — uma pessoa sem alma?

vergonha

A resposta
KATHRYN STOCKETT

A vergonha é uma emoção profunda e primitiva — uma das primeiras a surgir em corações despreocupados e inocentes. Os envergonhados sentem uma urgência natural, instintiva, de fugir e se esconder — no fundo do cesto de roupa suja ou em outro país — onde ninguém possa encontrá-los. Leve nossa cura para o cesto de roupa suja com você e, quando sair de lá, entenderá a sabedoria e a necessidade de enfrentar o mundo.

Ambientado em Jackson, Mississippi, na década de 60, quando o movimento pelos direitos civis estava engrenando, *A resposta* descreve a vergonha muito pública de gerações de famílias brancas e ricas que usavam e abusavam de mão de obra negra barata, sob a forma de empregadas domésticas chamadas de "criadas". A catalisadora e facilitadora dessa exposição da vergonha é uma jovem branca, filha de uma das famílias mais ricas, e culpada por associação.

Eugenia — ou Skeeter, como é conhecida — tem altas ambições de se tornar escritora, mas não sabe que material usar. "Escreva sobre o que a perturba, principalmente se isso não estiver incomodando mais ninguém", aconselha o editor de Nova York que a orienta em suas primeiras experiências jornalísticas. É um conselho excelente. Pois vem bem no momento em que começa a surgir no peito de Skeeter, com seus vinte e três anos, uma vaga sensação de desconforto em relação a Constantine, a empregada negra que a criou e que desapareceu abruptamente da casa da família. Ela percebe que a história de Constantine e de centenas de outras, contada pela primeira vez nas próprias palavras delas, seria uma leitura fascinante. Claro que sua proposta é recebida com terror e desconfiança. Porque quem vai dar emprego a essas serviçais depois de elas terem aberto a boca (ver: dar com a língua nos dentes, tentação de)?

No fim, ela consegue mais do que esperava. Aibileen (que criou dezessete crianças brancas, mas perdeu o próprio filho em um acidente de trabalho) e Minny, que não leva desaforo para casa, são corajosas o bastante para levar o projeto adiante. E assim, perturbando o frágil equilíbrio de uma sociedade erigida sobre injustiça e racismo, Skeeter abre uma caixa de Pandora.

De modo geral, não incentivamos a vingança (ver: vingança, em busca de), mas, quando o culpado não admite sua vergonha, a exposição dessa vergonha como retaliação se torna justificada. A punição impecavelmente justa infligida a Hilly Holbrook — instigadora de uma iniciativa para estabelecer banheiros separados para negros e brancos — é perfeita. E, quando Minny entra na dança e dá o devido castigo à sua detestável patroa, o que Hilly recebe é bem pior que apenas uma lição de humildade. Incentivado por toda essa coragem, saia de dentro dessa caixa e reconheça sua própria vergonha. Como no caso da culpa (ver: culpa), você não pode seguir em frente até que ela seja expurgada. Conte a todos o que deve ser contado e peça desculpas. E, o que quer que você faça, não deixe que outra pessoa conte em seu lugar.

VER TAMBÉM: **arrependimento • culpa • vergonha associada à leitura**

viajar, desejo de

Então você está louco para ir até a África.* Para fins de argumentação, digamos que você queira ir especificamente para o Egito.* E, já no Egito, a cidade que o fascina, que o atrai, é Alexandria,* fundada por Alexandre, o Grande.*

Leitor, pense na despesa. Em primeiro lugar, há todas as coisas que você terá de comprar antes de viajar: a mala, a câmera digital,

O quarteto de Alexandria
LAWRENCE DURRELL

---

* Substitua, conforme necessário, pelo país/cidade/fundador/meio de transporte/atração turística/clima relevante e pelo romance de cura adequado da lista dos melhores, mais adiante. Note que esses livros foram selecionados pelo tamanho (ou seja, pela capacidade de incapacitar por duas ou três semanas seguidas) e pela habilidade de transportar o leitor sem que ele precise sair de casa.

MAL LIGADO À LEITURA

vergonha associada à leitura

ESCONDA A CAPA

Pego em flagrante lendo *O jardim dos esquecidos* enquanto espera na porta da escola? Tímido para ser visto com o nariz enfiado em *Um dia*, durante o seu turno da noite como guarda de segurança? Sem jeito de tirar um Proust da bolsa enquanto está no cabeleireiro? E se seus alunos avistarem a professora intelectualizada de literatura boquiaberta, inclinada dentro do ônibus sobre um romance de vampiros?

Adote os livros digitais. A discrição é a dádiva do e-reader. Ou isso, ou então faça uma capa de crochê para o livro. Ninguém precisa saber de onde vêm as palavras que estão fazendo seu queixo cair e seus olhos brilharem. O que você lê é um prazer só seu e ponto.

as calças de safári etc. Tudo isso vai se somando. Depois, há o custo (e não nos esqueçamos do custo ambiental também) do voo. Nas duas pontas haverá trens, táxis, bondes, camelos,* falucas.* Depois haverá a conta do hotel — e, se você for como nós, vai se convencer de que deve ficar no melhor quarto que puder encontrar para aproveitar ao máximo o passeio, esbanjar um pouco, já que veio de tão longe. E ainda nem começamos a somar o custo da comida: três refeições por dia, em restaurantes e cafés. E os repelentes de mosquitos e os remédios. E quanto às compras? Você certamente vai querer comprar um xale, ou um tapete, ou um vaso caro como lembrança. E fazer excursões: para as pirâmides,* o mar Vermelho,* o deserto* — já que veio de tão longe.

Considere, também, o desconforto. Alexandria,* no auge do verão, é sufocantemente quente.* E, à noite, pode ser congelantemente fria.* E isso para não falar dos ventos.*

Por fim, pense na tensão que tudo isso vai representar para seu relacionamento com seus companheiros de viagem. Com calor, cansado, talvez sofrendo de algum distúrbio digestivo, você estará irritável ao máximo — e eles também. Só os ingênuos esperariam voltar para casa de uma viagem dessas com o casamento/amizade intacto.

Agora, pense na alternativa. Ficar em casa e ler sobre Alexandria nos três primeiros volumes de O quarteto de Alexandria: Justine, Balthazar e Mountolive (pulando, por enquanto, o quarto, Clea, ambientado em Corfu). Com o narrador, Darley, seus guias pela cidade serão alexandrinos nativos: a vaidosa e linda como uma deusa Justine, magnífica com sua pele escura e vestidos brancos, em cada partícula uma mulher da sociedade alexandrina; seu marido, o sério, mas fiel príncipe Nessim; a frágil e doentia Melissa; a serena e solitária artista Clea; e Balthazar, com sua "voz profunda e rouca de grande beleza", olhos amarelos de cabra e mãos monstruosas. O próprio Darley, um professor itinerante, apaixona-se por todos eles.

E, enquanto visita cada canto dessa cidade empoeirada na companhia deles, caminhando sem rumo dos cafés para as praias arenosas, na luz da tarde que se esvai rapidamente, você também se apaixonará. A melhor maneira de conhecer Alexandria é conhecer as pessoas da cidade — Durrell acreditava que somos formados pelo lugar de onde viemos, mas também que damos forma a esse lugar —, e o temperamento de Justine é parte do microclima da cidade. Deleite-se com as camadas dos personagens e da cidade sem a qual eles não poderiam existir. Quando tiver terminado, você vai entender essa antiga cidade mil vezes melhor do que se tivesse feito um pacote de viagem de duas semanas, gastado seu dinheiro em bugigangas turísticas e voltado para casa com queimaduras de sol e uma doença venérea.

 OS MELHORES LIVROS PARA CURAR O DESEJO DE VIAJAR
Salve o planeta e seu bolso viajando pelo mundo em sua poltrona.

> Burma/Índia: *O palácio de espelho* AMITAV GHOSH
> Espanha: *Por quem os sinos dobram* ERNEST HEMINGWAY
> Japão: *O país das neves* YASUNARI KAWABATA
> Austrália: *Canguru* D. H. LAWRENCE
> Líbia: *No país dos homens* HISHAM MATAR
> Estados Unidos: *O fio da navalha* W. SOMERSET MAUGHAM
> França: *Bom dia, meia-noite* JEAN RHYS
> Honduras: *A Costa do Mosquito* PAUL THEROUX

VER TAMBÉM: **rodinhas nos pés, ter**

vício, largar de vez

Para combater a agonia física e emocional de se livrar de um vício, você precisa de livros que prendam, instiguem e forcem você a investigar sua alma castigada. Imersão total é recomendada, assim como a opção de administração auditiva.

 OS MELHORES LIVROS PARA LARGAR UM VÍCIO DE VEZ

> *Viagem ao fim da noite* LOUIS-FERDINAND CÉLINE
> *A história sem fim* MICHAEL ENDE
> *Pergunte ao pó* JOHN FANTE
> *Lugar nenhum* NEIL GAIMAN
> *Oblómov* IVAN GONTCHARÓV
> *Meridiano de sangue* CORMAC MCCARTHY
> *Rei Rato* CHINA MIÉVILLE
> *A náusea* JEAN-PAUL SARTRE
> *As crisálidas* JOHN WYNDHAM

VER TAMBÉM: **ansiedade • apetite, perda de • cabeça, dor de • concentração, incapacidade de • insônia • náusea • paranoia**

vício em álcool

VER: alcoolismo

vício em cigarros

VER: fumar, parar de

vício em compras

VER: compras, viciado em

vício em drogas

VER: drogas, uso excessivo de

vício em internet

VER: internet, vício em

vício em jogo

VER: jogo, vício em

vício em sexo

VER: sexo demais

vida sexual, problemas na

VER: ejaculação precoce • libido, perda de • orgasmos, não ter suficientes • sedução, falta de • sexo, pouco • sexo demais

vingança, em busca de

Vingar-se é sempre uma má ideia. Isso põe em movimento uma reação em cadeia de vingança e contravingança que aumenta inevitavelmente em violência e se torna extremamente difícil de interromper.

Esse efeito dominó ocorre em sua plena e terrível glória nos atormentados e ventosos pântanos de *O morro dos ventos uivantes*, de Emily

O morro dos ventos uivantes
EMILY BRONTË

Brontë. Quando o sr. Earnshaw, proprietário de Wuthering Heights, traz o órfão Heathcliff para casa, seus próprios filhos, Hindley e Catherine, ficam ressentidos (ver: irmãos, rivalidade entre). E, quando o sr. Earnshaw começa a demonstrar favoritismo por Heathcliff em detrimento do filho biológico (enquanto Catherine e Heathcliff estão envolvidos em um amor infantil), Hindley fica ainda mais ofendido e se vinga do irmão adotivo. Vendo isso, o sr. Earnshaw se vinga de Hindley mandando-o para a faculdade e, pouco tempo depois, vinga-se de todos morrendo. Hindley herda Wuthering Heights e imediatamente retoma sua vingança contra Heathcliff reinstalando-se (com a nova esposa, Frances) na propriedade e mandando o irmão adotivo trabalhar nos campos. Frances morre ao dar à luz um menino chamado Hareton,* e Hindley começa a jogar e a beber e, em suas bebedeiras, vinga-se ainda mais de Heathcliff. Mais ou menos nessa época, Cathy, apesar de amar Heathcliff, se casa com Edgar Linton, que mora com a irmã Isabella do outro lado do pântano, em Thrushcross Grange, e Heathcliff se vinga de Cathy fugindo. Depois ele volta e se vinga de Hindley dando um jeito para que a educação do filho deste, Hareton, seja interrompida, de modo que o menino cresce iletrado. Ele também empresta dinheiro a Hindley para que este possa jogar e beber ainda mais e, por fim, morrer. Heathcliff herda Wuthering Heights e, em seguida, se vinga de Cathy por ela ter se casado com Edgar, casando-se com a irmã deste, Isabella, o que significa que agora é o próximo da fila para herdar Thrushcross Grange, caso Edgar morra. Ele trata Isabella mal como forma de se vingar de Edgar por ter se casado com Cathy. Então esta, que vive em Thrushcross Grange, dá à luz uma menina chamada Catherine e morre,** e Heathcliff corre pelo pântano desejando não ter se vingado de Cathy, nem ela dele, e pouco depois Isabella se vinga de Heathcliff fugindo para Londres e dando à luz um menino chamado Linton.*** Avançamos treze anos no tempo, para quando a filha de Cathy, Catherine, atravessa o pântano de Thrushcross Grange até Wuthering Heights e conhece Hareton, o filho iletrado de Hindley e Frances. Então Isabella morre,**** e Linton

---

* A morte de Frances poderia ser interpretada como vingança sua contra o recém-nascido pela dor que ele lhe infligiu. É só uma ideia.

** A morte de Cathy poderia ser interpretada como um ato de vingança contra Heathcliff por ele ter se vingado dela casando com Isabella.

*** É interessante que Isabella não morre ao dar à luz. Isso poderia ser interpretado como ela se vingando de Heathcliff. No entanto, ela morre mais tarde.

**** Viu?

vai morar com Heathcliff em Wuthering Heights. Heathcliff é horrível com ele, presumivelmente em vingança contra todos. Aí Catherine conhece Linton e eles se apaixonam, mas fica-se sabendo que Heathcliff convenceu o filho a seduzi-la porque, se eles se casarem, Linton herdará Thrushcross Grange e Wuthering Heights, e a vingança de Heathcliff contra Edgar Linton estará completa. Um dia, Heathcliff prende Catherine em Wuthering Heights até que ela se case com Linton. Pouco depois, o pai dela, Edgar Linton, morre, assim como Linton, talvez em vingança contra Heathcliff por tê-lo forçado a se casar com Catherine. Heathcliff, assim, herda Thrushcross Grange e obriga Catherine a morar em Wuthering Heights, com ele e Hareton.* Enquanto Catherine e Hareton se apaixonam, o fantasma de Cathy continua a se vingar de Heathcliff enlouquecendo-o, e, em uma noite tempestuosa, Heathcliff morre, presumivelmente em vingança contra Cathy, mas também contra si mesmo. Hareton e Catherine herdam Wuthering Heights e Thrushcross Grange e decidem se casar, e então o leitor se vinga de Emily Brontë (que pretendeu escrever um romance sobre a loucura de buscar vingança**) ficando do lado de Heathcliff o tempo todo por causa de seu amor infindável por Cathy, apesar de ele ter sido mau e se vingado de praticamente todo mundo desde que Hindley se vingou dele pela primeira vez por causa de algo que não era, de fato, sua culpa.

Está vendo? Não faça isso. A vingança que volta para você será pior que aquela que você infligiu em primeiro lugar — e isso pode dar início a um ciclo de vingança que perdura por toda a vida.

VER TAMBÉM: **amargura** • **pensamentos assassinos** • **raiva**

vinte anos, ter

OS MELHORES LIVROS PARA QUEM ESTÁ NA CASA DOS VINTE
O pai Goriot **HONORÉ DE BALZAC**
O estrangeiro **ALBERT CAMUS**

---

* Não estamos bem certas sobre se esse é um ato de vingança e, se for, quem está se vingando de quem.

** Isso não é realmente verdade. No entanto, antes que você se vingue de nós jogando pela janela seu exemplar de *Farmácia literária*, gostaríamos de observar que considera-se que Brontë tenha escrito o romance como um alerta quanto a amar muito intensamente e, se esse for o caso, o fato de o leitor ficar do lado de Heathcliff por ele ser tão romântico ainda significa que a intenção de Brontë saiu pela culatra e, portanto, a afirmação de que o leitor está se vingando dela por escrever tão bem sobre o amor ainda se aplica.

Usina de sonhos MICHAEL CHABON
O buda do subúrbio HANIF KUREISHI
O grupo MARY McCARTHY
Adeus, Columbus PHILIP ROTH
Réquiem por um sonho HUBERT SELBY JR.
A história secreta DONNA TARTT

violência, medo de

O estranho caso do dr. Jekyll e Mr. Hyde (O médico e o monstro)
ROBERT LOUIS STEVENSON

Musashi
EIJI YOSHIKAWA

Há violência de fora e violência de dentro. Vamos tratar primeiro da última. A maioria de nós tem consciência de que, de vez em quando, em um acesso de fúria, temos a breve fantasia de cometer um ato violento. A maioria a suprime imediatamente. Mas, se você achar difícil resistir ao impulso de extravasar fisicamente, e mais difícil ainda parar de pensar nele, *O estranho caso do dr. Jekyll e Mr. Hyde* permitirá que você explore esse seu traço de violência interior indiretamente.

O famoso romance de Stevenson é uma profunda investigação da possibilidade latente de violência dentro de nós. O dr. Jekyll, um respeitável médico e cientista experimental que mora em Londres, há muito tempo é fascinado pelas naturezas opostas do homem e decide separar suas próprias duas naturezas usando uma droga caseira. O cisma temporário permitirá que seu lado obscuro opere independentemente de seu lado moral e respeitável. E, como sua aparência é completamente diferente quando ele se transforma em Hyde — mais baixo, mais peludo, mais jovem —, Jekyll não precisa responder pelas consequências das ações desse outro.

A maior parte do que Hyde faz, não testemunhamos de fato — seus sinistros desaparecimentos, às vezes por vários meses, permanecem envoltos em mistério. Mas logo entendemos que ele é um monstro, capaz das perversões mais extremas. Quando Hyde começa a dominar Jekyll, tornando cada vez mais difícil para o médico manter a aparência respeitável, a poção que o transforma de uma forma na outra começa a acabar. Logo ele não poderá mais controlar se é Jekyll ou se é Hyde.

A mensagem é clara: dê um dedo para sua violência interior e ela tomará o braço. Esse livro o encherá de repugnância pela vontade de ferir outro ser humano. Leia-o e erradique qualquer potencial de violência dentro de si, de uma vez por todas.

Se for a violência dos outros que você teme, adquira a força de um samurai por osmose. O romance épico *Musashi*, de Eiji Yoshikawa, é sobre o nobre desenvolvimento da arte da luta com espadas por um samurai — uma obra-prima de quase duas mil páginas que nos leva a uma jornada de rituais de treinamento extenuantes no alto da montanha, com mestres zen-budistas, aos campos de batalha do Japão do século XVI e daí para a descoberta do amor, da humildade e da sabedoria. Nosso impressionante herói acaba percebendo que cometer um ato violento é a última coisa que ele deseja fazer. Mas o conhecimento de sua força interior significa que nunca precisará fazê-lo. Absorva a lenda de Musashi. Deixe seu destemor — se não sua proeza nas artes marciais — invadi-lo. Se você conseguir imitar um décimo da autoconfiança interior e da postura invencível desse samurai, possíveis agressores o deixarão em paz.

VER TAMBÉM: **confronto, medo de** • **pensamentos assassinos**

viúvo(a), ficar

Não subestime a enormidade do que você está passando. Perder seu (sua) parceiro(a) é ver o início de uma série de abalos sísmicos em todos os departamentos de sua vida. Antes você tinha um(a) companheiro(a); agora, vive sozinho(a). Antes, talvez fosse pai ou mãe em casal; agora é pai ou mãe sozinho(a). Seu relacionamento com seu filho ou filhos passará por algumas mudanças. Assim como os relacionamentos com os amigos. E você terá também de construir um novo relacionamento consigo mesmo(a). Porque, sem essa outra pessoa para te apoiar, te preencher, acrescentar o que quer que fosse ao seu senso de identidade, você às vezes ficará se perguntando quem é de fato.

Para ajudar a atravessar esses tempos tristes e difíceis, oferecemos a transcentalmente bela prosa-poema de *O mesmo mar*, do escritor israelense Amós Oz. Escrito em pequenas seções curtas e delicadas, o livro conta a história de Albert Danon, um contador "manso" cuja esposa Nadia morreu de câncer. Seu único filho, Rico, partiu para o Tibete, achando que precisava repensar o mundo, e deixou a namorada, Dita, para cuidar do pai. Albert, para sua vergonha, não tem uma reação inteiramente platônica à bela e ousada Dita e sua saia curta cor de laranja e, quando ela de repente fica sem casa, ele a convida para se mudar para o quarto de hóspedes. Enquanto isso, uma amiga de Albert, Bettine, ela mesma viúva há vinte anos, fica de olho na dupla, não sem interesse pessoal.

O mesmo mar
AMÓS OZ

A última façanha do major Pettigrew
HELEN SIMONSON

Em tempos de dor e solidão, devemos viver a vida momento a momento. E é assim que Oz procede, captando com maravilhosa clareza o momento de tempo suspenso entre Albert desligar o computador e ir para a cama; ou o momento em que Nadia, acordada durante a noite por um melro, se pergunta quem ela será quando morrer; ou o momento em que Bettina põe as cartas na mesa. Oz dá igual atenção ao banal e ao belo, ao tocante e ao inadequadamente carnal, lado a lado. Como uma companhia sensível e compreensiva que lhe permitirá acessar os vastos e complicados terrenos da emoção dentro de seu coração, não há rival para O mesmo mar.

Novos começos são sempre possíveis, por mais apáticos que estejamos nos sentindo. Em A última façanha do major Pettigrew, o tal major, um impassível militar aposentado, é tão rígido em seus hábitos quanto possível. Mas quando, depois de perder a esposa, perde também o irmão, o major de sessenta e oito anos se sente tão vencido pela dor que começa a ver os conhecidos sob uma luz diferente — inclusive a bondosa sra. Ali, a mulher que administra a loja local. Na superfície, os dois não poderiam ser mais diferentes, mas são atraídos um para o outro pela viuvez mútua, conflitos com suas famílias similarmente mesquinhas e um amor compartilhado por livros, em particular Kipling. Qualquer pessoa lendo o mesmo livro que você tem em mãos acharia que essa é uma base interessante para um novo relacionamento — e isso pode te encorajar a deixar a porta aberta, mesmo que só uma frestinha.

VER TAMBÉM: **anseio geral** • **morte de pessoa amada** • **solidão** • **solteirice** • **tristeza**

vizinhos, não ter

VER: **solidão**

vizinhos, ter

Se ninguém falar de coisas interessantes
JON McGREGOR

Se são seus pais que te estragam, são os vizinhos que te irritam.

Infelizmente, vizinhos podem ser vizinhos por muito tempo. Caia em desgraça com eles e sua vida pode virar um inferno. Aprenda a conviver com eles, até a gostar deles, e ganhará uma vida social logo ao alcance da mão. E mais ovos, leite e açúcar sempre que precisar.

viver em vez de ler, tendência a

LEIA PARA VIVER MAIS PROFUNDAMENTE

Não basta dizer que você está ocupado demais vivendo para gastar tempo lendo. Porque, como Sócrates foi o primeiro a ressaltar, "uma vida não examinada não vale a pena ser vivida". Livros oferecem uma maneira de se voltar para dentro, refletir e analisar a vida, que recomeça assim que emergimos do livro. Além disso, quanta vida uma pessoa pode realmente ter?

Os livros nos oferecem a vida de mil outros além de nós mesmos — e, enquanto lemos, podemos vivê-las indiretamente, ver o que eles veem, sentir o que sentem, cheirar o que cheiram. Seria possível argumentar que viver sem livros é viver uma única e limitada vida, enquanto, com livros, podemos viver para sempre. Sem livros, é fácil perder a direção e se encolher, tornando-se algo pequeno, pobre e banalizado. Os livros desenvolvem nossa capacidade de ser empáticos, menos rígidos nos julgamentos que fazemos dos outros, de aceitar e valorizar as diferenças, ser corajosos, ampliar nossas visões e obter o máximo de nós mesmos (ver: todos os males deste livro). E eles nos lembram que, além de todos os pormenores da vida, há um outro reino da existência que é comum a todos nós: o mistério de estarmos vivos e o que isso significa. Não se pode viver plenamente sem passar algum tempo nesse reino, e os livros são a nossa passagem para lá.

Às vezes o problema nem é tanto você ter brigado com os vizinhos, mas nunca tê-los conhecido de fato. As pessoas vivem lado a lado durante décadas sem trocar nada além de um cumprimento rápido e formal de manhã. Nossa cura, portanto, fará você olhar sobre a cerca e dizer "oi".

Em *Se ninguém falar de coisas interessantes*, o lírico romance de estreia de Jon McGregor, conhecemos os moradores de uma rua inteira de uma cidade no norte da Inglaterra, não pelo nome, mas pelo número em sua porta: "a moça do 24", "o homem com o bigode perfeitamente aparado do número 20". A narrativa de McGregor capta flashes de consciência desses muitos vizinhos e compõe com eles uma sinfonia de sons, um emaranhado de atividades, um caos de eventos não ligados. Exceto pelo fato de que eles *estão* ligados. Como o "trêmulo bater das asas molhadas de chuva de uma mariposa", cada mínimo acontecimento dentro dessa pequena área geográfica conspira para trazer marcas notáveis de vida — e de morte — para a nossa consciência. McGregor consegue captar as infinitas possibilidades de interação entre vizinhos, de indiferença total a amor e sacrifício altruístas, tudo disponível para nós e para as pessoas entre as quais vivemos. Faça uma festa na rua imediatamente e enriqueça sua vida.

Na próxima vez em que você for acordado pelo adolescente tocando bateria na casa ao lado, pense em como seria vazio se seus vizinhos não estivessem ali. Derrube a cerca — metaforicamente, se não literalmente — e sinta a brisa morna soprar.

VER TAMBÉM: **barulho, excesso de • cidade, fadiga da • misantropia**

voar, medo de

Voo noturno
ANTOINE DE
SAINT-EXUPÉRY

Nossa cura não convencional para esse mal moderno debilitante é enfiar em sua bagagem de mão o relato de um piloto lutando para manter o controle de um frágil aviãozinho de dois lugares, pego em um ciclone no caminho da Patagônia para Buenos Aires com uma carga de correio destinada à Europa: o arrepiante *Voo noturno*, de Antoine de Saint-Exupéry.

Fabien, o piloto do avião-correio, casou-se há apenas três semanas. Quando sua esposa se levanta na escuridão da madrugada para dar-lhe um beijo de despedida, ela o admira na roupa de couro de piloto e vê alguém que é quase um deus: ali está um homem capaz de lutar com os próprios elementos. No momento em que o controle de voo em solo detecta a tempestade vinda do Atlântico, é tarde demais. Em algum lugar sobre os Andes, Fabien é cercado e não tem como voltar. Com a visibilidade reduzida a zero, ele não tem escolha senão manter-se firme na minúscula cabine de comando, com a aeronave rolando e sacudindo naquele imenso mar de breu. Ele precisa de toda a sua força para manter os controles estáveis, de modo que os cabos não se rompam. Atrás dele, o operador do rádio recebe choques elétricos nos dedos quando tenta transmitir uma mensagem. Ninguém consegue ouvi-los, ninguém consegue vê-los. Os picos dos Andes surgem à frente como enormes ondas que tentam puxá-los para a morte. Qualquer afrouxamento de sua determinação, qualquer enfraquecimento de seu domínio sobre os controles da aeronave, e Fabien sabe que estarão perdidos.

Você, enquanto isso — sim, você, lendo *Voo noturno* dentro da cabine climatizada de seu Boeing 747, com um cobertor sobre os joelhos, seu gim-tônica cuidadosamente colocado na mesinha à frente e comissárias de bordo sorridentes, passando pelo corredor ao lado, a voz jovial do comandante anunciando calmamente que está nivelando o voo a onze mil metros de altitude, seu dedo levantando a proteção da janela para admirar o círculo baixo do sol... Hein, o que você disse? *Aterrorizado?* É mesmo? Como Fabien sorriria ao ouvir isso!

Se seu coração insiste em bater forte, deixe-o bater por Fabien e seu controlador de rádio, pela aflita esposa esperando ao lado do telefone, pelo chefe de Fabien, Rivière, em sua terrível vigília na pista do aeroporto. Ou, se preferir, deixe-o bater forte pelo próprio Saint-Exupéry, que desapareceu em 1944 enquanto voava sobre o norte da África. Olhe pela janela outra vez. Vê alguém tentando abater sua aeronave? É, acho que não. Volte para o livro, vire esse gim-tônica e trate de se acomodar, com suas confortáveis meias de voo.

 OS MELHORES LIVROS PARA LER EM VIAGENS DE AVIÃO
Estes vão prender tanto sua atenção que você nem vai lembrar que está a mais de dez mil metros de altitude.

Não tenho medo NICCOLÒ AMMANITI
O conde de Monte Cristo ALEXANDRE DUMAS
O mago JOHN FOWLES
Carter e o diabo GLEN DAVID GOLD

A mulher de preto SUSAN HILL
Os homens que não amavam as mulheres STIEG LARSSON
Labirinto KATE MOSSE
Uma vida interrompida ALICE SEBOLD
A sombra do vento CARLOS RUIZ ZAFÓN

VER TAMBÉM: **ansiedade** • **claustrofobia** • **pânico, ataque de**

xenofobia

Se você se pegar temendo ou mesmo odiando pessoas de outros países, banhe-se nestes livros originários de locais estrangeiros. Escritos por autores nativos dos lugares onde são ambientados, revelam a igualdade essencial de todos nós sob a pele e vão lembrá-lo da humanidade compartilhada também por todos nós.

 OS MELHORES LIVROS PARA CURAR OS XENÓFOBOS
Ver: *amor* DAVID GROSSMAN
Sua resposta vale um bilhão VIKAS SWARUP
O 11º mandamento ABRAHAM VERGHESE

Z

zumbido no ouvido

Liberdade
JONATHAN
FRANZEN

Sofredores de zumbido no ouvido — um assobio ou zunido constante e geralmente incurável nos ouvidos, às vezes comparado ao canto das cigarras em uma noite de verão — são, com frequência, aconselhados a bloqueá-lo com uma muralha de som alternativa. A ideia por trás disso é que o cérebro considera essa segunda muralha de som mais aceitável e mais instantaneamente reconhecível como ruído "de fundo" e, assim, fica feliz em relegar ambas as camadas ao fundo, como ruído que o cérebro não precisa "ouvir". O problema disso é que a maioria das muralhas de som alternativas é mais enlouquecedora que o próprio zumbido — o temido ruído new age de ondas batendo na praia sendo o melhor exemplo. Então, o que o sofredor exigente quanto a seus sons deve fazer?

Nossa sugestão é erigir uma muralha de som interior, dentro da cabeça, lendo *Liberdade*, de Jonathan Franzen. Esse é um romance que varreu a sociedade americana contemporânea em busca de suas preocupações, tendências, obsessões e ansiedades atuais e as incorporou em um documento do tipo que se poderia colocar em uma cápsula e enviar para alienígenas no espaço. Pois a técnica de Franzen é inserir tudo, não deixar nada de fora, de modo que o casal no centro da história, Patty e Walter Berglund, com a outra ponta de seu triângulo conjugal, Richard Katz, tornam-se ricos repositórios do tipo de características que todos reconhecemos, mas que é preciso alguém com o gênio de Franzen para extrair da realidade, resumir em um momento exemplar e reproduzir na página escrita.

Patty e Walter são "jovens pioneiros" de Ramsay Hill, na linha de frente da gentrificação da área, e, embora seja dito logo de cara que "sempre houve algo errado com os Berglund", não conseguimos perceber a princípio o que é. Ela usa rabo de cavalo e é animada; ele vai de bicicleta para o trabalho. São o casal perfeito com dois filhos, Joey e Jessica. Mas essa perfeição aparente, claro, não acontece sem uma estridente vibração interior, equilibrada como está, inevitavelmente, à beira da ruptura. E, quando a ruptura acontece, com ela vêm todos os vícios.

Esse é um romance agitado, entregue a nós na voz característica de Franzen: um tagarelar incessante entremeado de gírias urbanas, marcas e referências a eventos mundiais, cheio de solilóquios interiores e borbulhante de metáforas que são, com frequência, divertidas e sempre exatas. Como tal, essa é a muralha de som perfeita para abafar o zumbido: não há tijolos faltando nem rachaduras no cimento. O fato de um dos personagens, Richard, sofrer de zumbido no ouvido — resultado, supomos, de anos de agressões "cruéis" infligidas por sua banda punk, Os Traumáticos — é mais um exemplo da abrangência da varredura de Franzen do que um indicador de uma possível cura. Sentimos muito que Richard, por ser parte do romance, não possa usá-lo como cura também. Mas, enfim, assim é o zumbido para você. Está do lado de dentro e, embora seja possível encontrar alívio temporário, em última instância não há saída.

VER TAMBÉM: **barulho, excesso de**

EPÍLOGO

A Leitora tinha acabado de abrir um novo livro — *A morte de Artur*, de Malory, talvez, ou *The Faerie Queene*, de Spenser, já que aquele primeiro semestre era de literatura medieval — quando ouviu uma batida à porta.

— Pode entrar! — disse, um pouco distraída, pois já estava envolvida com os gentis cavaleiros e as donzelas. Em uma atitude um pouco grosseira, não levantou os olhos quando a porta se abriu e continuou atenta ao livro. Mas então um alegre "olá!" rompeu sua bolha de leitura. Ali, em um caleidoscópio de cores e padrões descombinados, estava a Outra Leitora. Ela segurava uma caneca fumegante em cada mão.

A primeira coisa — e, por algum tempo, a única — que a Leitora notou nela foram os olhos. Faixas de turquesa, rosa, verde e ouro estendendo-se dos olhos para as sobrancelhas, como se ela fosse um peixe iridescente. Um peixe que estava radiante por vê-la; que estava, na verdade, derramando sobre ela o tipo de sorriso maluco que geralmente se reserva para sua gêmea siamesa, tragicamente separada de você no nascimento e agora, dezoito anos depois, de mudança inesperada para o quarto ao lado.

Em um instante, a Leitora decidiu amá-la também.

— Vejo que interrompi você no meio de *The Faerie Queene* — disse a Outra Leitora, entregando-lhe uma caneca de café preto (ela começou a tomá-lo assim, daquele dia em diante). — Acha que está precisando de Virtudes? Eu, hein.

Seus olhos, que, claro, estavam examinando as estantes, tinham pousado em *Se um viajante numa noite de inverno*, estrategicamente posicionado em uma das extremidades (ao lado de *A insustentável leveza do ser*, *A redoma de vidro*, *A casa dos espíritos* — acho que isso dá uma ideia), para que o título pudesse ser visto por qualquer pessoa que passasse casualmente diante da porta aberta. A Outra Leitora pousou sua caneca de café, pegou o Calvino e o virou carinhosamente nas mãos.

— O horror de não conseguir terminar a história, de ser interrompido bem no momento em que ela está mais envolvente, esse sentimento de completo desespero por querer saber o que acontece em seguida... — ela começou.

A Outra Leitora olhou para a Leitora, sem fôlego. A Leitora só pôde concordar com a cabeça, solenemente — porque aquele havia se tornado, de repente, o primeiro momento realmente importante de sua vida envolvendo alguém com quem ela não estava, de fato, relacionada. Ela estendeu a mão e a Outra Leitora lhe passou o livro, e ela o folheou até localizar a parte de que mais gostava, a parte que descreve todas as diferentes categorias de livros em uma livraria, os "Livros Que, Se Você Tivesse Mais Vidas para Viver, Certamente Leria De Boa Vontade, Mas Infelizmente Os Dias Que Lhe Restam Para Viver Não São Tantos Assim" e os "Livros Que Todo Mundo Leu E É Como Se Você Também Os Tivesse Lido", e a Outra Leitora disse:

— Isso! Isso! — e começou a rir, e então ela riu também, e a Outra Leitora pegou o livro de volta e virou as páginas até que, cada vez mais desesperada, encontrou também o trecho que queria, o trecho em que a maneira como rodeamos um livro antes de lê-lo é descrita, examinando a sinopse, tocando a capa, como as preliminares antes do sexo, e como isso nos projeta para a consumação, que é, claro, o próprio ato de ler. Lendo em voz alta, a Outra Leitora riu de novo, porque achou a metáfora sexual um pouco constrangedora, considerando a curta duração de sua amizade, mas a Leitora estava rindo também e pegou o livro de volta, porque não tinha acabado de ler o trecho sobre a livraria, o trecho que, ela tinha certeza, a Outra Leitora adoraria tanto quanto ela, em que estava descrito como todos os livros que você *não* compra o olham com ar de tragédia quando você sai com outro livro, como cães rejeitados em um canil municipal. E, em sua determinação de pegar o livro de volta, ela puxou um pouco forte demais e, por um momento, o livro ameaçou partir-se ao meio entre elas, e pela cabeça de ambas passou, simultaneamente, a ideia de como seria irônico se o livro fosse separado em duas metades e não pudesse mais ser lido, interrompido logo antes do clímax, ou logo depois, do mesmo modo como os livros dentro do livro não podem mais ser lidos...

Seus olhos se encontraram sobre o livro torturado.

— Claro, "Lê-se sozinho, mesmo quando se está a dois" — disse a Outra Leitora.

— Mas "Não é natural que entre Leitor e Leitora se estabeleça através do livro uma solidariedade, uma cumplicidade, uma ligação"? — a Leitora respondeu.

A Outra Leitora assentiu num gesto de cabeça. Estava prestes a entregar o livro de volta, quando algo pareceu lhe ocorrer.

— Mas são os livros uma "defesa para manter distante o mundo exterior", "um sonho no qual você mergulha como numa droga" ou "pontes que você lança... rumo ao mundo que tanto lhe interessa, a ponto de você pretender multiplicá-lo e dilatar-lhe as dimensões por meio dos livros"?

A Leitora já sabia a resposta para essa pergunta.

— Os três — respondeu. — Mas particularmente a droga.

A Outra Leitora concordou. Ela compreendera. Colocou *Se um viajante numa noite de inverno* de volta na estante, no meio desta vez.

Elas usariam as drogas juntas daí em diante.

ÍNDICE DE MALES LIGADOS À LEITURA

Aflito pelo número de livros na sua casa (cura: Faça uma seleção na sua biblioteca), 28
Aflito pelo número de livros no mundo (cura: Consulte um biblioterapeuta), 29
Amnésia associada à leitura (cura: Faça um diário de leitura), 39
Badalação, desânimo por muita (cura: Dê um gelo no livro), 66
Começar, medo de (cura: Mergulhe ao acaso), 90
Concentração, incapacidade de (cura: Desconecte-se), 94
Culpa associada à leitura (cura: Programe um horário de leitura), 105
Cultura literária, desejo de parecer ter (cura: Romances para os impostores literários), 106
Desistir no meio, recusa a (cura: Adote a regra das cinquenta páginas), 119
Desistir no meio, tendência a (cura: Leia por períodos mais longos), 120
Encontrar um de seus livros, incapacidade de (cura: Crie uma biblioteca), 143
Férias, não saber que livros levar nas (cura: Planeje antes para evitar compras apressadas), 163
Ficção científica, medo de (cura: Repense o gênero), 164
Ficção científica, vício em (cura: Descubra o planeta Terra), 166
Filhos demais solicitando atenção (cura: Estabeleça uma hora de leitura), 170
Identidade de leitura, incerto quanto à sua (cura: Crie uma prateleira de favoritos), 191
Ler em vez de viver, tendência a (cura: Viva para ler mais profundamente), 212
Livrão, intimidado por um (cura: Desmembre-o), 215
Livros, compulsão por ter (cura: Invista em um e-reader e/ou crie uma prateleira de leituras atuais), 216
Livros novos, seduzido por (cura: Aprenda a arte da releitura), 217
Ocupado demais para ler (cura: Ouça audiolivros), 255
Parceiro que não lê, ter um (cura: Converta ou dispense), 272
Passar os olhos superficialmente, tendência a (cura: Leia uma página por vez), 274
Redução da biblioteca por causa de empréstimos (cura: Etiquete seus livros), 299
Reverência excessiva por livros (cura: Personalize seus livros), 302
Solidão induzida pela leitura (cura: Leia com companhia), 324
Tarefas de casa, ocupado com (cura: Crie um cantinho de leitura), 333
Terminar, medo de (cura: Leia sobre o livro), 335
Vergonha associada à leitura (cura: Esconda a capa), 345
Viver em vez de ler, tendência a (cura: Leia para viver mais profundamente), 354

ÍNDICE DE LISTAS

As melhores novelas, 77
Os melhores livrões, 215
Os melhores livros de ficção científica para iniciantes, 165
Os melhores livros escapistas, 133
Os melhores livros para adolescentes, 24
Os melhores livros para baixar a pressão, 287
Os melhores livros para chocar, 326
Os melhores livros para converter seu parceiro (homem) à ficção, 273
Os melhores livros para converter sua parceira (mulher) à ficção, 273
Os melhores livros para curar o desejo de viajar, 347
Os melhores livros para curar os xenófobos, 358
Os melhores livros para depois de um pesadelo, 284
Os melhores livros para fazer você rir, 187
Os melhores livros para ficar na cama, 337
Os melhores livros para largar um vício de vez, 347
Os melhores livros para ler com uma caixa de lenços ao lado, 83
Os melhores livros para ler em seu ano sabático, 24
Os melhores livros para ler em uma rede, 163
Os melhores livros para ler em viagens de avião, 356
Os melhores livros para ler no banheiro, 124
Os melhores livros para ler no hospital, 187
Os melhores livros para ler no trem, 142
Os melhores livros para levantar o astral, 115
Os melhores livros para os muito tristes, 115
Os melhores livros para parecer ter cultura literária, 106
Os melhores livros para quando você está resfriado, 300
Os melhores livros para quando você ficar trancado para fora de casa, 338
Os melhores livros para quem está na casa dos cinquenta, 86
Os melhores livros para quem está na casa dos noventa, 249
Os melhores livros para quem está na casa dos oitenta, 256
Os melhores livros para quem está na casa dos quarenta, 293
Os melhores livros para quem está na casa dos sessenta, 319
Os melhores livros para quem está na casa dos setenta, 319
Os melhores livros para quem está na casa dos trinta, 339
Os melhores livros para quem está na casa dos vinte, 350
Os melhores livros para quem tem mais de cem anos, 80
Os melhores livros sobre rompimento, 309
Os melhores romances fantásticos, 101

ÍNDICE DE AUTORES E LIVROS

A

ABE, KOBO *Mulher das dunas*, 27
ACHEBE, CHINUA *O mundo se despedaça*, 319
ADAMS, DOUGLAS *O guia do mochileiro das galáxias*, 82, 165
ADICHIE, CHIMAMANDA NGOZI *Hibisco roxo*, 24
AGEE, JAMES *Uma morte em família*, 70
ALAIN-FOURNIER *O bosque das ilusões perdidas (O Grande Meaulnes)*, 24, 117
ALCOTT, LOUISA MAY *Mulherzinhas*, 203
ALEXIE, SHERMAN *Diário absolutamente verdadeiro de um índio de meio expediente*, 24
ALLENDE, ISABEL *A casa dos espíritos*, 337; *A ilha sob o mar*, 163
ALMOND, DAVID *Skellig*, 187
AMIS, KINGSLEY *A sorte de Jim*, 141
AMIS, MARTIN *Campos de Londres*, 339; *Grana*, 155
AMMANITI, NICCOLÒ *Não tenho medo*, 356
ANDREWS, VIRGINIA *A Saga dos Foxworth*, 258; *O jardim dos esquecidos*, 345
APULEIO *O asno de ouro*, 60
ATWOOD, MARGARET *O ano do dilúvio*, 165; *Olho de gato*, 71; *Oryx e Crake*, 164; *Vulgo Grace*, 273
AUSTEN, JANE *Emma*, 162, 270; *Orgulho e preconceito*, 58, 270

B

BACH, RICHARD *Fernão Capelo Gaivota*, 124
BALLARD, J. G. *O mundo submerso*, 165; *Sombras do império*, 293
BALZAC, HONORÉ DE *O pai Goriot*, 350
BARICCO, ALESSANDRO *Seda*, 47
BARNES, JULIAN *O sentido de um fim*, 319
BARRIE, J. M. *Peter Pan*, 229
BARRY, SEBASTIAN *Os escritos secretos*, 249
BEAGLE, PETER S. *O último unicórnio*, 101
BECKETT, SAMUEL *Companhia*, 124; *O inominável*, 230
BEHN, APHRA *Oroonoko ou O escravo real*, 33
BELLOW, SAUL *Agarre a vida*, 293; *As aventuras de Augie March*, 110; *Henderson, o rei da Chuva*, 88; *Herzog*, 115

BEMELMANS, LUDWIG *Madeline*, 51
BERGER, JOHN *Aqui nos encontramos*, 238; *O dia do casamento*, 77
BESTER, ALFRED *Tiger! Tiger!*, 310
BIRCH, CAROL *As feras de Jamrach*, 133
BLATTY, WILLIAM PETER *O exorcista*, 159
BLOCK, LAWRENCE *Os ladrões não podem escolher*, 338
BOLAÑO, ROBERTO *Os detetives selvagens*, 133
BOWLES, PAUL *O céu que nos protege*, 211
BOYD, WILLIAM *As aventuras de um coração humano*, 273
BRADBURY, RAY *Algo sinistro vem por aí*, 227; *Fahrenheit 451*, 160
BROCH, HERMANN *Os sonâmbulos*, 327
BRONTË, ANNE *A moradora de Wildfell Hall*, 339
BRONTË, CHARLOTTE *Jane Eyre*, 98; *Villette*, 287
BRONTË, EMILY *O morro dos ventos uivantes*, 21, 106, 348
BUCHAN, JOHN *Os trinta e nove degraus*, 253
BUCK, PEARL S. *A boa terra*, 293
BUKOWSKI, CHARLES *Mulheres*, 320
BULGAKOV, MIKHAIL *O mestre e Margarida*, 24, 81
BURGESS, MELVIN *Mandando ver*, 259
BYATT, A. S. *Possessão*, 142

C

CAIN, JAMES M. *A história de Mildred Pierce*, 58; *O destino bate à sua porta*, 50
CALVINO, ITALO *As cidades invisíveis*, 124
CAMERON, PETER *A cidade do seu destino final*, 287
CAMILLERI, ANDREA *A forma da água*, 338
CAMUS, ALBERT *O estrangeiro*, 350
CAPELLA, ANTHONY *A rainha dos gelados*, 36
CAPOTE, TRUMAN *Bonequinha de luxo*, 77; *Outras vozes, outros lugares*, 24
CARD, ORSON SCOTT *Ender's Game: o jogo do exterminador*, 24
CAREY, PETER *A história do bando de Kelly*, 20; *Jack Maggs*, 163; *Oscar e Lucinda*, 261
CARR, J. L. *Um mês no campo*, 54
CARROLL, LEWIS *Através do espelho*, 249

CARTER, ANGELA *As infernais máquinas de desejo do dr. Hoffman*, 166; *Noites no circo*, 101
CATHER, WILLA *Minha Ántonia*, 334
CÉLINE, LOUIS-FERDINAND *Viagem ao fim da noite*, 347
CERVANTES SAAVEDRA, MIGUEL DE *Dom Quixote*, 211
CHABON, MICHAEL *As incríveis aventuras de Kavalier & Clay*, 273, 329; *Usina de sonhos*, 351
CHANDLER, RAYMOND *Adeus, minha adorada*, 19; *O sono eterno*, 124
CHATWIN, BRUCE *Utz*, 286
CHBOSKY, STEPHEN *As vantagens de ser invisível*, 24
CHENG'EN, WU *Jornada ao Oeste*, 241
CHEVALIER, TRACY *Moça com brinco de pérola*, 218
CHRISTIE, AGATHA *Assassinato no Expresso Oriente*, 142; *O assassinato de Roger Ackroyd*, 180
CLARKE, SUSANNA *Jonathan Strange & Mr. Norrell*, 101
CLAVELL, JAMES *Xógum*, 163
CLEAVE, CHRIS *Incendiário*, 238
CLELAND, JOHN *Fanny Hill: memórias de uma mulher de prazer*, 258
COCTEAU, JEAN *As crianças terríveis*, 264
COE, JONATHAN *A casa do sono*, 198
COETZEE, J. M. *Desonra*, 86; *Diário de um ano ruim*, 124
COLLINS, SUZANNE *Jogos vorazes*, 327
COLLINS, WILKIE *A mulher de branco*, 338
CONAN DOYLE, ARTHUR *Um estudo em vermelho*, 300
CONNELLY, MICHAEL *O voo dos anjos*, 338
CONRAD, JOSEPH *Coração das trevas*, 342; *Lord Jim: um romance*, 256
CORNWELL, PATRICIA *Mosca-varejeira*, 73
COUPLAND, DOUGLAS *Micro servos*, 273
CUNNINGHAM, MICHAEL *As horas*, 287

D

DASGUPTA, RANA *Solo*, 80
DE BERNIÈRES, LOUIS *A guerra de Don Emmanuel*, 187; *O bandolim de Corelli*, 133
DE RHODES, DANUTA *O carrinho branco*, 300
DEFOE, DANIEL *Os segredos de Lady Roxana*, 118; *Robinson Crusoé*, 285
DELILLO, DON *Ruído branco*, 236
DEWITT, HELEN *O último samurai*, 220
DEWITT, PATRICK *Os irmãos Sister*, 290
DIAMANT, ANITA *A tenda vermelha*, 337

DICK, PHILIP K. *O caçador de androides*, 77
DICKENS, CHARLES *A casa soturna*, 249; *Grandes esperanças*, 34; *Um conto de Natal*, 244
DJIAN, PHILIPPE *Betty Blue*, 115
DOCTOROW, E. L. *A grande feira*, 256; *Ragtime*, 144
DOMÍNGUEZ, CARLOS MARÍA *A casa de papel*, 17
DONOGHUE, EMMA *Quarto*, 332
DOSTOIÉVSKI, FIODOR *Crime e castigo*, 103; *Memórias do subsolo*, 303; *O idiota*, 190; *Um jogador*, 304
DU MAURIER, DAPHNE *A pousada da Jamaica*, 300; *Rebecca, a mulher inesquecível*, 62
DUMAS, ALEXANDRE *O conde de Monte Cristo*, 356
DURRELL, LAWRENCE *O quarteto de Alexandria*, 344

E

EASTON ELLIS, BRET *Abaixo de zero*, 134; *O psicopata americano*, 89
ECO, UMBERTO *O nome da rosa*, 273
EGAN, JENNIFER *A visita cruel do tempo*, 273
ELIOT, GEORGE *Daniel Deronda*, 293; *Middlemarch*, 267; *O moinho sobre o rio*, 203; *Silas Marner*, 220
ELLISON, RALPH *Homem invisível*, 296
ENDE, MICHAEL *A história sem fim*, 347
ENDO, SHUSAKU *Rio profundo*, 284
ENGER, LEIF *Paz como um rio*, 203
EPHRON, NORA *O amor é fogo*, 187
ESQUIVEL, LAURA *Como água para chocolate*, 139
EUGENIDES, JEFFREY *As virgens suicidas*, 337; *Middlesex*, 339

F

FABER, MICHEL *Pétala escarlate, flor branca*, 35; *Sob a pele*, 79, 166
FANTE, JOHN *Pergunte ao pó*, 347
FAULKNER, WILLIAM *Enquanto agonizo*, 139
FAULKS, SEBASTIAN *O canto do pássaro*, 277
FERMINE, MAXENCE *Neve*, 73
FIELDING, HELEN *Bridget Jones: no limite da razão*, 337; *O diário de Bridget Jones*, 187, 323
FIELDING, HENRY *Tom Jones*, 187
FITZGERALD, F. SCOTT *O grande Gatsby*, 106, 155; *Suave é a noite*, 89
FITZGERALD, PENELOPE *A flor azul*, 148
FLAGG, FANNIE *Tomates verdes fritos*, 155
FLAUBERT, GUSTAVE *Madame Bovary*, 25
FLEMING, IAN *Viva e deixe morrer*, 338
FLYNN, GILLIAN *Garota exemplar*, 327
FORD, RICHARD *O cronista esportivo*, 127
FORESTER, C. S. *Rainha africana*, 187

FORSTER, E. M. *Maurice*, 186; *Uma passagem para a Índia*, 133; *Um quarto com vista*, 273
FOSTER WALLACE, DAVID *Graça infinita*, 215
FOWLES, JOHN *O mago*, 356
FRANCIS, DICK *Laços de sangue*, 338
FRANZEN, JONATHAN *As correções*, 192; *Liberdade*, 359
FRASER, GEORGE MacDONALD *Flashman*, 273
FRAZIER, CHARLES *Montanha gelada*, 341
FRISCH, MAX *Stiller*, 189

G

GAIMAN, NEIL *Lugar nenhum*, 347; *O livro do cemitério*, 21
GAIMAN, NEIL E PRATCHETT, TERRY *Belas maldições*, 187
GAINES, ERNEST J. *Uma lição antes de morrer*, 83
GARCÍA MÁRQUEZ, GABRIEL *Cem anos de solidão*, 24, 236; *O amor nos tempos do cólera*, 319
GARNER, HELEN *Um quarto para ela*, 75
GEMMELL, NIKKI *A noiva despida*, 259
GENET, JEAN *Nossa Senhora das Flores*, 259
GHOSH, AMITAV *O palácio de espelho*, 347
GIBBONS, STELLA *Fazenda maldita*, 68, 115
GIBSON, WILLIAM *Neuromancer*, 165, 310
GIONO, JEAN *O homem que plantava árvores*, 150
GOETHE, JOHANN WOLFGANG VON *Os sofrimentos do jovem Werther*, 43
GOLD, GLEN DAVID *Carter e o diabo*, 356
GOLDEN, ARTHUR *Memórias de uma gueixa*, 300
GOLDING, WILLIAM *O pináculo*, 52
GOLDMAN, WILLIAM *O noivo da princesa*, 300
GONTCHARÓV, IVAN *Oblómov*, 347
GORDON, MARY *A boa fortuna*, 86
GRAHAME, KENNETH *O vento nos salgueiros*, 284
GRASS, GÜNTER *O tambor*, 65
GRAVES, ROBERT *Cláudio, o deus*, 322; *Eu, Cláudio*, 321
GRAY, ALASDAIR *Lanark*, 215
GREEN, JOHN *A culpa é das estrelas*, 83; *Quem é você, Alasca?*, 24
GREENE, GRAHAM *Expresso do Oriente*, 142; *Fim de caso*, 309
GREER, ANDREW SEAN *As confissões de Max Tivoli*, 80
GROSSMAN, DAVID *A mulher foge*, 273; *Ver: amor*, 358
GUSTAFSSON, LARS *A morte de um apicultor*, 132

H

HAMSUN, KNUT *Fome*, 171
HARDY, THOMAS *Longe da multidão*, 43; *Tess*, 83, 107
HARTLEY, L. P. *O mensageiro*, 306
HARUF, KENT *Canto chão*, 14
HAZZARD, SHIRLEY *O grande incêndio*, 268; *O trânsito de Vênus*, 280
HELLER, JOSEPH *Ardil 22*, 273
HEMINGWAY, ERNEST *Do outro lado do rio, entre as árvores*, 256; *O sol também se levanta*, 339; *O velho e o mar*, 249, 297; *Por quem os sinos dobram*, 347
HEMON, ALEKSANDAR *As fantasias de Pronek*, 124
HERBERT, FRANK *Duna*, 166
HESSE, HERMANN *O jogo das contas de vidro*, 80, 166; *Sidarta*, 45
HEYER, GEORGETTE *A grande Sofia*, 337
HIGHSMITH, PATRICIA *Carol*, 222; *Pacto sinistro*, 142
HILL, SUSAN *A mulher de preto*, 59, 357
HISLOP, VICTORIA *A ilha*, 163
HODGSON BURNETT, FRANCES *O jardim secreto*, 21, 185
HØEG, PETER *A mulher e o macaco*, 187
HOLLINGHURST, ALAN *A biblioteca da piscina*, 259; *A linha da beleza*, 178
HOLM, ANNE *Eu sou o David*, 15
HOMERO *Odisseia*, 305
HOMES, A. M. *Este livro vai salvar sua vida*, 330; *Que sejamos perdoados*, 293
HORNBY, NICK *Alta fidelidade*, 307, 309; *Febre de bola*, 115
HOSSEINI, KHALED *A cidade do sol*, 273
HUGHES, RICHARD *Um ciclone na Jamaica*, 317
HUGHES, THOMAS *Tom Brown na escola*, 71
HUGO, VICTOR *O corcunda de Notre-Dame*, 309; *Os miseráveis*, 181
HUNT, REBECCA *Mr. Chartwell*, 112
HURSTON, ZORA NEALE *Seus olhos viam Deus*, 127
HUSTVEDT, SIRI *O que eu amava*, 238; *O verão sem homens*, 25
HUXLEY, ALDOUS *Admirável mundo novo*, 133, 165

I

IBBOTSON, EVA *Jornada pelo rio mar*, 300
INGALLS WILDER, LAURA *Uma casa na campina*, 87
IRVING, JOHN *O filho de Deus vai à guerra*, 327; *O Hotel New Hampshire*, 273
ISHERWOOD, CHRISTOPHER *Os destinos do sr. Norris*, 142

ISHIGURO, KAZUO *Não me abandone jamais*, 165, 260; *Os resíduos do dia*, 289

J

JACOBS, KATE *O clube do tricô*, 78
JAMES, HENRY *Retrato de uma senhora*, 48
JANSSON, TOVE *A família Mumin*, 337; *O cometa na terra dos Mumins*, 300
JEROME, JEROME K. *Três homens e uma canoa*, 284
JIN, HA *A espera*, 268
JOHNSON, DENIS *Sonhos de trem*, 77
JONASSON, JONAS *O ancião que saiu pela janela e desapareceu*, 54, 80
JOYCE, JAMES *Retrato do artista quando jovem*, 336; *Ulisses*, 259
JOYCE, RACHEL *A improvável jornada de Harold Fry*, 159, 319

K

KADARÉ, ISMAIL *O sucessor*, 126
KAFKA, FRANZ *A metamorfose*, 189
KAUFMAN, SUE *Diário de uma dona de casa desesperada*, 130
KAWABATA, YASUNARI *O mestre de go*, 256; *O país das neves*, 347
KAZANTZAKIS, NIKOS *Zorba, o grego*, 146
KENEALLY, THOMAS *A lista de Schindler*, 273, 327
KEROUAC, JACK *On the Road — Pé na estrada*, 24, 257
KESEY, KEN *Um estranho no ninho*, 136
KEYES, DANIEL *Flores para Algernon*, 24
KING, STEPHEN *O iluminado*, 30
KIPLING, RUDYARD *O livro da selva*, 21
KOSIŃSKI, JERZY *O pássaro pintado*, 327
KRAUSS, NICOLE *A história do amor*, 319
KUNDERA, MILAN *A imortalidade*, 80; *A insustentável leveza do ser*, 111, 115; *O livro do riso e do esquecimento*, 249
KUNKEL, BENJAMIN *Indecisão*, 195
KUREISHI, HANIF *Intimidade*, 127; *O buda do subúrbio*, 351
KURKOV, ANDREI *A morte de um estranho*, 295

L

L'ENGLE, MADELEINE *Uma dobra no tempo*, 165
LANCHESTER, JOHN *Gula*, 183
LARSSON, STIEG *Os homens que não amavam as mulheres*, 357
LAWRENCE, D. H. *Canguru*, 347; *O amante de Lady Chatterley*, 41

LAXNESS, HALLDÓR *Gente independente*, 106; *Os peixes também sabem cantar*, 319
LE CARRÉ, JOHN *Um espião perfeito*, 338
LE GUIN, URSULA K. *A mão esquerda da escuridão*, 165; *O mago de Terramar*, 101
LEE, HARPER *O sol é para todos*, 101, 220
LEM, STANISLAW *Solaris*, 273
LESSING, DORIS *O diário de uma boa vizinha/Se os velhos pudessem*, 86; *O verão antes da queda*, 231
LEVIN, IRA *Mulheres perfeitas*, 130
LEVY, ANDREA *A pequena ilha*, 163
LEWYCKA, MARINA *Uma breve história dos tratores em ucraniano*, 188
LIVELY, PENELOPE *Uma história do mundo*, 319
LONDON, JACK *O chamado da floresta*, 187
LOOS, ANITA *Os homens preferem as louras*, 187
LOWRY, MALCOLM *À sombra do vulcão*, 30

M

MADOX FORD, FORD *O bom soldado*, 77
MALOUF, DAVID *Uma vida imaginária*, 77
MANN, THOMAS *A montanha mágica*, 106; *Doutor Fausto*, 342; *Morte em Veneza*, 251; *O eleito*, 234
MANTEL, HILARY *Além da escuridão*, 108
MARANI, DIEGO *Nova gramática finlandesa*, 189
MARÍAS, JAVIER *Coração tão branco*, 293
MARTEL, YANN *As aventuras de Pi*, 55
MARTIN, GEORGE R. R. *A guerra dos tronos*, 101
MASON, DANIEL *O afinador de piano*, 273
MATAR, HISHAM *No país dos homens*, 347
MATHESON, RICHARD *Eu sou a lenda*, 158
MAUGHAM, W. SOMERSET *O fio da navalha*, 347; *Servidão humana*, 339
MAUPIN, ARMISTEAD *Histórias de uma cidade*, 321
MAXWELL, WILLIAM *Até mais, vejo você amanhã*, 37
McCALL SMITH, ALEXANDER *Agência nº 1 de mulheres detetives*, 250
McCARTHY, CORMAC *A estrada*, 275, 332; *Meridiano de sangue*, 347; *Todos os belos cavalos*, 24
McCARTHY, MARY *O grupo*, 351
McCULLERS, CARSON *A convidada do casamento*, 151; *O coração é um caçador solitário*, 287
McEWAN, IAN *Reparação*, 232
McGRATH, PATRICK *Manicômio*, 174
McGREGOR, JON *Se ninguém falar de coisas interessantes*, 353
McINERNEY, JAY *Brilho da noite, cidade grande*, 57
MEHTA, GITA *O monge endinheirado, a mulher do bandido e outras histórias de um rio indiano*, 284

369

MELVILLE, HERMAN *Bartleby, o escrivão,* 141; *Moby Dick,* 24, 106, 251
MENDELSOHN, JANE *Eu fui Amelia Earhart,* 77
MIÉVILLE, CHINA *Rei Rato,* 347
MILLER, REBECCA *A vida íntima de Pippa Lee,* 231, 259
MILNE, A. A. *As aventuras do ursinho Pooh e seus amigos,* 80
MISHIMA, YUKIO *O mar da fertilidade,* 215
MISTRY, ROHINTON *Assuntos de família,* 192
MITCHELL, DAVID *Atlas das nuvens,* 24; *Menino de lugar nenhum,* 154; *Os mil outonos de Jacob de Zoet,* 319
MITCHELL, MARGARET *E o vento levou,* 340
MITFORD, NANCY *A procura do amor,* 270
MOGGACH, DEBORAH *O exótico Hotel Marigold,* 319
MONK KIDD, SUE *A vida secreta das abelhas,* 300
MOORE, SUSANNA *O corte,* 93
MORRISON, TONI *Amada,* 59; *O olho mais azul,* 115
MOSLEY, WALTER *O diabo vestia azul,* 338
MOSSE, KATE *Labirinto,* 357
MOYES, JOJO *Como eu era antes de você,* 309
MURAKAMI, HARUKI *1Q84,* 40; *Crônica do pássaro de corda,* 116
MURDOCH, IRIS *O mar, o mar,* 319
MUSIL, ROBERT *O homem sem qualidades,* 274

N

NABOKOV, VLADIMIR *Lolita,* 315
NAIPAUL, V. S. *O enigma da chegada,* 52; *O massagista místico,* 100; *Uma casa para o sr. Biswas,* 17
NARAYAN, R. K. *O guia,* 284
NESBIT, EDITH *Os meninos e o trem de ferro,* 142
NESS, PATRICK *O chamado do monstro,* 75
NICHOLLS, DAVID *Um dia,* 83
NIFFENEGGER, AUDREY *A mulher do viajante no tempo,* 16, 164

O

O'BRIEN, FLANN *O terceiro tira,* 229
O'FARRELL, MAGGIE *Depois que você foi embora,* 238
ONDAATJE, MICHAEL *Na pele de um leão,* 283; *O paciente inglês,* 282
ORRINGER, JULIE *A ponte invisível,* 86
ORWELL, GEORGE *1984,* 165, 254
OVÍDIO *Metamorfoses,* 234
OZ, AMÓS *O mesmo mar,* 352

P

PAASILINNA, ARTO *O ano da lebre,* 228
PARKER, JR., JOHN L. *Era uma vez um corredor,* 30
PARSONS, TONY *Pai e filho,* 115
PASTERNAK, BORIS *Doutor Jivago,* 83
PATCHETT, ANN *Bel canto,* 43, 270; *Estado de graça,* 319; *O legado,* 21
PEARSON, ALLISON *Não sei como ela consegue,* 224
PENNEY, STEF *A ternura dos lobos,* 86
PEREC, GEORGES *A vida: modo de usar,* 316
PESSOA, FERNANDO *Livro do desassossego,* 67, 198
PLATH, SYLVIA *A redoma de vidro,* 112, 115
POETA DE GAWAIN, O *Pérola,* 234
PORTIS, CHARLES *Bravura indômita,* 78
POTOK, CHAIM *Meu nome é Asher Lev,* 95
POWELL, ANTHONY *Uma dança para a música do tempo,* 179
PRATCHETT, TERRY *Pequenos deuses,* 101
PROULX, ANNIE *Chegadas e partidas,* 62
PROUST, MARCEL *Em busca do tempo perdido,* 215
PUIG, MANUEL *O beijo da mulher aranha,* 83
PULLMAN, PHILIP *A bússola de ouro,* 321; *A faca sutil,* 321; *A luneta âmbar,* 321; *Fronteiras do Universo,* 321
PYNCHON, THOMAS *O arco-íris da gravidade,* 215, 259; *O leilão do lote 49,* 275

R

RÉAGE, PAULINE *A história de O,* 259
REYES, ALINA *O açougueiro,* 259
RHINEHART, LUKE *O homem dos dados,* 208
RHYS, JEAN *Bom dia, meia-noite,* 347
RICE, BEN *Pobby e Dingan,* 208
RICE, EVA *A arte perdida de guardar segredos,* 300
RICHARDSON, SAMUEL *Pamela, ou a virtude recompensada,* 138
RIDER HAGGARD, H. *Ayesha: a volta de Ela,* 168; *Ela,* 167
ROBBINS, TOM *A natureza-morta e o Pica-Pau,* 174; *O perfume de Jitterbug,* 145
ROBERTS, GREGORY DAVID *Shantaram,* 288
ROBINSON, MARILYNNE *Em casa,* 121
ROSOFF, MEG *Minha vida agora,* 220
ROTH, JOSEPH *A marcha de Radetzky,* 106
ROTH, PHILIP *Adeus, Columbus,* 351; *Pastoral americana,* 319
RUIZ ZAFÓN, CARLOS *A sombra do vento,* 357
RUSHDIE, SALMAN *Haroun e o mar de histórias,* 101; *Os filhos da meia-noite,* 46; *Os versos satânicos,* 86
RUSSO, RICHARD *Um homem quase perfeito,* 187

S

SACHER-MASOCH, LEOPOLD VON *A Vênus das peles*, 86

SAFRAN FOER, JONATHAN *Extremamente alto & incrivelmente perto*, 238; *Tudo se ilumina*, 149

SAINT-EXUPÉRY, ANTOINE DE *O Pequeno Príncipe*, 247; *Voo noturno*, 355

SALINGER, J. D. *Franny e Zooey*, 200; *O apanhador no campo de centeio*, 23

SANSOM, C. J. *Dissolução*, 163

SARAMAGO, JOSÉ *Caim*, 203; *Ensaio sobre a cegueira*, 91

SARTRE, JEAN-PAUL *A náusea*, 347

SCHAEFER, JACK *Shane*, 265

SCHLINK, BERNHARD *O leitor*, 208

SEBOLD, ALICE *Uma vida interrompida*, 357

SEE, LISA *Flor da neve e o leque secreto*, 163

SELBY JR., HUBERT *Réquiem por um sonho*, 328, 351; *Última saída para o Brooklyn*, 115

SEMPLE, MARIA *Cadê você, Bernadette?*, 337

SETH, VIKRAM *Um rapaz adequado*, 157, 215

SHIELDS, CAROL *Os diários de pedra*, 86

SHRIVER, LIONEL *Precisamos falar sobre o Kevin*, 169

SHTEYNGART, GARY *Uma história de amor real e supertriste*, 223

SHUTE, NEVIL *Uma cidade para o amor*, 133

SIMONSON, HELEN *A última façanha do major Pettigrew*, 115, 352

SIMPSON, MONA *Qualquer lugar menos aqui*, 17

SMART, ELIZABETH *Junto à Grand Central Station sentei-me e chorei*, 115

SMITH, ALI *Suíte em quatro movimentos*, 207

SMITH, ZADIE *Dentes brancos*, 273

SNEIDER, VERN *Casa de chá do luar de agosto*, 97

SOUEIF, AHDAF *O mapa do amor*, 133

SPARK, MURIEL *A primavera da srta. Jean Brodie*, 24; *Um eco muito distante*, 250

SPARKS, NICHOLAS *Diário de uma paixão*, 84

STEGNER, WALLACE *Destinos cruzados*, 287

STEINBECK, JOHN *A pérola*, 177; *A rua das ilusões perdidas*, 196; *As vinhas da ira*, 249; *Ratos e homens*, 147

STENDHAL *O vermelho e o negro*, 178

STERNE, LAURENCE *A vida e as opiniões do cavalheiro Tristram Shandy*, 122

STEVENSON, ROBERT LOUIS *O estranho caso do dr. Jekyll e Mr. Hyde (O médico e o monstro)*, 351

STOCKETT, KATHRYN *A resposta*, 343

STOKER, BRAM *Drácula*, 81

STYRON, WILLIAM *A escolha de Sofia*, 84

SÜSKIND, PATRICK *O perfume: a história de um assassino*, 243

SWARUP, VIKAS *Sua resposta vale um bilhão*, 358

SWIFT, GRAHAM *Terra d'água*, 167, 284; *Últimos pedidos*, 319

SWIFT, JONATHAN *As viagens de Gulliver*, 81

T

TABUCCHI, ANTONIO *Afirma Pereira*, 250

TAN, SHAUN *A chegada*, 311

TARTT, DONNA *A história secreta*, 351

TAYLOR, ELIZABETH *Angel: um estranho mundo de sonhos*, 58

THACKERAY, WILLIAM MAKEPEACE *A feira das vaidades*, 33, 215

THEROUX, PAUL *A Costa do Mosquito*, 347

THOMAS, D. M. *O hotel branco*, 327

THOMAS, SCARLETT *O fim do sr. Y*, 273

TÓIBÍN, COLM *A luz do farol*, 205

TOLKIEN, J. R. R. *O hobbit*, 65, 101

TOLSTÓI, LEON *Anna Karenina*, 25, 110, 309, 327; *Guerra e paz*, 106, 166, 215

TOMASI DI LAMPEDUSA, GIUSEPPE *O Gattopardo*, 52

TOOLE, JOHN KENNEDY *Uma confraria de tolos*, 169

TORDAY, PAUL *A pesca do salmão no Iêmen*, 159

TOWNSEND, SUE *A mulher que decidiu passar um ano na cama*, 248

TREMAIN, ROSE *Restauração*, 262

TREVOR, WILLIAM *A história de Lucy Gault*, 84

TRUMBO, DALTON *Johnny vai à guerra*, 140

TURGUENIEV, IVAN *Pais e filhos*, 319; *Primeiro amor*, 43

TWAIN, MARK *As aventuras de Huckleberry Finn*, 284

TYLER, ANNE *Almoço no restaurante da saudade*, 86

U

UNDSET, SIGRID *Cristina Lavransdatter*, 215; *Vigdis, a indomável*, 101

UPDIKE, JOHN *Coelho corre*, 13

V

VANN, DAVID *A ilha Caribou*, 153

VARGAS LLOSA, MARIO *Elogio da madrasta*, 213

VERGHESE, ABRAHAM *O 11º mandamento*, 358

VERNE, JÚLIO *Vinte mil léguas submarinas*, 301

VICKERS, SALLEY *O anjo de Miss Garnet*, 231

VIZINCZEY, STEPHEN *Um hino à mulher madura*, 293

VOLTAIRE *Cândido, ou O otimismo*, 260

VONNEGUT, KURT *Cama de gato*, 124

W

WALKER, ALICE *A cor púrpura*, 25
WARREN, ROBERT PENN *Todos os homens do rei*, 339
WATERS, SARAH *Na ponta dos dedos*, 259; *Toque de veludo*, 163
WAUGH, EVELYN *Memórias de Brideshead*, 246; *Um punhado de pó*, 293
WEISBERGER, LAUREN *O diabo veste Prada*, 300
WELDON, FAY *A maligna: vida e amores de uma mulher demônio*, 320
WELLS, H. G. *A guerra dos mundos*, 165; *A ilha do dr. Moreau*, 225; *As aventuras de Mr. Polly*, 173
WELSH, IRVINE *Trainspotting*, 134
WHARTON, EDITH *A época da inocência*, 300
WHITE, EDMUND *Um jovem americano*, 25, 259
WHITE, PATRICK *Voss*, 106
WHITE, T. H. *O único e eterno rei*, 21, 101
WHITEHOUSE, DAVID *Cama*, 74
WILDE, OSCAR *O retrato de Dorian Gray*, 340
WINSOR, KATHLEEN *Entre o amor e o pecado*, 163
WINTERSON, JEANETTE *A paixão*, 166
WINTON, TIM *Fôlego*, 273, 303
WODEHOUSE, P. G. *Época de acasalamento*, 249; *Obrigado, Jeeves/Então tá, Jeeves/Sem dramas, Jeeves*, 55
WOOLF, VIRGINIA *Ao farol*, 115; *As ondas*, 287; *Flush: memórias de um cão*, 77; *Mrs. Dalloway*, 313
WROBLEWSKI, DAVID *A história de Edgar Sawtelle*, 133
WYNDHAM, JOHN *As crisálidas*, 165, 347; *O dia das trífides*, 164

Y

YATES, RICHARD *Foi apenas um sonho*, 115; *Jovens corações em lágrimas*, 86, 156
YOSHIKAWA, EIJI *Musashi*, 351
YOUNG, LOUISA *Minha querida, queria dizer-te*, 84

Z

ZAMIATIN, EVGUENY *Nós*, 41
ZOLA, ÉMILE *O ventre de Paris*, 293; *Thérèse Raquin*, 278
ZUSAK, MARKUS *A menina que roubava livros*, 25
ZWEIG, STEFAN *Coração inquieto*, 106; *Xadrez*, 77

AGRADECIMENTOS

Agradecemos a nossa equipe de leitores, que testaram corajosamente nossas curas literárias e nos informaram sobre sua eficácia: Becky Adams, Miranda Alcock, Nichole Beauchamp, Chris Berthoud, Colin Berthoud, Lucy Berthoud, Martin Berthoud, Tim Bates, Josh Beattie, Veronique Biddell, Amanda Blugrass, Gael Cassidy, Sarah Cassidy, Sarah Constantinides, Belinda Coote, Stephanie Cross, The Danny House Book Group, William Davidson, Sandra Deeble, Mel Giedroyc, Gael Gorvy-Robertson, Teresa Griffiths, Gill Hancock, Jane Heather, Belinda Holden, Charlie Hopkinson, Grahame Hunter, Clare Isherwood, Lou James, Tim Jones, Sarah Leipciger, Annabel Leventon, Rachel Lindop, Hilary Macey-Dare, Sam Nixon, Emma Noel, Anna Ollier, Patricia Potts, Joanna Quinn, Sarah Quinn, Janaki Ranpura, Lucy Rutter, Carl Thomas, Jennie Thomas, Morgan Thomas, Clare Usiskin, Pippa Wainwright, Heather Westgate, Rachel Wykes.

Pelos gins-tônicas, apoio e ajuda sempre prontos, gostaríamos de agradecer a Damian Barr, Polly e Shaun, da Tilton House, Pippa Considine, Tim Jones, Natalie Savona, Laurie Tomlinson e Olivia Waller.

Agradecimentos a nosso Conselho Consultivo de Biblioterapia por ideias e sugestões ao longo dos anos, incluindo Terence Blacker, Rose Chapman, Tracy Chevalier, Abi Curtis, Nick Curwin, Ashley Dartnell, Geoff Dyer, Piers Feltham, Patrick Gale, Sophie Howarth, Alison Huntingdon, Nicholas Ib, Lawrence Kershen, Caroline Kraus, Sam Leith, Toby Litt, Anna McNamee, Chiara Menage, Stephen Miller, Tiffany Murray, Jason Oddy, Jacqueline Passmore, Bonnie Powell e seus amigos do Facebook, Charlotte Raby, Judy Rich, Robin Rubenstein, Alison Sayers, Anna Stein, Chris Thornhill, Ardu Vakil, David Waters, S. J. Watson, Rebecca Wilson, Carrie Worrall e Charmaine Yabsley.

Agradecimentos especiais a nossa colega e amiga Simona Lyons, da The School of Life; e a Morgwn Rimmell, Caroline Brimmer, Harriet Warden, Clemmie Balfour e todos na The School of Life que nos apoiaram durante o período de redação do livro.

Muito obrigada também a nossos clientes de biblioterapia passados e presentes, que nos deram ideias de livros que ainda não tínhamos lido e permitiram que praticássemos nossas medicações com eles.

Agradecemos a nossa agente, Clare Alexander, nossa editora, Jenny Lord, e todos na Canongate; também a Colin Dickerman, Liesl Schillinger e todos na Penguin US.

Um agradecimento póstumo a nosso tutor em Cambridge, David Holbrook, que nos encaminhou.

E, acima de tudo, a nossa família: Martin, Doreen, Saroja, Jennie, Bill, Carl e Ash, pelo amor e apoio ao longo de todo esse processo; e a nossos filhos, Morgan, Calypso, Harper e Kirin, por aguentarem nossa ausência mental.

Este livro foi composto na tipografia
Caecilia LT Std, em corpo 8,5/14, e impresso em
papel off-white no Sistema Digital Instant Duplex
da Divisão Gráfica da Distribuidora Record.